도방 정치 경대승

도방 정치 경대승

초판 1쇄 인쇄 2025년 11월 05일
초판 1쇄 발행 2025년 11월 07일

지은이 경진호
펴낸이 박세희

펴낸곳 ㈜ 돼출판 등대지기
등록번호 제2013-000075호
등록일자 2013년 11월 27일
주 소 (153-768) 서울시 가산디지털2로 98.
       2동 1110호(가산동 롯데IT캐슬)
대표전화 (02)853-2010
팩스 (02)857-9036
이메일 sehee0505@hanmail.net

편집 디자인 박세원

ISBN 979-11-6066-120-0
ⓒ 경진호 2025, Printed in Seoul. Korea

• 이 책은 무인시대방송작가 저작권리자의 승인을 받았습니다.
• 잘못된 책은 바꾸어 드립니다.

都도 房방 政정 治치

고려 무인시대 제19대 명종 시 최초 설립 도방 정치한 장군

경대승

경진호 지음

등대지기

요약 … 08

도방 정치 경대승 추모시 … 10

책을 펴기에 앞서 … 12

제1부 토막극

상서롭게 하늘에서 내린 사자 날개옷 입은 고려 무인 탄생한 봄 … 22

어머니의 정성으로 성장 부친의 덕에 대의 품은 고려 위인 … 44

20세 경대승, 부친 경진 우군병마사 조위총 난 2차 평정 … 62

청주정북동토성 성주 · 중서시랑평장사 · 청주사심관 경진 관저 … 64

경대승 소년 추수감독 … 66

경대승 고려사 '가사를 돌보지 않았다' 해설 미혼 꿈 이야기 … 72

경대승은 기혼자냐 미혼자냐 양론 [주론]과 [반론]의 불꽃 토론 … 78

경대승 비전, 몸소 실천한 사회 정화 선도 역할로 지도자 평가 … 84

고려무인정권 경대승 … 88

경대승, 조야(朝野, 조정과 민간) 잃은 기회를 포착해 기해정변, 집권 … 98

고려사절요 경대승 집권 충신, 비전 제시 … 101

경대승의 집권과 그 성격 … 111

무신정변을 부정한 청년 장군 · 경대승 … 121

무신정변에 반대한 무신정변 … 185

잠깐 권력을 잡음 '삼일천하' 집권 표현술 … 189

경대승 6개 정책별 정치 경제 사회 문화 국방 당면 과제 작금 비교 … 195

제2부 역사대하드라마

비참한 여인과 아기 울음소리 … 202

경대승 최고 권력자 위위경 이의방 천동댁 월담 … 203

경대승 후견인 대장군 두경승 예견, 대의명분 무인보다 정치그릇 추천 … 207

황상폐하는 장군 청룡도 검을 내려주며 용호군 경대승 장군 임명 … 218

부친 전 재산 한 뙈기 땅도 남김없이 나라에 바쳐 청렴결백 백성 탄복 … 222

구 무인시대 몰락과 신 무인시대 경대승 정권 시작 … 242

성공한 쿠데타 기해정변 … 244

황제 명종의 승선(承宣) 직 제수 경대승 거절 … 253

중방 탄핵 권력 레임덕 사직 명종 윤허 … 258

경대승의 도방군사, 추상같은 군율 지닌 일당백의 정예군사 조련 … 270

허승이 태자의 왕위 찬탈 역모는 배은망덕 … 272

도방 설치 현판식과 허 별장 이변 예고 … 279

도방 정치 회의 … 292

손석, 대의 손상시킨 최세보 문장필 조정원 파직 요청, 경대승 거부 … 297

이의민 명종 알현, 전 황제 의종 시해 반역죄 대립, 집권자가 반역자 … 300

두두을(도사, 이의민 '황룡 대업' 알려준 인물), 금강야차 참살 요구 … 306

조정 출사 권유 두경승 승낙 … 309

경대승 주도하에 명종과 태자 간 역모 해소책 화친 축하주 마련 … 311

경대승, 백성들의 억울한 사연 간청 … 313

황상폐하 알현 윤허 … 315

도방 군사 중방회의 소집 정치 … 320

경대승, 최초 시장경제 도량형(度量衡)제도 정책, 중방 협조 요청 … 326

경국제민(經國濟民) 노력이 도방 … 331

백성 구제는 반역죄로 증좌 없어 처벌 불가능, 맞불 … 343

낙향을 황상폐하 알현함에 경대승 병으로 악화돼 병사 후 도방 몰락 … 354

경대승 도방군사 동향 점검 … 360

최충헌 도방 대의 감복 도방 일원 병문안 도방 가신 제안 명종 폐위 … 363

최충헌, 동 성벽 부근 어느 숲 속서 비수 꺼내 다짐, 이의민 제거 … 381

후대 인물 세상 경대승 도방 대의 헛됨 않았음 알아줄 것, 도방 해산 … 390

경대승의 해설 … 400

도방 군사 죄인 칙서, 유배 처형 … 436

도방 정치 경대승 총평 … 441

제3부 다큐 가문 홈드라마

제1장 집권자 · 충신 경대승 장군 … 446

제2장 청주경씨족보 2005장군공將軍公,장군님휘諱,

　　　　죽은 어른 생전이름대승大升칭송 … 478

제3장 '慶大升'李周洪 中篇 前 淸州慶氏系譜 添附pp1~5 1976 − 主論 反論 … 489

요약

『都房 政治 慶大升』將軍 '豫言者' 槪略 · 短評

　무신 집권자 대장군 경대승 충신 그의 어깨에 황실 조정 백성을 놓고 괴로워하다 마음의 병을 얻고 병사한다.출생 1154 고려 양광도청주목(現충청북도청주시) 졸1183.08.11(향년30세)고려 개경자택(現개성시) 재임 1179.10.25~1183.08.11 집권 전 두 번 탄핵 파면당하고 의종 시해 주도한 정중부와 명종의 수안궁주와의 강혼 시도한 정중부 아들 대장군 정균을 허승 시켜 제거했다. 집권 후 무신의 승선 임명 반대했고 의종을 시해한 이의민을 제거하려하자 무신들의 반발에 부딪혀 관직 사임하고 도방을 만들어 이의민을 제거하려했다. 同 정변세력이었던 태자부유지 허승과 부관 김광립이 함께 동반세력을 넓히자 그들을 제거하였다. 이로 인해　명종과 무신들의 신뢰를 얻어 명종 우대로 무신들의 불법은 억제하였다. 중방을 통해 이익을 대변하며 문무동등대우 문반 직 겸직해 국정에 참여할 수 있어 정치적 실현했다.
　도방 무력과 왕의 우대에 의존 해 무신집권자 병사 시 무신들의 불법이 재행할 수 있었다. 정치적 변화 수용하는 태도, 자신의 세력으로 관료제를 장악하지 않았기에 병사 후에도 불법이 재행해도 국정운영에 위인 경대승은 대중을 심복시켜 따르게 하는 능력이나 자질이 있었고, 예언이나 기적을 나타낼 수 있는 초능력이나 절대적인 권위 즉, 하늘이 내린 그리스어 신의 은총이라는 카리스마(charisma)를 지녔다. 이런 경대승의 정기가 국내외로 번져나아 갔고 불의를 보고는 못 참는 정의의 사자이었기에 또한 부정부패를 가까이 하지 않고 멀리했기에 게다가 구휼미로 가난백성을 살리는 민심이 천심이 되어있었기 백성들 호응과 부국강병 외쳐 내란과 외침이 거의 없었던 반면 왕의 우유부단과 다음 무신집권 후계자로 왕의 부름에도 평소 경내승이 무서워서 경대승 같이 비전이 없는 자 개경에서 먼 고향 경주에 머물기만 하는 이의민의 체념으로 왕정복귀 할 6개월간 허비했다. 평화로워 심각한 변화는 나타나지 않았다. 경대승 정권은 무신정권 과도기라보다 안정기였다.

끝내 경대승정권은 병사로 복고주의를 통해 무신정변 이전상태로 왕정복고는 못했지만 무신 불법 통제 해 큰 획 긋는『도방 정치 경대승』무신정권 안정화시켰다.

도방 정치 경대승 추모시

경진호

온 천지가 불꽃으로 뒤덮였다
천국에서 지상으로 내려보낸
정의의 사자 불의 보고 못 참어

불의 소멸하지만 고난 인내한
정의 영원해 불법 참는 불의보다
불법 못 참는 정의를 어디에 비해

불의는 설자리 없어 헤매며 곳곳을
다녀 어지럽혀 세상 혼란만 야기
정의는 당당하고 야무져 당차고 당돌해 올곧다

15세 과거 같은 음서교위합격 견룡행수
26세 대장군 부정부패 난신적자 물리쳐
집권해 최초 사병 집단 도방 정치로 고려 안정

집권 충신 비전과 업적 눈부시어
타의 무인 넘어 당당하다는 모습 보여 잘 살게 노력
가난 백성 구휼미 창출과 시장 경제 도량형 제도 단속

관직 왕명출납 승선과 왕의 수안궁주 혼인 백작 거절
재상 부의 재산 나라 선군 헌납 백성 탄복 정화 선도
문무 동등 인사 말할 수 없는 일 남김으로
가문의 영광 나라의 위인 세계의 영웅이었네

청주경씨 가보 나아가 국보 더 나아가 세계문화유산

책을 펴기에 앞서
― 核心別 要約

• 고려 중기 '무인시대 2기' 무신집권시대 사병집단 5년 '도방정치 경대승(慶大升)' 장군. 본관 청주(淸州), 청주경씨 시조, 1~2차 1174~1176 명종 4~6년 '조위총의난' 우군병마사 평정 부친 정2품 벼슬 중서시랑평장사 경진(慶珍)의 자(子)다.

• 부 경진 자부(子婦) 사돈(査頓), 경대승의 동생의 처 제수 무인시대 100년 불러온 '무신 난' 원초 인물 상장군 이소응 딸 혼인 사위, 경대승 모 추정 손경이, 족형 대장군 손석 외사촌형, 후견인 상장군 두경승, 정균 부관 도방 허승, 김자격 이다.

• 경대승의 활동사항은 부친 음덕에 청주서 태어나 15세 교위부터는 『고려사』에 있으나 태어나 15세 교위가 되기 전까지 기록에 없어 제1부 토막창작극 - 구전을 모아 엮어진 본서(本書)이다. 제2부 역사대하드라마 - 무인시대 경대승 편 각본 저작권승인 받아 고딕(Gothic : 각형 고딕체인 굵은 서체)체로 1/8로 요약이다. 제3부 다큐가문홈드라마 - 1장 『고려사』·『고려사절요』 경대승 장군 집권·충신 연pp136 원본·해설이다. 2장 『2005년 청주경씨족보』 휘 장군공이다.

• 힘이 남보다 뛰어나 일찍부터 대의 큰 뜻을 품어 명종이 내

린 출납 직관 정삼품 벼슬 승선(承宣)을 글 모른다며 거절, 사망한 부친 전 재산 집권 전 나라·군부·선군 바쳐 청렴결백, 미혼 자녀기록전무 –『고려사』'가사를 돌보지 않았다'.

• 15세에 부친 재상 음보로 과거동급 교위(校尉)가 되었으며 10년 뒤에 26세 대장군 기해정변 도방 정권을 잡았다. 부친 경진은 『고려사』'욕심 많아 남의 토지를 빼앗아 재산을 많이 모았다.' 하나 사실 大臣, 공로 보상 領地(영지), 食邑(식읍)이다. 부친 사후 경대승이 욕심을 비워 벼슬 명종 옹주 혼인 백작 정1품 거절, 물론 전 재산 토지를 모두 나라 선군(選軍)에 바치니『고려사』'백성들이 청렴함에 탄복하였다' 가난 백성 구휼미 창출, 중방 외 도방군사 끝내 억압 집권 중 병사.

• 1176년 경대승이 대립한 정균 해주가문에 척(隻 : 외짝, 원수)을 두자 부친 경진의 병 유발시켰고 유언으로 병문안 온 상장군 두경승에게 현 멘토(mentor : 조언자) 후견인 부탁하여 백의종군 때 복직 건의로 용호군 대장군 되다. 정균이 수안궁주 강혼, 구혼하려다 지나다 본 경대승의 정의적 만류에 앙심 품고 대장군 탄핵파직, 말단변방부대장 총각도령 백의종군한다. 후견인 상장군 두경승이 건의 복직 대장군, 두 번째 대장군 사심관 청주사건책임 탄핵 파면에 복직 건의 시켰다. 두 번 탄핵 파면 정중부 정권 난신적자·부정부패해 전복할 기회 노렸다.

•『고려사』101 열전 14에 경대승 집권 1년 전 명종 8년 장군 이시용은 문관을 억누르는데 부족할까 염려하여 전일에 경대승을 도와 궁전 담을 넘어가게 한 낭 장 김자격의 죄를 끄집어내어 섬으로 귀양 보냈다.

- 『고려사』 1178년 청주인으로 개경에 적을 두고 살다가 청주로 퇴거한 사람과 토착 청주인이 토지로 서로 사이가 좋지 않아 토착 청주주민들이 퇴거한 이들을 거의 다 죽이는 일이 발생 하였다. 이에 개경주민청주사람이 결사대원을 모집하여 청주에 보내 치게 했으나 이기지 못하고 100여 명이 죽었다. 이때 대장군 · 청주사심관 경대승은 조정 대장군 박순필(朴純弼)과 청주목사 박온서와 경대승이 탄핵 파면되었다. 경대승 부친 경진 사망 후 전 재산 나라 선군 군인전 바쳐 개경에 살다가 이주한 개경주민청주사람이 본토 토박이 청주주민과 함께 살면서 개간을하여 땅을 넓게 사용하려는 과정에서 서로 싸움이 일어난 청주사건이다.

- 이로써 평소 무신대란 1기로 정권을 장악한 정중부의 소행에 분개해 그를 제거 하고자 기회를 노렸다. 정중부의 사위 송유인(宋有仁) 승선이 문극겸(文克謙), 한문준(韓文俊) 등 충량(忠亮)한 선비를 내쫓아서 말썽 기회, 기해정변 일으킨다.

- 고려 명종 9년 1179년 9월 기해정변, 장경회(藏經會)에서 청주 고향 친구 동갑 혈맹 정균의 부관 허승(許升)과 부관 김광립(金光立), 경대승 부친의 가신 부관 김자격(金子格)이 일으킨 정변, 경대승 적장 정중부 일파 대장군 정균을 부관 견룡 행수 허승이 먼저 선두에 나서서 개전해 태자부지유대장군으로 숙직하던 정균을 죽이고, 도방군사 결사대 30명 금군(禁軍)을 발동 용호군 대장군 경대승이 정중부, 송유인을 잡아 형 집행을 명종 윤허 하에 자결을 권하였으나 받아들이지 않자 왕명에 의해 도수(刀手)가 참살하고 '도방 정치 경대승' 제2기 무신정권수립 되었다.

• 경대승은 집권 후 곧바로 무신정변을 옹호하면서 정중부 일파의 죽음에 대한 복수를 공언하는 무신들의 경고를 받았다. 허승은 잔존하는 정중부 무신들을 즉각 제압하였다. 그러나 아깝게도 그 뒤 허승, 김광립이 공을 믿고 악소(惡少)를 모으고 많은 폐단과 역모로 이들을 선참후계 · 읍참마속 · 전광석화로 견제 세력 제거했다. 당시 세계 조류, 도방을 최초 설립해 정권 재장악(再掌握)했다.

• 경대승이 당시 세계적 조류에 따라 도방 최초 설치로 도방 정치는 경대승이 집권중 병사하기 직전 낭장 최충헌 병문안 온 자리에서 제언으로 명종 폐위하는 강력한 도방 정치를 하면 병이 낫게 되어 호전될 것이라고 충언을 하자 경대승이 병문안 온 말단 총각도령 최충헌에게 즉석에서 '이 사람 천하를 집어 삼킬 사람'이라며 크게 거절할 정도로 집권자이자 충신이었다.

• 중방은 최고 권력기구 기능을 하던, 고려 시대, 공학군 이라고 하는 응양군, 견룡군 이라고 하는 용호군, 이군 육위의 상장군과 대장군들이 모여 군사에 관한 일을 의논하던 곳이다. 도방 최초 설립자 경대승 이어 최충헌의 최씨 무단정치 독재기구 교정도감 · 정당 · 이성계 위화도회군 가별초, 도방을 강화한 환명이다.

• 최충헌에 이어 아들 최우(1219~1249), 최충헌의 둘째 아들 최항(1249~1257), 최항의 아들 최의(1257~1258) 인사 세무 감찰 등 전권 행사기구 교정도감 · 정방을 설치하여 서방(書房)으로 문인 등용, 최우의 사사로이 조직한 군대 마별초(馬別抄)와 최우가 도둑을 막기 위하여 조직했던 야별초라는 특별부대가 있다.

교정도감 · 정방은 무신정권 유일한 문인 실권자 류경(1258~1260), 김준(1260~1268), 임연(1268~1270), 임유무(1270~1270)까지 이어져 무인시대(1170~1270)가 100년간이나 지속되게 한 80년 도방 정치의 위력을 알 수 있다.

• 1181년 대정을 지낸 한신충(韓信忠), 채인정(蔡仁靖), 박돈순(朴敦純) 등이 반란을 일으키자 경대승은 이들을 섬으로 귀양을 보냈다. 반대파 무인들 소행으로 밝혀 졌다. 반면 유언비어라 할지라도 잡아가두고 반란자 가리지 않고 국문 탈이다.

• 1183년 홀연 꿈에 정중부가 칼을 들고 호통을 치며 달려드는 것을 본 뒤에 병을 얻어 30세 1179~1183 현재 대통령임기 5년 규정과 같이 햇수로는 5년, 만년 4년 동안 나라 충신으로 정권을 유지한다. 고대 유대왕국 헤롯(Herod : 고대 유대 왕국의 왕)은 베들레헴의 많은 예수가 태어나자 2세 이하 유아를 죽이라 명하였다. 또한 유대의 왕 그리스도 강림을 두려워 예수가 예수님 '하느님의 아들, 그리스도'란 이유로 산헤드린에서 사형판결을 받고 '유대인의 왕'이란 죄명으로 빌라도(Pilatus, Pontius : 6년부터 36년까지 유대를 통치한 로마 총독)은 예수의 재판관으로 무죄라는 사실을 알면서도 유대인 민중의 압력에 굴복하여 십자가형(十字架刑)을 내렸다. 그 예수는 역적으로 십자가에 못 박인 형과 같이 경대승도 구휼미로 백성 살리는 의협(義俠 : 옳고 바른 것을 위하여 강한 이와 맞서고 약한 이를 도움)한 도방 정치를 『고려사』 극본, 백성과 명종 어머니 공예태후도 경대승을 세상 어디에도 없는 충신이다. 경대승 병사로 한이 맺혀 그해 병사하였다.

• 『고려사』에 장례 때에 슬퍼 곡하지 않는 장안 백성이 없었다

고 했다. 집권자가 충신으로 병사한 것은 역사상 경대승뿐이므로 의문점이 많아 그 내력을 알면 알수록 더 몰라 현 일반인 대학생 연구·논문, 도방 정치 경대승을 채택하는 이유다.

• 사후 경대승 유언대로 즉시 도방군사 자체 해산 명령을 내렸으면 해가 없게 무사한 일이었다. 회한하나 부관 김자격이 도방 방장 역모로 유지를 계속해 반역, 경대승의 도방군사에 속한 사람들은 모두 체포되어 먼 섬으로 귀양해 도중이거나 보내졌다가 살아남은 이는 서너 명에 불과했다고 안타깝게 『고려사』에 전해진다.

• 예단한 경대승 병사 후 76년 만에 '고려 고종이 몽고에 폐망' '조선 고종이 일본에 폐망'과 같다. 그렇게도 '북방오랑캐 때문에 눈을 감지 못한다.'라고 유언한 경대승 병사 후 76년 만이었다. 몽고 1차침입 1231년, 몽고 6차침입 1254년, 7차 침입 1158년 최의 국토황폐 망했다. 고려 고종이 39년간 전 국토를 내주어 폐허다. 왕궁 강화도로 옮겨 억압, 백성 매일 13만 명씩 배로 몽고에 강제노예 끌려가 고려 망한다. 1258년 고종45년 김준, 초명 김인준 집권 최의 살해 폐망했다.

  조선도 고종 때 일본이 항복 후 만주에서 후퇴하며 소련을 끌고 삼팔선까지 내려와 미국이 더 이상 안 된다고 금지하여 비통한 삼팔선으로 현 남북분단국가다. 남북은 분쟁뿐 남북통일 명답이다. 고르바초프의 소련연방독립 일환 따라 1990년 10월 3일 독일이 통일되듯, 고르바초프 제주도까지 정상회담 '한·소 우호·협력에 관한 조약' 협상위해 1991년 4월 19일~20일 제주도 방문 왔음이 한국도 기회 탔지만 상징이라며 놓쳤다. 현 남북통일, 원인 일본, 미국 러시아 간 협상뿐이다.

• 임금이 무위(無爲)하면 신하는 유위(有爲)하고 백성들은 자연(自然)이면 교화다.

임금은 유위(有爲)하고 신하 무위로 간신 짓이나 눈치 살펴 백성 부자연 힘들다.

정치는 "노자 한비열전"에서도 노자의 도덕경 왕 무위 신하 유위 백성 자연이면 백성은 정치 경제가 자연스러운 것으로 뭐든지 복되게 풍요롭게 잘 된다.

유위한 명종처럼 반대무인과 힘을 주는 권위 명분을 앞세워나가면 백성이 부자연 하다. 재산 전무, 벼슬거절, 무위(無爲)한 경대승은 집권자며 충신으로『고려사』연136페이지 걸쳐 연해 있는 이유이다. 그러므로 백성은 자연(自然)스럽게 되어 교화(敎化 : 사람을 정신적으로 가르치고 이끌어 좋은 방향으로 나아가게 함)된다.

• 정치는 통치자나 정치가가 사회 구성원들의 다양한 이해관계를 조정하거나 통제 하고 국가의 정책과 목적을 실현시키는 일이다. 또한 개인이나 집단이 이익과 권력을 얻거나 늘이기 위하여 사회적으로 교섭하고 정략적으로 활동하는 일이다. 그러므로 반대파를 지지파로 포섭력으로 유치한다. 반대파 없으면 독재되니까 반대파를 최소화하는데 있다. 國益을 民益보다 앞세우는 국가주의가 애국심이다. 민족주의는 독립과 통일의 민족우월성이다. 현 세계주의(globalism)는 경제, 정보통신 신망, 사회 및 문화 세계단일체제로 추구한다. 민익, 국익일 때 국가발전이다.

• 일본은 경대승 집권 시 세계 조류, 도방처럼 쇼군(장군) 우두머리 막부 정치였다.

• 집권 · 충신 경대승을 한나라 무신 한신과 남송 무신 악비와 같이 단순 충신 · 역적으로 비유해서는 안 된다. 韓信은 중국 한나라 고조 유방이 초한쟁패기 전한 시기 중국 역사 손꼽히는 명장으로 전투서 승리해 동료무시 상관협박 안하무인 비판에 반란 혐의로 숙청당한다. 岳飛는 태몽으로 백조가 지붕을 나르다는 뜻으로 초기 남송시대 금나라를 물리친 충신이다. 간신 진회에게 금나라 교전 중 12회나 회군 위반으로 사약 받았다.

성공한 혁명 기해정변으로 집권 경대승을 집권 후 권위 명종과 반대파무신들이 처벌할수 없는 역적이라고 생각하고 있는 것은 말할 길이 끊어졌다는 뜻으로 어이가 없어서 말하려 해도 말할 수 없음을 뜻하는 언어도단(言語道斷)이며 말이 조금도 사리에 맞지 아니함이라는 어불성설(語不成說)이다. 엄연히 『고려사』와 『고려사절요』에 집권 · 충신 경대승이다. 경대승은 성공한 기해정변으로 집권자 · 통치자로 역적이 될 수 없다는 평가다.

불꽃 튀는 격전장(激戰場 : 격렬한 싸움이 벌어진 곳) 토론 현장 평가의 결론은 경대승 주론(主論) 권위 명종 단독 참형 불가능한 역적, 반론(反論) 『고려사』· 『고려사절요』에 대의(大義, 당시 사람으로서 마땅히 지키고 행하여야 할 큰 도리) · 대권(大權, 오늘날 법률로 나라의 최고 통치권자인 국가의 원수가 국토와 국민을 통치하는 헌법상의 권한)으로 보아도 '도방 정치 경대승' 집권 · 충신 · 위인이다.

동(同) 경대승, 장량은 초한시대 유방과 천하통일 후 공적의 크고 작음 따위를 논의하여 그에 알맞은 상을 줌이라는 논공행상(論功行賞)을 받지 않아 욕심불허, 지지(知止, 멈춤 알다)전략, 초야 묻혀 토끼가 죽으면 토끼를 잡던 사냥개도 필요 없게 되어 주인에게 삶아 먹힌다는 뜻으로 필요할 때는 쓰고 필요 시 쓰이고 불필요시 버림을 한다는 토사구팽(兎死狗烹)를 당하지 않겠다며 고향에 돌아가 그는 초야에 묻혔다. 장량은 경대승과 같은 사람으로 집권 후 관직을 갖지 않고 불의를 참지 않으며 정의를 사수하여서 정의롭고 청렴결백 했다.

• 또한 집권·충신·위인 경대승은 위인들인 주발, 진평과 같은 사람이다. '출처 : 제왕운기(帝王韻紀 권 中)이다. 고려 25대 충렬왕〈1236~1308〉때) 고려 이승휴 사서(史書)' 그는 문하시중 최홍윤의 경대승 관련 시를 '매우 옳다(其語信然)'고 하면서 경대승의 이의민 제거 실패를 경대승을 옹호하는 편에서 보면 단순히 무력 비교가 아니라, 당시 상황이 분하다 해 분할 분(憤)함을 비판했다.

'기는 세상을 덮고 힘은 산을 뽑으니, /氣蓋世兮力拔山 (기개세혜력발산) 주발과 진평의 공업에도 뒤지지 않는다. /安劉功業勃平間(안유공업발평간) 오늘날 삼한의 한을 남겨 놓은 건, /至今留得三韓恨(지금유득삼한한) 범이 그물 안에 있는데 맘대로 놓았기 때문이네. /虎入羅中任放還(호입나중임방환)' 최홍윤(崔洪胤), 1153~1229 고종 16년 고려 후기의 문신 평장사·문하시중 치사(致仕, 나이가 많아 벼슬을 사양하고 물러남)를 했다. 주발(周勃)은, 중국 한나라 정치가 한신, 진희, 노관·여후〈여씨 등〉 반란 진압으로 유방을 도왔으나 공이 높으면 재앙을 초래한다고 여겨 재상자리 사직했다. 진평(陳平)은, 중국 한나라의 정치가〈?~BC 178〉 한고조를 도와 천하 통일을 이루었으며, 여씨의 난을 주발과 함께 평정했다. 한나라 同 장량.

제1부
토막극

− 경대승 출생·유·청소년기 성장 과정 구설 엮은 창작

상서롭게 하늘에서 내린 사자 날개옷 입고
고려 무인 탄생한 봄

- 출처 : 기록 부재로, 창작

아기장수, 부정부패 고려백성을 살리기 위해 집권한 경대승

경대승은 1154년에 당시 고려 양광도・중원도(청주, 충주 등 충청도) 청주에서 태어나 힘센 아기장수였다. 부친 경진, 중낭장(中郎將, 고려 시대 정오품 무관 벼슬로 장군의 아래며 낭장의 위로 각 領에 두 명씩 두었던 현 연대장(聯隊長, 연대의 최고 부대 지휘관, 보통 대령이 맡는다.)이었다.

대승과 같은 천하장수 삼손(Samson)이야기이다. 삼손, 특별한 아기로 구약성경판관기 입다 시대가 가고 다른 무서운 적이 이스라엘을 침략했다. 바닷가 고대 팔레스타인 민족 가운데 하나이다. 기원전 13세기말 에게해(Aegean海, 지중해 동부)에서 팔레스타인의 서쪽 해안으로 침입하여 정착한 비셈계(非semites系, 아라비아 반도에서 북쪽 민족이 메소포타미아 지역으로 이주한 민족, Anti-Semites[반유대주의자], 셈[Sem]族)민족으로 이스라엘인을 압박하였다. 셈족은 함족, 아리안족과 함께 유럽 3대 인종의 하나, 기독교의 성경에 나오는 노아의 맏아들인 셈의 자손이라 전하여지며 아시리아인, 바빌로니아인, 페니키아인 유대인 등이 이에 속한다. 머리털과 눈동자가 검은색이고 중키에 셈어를 사용한다. 블레셋(Philistia)족이 여러 해 괴롭혔다. 12지파, 마노아(manoah)와 아내는 위대한 사사를 보내달라고 하나님께 기도한 아이가 생겨 태어나 그 징표로 머리카락을 자르지 말라했다. 삼손은 블레셋의 여자 델릴라(Delilah)의 사랑에 빠져 잠든 새, 새 베틀에 넣어 짜고 말뚝에 고정시켜 가위질까지 당해 일어나자 머리카락이 빠졌다. 붙잡혀 그들 건물 기둥에 매어져 "하나님, 한 번 더 제게 힘을 주세요. 마지막 적을 물리치고 싶습니다." "무너져 블레셋과 죽게 하소서." 이스라엘의 델릴라에 속아 눈먼 영웅삼손, 블레셋사람들과 함께 죽었다.

- 「'성경365' '삼손 천하장수' p120~p127 메리 배철러, 엘페이지사, 2016」

경대승(1154~1183)은 26세 때 용과 범을 아울러 이르는 말 용호(龍虎) 고려시대, 종삼품의 무관 벼슬 대장군(大將軍) 자격으로 무신의 횡포에 분개하여 용력이 뛰어난 정균의 부관 견룡행수 허승을 앞세우고 먼저 허승이 정중부 아들 대장군 정균을 제거하고, 명종의 허락 받아내 정중부, 송유인 등을 살해하였다. 경대승은 그 뒤 신변 위협 보호하기 위해 사병 제도 · 사병 숙소 · 도방, 두어 도방 정치를 했다.

명종9년(1179) 9월 경대승이 허승(許升)에게 말하기를, "내가 흉악한 무리들을 제거하고자 하는데, 네가 따라만 준다면 일이 성공할 것이다." 허승이 허락하였다.

경대승이 말하기를, "장경회(藏經會 : 대장경을 강설하기 위하여 베푸는 법회)가 끝나는 밤에는 숙위(宿衛)하는 군사가 반드시 모두 곤히 잠들 것이다. 내가 결사대(決死隊) 30여 명을 화의문(和義門) 밖에 매복시킬 테니, 정균이 가장 신임하고 호위하는 직속부하 견룡 행수 허승이었다. 경대승과 9살 동갑네기로 청주 고향을 방문할 때 함께 곳곳을 놀러 다녔다. 상경해 의기투합해 소피를 나눠먹어 결의 혈맹 정신에 허승에게 너는 먼저 안에서 문하시중 정중부(鄭仲夫) 아들 정균이 궁주를 넘겨보며 차지하려고 가진 흉모를 부리고 있었으므로 빈축을 사고 있는 중에 숙직하는 정균(鄭筠)을 죽인 다음 휘파람소리 신호로 약속하면 내가 숨겼던 결사대를 출동시켜 호응하겠다."라고 하였다.

 밤 1시~3시, 밤 4경(更, 초경 : 7시~9시, 2경 : 9시~11시, 3경 : 11시~1시, 4경 : 1시~3시, 5경 : 3시~5시)에 허승이 정균의 태자부지유대장군 숙직소로 들어가 바로 죽이고 휘파람을 불자, 경대승이 결사대를 이끌고 왕궁의 담장을 넘어 들어와 대장군(大將軍) 이경백(李景伯), 지유(指諭) 문공려(文公呂)를 죽이고 눈에 띄는 사람은 모조리 죽였다.

 사실은 경대승 장군이 일으킨 전쟁이 아닌 대장군 정균의 부관 견룡행수 허승이 정균을 먼저 죽였기에 나라 안서 일어나는 전쟁 내전(內戰)이었다.

 궁궐 안이 떠들썩하고 칼날이 마구 부딪혀 왕이 몹시 놀라자, 침전(寢殿) 밖에 나와서 경대승이 큰 소리로 아뢰기를, "신(臣)들이 사직(社稷)을 보호하려는 것이니, 청컨대 임금께서는 두려워 마십시오."라고 하였다. 왕이 궁궐 문을 나와서 경대승 등을 부르고는 손수 술잔을 내려주고 위로하였다. 이에 경대승은 왕에게 금군(禁軍)을 출동시켜 정중부와 송유인(宋有仁) 부자를 체포할 것을 요청하였다. 정중부 등이 변고를 듣고 도망쳐 민가에 숨어 있었지만 모두 체포하여 왕 입회하에 승낙을 받고 자결을 요구했으나 거절하자 도수부가 참살해 목을 베고 저자에 효수(梟首)하였다.

 왕이 경대승을 불러 묻기를, "정균의 승선(承宣, 밀직사에 속하여 왕명의 출납을 맡은 정3품, 〈조선 후기 승선원에 속했다가 승지로 개칭〉)자리를 경(卿)에게 주고자 하는데?"라고 하니, 경대승이 말하기를, "신은 글자를 몰라 감히 바랄 바가 아니옵니다."라고 하였다. 왕이 말하기를, "경(卿, 임금이 2품 이상의 신하를 가리키던 이인칭 대명사)이 아니면 누가 하면 좋겠는가? 이부시랑(吏部侍郎, 이부의 버금 벼슬 정4품, 뒤에 총랑으로 개칭) 오광척(吳光陟)은 어떠한가?"라고 하자, 대답하기를, "승선은 왕명을 출납하는 직이니, 유학(儒學, 중국의 공자를 시조로 하고 그의 가르침을 근본으로 삼는 전통적인 학문)을 하는 사람이 아니면 불가합니다. 오광척이 비록 글은 조금 알기는 하지만, 역시 무신(武臣)이니 정균과 같아질까 두렵습니다."라고 하니 왕은 아무 말이 없었다. 경대승은 오광척이 기필코 승선에 임명될 것을 알고 그를 미워하였다.

경대승의 족형(族兄, 외사촌 형으로 사료[思料]. 경대승 모친 손경이[孫敬伊]로 명칭 창작했다.) 장군(將軍) 손석(孫碩)은 부친 수원부사 파면시킨 일로 평소 오광척과 원한, 경대승을 꾀어 함께 그를 죽이고, 4인방 일당인 장군 김광영(金光英)과 지유(指諭) 석화(石和)·습련(襲連) 및 중랑장(中郎將) 송득수(宋得秀)·기세정(奇世貞) 등을 죽였다. 정균 정중부 송유인 오광척 사공(四公) 없앴다.

조정의 신료들이 궁궐로 나아가 축하하여 예를 차림을 하는 하례(賀禮)를 하니 경대승이 말하기를, "임금을 시해(弒害)한 자가 아직도 살아있는데 축하가 무슨 소용인가?"라고 하니, 의종 시해 이의민(李義旼)이 소식을 듣고 몹시 두려워했다. 무관(武官)들 일부가 공공연히 말하기를, "정 시중(鄭侍中)이 앞장서 대의(大義)를 부르짖고 문사(文士)들을 억눌러 여러 해 쌓였던 우리들의 울분을 씻어 줌으로써, 무관의 위세를 펼쳤으니 그 공이 막대하다. 지금 경대승이 하루아침에 정균 정중부 송유인 오광척 4명의 공(公)을 죽였으니 누가 그를 토벌할 것인가?"라고 했다.

경대승은 두려워 결사대 30명에서 늘어난 130여 명을 불러 모아 자기 집에 머물게 하고 길러 변란에 대비시키는 사병 제도·

사병 숙소·도방(都房)이라 불렀다.

통나무 긴 베개와 큰 이불을 덮고 날을 바꾸어가며 숙직하게 하였으며, 더러는 그들과 같은 이불을 덮고 함께 자면서 정성스럽게 돌보아주는 마음을 과시하기도 했는데, 얼마 후 사직하고 집에만 머물렀다.

그러나 나라에 큰일이 있으면 반드시 조정에 나아가 결정에 관여하였다. 경대승이 정중부와 송유인을 제거한 후 불안하여 항상 몇 사람을 거리로 보내 몰래 집 주변과 길거리를 살폈다. 유언비어 시 잡아가두고 국문(鞠問)해, 큰 옥사에서 형벌했다.

당시 개경(開京)에 도적들을 경대승의 도방이라 일컬었는데, 유사(有司, 단체 업무의 직무))에서 체포하여 옥에 가두면 경대승이 석방하니, 강도들 꺼림이 없었다.

경대승의 문객(門客)이 길에서 어떤 양가(良家)의 자제를 죽이자 유사에서 체포하여 죄를 다스리려고 하였지만, 경대승이 힘써 구해 피할 수 있었다. 허승과 김광립 등은 경대승과 같이 공을 세웠다고 믿고, 거드름을 피우며 방자하게 행동하면서 몰래 불량배 악소(惡少)를 길렀다. 또 세자가 거주하는 동궁(東宮)을 가까이 모신다며 세자궁의 뒤 벽 쪽에서 침식(寢食)과 밤새도록 노래하고 악기 연주하는 등 굴었다.

경대승이 이를 미워하여 허승을 자기 집에 불러서 죽였으며, 도중에 만난 김광립도 죽여 버렸다. 그리고 군사를 동원해 자신을 호위하게 하고 아뢰기를, 선참후계(先斬後啓 : 먼저 처형하고 뒤에 임금께 아뢰다.) "허승 등이 제멋대로 굴면서 신을 죽이려고 할 뿐만 아니라, 반역(反逆, 법이나 도리를 지키지 않는다는)·불궤(不軌)까지 도모하였습니다. 일이 급박해 아뢸 겨를이 없어 먼저 그들을 죽였습니다."했다.

당시 허승이 무관(武官)들 일부를 제압하고 있었다. 주론(主論,

주장하여 논함)으로 삼국지에서 제갈량이 사랑하는 부하 마속을 위나라 조조에게 패한 것을 전쟁에서 패전하면 반드시 최고 책임자를 문책한다는 대의명분을 밝혀 세우는 큰 의리 춘추대의(春秋大義)가 있는 것이고 반면 벌은 지위가 지극히 높은 사람에게 가하면 안 된다는 말도 있는 것인데 사랑하는 부하를 눈물을 흘리면서 죽인다는 말이다. 원칙을 위하여 자기가 아끼는 사람을 버림이라는 말로 중국, 촉나라 제갈량이 사랑하는 부하 마속이 군령을 어기자 군의 질서를 세우기 위해 울면서 그의 목을 베었다는 읍참마속(泣斬馬謖)했다. 토끼가 죽으면 토끼를 잡던 사냥개도 필요 없게 되어 주인이 삶아 먹는다. 필요할 때 쓰고 필요 없을 때는 버린다는 토사구팽(兎死狗烹)이다.

장완은 제갈량의 심복이다. 그는 조조를 '찬탈 역적'으로 정의하면서 촉한 정통을 주장했다. 그들은 제갈량에 대해 편견 없다. 그럼에도 하나같이 마속을 죽이지 말았어야 했다고 제갈량에 대하여 반대하거나 되받아 논의해 반론(反論)·비판했습니다.

이때를 가리켜 반영한 장기(將棋)는 한반도와 중국의 이루(二壘, second keystone, 이류지역[二流地域]) 지역에서 즐기는 오락이다. 삼국시대 위 유비, 촉한 조조, 오 손권 즉위하는 춘추오패와 후한말기 유비 간의 초한(楚漢) 시기 배경으로 한 보드 게임(board game : 종이판이나 나무판에 여럿이 둘러앉아 즐기는 모든 종류의 놀이를 통틀어 이르는 말)을 의미한다. 장기는 전쟁 게임으로 발상지는 고대 인도에서 시작되어 중국을 거쳐 변화되어 일본을 통하여 우리나라에 전래됐다.

바둑 기(碁)은 중국 박물지 '요조위기 단주선지(堯造圍棋丹朱善之)' 기원전 2300년 전 요왕이 아들을 위해 바둑을 발명했다는 추정이 가능하다. 고대 중국에서 발명되었다는 것이 유력하다. 고대 중국의 요(堯)·순(舜) 임금이 어리석은 아들 단주(丹朱)와

상균(商均)을 깨우치기 위해 만들었다는 설이 있다. 또한 천체관측설도 있다. 농경사회였던 고대에는 별들의 움직임을 관측하고 연구하는 도구로서 바둑을 발명되었다는 설이 있다. 황하유역에 해마다 홍수가 범람하여 선사시대 때부터 자연스럽게 천문학이 발달할 수밖에 없었는데, 당시 하늘의 별자리를 표시하던 도구가 발전하여 오늘날의 바둑이 되었다는 설이 과학적인 설득력을 얻고 있다. 장기는 전쟁이고, 바둑은 별자리이다. 오락 장기와 바둑은 중국 삼국시대와 요순시대 애기다.

경대승이 허승 제거, 왕이 근신(近臣)을 시켜 그를 위로하였으며, 재상(宰相) 이하 관리도 모두 그 집으로 찾아가거나 혹은 글을 올려 축하하였다. 경대승은 점차 편안해져 군사로 호위하는 일을 그만두었다. 경대승 집권자며 충신에 대한 두 속담이다.

속담 '충신의 편도 천명 역적의 편도 천명' : 세상일은 무엇이나 사람의 뜻대로 이루어지는 것이 아니라 운명이 정해진 대로 되어간다는 말이다.

'속담 충신이 죽으면 대나무가 난다' : 충신 죽은 자리서 절개상징 대나무 돋는다.

8살, 한 아귀 일악(一握) 소나무 목근 뽑은 장사 경대승, 의종 격려하사 – 구설 창작

구전에 의하면 맹자의 상편에 나오는 말로, 사람의 마음에 차 있는 너르고 크고 올바른 기운을 기르는 호연지기(浩然之氣)를 키워 용기를 얻으며 점점 약진하여 남을 통솔하게 하는 지도력을 쌓아간다고 하였다.

경대승은 타고난 우량아로 태어난 데다 뛰어난 신체적 기질을 더함에 비단 위에 꽃을 더한다는 뜻으로, 좋은 일 위에 더 좋은 일이 더하여짐에 비유적으로 이르는 이는 금상첨화(錦上添花)라고 아니라고 말할 수 없다.

경대승은 타고나선지 이상하고 괴상할 만큼 뛰어나게 센 힘을 가진 괴력(怪力)이 있어 성장하면 할수록 힘이 완력을 가져 장사, 고려사에 있다. 경대승을 지극정성으로 끝까지 보살펴주는 족형 손석 대장군이 외사촌 형이기도 하지만 모친 손경이, 어머니와 함께 8살 때 절에 불공을 드리러 개주 · 개경부 · 개경에 있는 봉은사에 갔다. 같이 간 동네아이들 앞에서 내기를 하자 해서 왕 의종이 보는 앞에서 주먹 하나에 들 만한 분량이라는 한줌 · 엄지손가락과 다른 네 손가락과의 사이라는 한 아귀나, 한줌이라는 일악(一握 : 적은 분량)이나 되는 소나무를 뽑을 정도로 힘이 있었다. 그것을 본 의종은 보통 다른 아이였으면 벌을 받게 되었지만 부친이 중서시랑평장사 아들이라고 임금을 곁에서 모시는 신하 시신(侍臣)들이 말하자 왕 의종은 오히려 큰 상을 내려주면서 장래가 촉망된다며 장차 크게 훌륭한 사람이 될 것이라고 바라고 기대하는 촉망(囑望)되고 큰 활약이 기대된다 하였다. 경대승은 일대(一大) 전화위복(轉禍爲福)이 되었다.

의종은 누구의 아이인가 하자 정2품 중서시랑평장사 경진 재상의 아들입니다 라고 하자 벌을 주려다 기특하다며 오히려 칭찬하며 상금을 내려 주었다고 한다.

경대승 부 경진 관산 · 모산(茅山, 인공 산) 함정호랑이 포착 청주목사 경군추천

- 출처 : 『고려사』무기록으로 인해, 창작

경진((청주경씨 시조, 중서시랑평장사 정2품 벼슬 1126~1177,

52세, 북송(北宋) 휘종(徽宗) 연호(年號) : 선화(宣化) 원년(元年) 출생과 2005 청주경씨선세행장 p486고려 예종 1119~1177 58세 양론이다. 가묘(假墓), 청주의 모산(茅山, 인공의 산 草茅[초모, 잔디])이다. 출처:고려사 · 청주경씨족보 상권1983. 충북 청주시 지북동 당시 청주읍 남일면 효촌리였다. 관산(關山, 고향의 산) 산하(山下)에 있는 마을에 살았다. 하루는 호랑이를 잡기 위해 (산에다 잘 다니는 길에다 짐승을 잡기 위하여 파 놓은 구덩이, 빠져나오기 어려운 곤경이나 남을 해치기 위한 계략을 비유적으로 이르는)함정(陷穽)을 파놓았다.

다음날 산에 오르니 호랑이가 함정에 빠져 어흥 소리를 내며 함정 속 우리 안을 거닐고 있는 것을 발견하였다. 함정 맨 위에다 혹시 도망가지 못하게 밧줄로 동여매여 얼기설기 가로세로 촘촘히 엮은 망을 함정 뚜껑으로 덮어 사이를 밀착시켜 주위를 고정시켜 놓고 기다리는 수밖에 없었다. 호랑이를 잡기 위해 함정에 며칠을 굶겨놓았다. 며칠이 지난 다음날 호랑이가 어떻게 도망이나 갔는지, 어떻게 있는지 알기 위해 호랑이가 빠져 있는 곳 함정을 가보았다.

호랑이는 힘이 없어져 축 처지어 함정 밑 땅바닥에 드러누워 있었고 혹 잠이 들었는지 어흥 소리도 내지 않고 누워만 있었다. 돌을 던져도 꿈쩍도 하지 않아 실신상태였음을 알고 드디어 함정을 내려가 호랑이를 잡았다.

축 늘어져 죽은 호랑이를 어깨에 둘러매고 산을 천천히 내려왔다.

마을 사람들이 호랑이를 잡은 것을 보고서 깜짝 놀랐음은 물론 그로부터 마을 사람들은 경진을 다시 보게 되었다. 야구경기에서 야구공을 던지는 투수(投手)가 있는가 하면 공을 받는, 야구 경기에서 본루를 지키며 투수가 던진 공을 받는 포수(捕手)가 있듯

예전에 총으로 무장한 군사를 말하였지만 총을 쏘아 짐승을 잡는 사냥꾼, 포악한 짐승을 총으로 잡는 포수(砲手)로 경진은 호랑이를 잡는 포수라는 소문이 났다. 김청식 청주목사까지 알게 되었다. 청주목사가 추천하여 개경에 경군(京軍, 고려 시대 수도지역 근무 군사)을 모집 포고문이 붙여져 경군에 지원하라고 하였다.

남들은 그 어느 누구도 무서워서 맹수에 접근을 엄두도 못 내고 있는 마당이었는데 마을과 나라를 편안하게 살게 하고 국가 안정을 시키게 하기 위하여 포수는 나라에서 모집하여 포악한 짐승을 잡도록 권장하고 있는 당시 직종이었다.

마침내 청주에서 개경까지 500리 길을 청주목사의 경군 추천을 받아 일주일 걸려 임 계신 곳이라면 천리 먼 길이라도 물어물어 찾아가는 것이 사랑입니다만 경진은 물어물어 경군이라는 사랑을 찾아 걸어서 경군 모집에 들기 위해 열흘이 걸려 개경에 마침내 도착하였다.

전국에서 수많은 사람들이 경군 모집에 응하기 위해 구름같이 모여들고 있었다. 김청식 청주목사 추천을 받아 청주에서 올라온 경진은 호랑이를 잡았다는 놀라움과 함께 경군 지원을 하여 경군에 최종 합격하여 경군에 들어가 무관벼슬 종구품 최하급 군관 대정(隊正)으로 들어가서 경진(1126~1177)은 20년이나 더 나이 많은 무관의 우두머리 견룡행수 정중부(1106~1179, 73세) 밑에 부하 자리에 있게 됨에 호랑이를 잡아 공로가 있다고 김청식 청주목사 추천으로 들어가 승승장구하게 되는 경진은 처음 경군에 들어 안착한다. 추정, 경대승 모친 손경이(1128~1179) 52세다.

아들 경대승도 부친 경진을 닮아 호랑이를 잡기 위해 10살 때 개경 송악산 488m 야영하였다. 동네 아이들과 세 그룹으로 나눈 20명이 담력을 기르기 위해 갔다 왔다. 고려시대에는 호랑이가 수천수만 마리가 산중에 있었고, 조선시대에는 수백수천 마리가 산중에 있었다. 호랑이는 화살로 세발 맞아야 잡을 수 있었다.

경대승은 총지휘자가 되어 인솔하고 부지휘자를 선두에 세운 20명을 6명씩 3대열로 나눈 결사대로 서로 보이게 대열을 약간의 거리를 두고 화살을 가지고 불시에 나타날지도 모르는 호랑이를 잡기 위해 위험한 야영을 드디어 시작하기도하였다.

경대승은 지휘대로 호랑이가 나타나면 대열을 산개하고 집중사격을 시작하여 벌집이 되게 호랑이를 잡을 결심도 하였다. 경대승은 대장군으로 1179년 기해정변을 일으켜 집권했듯 지략이 뛰어나 대열을 이용하여 난제를 푸는 능력이 남달랐다.

충청북도 청주를 본관으로 하는 우리나라 성(姓)의 하나 청주(淸州)경씨(慶氏) 시조(始祖)는 경진으로 아들이 경대승 대장군이며 경대승의 부친 경진(慶珍)이다.

시조 경진은 고려 명종조(明宗朝)에 고려시대 문관의 정이품 벼슬을 광정대부로 정의광정대부(正議匡靖大夫), 조선 초기 땐 문하부 정일품 으뜸 벼슬이고 중국 당나라 때의 문하성 장관인 고려시대 내사문하성(內史門下省) 종일품 으뜸 벼슬 문하시중의 다음 벼슬로 중서시랑평장사(中書侍郞平章事)로 고려시대 중앙 의정 기관의 하나 임금을 보좌하며 모든 관원을 지휘하고 감독하는 일을 맡은 이품 이상의 벼슬이나 그런 자리에 있는 사람을 통틀어 이르는 재상(宰相)으로 왕명의 출납과 중요한 관직에 있는 관원의 죄를 탄핵하며 임금에게 아뢰는 일을 맡은 관청 문관의 종이품 벼슬 지문하성사(知門下省事)도 지냈다.

윤인첨을 원수로 한 1174년 제일차 우군병마사 우군장(右軍將)으로 서경(西京)에서 반란을 일으킨 유수 조위총(趙位寵) 난을 평정한 공 세워 종2품 벼슬 지문화성사(知門下省事)다. 2차 끝 평정 1176년 정2품 벼슬중서시랑평장사(中書侍郞平章事)다.

그러나 그 이후의 대를 이을 계대(繼代)를 알 수 없어 후손인 경번을 1세조로 한다. 그는 고려 고종조에 문관에 올라 고려시대 문관 품계의 하나 조선시대 종친의 종이품 벼슬 정의대부(正議大夫)로 고려시대에 둔 호부의 으뜸 벼슬 호부상서(戶部尙書) 평장사(平章事)를 지냈다.

호랑이는 당시 여기저기 득실거렸다는 증거로 다음 이야기가 있다.

고려사절요 상권이 있는데 1155년 의종 9년 국정을 자문하는 때였다. 고려시대 중서문하성에 속한 관직의 하나로 간쟁(諫諍)과 봉박(封駁)을 맡아보던 벼슬 종오품 · 기거사인(起居舍人) 최루백은 수원사람인데, 예전에 고을 아전의 맨 윗자리나 그 사람을 이르는 말 호장(戶長) 최상저(崔尙翥)의 아들이다.

'고려사', 나이 15세 때에 아버지가 사냥하다가 호랑이에게 해를 당하였다. 최루백이 호랑이를 잡으려는 것을 어머니가 말리니 최루백이 말하기를 '아버지의 원수를 어찌 갚지 않겠습니까.' 하고 즉시 도끼를 들고 호랑이를 추적하니 호랑이는 이미 그의 아버지를 먹고 배가 불러 누워 있었다.

최루백이 곧장 앞으로 달려가 호랑이를 꾸짖기를 '네가 우리 아버지를 먹었으니 나는 마땅히 너를 먹으리라' 하니 호랑이가 꼬리를 흔들며 엎드리자 급히 도끼로 찍어서 죽이고 그 배를 갈라서 아버지의 뼈와 살을 빼내고는 호랑이 고기는 독에 담아서 냇물 가운데 묻고, 아버지를 장사지내고 상제가 무덤 근처에서 움막을 짓고 살면서 무덤을 지키는 일, 여묘(廬墓)살이를 하며 살았다.

하루는 어슴푸레하게 잠이 들었는데, 그 아버지가 와서 시를 읊기를 '가시덤불 숲을 헤치고 / 효자의 여막에 이르니 / 다정다감하여 눈물이 다함없구나. / 흙을 져서 날마다 무덤 위에 보태니 / 마음 알 사람은 청풍과 명월뿐이라. / 살아서는 봉양하고 /

죽어서는 무덤을 지키니 / 그 누가 효의 시작과 끝이 없다 하랴.'
하고 읊은 뒤에 이윽고 보이지 않았다.

　3년 복을 마치고는 호랑이 고기를 가져다가 다 먹었다.

　이 이야기는 고려사절요에 있어 실지 있었던 일로 최루백이 아버지를 잡아먹은 호랑이를 하늘과 같이 잊지 못하는 원수라는 뜻으로, 이 세상에서 같이 살 수 없을 만큼 원한이 깊게 맺힌 원수를 비유적으로 이르는 말, 불구대천지 원수(不俱戴天之怨讐)라고 말할 수 있을 만큼 최루백은 아버지의 원수를 갚았다.

　한국호랑이 이야기는 중국에서는 호랑이 한국에서는 범이라고 부르지만 범 이야기 수효 많기도 하고 듣기 좋아하는 조선만 한 데가 없다. 인도나 그 외의 어떤 나라도 범 이야기 하나만으로 된 이야기는 없다. 범 이야기만을 모은 건, 조선일 뿐이다. 아라비아 민화를 중심으로 페르시아 인도 이란 이집트 등지의 작자 미상의 설화집이다. 부정을 저지른 왕비를 처단하고 매일 새로운 신부를 맞아들인 후 다음 날 죽이는 아라비아 왕에게 셰에라자드라는 현명한 신부가 매일 밤 새로운 이야기를 조금 들려주다가 날이 새면 나머지를 다음날 밤으로 미루는 방법으로 천 하루 밤을 지속하여 처형을 면했다는 이야기 천일야화(千一夜話)이다. 중국 송나라 태종 칙명으로 이방이 각지서 모은 소설 설화 전기 야사 엮은 소설집 태평광기(太平廣記)이다. 이탈리아 소설가 보카치오가 지은 10일간 이야기 소설집으로 피렌체의 세 청년과 일곱 숙녀가 급성 전염병 페스트(pest)를 피해 별장으로 피난 와 있으면서 10일에 걸쳐 순번대로 이야기한 100편에 달하는 설화로 14세기 이탈리아 사회를 훌륭하게 기술해서 단테의 신곡에 견주어 인간 희극이라고 불리운다. 1470년 발표한 유럽 산문 소설의 모범이 된 데카메론(Decameron) 등이다. 이런 책을 꾸밀 나라에 비해 세계가 넓다고 해도 범 이야기는 오직 조선에 있을 뿐이다.

　우리나라의 호랑이 이야기는 세계적으로 그 유례를 찾아보기 힘들 정도로 다양하고 풍부하다. 중국의 대문호인 노신도 우리나라 사람을 만나면 반드시 호랑이 이야기를 들려달라고 했다는 일화가 전해진다.

　중국에도 호랑이 이야기가 전해지지만 우리나라처럼 다양하고 풍부하지 못하다.

　호랑이가 살지 않는 지역에서는 호랑이 대신에 아프리카사자, 인도코끼리, 유럽 늑대가 등장하는 경우가 많다.

　호랑이 이야기는 우리나라의 동물이야기 중에서도 가장 많은 비중을 차지한다. 우리나라의 호랑이 이야기는 입에서 입으로 이어져 입말로 전해지는 구비설화, 문헌에 문자로 기록되어 글말로 전하는 문헌설화, 그리고 서사적 발전단계를 거친 소설의 형태로 전승되고 있다.

　이야기 속에 등장하는 호랑이의 형상은 다양하고 풍부하게 나타난다. 호랑이가 인간보다 우위에 있으면서, 착한 일을 하는 사람에게는 신기하고 이상하다고 하는 신이(神異)한 도움을 주거나 나쁜 일을 하는 사람에게 부정한 행위를 한 사람이나 단체를 경계하고 벌을 줌이라는 징벌(懲罰)을 내리는 이야기들이 있다.

　그리고 호랑이가 인간과 대등한 위치에 있으며 서로 도움을 주고받는 이야기다.

　한편으로는 인간보다 열등하여 사람에게 당하거나 토끼 같은 약자에게 당하는 모습도 상당히 많이 나타난다.

　이러한 이야기들 속에 나타난 호랑이는 신령스러우면서 인정이 많고, 은혜를 갚을 줄 알기도 하지만 한편으로 고려시대 1155년 의종 9년 국정을 자문할 때 기거사인 정오품 최루백 부친 예전에 고을 아전의 맨 윗자리나 그 사람을 이르는 말 호장(戶長) 최상저가 호랑이에게 잡혀 먹혀진 이야기는 뻔뻔하기도 하며, 무서우면서도 어리석어 다양한 얼굴을 가지고 있다.

지극 정성을 다한 경대승 현모 손경이(孫敬伊) 태몽
 - 출처 :『고려사』무기록 인해 창작

(업적을 이루게 한 꿈 : 백성이 탄복할 재산 나라에 바쳐 전무, 부정부패 일소, 가난 백성 구휼미 창출한 의협, 무능 부정부패 난신적자 얼룩진 정중부 제거하고 권력을 쥐어 무인이면서 복고주로 왕가를 보살피는 미덕은 물론 왕을 돕는 왕권회복 갈등 없게 문무동등, '무인시대' 드라마에서 나라 경제발전을 가져올 질서 확립위해 최초 도량형제도로 시장주의 활성화 방안으로 도방이 중방과 협력해 실시, 예언 기적 초능력 절대권위 신의 은총 받아 일찍 카리스마를 지녀 나라 기틀을 만든 최초 도방 정치 5년으로 최충헌 아들 손자 대 60년 김준 11년 임연 5년 아들 임유무 3개월로 고려무인시대 도합 현 특수부대 · 경호부대로 빛나는 도방 80년, 왕이 내린 장군 청용도(靑龍刀)로 다음 후계자 이의민 부월(斧鉞)과의 싸움에서 아무리 애써도 벗어나지 못하고 꼼짝할 수 없는 상황에 놓였을 때 '독 안에 든 쥐' 그물에 갇혀 있는 중방 명종의 보살핌 속의 다음 후계자 중방 이의민을 잡아놓고도 '무인시대' 드라마에선 맞상대에서 결투에서 피 흘리며 쓰러져 눕게 절명 상태에서 살려 준 의혹이다. 수많은 굴곡 속에서도 살아남은『고려사』에 국가와 왕을 받드는 충신 등 고려를 구국하고 발전시키기 위해 과거제도와 같은 음보제도 오 · 육품 벼슬 교위 합격한 다음은 꿈 이야기다.)

경대승 부친은 개경에서 현재 대령, 지휘관 중낭장이었을 때였다. 태몽으로 꿈을 꾸기를 경대승 모친 손경이는 어느 날 꿈에 용이 들어와 방안을 이리저리 휘젓다가 밖으로 나가면서 하늘로 승천하는 꿈을 꾸고 날개옷 옥동자 안겨 경대승을 낳았다.

족형 손석 推定, 경대승 모친 손경이(孫敬伊, 1127~1179, 52세)는 지극정성 일거일동(一擧一動 : 하나하나의 모든 동작이나 움직임) 손수 돌보고 가르치고 길러 과거급제와 동일시하는 음서(蔭敍 : 고려와 조선 시대, 나라에 공을 세운 신하나 지위가 높은 관리의 자손을 과거를 치르지 아니하고 관리로 채용하던 일)제에 합격하여 교위(校尉 : 고려와 조선시대, 오륙품 무관의 벼슬에 붙이는 칭호를 이르던 말)이다.

경대승의 족형 손석(1124?~1196 72세)은 외사촌 형으로 고려의 무신, 『고려사』에 경대승의 척형(戚兄)이 추밀원부사에 올라 지추밀원사 김영존과 항상 충돌이 잦았으며, 1180(명종 10) 장군으로서 사신이 되어 금나라에 가서 만춘절을 축하, 1194년 참지정사에 이어 평장사를 지내고, 중서성에는 이의민 두경승이 있고 추밀원에 있던 손석과 김영존은 둘 다 1196년(명종 26) 최충헌의 정변 때 살해되었다.

용(龍)은 임금 제왕에 비유되며 수신 · 해신 · 죽음의 파괴 힘 · 입신출세 · 대립 · 세계 지배존재 · 용문 · '개천에서 용났다' · 복을 가져다주는 존재 · 용꿈을 꾸면 재수가 좋다는 믿음이 전해졌다 · 용꿈은 무엇의 앞길이 막힘이 없이 훤히 트였음을 비유적으로 이르는 말 출세가도(出世街道)를 달리는 사람 춘향도 · 몽룡도 · 용몽도도 전해져온다 · 용은 생명과 풍토를 주재하는 자연신으로 숭배 · 제왕은 용의 발톱이 다섯 개 오조룡 태자는 사조룡 세손은 삼조룡 · 용은 동물의 왕으로 뛰어난 사람이나 성취를 나타나는 상징적 의미 활용 · 임금은 용, 임금이 입은 옷은 용포, 지위는 용위, 얼굴은 용안, 자리는 용상, 수레나 가마는 용여 ·

용가 · 조선 건국 합리화 시조 서사시를 지으면서 용비어천가((龍飛御天歌 : 조선시대 1445[세종 27]년에 정인지, 안지, 권제 등이 왕명을 받들어 지은 악장 10권 5채 125장으로 조선 창업을 주로 중국 고사에 비유하여 찬송하였다. 훈민정음으로 쓰인 최초의 작품으로 시가 및 고어 연구에 귀중한 자료이다. 우리말 노래를 먼저 싣고 그에 대한 한역시[漢譯詩]를 뒤에 붙였다. 자손 대대로 왕가의 기틀을 지켜 나갈 것을 규계하고 있다. 악장 문학은 고려가요의 붕괴 과정에서 형성되었다 본다))라고 불렀다.

중국 춘추 시대 말 형벌 책, 한비자는 세난(世難) 편에 용의 목의 목 밑에 비늘이 거꾸로 나있는 역린(逆鱗)는 임금의 분노를 비유적 표현 "역린"이라고 표현 하였다.

신통한 능력을 지니는 여의주는 일이 뜻한 대로 잘되어 가는 것을 비유하여 표현, 바다의 어민들은 용왕 · 유럽에선 용이 적에게 두려움을 주는 수호자로 고대그리스로부터 방패 · 영국의 웨일즈에는 켈트족의 수호신 적용이 백룡을 물리친 전설로 날개가 달린 적룡은 오늘날까지도 웨일즈 상징 문장이 사용되고 있다 · 기독교 악마 · 이교 상징 · 용은 천사들과 전쟁을 벌이는 악마 모습(신약성서 요한계시록) · 용은 지하세계에 살면서 보물을 수호하거나 인간에게 유익한 능력을 가지고 있어서 용사에게 지혜의 능력을 전해주는 존재로 나타나는 경우, 기후를 다스리는 농경신으로 나타나는 경우도 있다.

그래서 용은 기사와 성인 이야기에 폭넓게 등장 · 용은 정치적 질서 상징 동물 · 우주에 존재하는 신성한 힘과 질서 상징 · 중국에서는 용은 제왕 상징 · 인도에서는 불에서 불법을 수호하는 용맹으로 표현 용왕은 강과 호수 바다를 지키는 불의 신으로 겨울에는 지하 깊은 곳에서 살다가 봄에는 하늘로 오른다. 천기를 다스리는 힘을 지니고 있어서 용왕이 화가 나면 가뭄이 들고 그 화를 달래야만 비를 내려준다.

  용은 주역(周易)의 문언전(文言傳)에 '구름은 용을 따르고 바람은 범을 따른다는 운종용풍종호(雲從龍風從虎), 예기(禮記)의 예운편(禮運篇)에서는 용(龍)은 기린 인(麟)·봉황 봉(鳳)·거북 구(龜)과 함께 사령(四靈)의 하나로 꼽고 있다. 십이지(十二支)가운데 진(辰)으로 표현하여 유일하게 실재하지 않는 상징 동물이기도 하다.

  용은 중국 고대 점성술에서는 용을 백호(白虎)·주작(朱雀)·현무(玄武, 북쪽 방위를 지키는 신령 상징 짐승 거북과 뱀이 뭉친 모습 형)와 함께 성좌(星座)를 나타낸 동물로 신성시하여 동쪽의 7가지 별자리인 칠숙(七宿)을 청룡(靑龍)이라 하였다.

  용은 뱀에서 500년 살고, 이무기에서 500년 살아나면 천 년으로 살아 용이 된다.

  여의주는 용의 신통한 능력 힘이 되며, 사람도 여의주를 얻으면 용처럼 신통력을 부릴 수 있다는 이야기도 전해진다. 그래서 일이 뜻하는 대로 잘되어 가는 것을 "여의주를 얻었다"는 것에 비유하여 나타내기도 한다.

  경대승 장군은 역사 천문 지리에도 밝았으므로 남을 끌어당기는 강한 개성 · 비범한 통솔력, 많은 사람들을 휘어잡거나 심복하게 하는 능력이나 자질을 가져 카리스마(charisma) 성격을 지니었으며 체구 강인하고 현재는 육군·해군·공군의 대령에서 준장으로 진급한 사람에게 국방부 장관이나 대통령이 수여하는 삼정검(三精劍)이지만 왕이 하사로 내린 장군검으로 중국에서 무기로 쓰던 칼, 왕이 내린 청룡도(靑龍刀)를 가졌으며 무술 또한 뛰어났다.

  성웅(聖雄 : 거룩한 영웅) 이순신 장군의 병법 군율은 필사즉생법(必死則生法)으로 병법은 첫째, 즉사필생 즉생필사(則死必生

則生必死), 죽으려 하는 자는 살고, 살려고 하는 자는 오히려 죽는다. 살려고 하면 죽고 죽고자 하면 살 것이다.

둘째 일기당천(一騎當千), 죽음으로 싸우는 한 사람은 능히 천 사람을 무찌를 수 있다. 한 사람의 기병이 천 명을 당해낸다는 뜻으로 무예나 능력이 아주 뛰어남을 비유적으로 이르는 말이다. 군율 지휘통솔법 : 1. 필사즉생법(必死則生法) 2. 이리동지법(以利動之法) 3. 신상필벌법(信賞必罰法) 4. 인애법(仁愛法) 5. 설득법(說得法) 6. 임세법(任勢法)이다.

경대승 모친 손경이 태몽은 용꿈이었다. 경대승 모친 손경이의 꿈 이야기로 교육은 자식사랑이 어떠하였는가가 뒤에 잇는다.

경대승 장군 일생(1154~1183)

- 청주경씨 시조이며 중서시랑평장사 정2품 벼슬 경진 재상의 아들이다.

- 대륙 대고려왕조 의종 8년 중낭장 경진 아들로 1154년 갑술년 청주 탄생한다.

- 의종 22년 15세 음서제도(蔭敍制度)로 교위(校尉)에 합격 임명(任命)하다.

- 의종 24년 17세 때 1170년 '경인년' 무신정변 발생하다.

- 1174년 갑오년 대륙 대고려왕조 제19대 명종황제 4년 21세 때 숙위군(宿衛 軍)의 견룡(牽龍)에 임명(任命)하다.

- 1177년 명종 7년 24세 때 부친 중서시랑평장사 경진(慶珍) 별세(別世)하다.

경대승 부친 경진은 고향 청주에서 호랑이를 잡아 주민에 알려져 청주목사 김청식 개경 왕궁 경군 추천하여 예성강 하구 연안에 왜인 침투 제압으로 승승장구하여 중낭장이 되고 1174년 서경유수 조위총의 난 때 1차 진압에서 원수 윤인첨으로 하고 우군병마사로 진압 공 지문하성사, 2차 평정 끝 왕이 내린 중서시랑평장사 정2품 벼슬 함께 하사한 전답을 예전 국가 왕족 공신에게 조세 수익으로 식읍 받았다.

『고려사』 기록에는 아버지 진(珍)이 탐욕스러워 남의 전지(田地)를 많이 빼앗았는데, 구설에 의하면 청주에서 옥천까지 땅, 아버지가 별세 하신 뒤 전지문서(田地文書)를 모두 나라 선군(選軍)에 바치자 백성들이 그의 청렴함에 탄복 했다고 한다.

- 1178년 무술년 명종 8년 25세 때 토착 청주인들이 개경청주인출신자들을 100여 명을 죽이는 사건이 발생했다.

이때, 대장군 박순필과 함께 경대승은 청주 '사심관'으로 파견되었으나, 사태를 해결하지 못하여 탄핵·파면되었다.

- 1179년 기해년 대륙 대고려왕조 제19대 명종황제 9년 26세 때, 허승과 모의하여 집권무신 '정중부'를 제거하기로 결심, 법회 장경회가 끝나던 날 밤, 무사 30 여 명과 함께 먼저 정중부와 아들 균, 차례로 정중부와 사위 송유인 등을 살해한 후, 정권을 장악하고 "대장군"에 임명됨. 이어 종전 최고 권력기구의 기능을 행사해 왔던 '중방'을 무력화시키고, 자신의 "사병제도"인 도방을 두어 정권유지의 기반을 마련했다. 정권 탈취 후 복고에 뜻을 두어 문관들을 존중, 문·무신을 고루 등용하여 여러 무신들의 반감을 샀으며 잦은 충돌을 일으켰다.

- 명종 9년 26세 때 기해정변으로 공이 있었던 "태자부지유별장" 허승과 어견룡행수 김광립을 반역을 도모했다는 이유로 죽였다.

- 1181년 "신축년" "대륙 대고려왕조 제19대 명종황제" 명종 11년 28세 때, 전 견룡대정 한신충 채인정 박돈순 등이 반란을 일으킬 음모를 꾀하자 귀양을 보내는 등 실권자로서의 위치를 굳혔다.

- 1183년 "계묘년" 7월 15일(음력) "대륙 대고려왕조 제19대

명종황제" 명종 13년 가칭 도방군사의 부정축제 탈취, 집권자 충신을 억압 30세 집권 중 병사함.

고려 집권자 충신으로 경대승 장군을 성웅 이순신 장군만큼 평가 받는다.

대승 유언, 후세 위인 나타나면 나라 튼튼하게 한 도방을 알 수 있을 거라 했다.

위와 같이 권위주의 고려 명종과 일부 무인들이 부정부패와 난신적자로 인해 꺼져가는 고려를 살려내려는 집권·충신 경대승 장군을 병사케 했다.

고려를 살릴 위인 비전 제시 난신적자배격 복고주의(왕권복귀) 청렴결백 집권·충신(『고려사』연136페이지에 걸쳐 충신기록) 위인 영웅 경대승을 명분 명종 권위주의와 엄연히 도방군사가 있는데도 일부 반대무인세력 앞세워 병사하게 몰아쳤다.

"고려 고종은 몽고속국 강화도천도 39년이 되게 하여 본토는 빼앗겨 매일 배에 실려 노예로 끌려 13만 씩 몽고에 노예로 끌려갔다. 결국 고려 고종 1259년 고려는 망하고, 조선 고종은 일본속국 36년 동안 일본식민지, 조선은 망하니 안타깝기 한이 없다. 동시에 이상하게도 나라를 망하게 한 고려 고종과 조선 고종이므로 망하게 한 왕의 이름도 똑같이 고종 이었다"고 한다. 식민지는 일본 36년, 몽고 39년이었다.

경대승은 하루 과거급제 해 시강(侍講)이 되는 꿈을 꾸고 나서 교위(재상이상 자녀 동급 과거급제)된 해몽 구전이다. 경대승 어머니는 정성으로 키워 과거급제 동등 교위가 되게 하였고 부친 경진은 건달, 역몽(逆夢, 실제 사실과는 반대인 꿈)이었다. 집권 후 권위 명종이 도방 명으로 가난 백성구휼미로 나눈 거 약탈로 방 붙여 내몰고, 경대승 병사 직전 유언 '북쪽 오랑캐 때문에 차마 눈을 감지 못한다.'며 병사해 오늘날까지도 이해가 가다가도 알지 못하게 되게 하여 일반·대학생은 연구·논문에 나오게 하는 집권·충신을 악의로 버린 76년만인 23대 고종(1192~1259, 재위 1213~1259)은 고려를 안타깝게 몽고에 망하게 했다.

첨언(添言, 덧붙여 말함) : 정치는 이탈리아 피렌체 공화국 르네상스 시대 사상가 정치철학자 니콜로 마키아벨리(Niccolo Machiavelli, 1469-1527, 58세)는 위대한 군주와 강한 군대, 풍부한 재정이 국가를 번영하게 한다는 군주론(君主論·Machiavellism, 1513년에 쓰고 1532년 출간, 나라를 지키고 번영시키는 일이라는 말이며, 책명으로 1513년에 이탈리아의 마키아벨리가 지은 책. 군주의 통치 기술을 논한 것으로 분열된 이탈리아의 통일을 위해서 군주는 강한 결단력을 가지고 권모술수의 수단을 취해야 한다고 주장하였으며 근대정치학의 고전이 되었다.)에서 교황청은 악의 저서라며 금서로 지정했을 정도로 도덕적 기준에 어긋나는 목적을 위해서는 수단방법을 가리지 않는다는 권모술수(權謀術數)라고 하지만 관우 토속신앙 정치는 조직의 규모가 커질수록 깊이 생각하여 낸 꾀와 먼 장래를 내다보는 생각이라는 심모원려(深謀遠慮)가 신상필벌(信賞必罰)이 각각 필요하다. 위기가 반복되는 원인은 사람들의 뇌가 불편한 정보는 차단하고 편안한 정보만 수용하기 때문이다. 현 민주주의의 꽃인 선거, 당시 경대승은 백성들의 전폭적인 지지를 한 몸에 받았다.
-『고려사』

어머니의 정성으로 성장
부친의 덕에 대의 품어 고려 위인

- 출처 :『조선왕조실록』전12권 김영주 대한서적공사 1985.
口傳 創作

10살 청주, 개경 이주 어머니의 지극정성 돌봐 경대승 꿈꾼 후 교위 합격 구전

15세 고려 오·육품 무관 교위(校尉, 과거제도 같음 음서)로 성장(成長) (경대승, 어려서부터 힘세고 평소 무술연마 천문 지리도 밝아 15세 교위 합격)

　도방(都房)은 고려 중기의 무신정권 집권자였던 경대승이 최초 조직한 사병 조직이다. 경대승 병사 후 해체되었다가 최충헌이 집권하자 다시 부활시켰다. 그는 모든 무신을 적대 세력으로 보고 집권한 만큼 신변보호가 절대적으로 요청되었다. 최초 설치한 도방은 경대승이 조직하였다.
　경대승 생애는 1154년 7월 15일 의종 8년으로 부친 중서시랑평장사 경진(慶珍, 1125~1177 53세)의 아들로 중낭장할 때 태어났다. 1168년 의종22년 15세 과거제도와 같은 음서에 합격하여 교위(校尉)가 되었다.
　과거제도는 중국 북주(北周)의 양견 세운 왕조 581~618년 당나라 고조 이연에 망한 수나라 때 시작하여, 고려 958년 태조의 셋째 아들 노비안검법 제정하고 후주(後周)에서 귀화한 쌍기의 건의에 따라 광종 9년 때 처음 실시하여, 조선, 그 중요성이 더욱

커져 문과 무과 잡과가 있었는데 갑오경장 때 유교풍속이라 폐지되었다.

갑오경장(甲午更張)·갑오개혁(甲午改革)은 조선 고종 31년 1894년 7월부터 고종 33년 1896년 2월 사이에 추진되었던 개혁운동으로 개화당이 정권을 잡아 3차에 이르는 개혁을 통하여 재래의 문물제도를 근대식으로 고치는 등, 정치 경제 사회 전반에 걸쳐 혁신을 단행하였다.

개화당은 구한말 정치 제도를 혁신하고 사상과 풍속을 개화시켜 자주 독립 국가를 세우려 하였던 당파이다. 김옥균 박영호 홍영식 등이 지도자가 되어 갑신정변을 일으켜 민씨 일파의 수구당을 물리치고 새 정부를 조직하였으나 사흘 만에 실패하였다.

경대승은 교위가 된 그 뒤 장군 되어 아버지 경진이 부정하게 모은 재산을 모두 선군에 바치고 청렴하게 지냈다.『고려사』일찍이 큰 대의를 품어 재산헌납과 미혼으로 지내 한 집안의 재산 가산(家産), 살림살이나 한집안의 사사로운 일 가사(家事) 즉 집안의 살림살이를 돌보지 않았다.『고려사』다른 무인자녀 비해 경대승 없다.

1170년 의종 24년 경대승 그의 나이 17세에는 정중부를 비롯한 무신들이 의종을 폐위시키고, 명종을 추대하는 무신정변이 일어난다.

1178년 명종 8년 25세, 청주인들 사이의 분쟁으로 100여 명이 사망 하여 이를 해결하기 위해 사심관으로 파견되었으나, 실패하자 책임을 물어 탄핵·파면되었다.

경대승 집권은 1179년 9월 명종 9년 26세에 그때 무신들이 정권을 마음대로 휘두르고 있었는데 명종이 정중부 일파의 무단정치를 싫어함을 알고 그들을 없애고 정권을 잡을 결심을 하였다. 당시 정중부 아들 정균의 부관 허승도 정중부 일파 무단정치를 싫어하였으므로 경대승이 시키는 대로 허승이 먼저 태자부지유 숙직실에서 숙직하는 최고 권력자 이의방을 승려 종참과 함께 죽 인 정균을 제거하였다.

　당시 정중부는 시중이었으나 궤장연(几杖宴, 임금이 나라에 공 이 많은 70세 이상의 늙은 대신에게 하사하던 궤와 지팡이를 이 르는 잔치) 후 72세로 궤장을 받았다.

　명종에 동의를 얻어 정중부도 제거된다. 이는 정균과 정중부 제거, 기해정변이다.

　경대승은 허승과 김자격 함께 거사를 일으켜 정중부 그의 아들 정균, 사위 송유인을 죽이고 정권을 장악하였다. 그러나 경대승 이 아끼던 무신 허승은 공신이었으나 반역을 일으켜 제거되었다. 김자격은 경대승 부친 경진의 댁의 가신으로 경대승을 성장할 때 돌보아 경대승 부관이 되었다. 김자격은 경대승이 보위에 오르지 않는다며 거절함에 반역하여 경대승 병환 때 한의에게 독약 처방 을 내리게 시켜서 경대승은 '독약도 약'이라며 말 남기고 독배(毒 杯, 독약 독주 그릇)로 그 여독에 병사하였다.

　또한 김자격은 거기에 멈추지 않고 배반으로 경대승 병사 후 난을 일으키려다 도방은 유배하여 살아남은 자가 몇 명 정도였 다. 경대승이 병사 후 즉시 도방을 해산하라고 유언으로 내렸으 나 김자격은 도방의 방장을 하며 차기 권력자 이의민 초기에 난 을 일으켜 사망한 조원정과 중방에 합세하려다 도방군사와 함께 난을 일으키다 발각되어 도방군사들을 전부 유배시켜 살아남은 자가 서너 명에 불과했다. 소크라테스가 사형을 받아 독약 받았 듯이 '악법도 법'이라며 사형선고를 받아 독배를 받고 죽었다.

　소크라테스는 그리스 철학자 (BC 470?~BC 399) 문답을 통해 상대의 무지를 깨닫게 하고, 시민의 도덕의식을 개혁하는 일에 힘썼다. 신을 모독하고 청년을 타락시켰다는 혐의로 독배를 받고 죽었다. 그의 사상은 제자 플라톤의 대화편에 전해진다.

경대승은 권력을 잡은 이후 기존의 최고 권력기구인 중방을 무력화시키고, 새로운 권력 집단인 도방을 신설하였다. 관리등용에 있어 문신과 무신을 고루 기용하고자 하였지만, 반란에 참가한 무신들로부터 반감을 사기도 하였다. 이 과정에서 같이 거사를 일으켰던 허승과 허승의 부관 김광립이 읍참마속(泣斬馬謖, 제갈량의 1차 북벌(227~234), 위나라에 마속이 가상 전투, 참패로 울면서 베었다)으로 제거되었다.

1181년 명종 11년 28세에는 한신충 채인정 박돈순 등의 무인이 반란을 일으켰으며 잦은 민란으로 사회가 어지러웠다.

경대승의 최후는 신병 보호를 위해 도방을 창설하여 사병 130여 명을 거느렸지만 1183년 명종 13년 8월 4일 새벽 취침하던 중 30세의 나이로 의문을 남긴 채 돌연사하면서 생을 마감하였다. 병사 후 도방이 해체되었다. 최충헌 집권 후 도방이 다시 생겨 부활되었다.

경대승은 다음과 같은 꿈을 꾸고서 부친 경진 정2품 중서시랑평장사 벼슬을 한 덕분에 귀족 자녀에게만 주는 과거제도와 같은 급 음서제도에 의거 과거제 급제와 같은 음서제 시험에 합격하여 15살에 현 중·소위로 정오육품 교위(校尉)가 되었다.

교위되기 전 하루는 꿈을 꾸었다. 경대승이 열 살 되던 해에 경대승의 모친 추정 손경이(孫敬伊, 1127~1179))는 가산을 정리하여 청주에서 조금 떨어진 인근 청주남일면 효촌리 거주해 살다가 한 나라의 중앙 정부가 있고 정치, 경제, 사회, 문화 등 가장 중심이 되는 도시, 서울 당시 개경으로 10살 때 이사했다. 경대승 부친 30세 부대장 중낭장 현 대령 때 경대승을 낳았고 가난과 고생 시절 회상 꿈 이야기다.

당장 개경으로 올라오면 호구지책이 막연했지만 자식의 장래를 위해서 굳게 결심을 했던 것이다. 설날이 다가오고 있었다. 무인정변 때 일어나게 된 일이나 사건을 풀어 나갈 수 있는 첫머리, 무인난 단초(端初)된 인물 상장군 이소응의 딸이 경대승 동생과 혼인하여 이소응 사위가 경대승 동생으로 경대승 동생의 장인이 이소응이므로 영의정 이진갑은 이소응 숙부다. 경대승 부친 경진은 재상 중서시랑평장사다.

경진은 정2품 벼슬 중서시랑평장사이었지만 경대승의 꿈은 부친 경진이 건달이라 실제 사실과는 반대인 꿈, 역몽(逆夢)의 꿈을 꾸고 있었던 것이다. 다음은 꿈이다.

여보, 이번 설날에는 대감댁에 세배를 다녀오세요. 갑자기 세배는? 글쎄, 저의 부탁이니 대승을 데리고 다녀오세요. 싫소, 내가 언제 세배 다닙디까? 남편은 지나간 어느 한 시기 한때 가사일은 나 몰라라 하고 거두러보지도 않고 백수건달(白手乾達)이어서 술이나 먹고 잔치나 술자리에서 노래나 춤 또는 풍류로 흥을 돋우는 여자 기녀(妓女)들과 함께 마시면서 세월을 보내던 중이었다.

서울로 올라오자 마땅한 술친구가 없어 어둑한 방구석에 처박혀 있던 경진이 짜증을 부렸다. 여보, 우리가 서울 개경으로 이사도 왔고 하니 인사를 드리는 것이 도리가 아닙니까. 글쎄, 싫다니까 그래. 가서 수모나 받으려고 가. 내 죽어도 그 집에는 안 갈 것이오. 여보, 대승의 모친이 하던 일을 거두고 남편에게 다가 앉았다. 저의 소원입니다. 당신이야 싫겠지만 대승이를 위해서 다녀오세요. 대승이가 학문에 힘쓰고 있으니 왕궁이 있는 개성 만월대 옆의 동네 임금 다음 높은 벼슬 영의정 이소응 백부로 사돈 연척 간 이진갑 댁 해운동 할아버지의 도움이 필요할 거예요. 손경이 부인의 간곡한 청에 이소응 딸 경진 자부 간 뭐라 말 못하고 누워버린다.

대승이가 무슨 죄가 있습니까. 자식을 위한 일이니 괴롭더라도 제 소청을 들어주세요. 에이! 경진이 마다할 수도 없고 그렇다고 가자니 친척들에게 받을 건달이라는 수모가 죽기보다 더 싫었다. 부인은 경진이 자신의 말을 따르기로 한 것으로 믿고 다시 일감을 집어 들었다.

마침내 설날 아침이 되었다. 대승아, 할아버지 댁에 가면 공손히 절하고 예의에 벗어나지 않도록 조심해라. 예. 여보, 당신도 술 너무 많이 잡숫지 말고 잘 다녀오세요. 경진의 부인은 물가에 보내는 어린애처럼 남편이 걱정되었다. 경진의 부인은 새로 만든 설빔을 대승에게 갈아입혔다. 옷을 갈아입으니 경대승의 인물이 더욱 멋있게 돋보였다. 검고 윤이 나는 머리에 관옥처럼 맑고 고운 피부가 어울려 귀공자처럼 보였다.

특히 검은 눈동자는 그의 총명함을 단적으로 나타내 사람의 눈길을 끌기에 충분했다. 가자. 경진도 대승의 모습이 자랑스러웠는지 아들의 모습을 훑어보더니 시원스럽게 말하고 앞장을 섰다. 부자를 배웅하는 부인의 눈에 눈물이 고였다.

고려의 서울 왕궁 곁에 있는 개경 해운동 동네에 도착하니 사람들이 법석거리고 있었다. 인사하러 온 친척과 벼슬아치들이 연방 드나들었고 종들이 부산하게 움직이고 있었다. 집을 나설 때 당당하던 모습과는 달리 경진의 고개는 자주 밑으로 처지고 있었다. 술과 계집에 찌들어 부석부석한 얼굴이 추위에 푸르게 얼어 있었다.

귀공자 같은 아들과 같이 서있는 경진의 모습은 대승의 머슴처럼 보였다. 경진은 자라목처럼 고개를 파묻고 비실비실 사랑으로 갔다. 경진을 알아본 친척들은 고개를 돌리고 아는 체도 하지 않았다.

다른 사람의 뒷전에 서서 눈치만 보던 경진은 한참만에야 영의

정 이진갑에게 세배를 올렸다. 이진갑은 경대승 부친 경진의 자부가 되는 경대승 동생이 이진갑의 조카 이소응 대장군의 딸과 혼인을 하고 영의정 이진갑은 이소응의 숙부이고 경진은 서로 사돈지간이다. 과세 안녕하시오신지요. 음. 이진갑이 탐탁하지 않은 표정으로 경진을 바라보았다. 할아버지, 세배 받으세요. 응? 이 아이는 누구냐? 제 자식 놈입니다. 그래. 경대승이 세배를 올리고 난 경대승의 모습을 찬찬히 살폈다. 네가 지금 몇 살이냐? 열한 살이옵니다. 그래, 공부는 어디까지 했느냐? 예기(禮記)를 보고 있사옵니다. 이진갑은 총명하게 보이는 경대승이 마음에 들었다. 그래, 어머니는 안녕하시냐? 예, 어머님이 저를 가르치시기를 고초가 크시옵니다. 허허, 그래, 커서 무엇이 되고 싶으냐? 할아버지처럼 되고 싶습니다. 하하하, 그래. 이진갑은 호탕하게 웃으며 경대승을 대견하게 생각하며 바라보았다. 어린 경대승의 당돌한 대답이 늙은 이진갑의 마음을 흐뭇하게 했다.

네가 나이는 어려도 총명하니 학문에 힘쓰면 후일 크게 쓰일 것이다. 할아버님, 자주 놀러 와도 좋을까요? 그럼. 이진갑은 친척들이 경진을 손가락질하고 있는 것을 가슴 아프게 생각하고 있었다.

그러던 차에 그 아들이 범상하지 않은 걸 보니 마음이 한결 놓였다. 사돈 경진 씨, 아들이 과연 우리 가문의 아이다. 당신도 아들을 위해 조심해야 할 것이다. 예. 큰 꾸지람이 있으리라 생각했던 경진은 아들 덕에 무사할 수 있었다. 그 후부터 경대승은 자주 해운동 할아버지 댁에 들렀다.

친척들은 경대승의 총명함을 사랑해서 학문을 도와주고 경진의 생활도 도와주었다. 그러나 경대승은 불만이었다. 자존심이 강한 경대승은 남의 도움을 받는 것이 부끄러웠다. 친척들이 집으로 돌아오려 할 때면 남몰래 돈을 쥐어 주었다. 이것 아버님 몰래 어머님 드려라. 이런 일이 있는 날이면 경대승은 죽고 싶었다. 처신을 잘못해서 이런 수모를 받는 아버지가 미운 한편 측은하기도 했다.

어머님, 저 할아버지 댁에 가지 않을래요. 이런 도움을 받을 때면 죽고 싶어요. 어머니에게 돈을 전한 경대승은 통분의 눈물을 흘렸다. 대승아, 주시는 것은 고맙게 받아야 한다. 그리고 훗날 네가 장성해서 갚으면 되지 않느냐. 어머니, 장부로 태어나서 떳떳이 살지 못하는 것도 서러운데 동냥을 받아서 살면 무얼 합니까.

경대승은 분을 이기지 못해 흐느꼈다. 모친의 마음은 갈래갈래 찢어지는 것 같았다. 그럴수록 더욱 학문에 전력해서 은혜에 보답해야 되지 않겠니. 경대승은 말없이 눈물만 흘렸다. 너무 부끄럽게 생각하지 말고 이후에도 자주 할아버님 댁에 들러 좋은 말씀 듣도록 해라. 장부가 어찌 그리 쉽게도 눈물을 흘리느냐. 대승의 모친도 속으로 울고 있었다.

경대승은 더욱 학문에 정진하고 자주 할아버지 이진갑이 있는 해운동엘 들렀다. 이진갑은 아들 이철현에게 대승의 공부를 지도하게 하고 자신도 가끔 경대승을 만나서 이야기를 나누었다. 인생 경륜이 깊은 이진갑은 경대승이 재기와 총명함은 넘치나 덕이 부족한 것을 걱정했다.

재주는 덕을 이기지 못하기 때문이다. 재주는 한 때지만 덕은 행실로 마음을 나타내기 때문에 영원하다. 원칙은 꾸물거림이라는 불규칙을 이기지 못한다는 말과 같다. 불규칙이 원칙을 이긴다. 원칙은 재주인데 꾸물거림이라는 불규칙은 덕이므로 행실로 마음을 나타내기 때문에 영원하다. 현재는 해결되지만 미래까지 연장하기란 행실이 있는 마음을 쓰는 덕이기 때문에 앞으로의 일을 걱정하기 때문이다.

그러므로 이진갑은 재기와 총명함은 넘치나 덕이 부족한 것을 걱정한다는 말이다. 이진갑은 현재 재주는 해결되나 앞으로 경대승의 행실 덕이 걱정이 된다는 말을 한 것이다.

대승아, 훌륭한 칼은 항시 칼집에 넣어 두어야 하느니라. 명검을 아무데서나 휘두르면 보는 사람이 두려워하는 법이다. 그렇게 되면 적이 생기고 화의 근원이 된다. 예. 이런 자상한 가르침에도 경대승의 자존심은 수그러들지 않았다.

그것은 지난날 받은 수모와 가난에 대한 열등감이었다. 이렇게 지내는 동안 경대승은 어느덧 열다섯 살이 되었다.

그때 이진갑은 왕손을 잘못 돌본 죄로 집에서 근신하고 있던 때였다. 어느 날 경대승이 이진갑에게 뵙기를 청했다. 그래, 무슨 일이냐? 이진갑은 자애로운 어조로 물었다. 할아버지, 다름이 아니고 아버님의 일이옵니다. 아버지가 어쨌기에? 요즘 아버님은 그전처럼 술도 잡숫지 않고 근신하고 계십니다. 그런데? 제 아버님이 비록 전에는 점잖지 못한 일을 많이 하셨습니다만 아직 나이가 젊지 않습니까. 그래서. 경대승이 멈칫거리고 있었다. 어려워 말고 어서 말해 보아라. 외람(猥濫)된 말씀이오나 우리 아버님께 아무 벼슬이나 하게 해 주십시오.

음. 이진갑은 난처했다. 이진갑은 원래 자격 없는 사람의 벼슬을 천거하기 싫어했다. 더욱이 지금 자기는 근신하는 중이었다. 아버님이 그렇게 시키더냐? 아니옵니다. 결코 그런 일은 없습니다. 제가 아버님이 안 되어서 부탁드리는 것입니다. 그래. 헌데 내가 지금 벼슬을 내놓고 쉬는 입장이라 곤란한데.

할아버님, 아버님에게도 잘 하실 수 있는 기회를 주십시오. 젊으신 분이 할 일없이 세월을 보내는 것이 불쌍하지도 않습니까. 아무 일도 하지 않고 저렇게 지내시면 필경 점잖지 못한 일에 다시 재미를 붙이실 것입니다. 고개를 숙인 경대승이 닭똥 같은 눈물을 뚝뚝 떨어뜨리며 있었다.

그래 알았다. 지금 내가 쉬고 있는 중이니 이조판서께 부탁해 보마. 이진갑은 경대승의 하는 양이 귀엽고 대견해서 그의 청을 들어주기로 작정했다. 경진이 지금은 정신을 차렸다 하니 한번 천거해 볼만도 한 일이었다. 만일 벼슬을 주어서 잘못할 때에는 거두면 될 터였다. 이진갑은 지필묵을 당겨 아우인 이진을에게 편지를 쓰기 시작했다. 경대승은 부끄러운지 가만히 앉아 있었다. 편지를 다 쓴 이진갑은 하인을 불러 편지를 주었다.

너는 이 편지를 곧 이판(吏判, 이조판서)댁에 전해 드리고 답장을 받아오너라. 이렇게 말한 이진갑은 경대승을 불렀다. 대승아, 너는 사랑에 나가 있다 하회(下回, 윗사람이 회답을 내림)를 보고 가거라. 고맙습니다, 할아버님. 오냐, 되고 안 되는 것은 이판대감의 손에 달렸으니 너무 심려하지 말라. 설사 아니 되더라도 낙망하지 말고 학문에 힘써야 한다. 예, 할아버님. 경대승은 사랑으로 나가 답장오길 기다렸다.

그러나 저녁나절이 되도록 하인은 돌아오지 않았다. 대승은 사랑에서 나이 많은 문객들과 이야기 주고받으면서도 마음은 문 밖에 있었다. 해가 지도록 하인이 돌아오지 않자 경대승은 돌아가기로 마음먹었다. 할아버님, 날이 늦었사옵니다. 물러갔다 내일 다시 찾아뵈겠습니다. 오냐, 그래라. 인사를 마친 경대승은 집을 나와 이리저리 한참을 걸었다.

그때 저쪽에서 살집 좋은 그 하인이 돌아오는 것이 보였다. 도련님, 이제 돌아가십니까? 그래, 헌데(현재까지 사투리) 왜 이리 늦었느냐? 손님이 많이 오셨습니다. 답장은 받아왔느냐? 예. 어디 보자. 내가 그 편지를 보려고 이제까지 기다렸다.

허지만 대감마님(높은 지위 벼슬아치) 이외엔 누구에게라도 보이지 말라는 이판대감의 엄명이 계셨습니다. 괜찮다. 그 일로 기다렸으니 빨리 보고 주마. 글쎄, 곤란한데. 하인, 마지못해 편지를 주었다. 설마 편지를 보았다고 무슨 일이 있으랴 싶었다.

 편지를 펼쳐 든 경대승의 얼굴이 창백하게 굳었다. 도련님, 어디가 편찮으십니까? 아니다. 저녁 먹은 것이 체했나 보다. 경대승은 편지를 전처럼 접어 하인에게 주었다. 너는 대감마님께 이 편지를 누구에게도 보였다고 말해서는 안 될 것이다. 그렇게 되는 날이면 네가 큰 고초를 당할 테니까. 도련님도요? 그렇다마다 나는 물론 그 누구도 보지 않았다고 해야 한다. 알았느냐. 예, 도련님. 그렇지 않아도 잘되었습니다. 도련님께서 미리 보셔서 찜찜했었는데요. 아 참, 도련님께서나 말하지 마십시오. 알았다. 하인이 부리나케 할아버지 댁으로 달려가는 걸 보고 경대승은 다시 걸음을 옮겼다. 방금 본 편지의 내용으로 경대승은 피가 역류하는 것 같았다.

 이조판서 이진을은 이진갑과는 형제이면서도 성격이 달랐다. 요즘 할아버지 댁을 드나들면서 가끔 얼굴을 대할 때가 있었지만 이진을은 경진을 사람으로 알지도 않았다. 이진을은 경진을 무섭도록 경멸하고 있었던 것이다.

 어느 날이었다. 경대승이 할아버님의 방으로 가다가 문득 이야기 소리에 발을 멈추었다. 형님, 대승이가 그 건달 같은 경진의 아들인데 어쩌자고 귀하십니까. 차라리 범의 새끼나 뱀의 새끼를 키우는 게 낫지요. 사람을 너무 가볍게 보는 법이 아니다. 사돈이 비록 그렇다 해도 대승이는 총명한 아이야. 가르치면 재목이 될 수 있어. 허나 저는 그 아이가 마음에 들지 않습니다. 왠지 그 눈매가 덕이 없어 보입니다. 허허, 괜한 소리. 아직 어리질 않느냐. 가르치고 닦으면 덕이 클 것이야. 아무래도 사돈 경진이의 아들이 어디 가겠습니까. 경대승은 거기까지 듣고 급히 그 자리를 물러나왔다.

수치와 굴욕감에 차라리 죽고 싶었다. 그러나 경대승은 이를 악물고 참았다. 아버지가 마음을 바로잡고 벼슬이라도 하면 차츰 수모도 덜하려니 하고 생각했던 것이다. 그래서 며칠을 곰곰이 생각한 끝에 부탁을 드렸던 것이다. 경대승은 다시 이진을의 편지 글귀를 떠올리고 부르르 떨었다. 다음은 이진을의 편지답장내용이다. 제게 내리신 편지는 잘 받아 보았습니다. 사돈 경진이 비록 가까운 친족이라는 하지만 나라 안의 모든 사람이 그를 미친놈이라고 하는데 그를 등용한다면 조정의 신하들이 무어라 하겠습니까. 그 자의 아들이 총명하시다 하니 후에 그 아이나 자라면 돌보아 주었으면 합니다. 이상이 이진을의 편지답장내용이었다.

경진이 사돈 간이지만 이조판서 이진을은 아버지 경진을 아주 미친놈 취급을 하고 있었다. 경대승은 하늘을 쳐다보았다. 맑게 개인 밤하늘에 총총한 별들이 하나 둘 살아나고 있었다. 좋다, 두고 보자. 네가 그렇게 나를 업신여긴다면 나 혼자 일어서리라. 경대승은 악귀처럼 이를 갈며 하늘을 향해 두 주먹을 쥐어 보였다. 그 후 경대승은 이진갑 해운동 할아버님 댁에 발길을 끊었다.

한 달이 지나도록 경대승이 들리지 않자 이진갑은 이상하게 생각되었다. 이진갑은 문득 그 편지 생각이 났다. 그날 경대승이 나가고 얼마 되지 않아 하인이 돌아왔던 그날부터 경대승이 발길을 뚝 끊었던 것이다.

이진갑은 그 하인을 불렀다. 그날 네가 편지를 가져오던 날 대승이를 만났느냐? 아니요, 아무도 만나지 않았습니다. 그 일이 목에 걸린 생선 가시처럼 걱정이었던 하인은 지나치게 펄쩍 뛰었다. 대승이가 중간에서 그 편지를 보지 않았단 말이지? 예. 하인은 침을 꿀떡 삼켰다. 알았다. 물러가거라. 이진갑은 더 이상 다른 말을 하지 않았다. 경대승은 불철주야 공부에 진력하였다. 마음에 새겨진 치욕의 상흔은 경대승을 채찍질하였다. 공부에 지치면 한겨울에도 경대승은 찬물을 끼얹어 정신을 차렸다. 출세를 위한 집념은 젊은 경대승을 불태우고 있었다. 총명함과 집념이 경대승의 학문을 높은 경지로 이끌어갔다.

그러나 학문에 정열을 쏟았음에도 불구하고 그 편지 사건의 수치스러움은 잊어지지 않았다. 비록 꿈에서 있었지만 15살 되던 해에 경대승은 드디어 문과에 급제했다. 꿈 급제가 교위다. 대승아, 장하다. 네가 이 어미의 소원을 풀어주었구나. 경대승이 과거에 급제하던 날 어머니는 기쁨의 눈물을 흘렸다. 어머니, 모두가 어머니의 은덕입니다. 만일 어머니가 아니었다면 저는 쓸모없는 일개 건달이 되었을 겁니다.

어쨌든 이제 급제했으니 할아버님 댁에 들러 인사를 여쭙고 다녀오너라. 예, 어머니. 경대승은 쉽게 대답했지만 며칠이 지나도록 방에 틀어박혀 꼼짝도 하지 않았다. 경대승은 자신의 장래에 대해 곰곰이 생각하고 있었다.

자, 이제 어디서부터 시작한다? 앞으로 출세하기 위해서 시작이 중요하다는 걸 깨달은 것이다. 아무리 학식이 뛰어나고 공이 많다고 하더라도 그것만으로 권력을 잡을 수는 없었다. 해운동 할아버지만 하더라도 재주가 있어 과거에 급제하여서 연줄이 있어 계속성 있는 연줄 덕이 있어 임금 왕의 다음자리 영의정에까지 올을 수 있었던 것은 경대승 부친 경진 며느리 자부(子婦), 이소응 대장군 딸과 경대승 동생이 혼인하여 사돈관계를 맺어 이소응 숙부 이진석이 영의정에 올라서 이소응 딸이 경대승의 제수(弟嫂), 사돈관계가 아니었다면 출세하지 못했다.

이진갑 댁 하인, 「도련님, 계세요? 누구냐? 대승은 상념에서 깨어나 문을 열었다. 해운동 이진갑 할아버님께서 오시라는 분부입니다. 알았다. 대승은 그렇지 않아도 한번 들리려고 마음을 먹었던 터라 지체 없이 집을 나섰다. 대승은 벌써 자신이 갈 길을 정했던 것이다.
　할아버님, 그간 안녕하셨습니까. 급제를 했으니 일을 시작해야 하지 않겠니. 예, 며칠 동안 집에서 많은 생각을 했습니다. 그래, 결론은 얻었느냐? 아직 생각중입니다. 처음 관에 나서는 것이니 깊이 생각해야 할 것이다. 제가 무엇을 알아야지요, 할아버님. 이진갑은 대승의 이런 말을 듣고 문득 대승을 바라보았다.
　대승에게서 어렸을 때와는 다른 분위기를 느꼈기 때문이었다. 네가 머지않아 조정에 나설 것이니 내가 미리 이야기하는 것이다. 이진갑은 여기서 말을 멈추고 다시 대승을 지그시 바라보았다. 젊은 네가 쉽게 알아들을지는 모르나 깊이 명심해야 한다. 예, 할아버님.
　자고로 지나치게 높거나 너무 많이 가지면 화근이 되는 법이다. 첫째 항상 남의 눈에 띄지 않고 조용히 국사에 임해야 한다. 남이 알아주기를 바라고 일을 하면 원망이 생기고 파당의 근원이 된다. 네가 총명하니 쓸데없이 분당에 말려들지 않겠지만 자칫 잘못하여 깨달았을 때는 벌써 늦은 법이다. 명심하겠습니다.
　둘째는 덕이 있어야 한다. 덕은 올바른 마음으로 행실을 말한다. 물이 너무 맑거나 너무 더러우면 고기는 살지 못한다. 자신을 부드럽게 지녀 사람에게 원한을 사지 말고 지나치게 가까워 문학, 예술, 학문 등에 독창성이 없이, 뛰어난 것을 모방함과 또는 그런 작품이나 사람, 으뜸의 다음가는 사람이나 사물, 어떤 학설, 주의, 유파 등에 찬성하여 이를 따르는 사람이 되는 이와 같은 아류(亞流, 둘째가는 사람 사물, 문학 예술 학문 독창 반대의 모방)에 빠지지 않도록 해라. 명심하겠습니다.
　그래, 이제 물러가도록 해라. 내가 머지않아 네게 기별을 할 것이다. 대승은 절을 하고 물러나왔다. 음, 아이가 많이 변했구먼.

좋은 길로 가야 할 텐데.

꿈에 내린 벼슬이 대승의 자리가 비워있던 시강원 설서 자리였다. 고려와 조선 시대의 세자시강원과 왕태자시강원, 대한 제국 시대의 황태자시강원을 통틀어 이르는 시강원(侍講院), 세자시강원은 정칠 품 벼슬로 정육품 벼슬 사서(司書)의 아래로, 고려, 조선, 대한 제국 사대 왕세자의 경사(經史)와 도의(道義)를 가르쳤던 설서(說書) 자리이다.

이진갑은 대승이가 나가자 한숨 비슷하게 중얼거렸다. 지나치게 내뿜는 대승의 안광에서 이진갑은 웬일인지 불길한 예감을 받았다. 나도 늙었나. 공연한 걸 가지고 걱정한다. 안개처럼 피어오르는 불안을 떨치기 위해 이진갑은 머리를 휘저었다.

얼마 후 시강원에 설서(說書) 자리가 하나 비게 되었다. 이진갑은 이 자리에 대승을 넣고 싶었다. 아무래도 대승이를 설서로 삼는 것이 좋겠다. 그러자 영의정 이진갑 동생 이진을 이조판서가 펄쩍 뛰었다. 형님, 그게 무슨 말씀입니까. 대승이 학문은 깊으나 덕이 모자라 화근이 될 것입니다. 꼭 그렇게 볼 수만도 없지 않느냐. 대승 그 아이가 급제를 했으니 관직을 주어 일을 시키다 보면 덕이 쌓일 수도 있다. 지나치게 대승 그 아이를 경계하면 오히려 해롭다. 아직 젊은 나이의 혈기라 생각하고 그를 쓰도록 하자. 형님, 웬일인지 꺼림칙합니다. 독을 품은 아이 같아서요. 내일단 왕과 같이 한 어의자리에서 국사 중론을 의논한 후 사석 자리에서 만나 좌의정과 우의정에게 의논을 하여 본 연후에 결정하도록 하자.

그러지요. 형 영의정 이진갑의 동생 이조판서 이판 대감 이판 댁 이진을은 마지못해 승낙했다. 이진갑은 왕의 대를 이를 세손의 친모 영빈(暎嬪) 이씨 찾아 세손을 받드는 자리 시강원 설서 자리를 마침 비워있어 문과 급제한 대승에게 내어주려고 의론 하기위해 찾아뵈었다.

아울러 이진갑은 좌의정과 우의정도 찾아갔다. 영빈 김씨는 영상대감 어인 일이세요. 안녕하신지요. 어인 일로 들리셨습니까. 다름이 아니라 요번 새로 뽑은 시강원의 설서(設書 : 고려 시대 황(왕)태자, 조선 시대, 왕세자시강원의 정칠품 벼슬)를 하나 천거하렵니다. 누구를요? 영빈 이씨 마마와는 재당질(再堂姪)이 되고 경대승이라고 영빈 마마께서 아실 것입니다. 경대승이라고 좌상대감과 우상대감도 아실 겁니다. 그 아이가 이번에 문과에 급제했습니다. 경대승이라. 좌의정과 우의정은 기억을 더듬다가 쉽게 떠오르지 않았다. 경진의 아들입니다.

경진의 아들이라고요? 영빈 이씨도 경진의 비행은 들어서 잘 알고 있었다. 예, 허나 그 아이는 제 아비와는 틀립니다. 총명하고 임기응변에 능해 세손에게는 많은 도움이 될 것입니다. 어쨌든 한번 만나보도록 하지요. 그렇지 않아도 제가 데리고 왔습니다. 이진갑은 밖에 세워 둔 경대승을 불러들였다.

마마, 인사드리옵니다. 그래, 올해 네 나이가 얼마냐? 열다섯이옵니다. 영빈 이씨는 찬찬히 경대승을 뜯어보고 그의 외모가 마음에 들었다. 무엇보다도 그가 자기 문중 사람이라는 것이 마음에 들었다.

음모와 술수가 난무하는 궁중에서 세손을 지키기 위해서는 누구보다 같은 가문의 사람이 적당할 것 같았다. 대승아, 네가 세손을 네 몸처럼 돌보야야 한다. 귀하신 몸이니 지성으로 모셔 학문에 정성을 쏟아 예전에, '왕세자'를 달리 이르던 말 국본(國本)을 튼튼케 하여야 한다. 마마, 명심하겠습니다. 영빈 이 씨는 벌써 설서에 대승을 내정하고 주의를 주었다. 대승은 일이 자신의 뜻대로 풀려가는 걸 보고 기뻐서 큰 소리로 외치는 소리 환성(歡聲)이라도 지르고 싶었다.

세손을 모시는 시강원 설서야말로 비록 꿈을 꾸고 있는 꿈이었지만 대승이 바랐던 바로 그 벼슬이었다. 궁궐을 떠나 집으로 돌아가는 대승의 마음은 날 것 같았다.
　대승이 곰곰이 생각한 결과 세손을 모시는 것이 출세의 지름길이라고 판단했다. 다른 선비들이 몇 십 년을 걸려도 이루지 못할 성공을 단시일 내에 하려면 왕의 측근이 되는 것이 열쇠다. 비록 꿈에서 이었지만 지금 세손은 왕의 측근들의 다툼으로 늙어 세력이 없는 것은 틀림없다. 허나 세손이 정상적인 상태에 있다면 경대승이 할 일이란 별로 없을 것이다. 할 일이 없다면 무엇으로 공을 쌓아 측근이 되랴.
　총력을 기울여 세손을 다음의 보위에 오르게 하는 날, 그때의 경대승은 지금의 자기와는 다를 것이다.
　물론 이런 일에는 모험이 따를 것이다. 그러나 모험이 없이 어찌 큰 것을 바랄 수 있겠는가. 경대승은 벌써 세손을 보필하고 그의 총애를 받을 구체적인 방법에 몰두하고 있었다. 이진을, 건방진 늙은이. 두고 보렴. 네가 내손에 좌지우지 될 날도 멀지 않았다. 경대승의 입가에 음산하고 잔인한 미소가 떠오르고 있었다.」
　이상은 지금까지 위에 이야기로 경대승이 꿈을 깨고 일어나 있어보니 이상하게 꿈속에서 헤매어 다니다가 깬 꿈 이야기였다. 꿈을 꾸고 난 다음 꿈 해몽으로 실지 15살에 과거제와 같은 경대승은 무예 겸비 우주와 천체를 포함하여 지리를 터득하는 연구를 하던 끝에 음서제도에 합격해 정오육품 벼슬 교위가 되고 15세 비록 꿈에 세손을 모시는 최고의 자리 세자시강원 설서(設書, 經史와 道義를 가르치는 정7품 벼슬 관직) 자리 임명하는 꿈 대신 모의 정성, 경대승 교위(校尉) 꿈 이야기이다.

　　[出處 : '朝鮮王朝實錄' 全12卷 金映周 大韓書籍公社 1985] 口傳 創作

싸우지 않고 이기는 5개 방법, 경대승 계획 하에 주력 상대방 허승 삼자로 성공

첫째, 중국 주석 주은래는 싸우지 않고 이기는 방법이 아시아 아프리카 회의석상에서 상대와의 공통점을 취하고 차이점은 그대로 둠이라는 구동존이(求同存異) 즉 대동단결(大同團結)이라고 하였다.

둘째, 공자도 싸우지 않고 이기는 방법이 남과 사이좋게 지내기는 거라고 했다. 무턱대고 한데 어울리지 않는 일이라는 뜻인 군자화이부동(君子和而不同)이다.

셋째, 고려 6대 성종 때 문신 서희는 거란 1차 침입 소손녕 80만 대군을 이끈 자리에서 회담을 요구하자 외교술이 뛰어난 서희가 외교담판으로 너희들은 압록강 중국 동경도 고구려 땅이고 발해 땅 역시 고구려 땅으로 우리 땅인데 무엇 때문에 침입하느냐며 당장 물러가라고 하자 압록강 땅 할지론 강경 6주 땅을 내 놓으라고 하였다. 외교담판 요구하자 소손녕을 본국 태조에게 허락받고 물러나게 하였던 서희는 외교관으로 성공하여 싸우지 않고 이기는 방법을 적용한 뛰어난 외교술이었다.

넷째, 중국 기원 6세기 오나라 손무(孫武), 손자병법에서도 자기를 알고 적을 알면 백번 싸워 백번 이긴다는 지피지기백전백승(知彼知己 百戰百勝), 지혜롭게 싸우지 않고 이기는 방법이 가장 잘 싸운 것이라 했다.

다섯째, 경대승은 어려서부터 힘이 세고 평소 가상의 적을 대상으로 실제 무술 연마와 천문 지리에도 밝아 음보 교위15세 합격 5년 만에 견룡행수, 빠르게 올라 10년 만에 26세 대장군이 되었다. 경대승의 기해정변은 '싸우지 않고 이기는 방법'으로 각본 제삼자 태자지유대장군 정균의 부관 허승을 시켜 숙직 정균 제거 성공했다.

20세 경대승, 부친 경진 우군병마사 조위총 난 2차 평정

  경진은 호랑이를 잡은 공으로 국가 인정 포수(砲手) 고려 청주 목부사(淸州牧副使) 김청식(金淸植)이 호랑이(虎狼이)·범 포획(捕獲) 소문나 왕궁 개경 경군 추천했다.
  예성강 하구 벽란도와 해안 곳곳에 왜구가 쳐들어오면 당연 선두에 나서 제압하였다. 1174년 1차 서경유수 조위총 난을 제압하는 경대승 20살 때 부친 경진 우군병마사로 임명하여 난을 평정시킨 공으로 고려 시대 중서문하성의 종이품벼슬 지문하성사에서 경진은 2차전평정 고려 시대 재상 정이품벼슬 중서시랑평장사에 이른다.
  경진은 호랑이를 생포한 포수 경력이 마을은 물론 인근까지 널리 알려진 위력으로 청주목부사에 의해 추천되어 중앙 개경 왕궁을 지키는 경군으로 추대되어 예성강포구에 나타난 왜구까지 섬멸함의 공으로 기세를 한층 더 올렸다.
  조위총(趙位寵 ?~1176년)난은 고려 문신으로 서경유수이다. 1174년 병부상서와 서경유수(西京留守)를 겸직 조위총은 무신 세력들이 무신정권 실질적 집권자 이의방이 시켜 이의민이 의종 시해와 많은 문신들 죽이니 서북 40개 성 점령한 난이다.
  경진은 종2품 벼슬 동지추밀원사(同知樞密院事)직, 1174년 우군병마사(右軍兵馬使)로 조위총의 난에 평정 위해 서경으로 출전하여 평정한 큰 공 세워 종2품 지문화성사, 1176년 평정완료 끝에 정2품 벼슬 중서시랑평장사(中書侍郎平章事)가 된다.

『고려사절요』中권 p32, 1174년 11월 조위총의 난 제1차전토벌군 편성은 원수(元帥) 중서시랑평장사 윤인첨, 부원수(副元帥) 추밀원부사(樞密院副使) 기탁성, 중군병마사(中軍兵馬使) 상장군(上將軍) 최충렬, 좌군병마사(左軍兵馬使) 지추밀원사(知樞密院事) 진준, 우군병마사(右軍兵馬使) 동지추밀원사(同知樞密院事) 경진, 전군병마사(前軍兵馬使) 상장군(上將軍) 조언, 후군병마사(後軍兵馬使) 상장군(上將軍) 이제황, 지병마사(知兵馬使) 섭대장군(攝大將軍) 정균, 지병마사(知兵馬使) 섭대장군(攝大將軍) 문장필, 지병마사(知兵馬使) 사재경(司宰卿) 하사청, 기타 지휘관으로 동로 가발 병마부사(東路 加發 兵馬副使) → 후군 총관사(後軍摠管使) 두경승, 정동대장군(征東大將軍) 지병마사(知兵馬使) 이의민이다. 1176년 6월 윤인첨 두경승 평정했다.

  1174년 서경유수 조위총의 주도 반란은 원수 윤인첨이 초기 진압에 실패로 난이 격화, 조위총의 군대가 개경을 위협하자 당시 정균에게 참살된 집권자 이의방이 직접 군사를 동원하여 난을 억제에 성공했지만 서경 함락엔 실패했다. 원수 윤인첨 제1차 진압 22개월 후 재편성 1176년 6월 윤인첨, 두경승이 서경 포위 진압되었다. 1174년(명종 4) 군사를 일으킨 문신 조위총(?~1176)은 1176년 6월까지(명종 6년) '조위총 난' 주동자다. 열전(列傳), 임금 제외한 사람들의 전기를 기전체에 비록 나라의 절반을 뒤흔든 반란을 일으켰으며 금나라에 땅을 바치려 했지만 일반열전충신 경대승을 제외한 무신정권 권력자들이 '반역열전(反逆列傳)'인 반면 조위총은 '제신열전(諸臣列傳)에 있다. 포위 참살된 조위총 서경유수 후임, '소경 박정희(朴挺羲)이다.'

  출처 : 출처『고려사절요』中권 p46, 1176년 8월' 병난 중단 과거급제 재실시했다. *경대승집권 · 충신,『고려사』열전(列傳, 임금 제외한 사람들의 전기를 차례로 기록)紀傳體다.

청주정북동토성 성주 · 중서시랑평장사
청주사심관 경진 관저

- 출처 : 구설「창작」

  청주경씨 시조 경진은 개경에서 벼슬로 왕명으로 지역주민을 다스리는 고향 청주사심관 · 정2품 중서시랑평장사 겸직 거처지 2만 평 청주정북동토성이다. 일설 조선왕비7명 청주한씨 등 소유, 경대승이 부친 땅 식읍, 나라 바친 청주-옥천 대지주다.

  청주정북동토성은 현재 청주시청원구정북동에 위치하며, 한성백제의 고도로 서울올림픽공원역 서울송파올림픽공원에 서울몽촌토성과 같이 평야에 있으며, 한강 옆에 강동구청역 풍납동에 한성백제의 고도 풍납토성, 전국적으로 평야에 토성이 있는 것은 몽촌토성과 풍납토성 둘 다 한성백제 고도로 전국에 토성이 세 개뿐이다. 그곳은 적의 침투를 방어하기 위해 미호천 거쳐 금강으로 흐르는 깊은 청주무심천물이 토성 주위에 흐르게 하는 해자(垓字)가 발견돼 막강한 권력을 가진 지방 요새지였다. 최근 2011년 청주정북동토성공원화사업으로 개발해 경대승 묘가 있는 구설이다.

  만든 시기는 알 수 없으나 당시 청주대학교 교수 김영준 씨가 고물상이 가지고 다녀 50만원에 매입하여 청주대학교박물관에 기증한 '청주 상당산성 고금사적기'에 궁예가 상당산성을 쌓아 도읍을 삼았는데, 견훤이 산성을 빼앗아 무기를 보관하는 무기고 창고와 훈련장으로 사용과 정북동토성을 쌓았다는 기록이 있다.

  경진은 경군, 경진의 아들 경대승은 교위, 정중부는 대정에서 각각 출발하였다. 여기 경대승 장군이 청주에서 출생, 부친은 1125-1177, 이 년 후 모친은 1127-1179년 돌아가셨다. 당시 개성에 모친 손경이 함께 10살 이주해 성장, 집권 중 병사, 경대승 장군 묘 토성입구 남쪽 둑 4분의 3지점 외쪽인 바깥쪽 둑 중간에 남쪽을 향해 중앙에 위치하고 있다. 고향 이곳 청주정북동토성에 묘가 있다. 20년 전 경지 정리되며 보이는 평야 독립 산에 경대승 말 무덤 예촌의 言塚 같이, 정북 馬塚 있다.

  2011년 5월 20일 청주정북동 주민 황금탑(67)씨와 함께 있는 그의 부인은 '시누이가 그러는데 경대승 장군의 묘에다 시어머니 묘를 썼다고 하는 소리를 들었다.' 고 말하였다. 이 말이 사실인지를 확인 결과 청주시청문화관광과 나경준 연구원은 구전으로 안다며 청주경씨 종친회에서 경대승 장군 기념관건립을 주문하였다. 후삼국 쟁란기인 9세기 후반에서 10세기 전반 때 토성이다. 청주정북동토성의 길이는 675m, 높이 3.5m, 폭은 8~13m, 넓이는 2만평에 성 주위에 둘러 판 못, 해자(垓字) 유물도 발견, 현, 청주시공원화사업계획, 개발 중이었다.

  서울 청주경씨중앙종친회장, 고문 등 2011년 10월 초 일요일 청주시제가 끝난 후, 청주에 큰 홍수로 청주를 주성(舟城)이라고 혜연 스님에 의해 돛대·절 깃발 대 세워 절을 창건한 시주자 창주(創主) 경주홍(慶柱洪) 호족 고려 광종 13년 때 커다란 깃발을 달아 세운 쇠로 만든 기둥 청주를 주성(舟城)이라고 한 청주남주동 소재 보물 411호 용두사지철당간(龍頭寺址鐵幢竿, 30개 중 10개 경복궁건축)을 둘러본 후 정북동토성 경대승 장군 묘를 주민 황금탑 봉고차 안내로 일행이 방문했다.

경대승 소년 추수감독

- 출처 : '경대승과 정중부' 고려야사 pp145~52 김형광 시아출판사 2008, [주론] [반론] 총정리

경대승 소년(10살~14살) 추수감독

「마당에서는 곡식을 추수하느라 일꾼들의 손길이 바빴다. 이름하여 추수 계절에 마당 가득 콩, 팥, 수수 등이 가을 햇볕에 잘도 마르고, 그 위로 빨간 고추잠자리가 날아다니고 있었다.
 또한 누런 벼를 털어 내는 일꾼들의 손은 쉴 새 없이 움직였고, 그럴 때마다 벼 이삭들이 알알이 떨어져 쌓이고 있었다.
 추수가 한창인 마당 한쪽에서 우두커니 그 모습을 쳐다보는 한 소년이 있었다.
 소년은 가끔 곡식들을 만져 보기도 하고, 고추잠자리를 잡으러 위로 껑충 몸을 솟구쳐 보기도 했다. 누가 보기에도 소년은 그런 추수하는 것을 구경하는 평범한 동네 아이 같았다.
 오늘 곡식을 추수하는 집은 인근에서도 알아주는 부잣집으로서 워낙 추수한 곡식의 양이 많은 데다 다른 해와는 달리 감시하는 사람도 없어 일꾼들은 추수를 하는 척하며 슬쩍 곡식을 훔치고 있었다.
 아낙네들은 치맛자락에 곡식을 숨겨 대문 밖으로 눈치를 보며 슬금슬금 나갔다 가는 빈손으로 돌아왔고, 남정네들은 아예 곡식을 담은 가마니를 통째로 빼가는 이도 적지 않았다.
 그러면서 일꾼들은 뭐라 자기들끼리 작은 목소리로 속삭이며

주인이 있는 안채의 동정을 살피는 눈치였다.
 어느덧 해가 지고 붉은 노을이 서서히 서쪽 하늘을 물들이기 시작했다.
 그 때까지도 일꾼들은 제대로 일은 하지 않고 눈치껏 곡식을 훔치는 일에만 열중하였다.
 이윽고 하루 일이 끝나고 일꾼들이 각자의 집으로 돌아가려고 할 때였다.
 아침나절부터 그때까지 마당에 있으면서 일꾼들이 추수하는 것을 신기한 듯 쳐다보며 혼자 놀고 있던 소년이 처음으로 입을 열었다.
 "여보시오. 도둑질도 적당히 해야 되지 않겠소? 어찌하여 추수하는 것보다 훔쳐가는 것이 더 많은 겁니까?"
 일꾼들은 깜짝 놀라 눈이 휘둥그레져 한마디씩 수군댔다.
 "누구지? 아침부터 마당에서 혼자 놀고 있기에 우리들 중 누군가가 데려온 아이인 줄 알았는데?"
 "그러게, 대체 누구지?"
 "큰일 났소! 내 알아봤더니 저 도련님이 바로 이 주인댁 아드님이라는 군. 주인이 감시하라고 시킨 게 틀림없을 텐데, 이제 우린 꼼짝없이 관가로 끌려가 게 생겼소." [주론] 도둑질도 적당히 해야 한다. [반론] 도둑질, 알지 못하게 하라.
 "아무리 그래도 그렇지. 어떻게 하루 종일 우리가 하는 짓을 꾹 참아 보고 있었을까? 보통 도련님이 아닌 게 틀림없어"
 이 소년이 바로 고려 명종 때의 장군 경대승이다. 그는 15세에 교위가 되어 이 후 26살 장군에까지 올랐다.
 경대승은 어려서부터 성격이 곧고 강직하여 많은 사람들이 칭찬을 주저 않았다.
 또한 경대승은 불의를 보면 참지 못했는데 그럴 때면 남보다

앞장서서 싸워 이겨야만 직성이 풀렸다. '이는 어려서부터 의협심이 남달리 있었기 때문이었다.'

경대승이 벼슬에 오른 시대는 정중부, 이의방, 이고 등의 무신들이 득세한 이른바 무신정권 시절이었다. 무신들은 오로지 힘 하나만을 믿고 권세를 뒤흔들었는데, 그 중 정중부의 세도는 나는 새도 떨어뜨린다는 말을 절로 떠올릴 수 있을 정도였다.

임금은 힘을 잃고 백성들 생활은 궁핍하기 이를 데 없어 민심은 날로 흉흉해졌다.

정중부의 세도가 이쯤 되자 사람들은 오로지 아첨과 편법으로 일관했다.

그러나 경대승만은 오히려 꼿꼿한 자세로 정중부를 대하며 어떻게 하면 그의 오만과 방자함을 누르고 미력한 조정의 위신을 바로 세울 수 있을까 고민하고 있었다.

그런데 정중부의 사위 송유인이라는 자가 문극겸과 한문준을 배척하여 민심을 잃게 되는 일이 벌어졌고 경대승은 이 기회를 하늘이 주신 것이라 여겼다.

'그래, 때가 왔구나. 지금 미친 말처럼 날뛰는 저 정중부 일당을 없애야지!' 그의 눈은 이글이글 불타고 있었다. 경대승은 먼저 친한 친구 허승을 찾아가 도움을 요청했다. "이보게, 자네도 알다시피 정중부 일당이 하는 짓이 갈수록 심해져 가네. 이대로 두면 나라가 휘청거릴지도 모르겠네. 정중부 일당을 지금 소탕해야 되지 않겠는가? 우리 힘을 모으세." 친구 허승은 흔쾌히 승낙하였다.

"대궐에서 장경회를 마치는 날 저녁 자네가 먼저 잠입해 있다가 정중부의 아들 정균을 죽이게나. 그런 다음 자네의 휘파람 소리에 따라 내가 사병들을 지휘해 기습하겠네." 그날 둘은 단단히 약속을 하고 헤어졌다. 그 어느 때보다도 경대승의 눈에는 힘이 넘쳤고, 가슴은 불의를 제거해야 한다는 생각에 요동치고 있었다. 드디어 약속한 날이 왔다. 경대승은 먼저 사병들을 거느리고 대궐 담을 넘어가 기습 공격을 위해 사병들을 곳곳에 은밀하게 배치시켰다.

그러는 동안 장검을 든 검은 그림자 하나가 서서히 정중부의 아들인 정균에게로 다가갔다. 장검을 든 사람은 허승이었다. 뭔가 스쳐 지나갔다는 느낌뿐이었는데 정적을 울리는 외마디 비명 소리가 허공을 갈랐다. 뒤이어 휘파람 소리가 밤의 적막을 타고 경대승의 귀로 전해졌다. 경대승은 휘파람 소리를 듣자마자 숨어서 명령만을 기다렸던 사병들과 함께 일제히 습격을 단행했다.

먼저 대장군 이경백을 죽이고 그 일당을 닥치는 대로 죽였다. 사태가 이쯤 되자 대궐 안은 삽시간에 아수라장으로 변했다. 번뜩이는 칼날이 획획 소리를 내며 번쩍거렸고, 여기저기서 비명소리가 진동했다.

명종 또한 무슨 일인지 갈피를 잡지 못하고 어찌할 바를 몰라 허둥지둥 몸을 피하기에만 바빴다. 어느 정도 승세를 잡은 경대승은 명종 앞에 무릎을 꿇고 이렇게 아뢰었다. "폐하! 이는 사직의 안전을 위함이오니 너무 두려워하지 마시옵소서."

경대승은 이에 그치지 않고 정중부와 송유인 부자 등을 잡아 거리에 세우고는 백성들이 지켜보는 가운데 칼로 목을 동강냈다.

하지만 경대승이 정중부 일당을 소탕했어도 아직 불씨가 남아 있었다. 그것은 바로 이의민 등이었다. 경대승에게 불만을 품은 자가 아직 도사리고 있었기에 경대승은 신변 보호하기 위해 사병을 두었는데 이들 집단을 도방이라 불렀다.

첨언(添言, 덧붙여 말함)
고려시대 사람들이야기, 촌락의 생활상

출처 : '고려시대 사람들이야기 1 정치생활' pp302~311 신서원 박용운 2001

1 정치생활 : 중국 지방제도를 수용해 고려시대에는 지방제도는 주(州) 부(府) 군(郡) 현(縣)을 설치하였다. 하부구조 현 향(鄕) 리(里)는 받아들이지 않았다. 조세는 수취권자 개인에게 수확량의 1/ 10을 국가에 내고, 왕실 공전 1/4, 사전(私田) 소작료 1/2을 내었다. 요역(徭役, 나라 정남[丁男, 장정] 노동)은 16세~60세였다.

2 경제 사회생활 : 중낭장 5품, 낭장 6품 이상 안정생활이다. 출세 길, 음서·과거였다.

3 문화 사상 교육생활 : 숭불문화정책 유교사상 교육기관 국자감과 향교, 설립했다.

4 국방 : 당시 고려 금나라 국경, 개마고원 천리장성 요하 운주(현 운산)~함흥까지, 고려 국경은 윤관 장군 여진 정벌과 동북 9성, 거란과 외교담판 서희 강동 6주다.

출처 : '고려시대 사람들이야기 2 경제 · 사회생활'

1. 성씨에 대한 절대적 관념 : 조선 후기에 자산의 상속이 적장자(嫡長子, 정실의 자) 중심으로 이루어지고 문중이 강조되면서 생겨났다. 그 이전인 고려는 자손이나 후손이 남자로만 이어진 것이 아니어서 더 넓은 범위의 친족의식을 가지고 있었다. 그 대표적인 사회가 고려라고 할 수 있다. 가깝게는 사위나 외손이 아들·친손과 거의 동일하게 대우받았고 넓게는 외조모의 조상도 자신의 조상으로 여겨지고 외손도 후손이었다. 고려의 왕씨 왕비들은 어머니의 성을 따르고 있다.[성이 달라도 내 조상, 내 후손 pp283~292]

2. 고려 사람들은 하루 끼니 조석 아침저녁 기본 두 끼니로만

살았고, 고위관원이나 부자 혹은 힘든 노동을 할 때에는 점심까지 세 끼를 먹었다.[곡식 어려웠다 pp90!~91]

출처 : '고려시대 사람들 이야기 3 교육사상 및 문화생활'

1. 고려시대의 보통교육 : 향교였다. 53명이 중앙의 관학인 국자감 학생의 모태가 되었다. 이들을 성종 6월 8월 가르칠 경학박사(經學博士, 유교경전 유학교육 담당자)와 의학박사(醫學博士, 의학교육 지방의료업무)를 12목에 파견하였다.

2. 관학이 된 사립학교 : 고려 후기 12도와 9재로 최충의 문헌공도 등 12개의 사립학교 학생 넘치자 9개 반 편성이다. 여말 석학 이색 때 보편화됐다. 현 사립학교와 같다.

3. 고려 서울 세 개 삼경 : 성종 때 경주에 동경 수도에 개경과 서경 현 평양으로 삼경이라 했다. 그 뒤 문종 때 남경 현 서울이 설치되어 4경이 된다. 신라 남북극시대 수도 보완하여 5소경, 북원경[원주]·중원경[충주]·서원경[청주]·남원경[남원]·금관경[김해]이라는 특수행정구역을 설치하였다.

4. 고려사상의 중심축, 불교와 유교며, 세계가 놀란 고려청자, 세계 최초 청주목 1377(우왕 3년) 흥덕사 금속활자 직지심체요절 직지심체 직지 등 불교요절이다.

경대승『고려사』
'가사를 돌보지 않았다' 해설 미혼 꿈 이야기

– 출처 : 구설「창작」

대의는 이루고 미혼으로 남게 되게 맞바꾼 경대승 역몽(逆夢)

예성강 벼락바위에서 현재 개성역 옆에 있는 동네 당시 개경 내성동 동네 살았다. 동료를 구하는 전날 밤 경대승은 12살에 꿈을 꾸었다. 경대승은 다음 꿈 이야기에서 청년이 되어 홀어머니를 모시고 사는 모습으로 꿈을 꾸게 된다. 경대승은 어머니에게 왜 이렇게 열심히 일해도 가난해 복 없나요. 하느님이 내린 타고난 팔자다. 소원을 이루게 하기위해 하느님을 만나로 가는 도중에 갑자기 강물이 나타났다. 강을 건널 수 없게 되자 한숨소리를 내며 그 자리에 덥석 주저앉자마자 한숨소리에 놀란 이무기가 나타났다. 이무기는 한숨소리에 놀라 나타났다고 하였다. 전설에 의하면 뱀에서 500년 강물바닥에 산다는 이무기에서 500년 돼야 용이 된다는 이무기 큰 구렁이가 나타나서 청년은 드디어 이무기에 등에 업혀 강을 건너 무사히 하느님을 만나게 된다는 이무기는 청년이 하느님을 만난다음 용이 되게 방법을 일러주어 하늘나라로 용이 되어 승천하였다. 이무기가 용이 된 은혜를 갚아주기 위해 신통력 여의주 두 개 중 하나 주어 받은 경대승이 동네 동료를 구하는 신력을 내려줌은 물론 경대승이 원만히 집권하기까지 과정의 힘을 실어 줘 권력을 주었던 꿈 이야기다.

홀어머니를 모시고 사는 청년이 꿈을 꾸었다. 다음 꿈 이야기는 '사랑 가득한 하느님을 만나다'와 같이 사람이 복을 받고 사는 방법이다.

옛날 어느 마을에 홀어머니를 모시고 사는 청년이 있었다. 하루는 하도 답답해서 청년은 어머니에게 물었다. "아무리 열심히 일을 해도 살림이 늘지 않고 가난하기만 하니 이게 무슨 일이죠? 더구나 나에게 시집온다는 색시도 없으니…" 어머니가 한숨을 내쉬며 대답했다. "그게 다 네 팔자인 걸 어떡하니? 타고난 복이 없어서 그렇단다." "다 네 업보(業報, 선악의 행업으로 말미암은 과보果報)인걸 어찌 하겠는가."

"복이요? 그 복은 누가 주는 건데요?" "누구긴? 하늘나라에 계신 하느님이시지." "그렇다면 하느님께 찾아가 내가 이렇게 복이 없는 이유를 여쭈어야겠군요."

청년은 그렇게 결심 한 뒤 어머니께 인사를 올리고 집을 나섰다.

그런데 막상 가려고 하니 하늘나라로 가는 길을 알 수가 없었다. 어쩔 수 없이 무작정 걷기만 했는데 어느덧 뉘엿뉘엿 해가 저물기 시작했다. 마침 눈앞에 집이 보이기에 하룻밤 묵어갈 요량으로 마당에 들어섰다.

"실례합니다! 길을 가다 해가 저물어서 그러는데, 오늘 하루 쉬어갈 수 있을까요?" 청년의 외침에 젊고 예쁜 색시가 모습을 드러냈다. 그녀는 상냥하게 웃으며 청년에게 대답했다.

"그렇게 하세요. 그런데 손님은 어디로 가시는 길이시오?" "하느님께 물어 볼 것이 있어서 하늘나라로 가고 있습니다." "그럼 제 부탁 하나만 들어주세요. 저는 시집을 가기만 하면 그날 저녁을 넘기지 못하고 신랑이 죽고 말았답니다. 제가 어떻게 하면 좋을지 좀 여쭈어 봐주세요."

청년은 그러겠다고 약속한 후, 하룻밤 묵고 나서 다시 길을 떠났다. 한참을 가다 보니 어린아이 몇 명이 밭에 모여 무언가를 하고 있는 것이 보였다.

"얘들아, 무슨 일을 그렇게 열심히 하고 있니?" "황금으로 된 꽃나무에 물을 주고 있어요. 매일 이렇게 해주고 있는데도 아직 꽃이 핀 걸 한 번도 못 봤어요. 아무리 생각해도 이유를 모르겠네요. 하느님 옥황상제님은 아시려나?"

"그래? 내가 지금 하느님을 만나러 가는 길인데..." "정말요?" 그럼 우리 꽃나무에 왜 꽃이 피지 않는지 좀 여쭈어봐 주세요. "청년은 아이들에게 그러겠다고 약속하고 다시 길을 떠났다.

이리저리 걷다보니 이번에는 아주 커다란 강이 나타났다. 그런데 사공은커녕 배도 없어서 강을 건널 수가 없었다. 길이 막혔으니 이대로 돌아가야 하는 상황이었다. 지금까지 걸어오면서 하늘나라로 가는 길을 발견하지 못 했는데, 또 다시 어디로 가야 할지 알 수가 없었다. 청년은 그 자리에 털썩 주저앉아 한숨만 푹푹 내쉬었다. 얼마나 시간이 지났을까 갑자기 강물이 크게 일렁거리면서 용이 되려다 못되고 물속에 산다는 전설상의 뱀 500년 이무기 500년 돼야 용이 된다고 하는 큰 구렁이 커다란 이무기 한 마리가 불쑥 솟아올랐다.

"한숨 소리가 어찌나 큰지 강바닥까지 들려오기에 한번 올라와 봤습니다. 무슨 일로 그러시는 겁니까?" "하늘나라에 하느님을 만나러 가는 길인데 강 때문에 길이 막혀 이러고 있다오." "그렇다면 걱정하지 마십시오. 이 강만 건너면 바로 하느님 계신 하늘나라입니다. 제가 태워 드릴 테니 등에 올라타시지요. 부탁 하나만 드리겠습니다. 저는 이 강에서 천년 동안이나 용이 될 날만 기다리고 있는 중입니다. 아직도 이무기로 머물러 있는 연유를 여쭈어봐 주십시오." 청년은 그러겠노라 약속했다. 이무기 덕분에 하늘나라에 도착한 청년은 마침내 하느님을 만나게 되었다.

홀어머니를 모시고 사는 청년은 드디어 하느님을 만난다.

청년은 큰 절을 올린 뒤 먼저 자신에 대한 문제부터 물어보았다.

"하느님, 저는 왜 이렇게 복이 없는지 가르쳐 주십시오." 그러자 하느님이 방긋이 웃으며 대답했다. "허허허, 사람은 태어나면서 갖고 나오는 복이 모두 다른 것이다. 하지만 열심히 남을 돕고 산다면 없던 복도 생기는 법이니라." 자신을 위해서는 열심히 살았지만, 딱히 누굴 도우면서 살지는 않았던 청년은 그제야 고개를 끄덕였다. 그는 이곳까지 오는 동안에 부탁받았던 질문도 하나하나 물어보았다.

"남편을 계속 잃은 여인의 경우는 어떠합니까?" "그 색시는 남을 잘 돕는 사람을 골라 시집을 가면 남편을 잃는 일이 없을 것이다."

"꽃이 피기를 기다리는 아이들은 어떻게 하면 될까요?" "그 아이들은 정성이 모자라서 그런 것이다. 꽃나무는 금으로 만들 것이 아니라 정성으로 가꾸어야 한다고 일러주어라."

"초자연적인 능력을 지닌 용이 되고 싶어 하는 이무기에게는 뭐라고 전해줄까요?" "그 이무기는 욕심이 많아서 용이 되지 못한 것이다. 하나만 갖고 있으면 될 신통한 능력 힘인 여의주를 두 개씩이나 갖고 있으니 어찌 용이 될 수 있겠느냐?"

청년은 하나님의 대답을 잘 기억한 채 하늘나라를 벗어나 큰 강가로 향했다. 그가 도착하니 이무기가 다시 나와 강을 건네주었다. 청년은 이무기에게 답변을 전해주었다. "그대가 용이 되지 못하는 이유는 여의주를 두 개나 갖고 있기 때문이라고 하셨다." "그랬군요! 그렇다면 소용없게 된 신통한 능력의 힘을 가진 여의주 하나를 드리겠습니다. 제 부탁에 대한 사례로 받아주십시오."

이무기가 청년에게 여의주를 하나 건네주자, 금세 용이 되어 하늘로 날아갔다. 집으로 향해 가던 청년은 꽃에 물을 주던 아이들과 마주쳤다.

"꽃나무는 금으로 만들 것이 아니라 정성으로 가꾸어야 한다고 하셨단다."

"아, 그래요? 그럼 이제 금은 소용없으니 아저씨가 갖고 가세요." 아이들은 황금 꽃나무를 모두 뽑아 청년에게 주었다. 그리고 새로운 꽃씨를 뿌려 물을 줬더니 금세 싹이 나고 꽃이 피었다. 다시 집으로 향하던 청년은 자신을 기다리고 있던 색시가 있는 곳에 도착하였다. "남을 잘 돕는 사람에게 시집을 가면 괜찮을 것이라고 하셨습니다." "그래요? 방법을 알게 되어서 기쁘네요. 당신의 고민 해결되셨나요?"

"네, 저는 타고난 복이 없어 고민 이었습니다. 그런데 남을 돕고 살다보면 복이 생긴다고 하셨으니 앞으로는 그렇게 살아갈 생각입니다." "아, 그러면 제가 찾아야 될 사람은 바로 당신이군요. 부탁을 잊지 않고 들어주셨으니 저를 도와주신 것이잖아요?" 이렇게 해서 청년은 재물과 색시를 한꺼번에 얻어 집으로 돌아갔다.

지성이면 감천이라고 복을 받는 방법은 과욕과 허영에 빠지지 말고 '남을 잘되게 하는 것'이다. 누구나 남을 잘되게 하겠다는 생각을 갖고 행동을 옮기면 세상은 복과 벼슬아치 복록(福祿, 타고난 복과 벼슬아치 녹봉, 복되고 영화로운 삶)이 넘친다.

이상 청년의 이야기와 같이 경대승은 12살 『고려사』 '가사를 돌보지 않았다'는 해설, 미혼 꿈 이야기이다. 경대승 장군은 기해정변으로 집권해 대의는 이루고 미혼으로 남게 되게 맞바꾼 경대승 역몽(逆夢)이야기다. "결혼하기 위해 하느님을 뵙고 돌아와 소원으로 부자가 되고 색시도 얻게 되었다. 날이 저물어 하룻밤을 묵고 하느님께 물어 볼 것이 있어서 하늘나라로 가고 있습니다."

"그럼 제 부탁 하나만 들어주세요. 저는 시집을 가기만 하면 그 날 저녁을 넘기지 못하고 신랑이 죽고 말았답니다. 제가 어떻게 하면 좋을지 좀 여쭈어 봐 주세요."

　청년은 그러겠다고 약속한 후, 하룻밤 묵고 나서 다시 길을 떠났다. 돌아오는 도중 색시에게 들려 남을 돕고 살다보면 복이 생긴다고 하셨으니 앞으로는 그렇게 살아갈 생각입니다." "아, 그러면 제가 찾아야 될 사람은 바로 당신이군요. 부탁을 잊지 않고 들어주셨으니 저를 도와주신 것이잖아요?" 이렇게 해서 청년은 재물과 색시를 한꺼번에 얻어 집으로 돌아갔다고 한다. 그러나 경대승은 대의는 이루었지만 맞바꾼 미혼으로 남게 되어 하느님을 만났으나 꿈을 꾼 것은 역몽이었다.

경대승은 기혼자냐 미혼자냐
양론 [주론]과 [반론]의 불꽃 토론

- 자료(資料)에서 본 주론(主論)과 반론(反論),
불꽃 튀는 진상(眞相) 토론(討論)

1. 경대승 부인과 자녀에 대해 무기록이라 무인들에 화(禍)를 피해 숨어 살았다는 추정만 할 뿐이다. 『고려사』경대승 가족으론 부친 경진과 동생뿐이다. 경대승 동생은 궤장(几杖, 임금 70세 이상 대신 하사품) 받은 상장군 이소응의 딸과 혼인, 경대승 제수씨다. 청주경씨 경대승 병사, 계대 불명 30년간, 경대승 동생이 대이었다.

2. 2005年 淸州慶氏族譜 上系에 『고려사』무인들의 자녀들은 다 있는데 경대승만 유독 자녀는 없다. 경대승 부친 시조 경진이다. 중시조는 1352년 음서 관직 우왕6년 시중 경복흥(?~1380)이다. 청주정북동토성공원에 부 경진 평장사 청주사심관 관저였고 구전 경대승 묘가 있다. 현 청주시상당구남일면효촌리 청주경씨 선영에 경진과 아들 경대승 둘 다 가묘로 있다. 언제 누가 기록 없이 비석에 부인만 적혀있다는 경대승 부인은 2005년 청주경씨족보에는 다음과 같이 『고려사』와 다르게 있다. 경대승 배(配, 부인) 경주최씨 부(父, 아버지) 문하평리(門下評理, 고려시대 문하부에 둔 종이품 벼슬) 애(艾, 다스리다) 일운(一云, 하나 이러함) 藹墓(애묘, 우거진 묘) 청주모산(淸州茅山, 청주 잔디 인공 산) 유백비(有白碑, 무덤 앞에 비문이 없이 세우는 비석으로 선명하게 있음) 여(女) 김준(金畯) 상장군 병부상서 지문하성사

다.

▶출처/2005年 淸州慶氏族譜 上系,
淸州本百濟上黨縣新羅置西原京高麗改淸州本朝因之
始祖 慶珍
宋徽宗宣化元年己亥生仕於高麗明宗朝官至正議匡正大夫平章事知門下省事以右軍將討
西京反賊趙位寵平之事見高麗史墓淸州茅山云
子 大升
南宋紹興二十四年高麗毅宗八年甲戌三月十二日生以蔭補校尉累遷至大將軍淸廉有大節扶王室誅亂臣鄭仲夫父子事見高麗史明宗十三年癸卯四月二十日卒享年三十
配慶州崔氏
十二月二十五日生忌八月二十一日父門下評理艾一云諿墓淸州茅山有白碑
按麗史將軍公卒於明宗十三年癸卯尙書公仕於 高宗朝則自明宗癸卯至 高宗元年甲戌爲三十二年其間代級必不爲三代尙書公之於將軍公爲父子無疑然而舊譜不爲直系故今我後裔依舊譜載錄
女 金晙 安東人中書侍郞平章事上柱國上將軍諡景烈公外孫仲龜兵部尙書知門下省事見韓國金石 遺文

해설 ▶ 출처 / 2005년 청주경씨족보 상계, 청주를 백제 상당현, 신라 서원경, 고려 청주로 개명 조선으로 계속 이어진다.
遺文 解說 : 청주경씨 시조 경진(慶珍), 1125~1177 52세 송나라 북송 쇄퇴기 8대 휘종(徽宗), 1082~1135 57세, 위정자 능력 최악 중국 역사의 손꼽힐 만한 폭군에 송나라를 북송 남송 나눠지게 한 원흉, 아들 흠종 2년 만에 요의 속국이었으나 요를 멸망

시킨 여진족(금나라)에 1127 '정강의 변' 멸망. 선화(宣和, 휘종 연호 재위, 1100~1125 25년. 선화 7년(1125) 원년(元年, 임금이 즉위한 해. 또는 임금이 나라를 세워 즉위한 이듬해 기해년 출생하여 벼슬 고려 명종 시호 정의광정대부, 정2품 중서문하시랑평장사, 종2품 지문하성사, 종3품 우군병마사 출전 서경반적조위총 평정 본 그 후『고려사』묘 모산(茅山), 사초(莎草) 가토(加土)한 인공(人工)의 산(山)에 있다.

아들 대승大升(1154~1183, 30세)은 남송 소흥 24년 고려 의종 8년 갑술 3월 12일생 음보(蔭補), 조상의 덕으로 벼슬을 얻음에 교위(校尉), 고려와 조선 시대 오·육품 무관 품계 칭호로 고려 시대 출세 길은 음보와 과거 두 길뿐이었다. 두 길 중 음보가 우세였다. 누천(累遷), 지위 등급 따위가 차차 올라감에 대장군으로 청렴결백하여 대절大節, 대의를 위하여 목숨을 바쳐 지키는 절개 있어 왕실을 도와 난신 정중부 부자를 베어 죽이고 5년 집권 후 국정을 보다가 갑자기 명종 13년 계묘년 4월 20일 향년 30세로 졸卒, 죽음을 완곡(婉曲), 듣는 사람의 감정이 상하지 않도록 모나지 않고 부드럽다 하게 이르는 말하였다. 죽음 표현 졸은 생을 마치다. 졸은 경(卿), 임금이 이품 이상의 신하를 가리키던 이인칭 대명사, 영국에선 귀족의 작위를 받은 이를 높여 이르는 말 대부大夫, 고려 조선 시대에 벼슬의 품계에 붙이던 칭호. 고려 시대에는 종이품에서 종오품까지 또는 정이품에서 종사품까지의 벼슬. 조선 시대에는 정일품에서 종사품까지의 벼슬에 붙였다. 중국에서 벼슬아치를 세 등급으로 나눈 품계의 하나. 주나라 때에는 경(卿)의 아래 사士의 위였다 하여 붙이는 칭호이다. 졸은 실록 등에서 주로 쓰며 영조 이전에 세자도 이 표현을 썼다. 그러나 소현세자는 졸하였다고 기록된 반면 사도세자는 훙서(薨逝),

왕이나 왕족, 귀족 등의 죽음을 높여 이르는 말 하였다고 기록되었다. 고려의 최이가 최항 묘지명에서 졸하였다고 기록됐다.
　경대승의 죽음 표현을 다음과 같이 졸이라고 했다.『고려사』'秋七月丁丑 將軍 慶大升 卒 八月癸巳 朔夜城中 大驚譟聲震'(추칠월 정축 장군 경대승 졸 팔월계사 삭야성중 대경조성진), 가을 칠월 정축일에 장군 경대승 죽었다. 팔월 초하루 계사일에 성안 개경 황도 사람들이 크게 놀라 울음이 크게 진동하였다.
　＊出處 / 高麗史 卷 二十 - 十三

　배우자 경주최씨 12월 25일~8월 21일 부친 벼슬 문하평리(門下評理), 고려 시대에 문하부에 둔 종이품 지내시어 다스렸고 묘는 청주 모산茅山, 잔디 인공산 백비(白碑, 묘 앞에 비문이 없는 돌을 세운 비가 있다.) 명종 13년 계묘일 시호(謚號, 제왕이나 재상, 유현儒賢들이 죽은 뒤에 그들의 공덕을 칭송하여 붙인 이름) 안려사 장군님 명종 13년 계묘일 상서(尙書), 고려 시대에 둔 육부六部의 으뜸 벼슬님 섬겨 벼슬하셨고 고종은 명종부터 계묘 명종까지 고종 원년 갑술에 하여금 32년 기간 동안이나 되든 되지 아니하다가 3대 상서님에 장군님 하시어 부자 의심할 바 없이 구보(舊譜), 예전의 족보에 하지 못하다 직계(直系), 혈연이 친자 관계에 의하여 직접적으로 이어져 있는 계통 고금古今, 예전과 지금 아후(我後), 나나 우리보다 뒤에 예의裔依, 후손에 의지하여에 의거하여 재록(載錄), 책이나 문서에 기록하여 실음.하게 되었다.
　여(女), 여성으로 태어난 사람. 배우자 가문을 말한다. 김준(金晙) 안동인(安東人), 안동 사람 중서시랑평장사(中書侍郎平章事), 고려 시대에, 중서문하성에서 국사(國事)를 논의하는 일을 맡아보던 정이품 벼슬 상주국(上柱國), 고려 시대에 있던 첫째 등급의 훈위勳位 정이품 벼슬 상장군上將軍, 고려 시대에 대장군 다음가던 벼슬. 각 군영의 으뜸 벼슬. 품계는 정삼품이며 이군(二軍과 육위六衛)에 한 명씩 두었다. 시호(諡號 경렬공景烈公 외손外孫 중구仲龜는 병부상서(兵部尙書, 고려 시대에 둔 병부의 으뜸 벼슬. 품계는 정삼품으로 오늘날 국방부 장관이다.)와 지문하성사(知門下省事, 고려 시대에 중서문하성에 속한 지사(知事) 구실을 하였고 6부의 판사를 겸임하여 실무를 담당하였고 종이품 벼슬)를 지내셨다. 한국금석(韓國金石, 한국은 대한제국이나 대한민국의 약칭이며 생산지) 금석은 쇠붙이와 돌이라는 뜻으로, 매우 굳고 단단한 것을 비유적으로 이르는 말로써, 금이 들어 있는 광석이다 으로 새겨진 유문(遺文) 생전에 남긴 글에 있다.

3. "이주홍(李周洪, 1906~1982 82세) 중등학교교사(中等學校敎師), 『慶大升(경대승)』중편소설(中篇小說) p97 1976年"에 의하면 이씨 부인과 자녀 셋이 있다. 경대승 간호하는 부인, 자녀들과 함께 옆에 앉아 머리에 찬 수건을 갈아 얹어주고 있던 부인은 흑흑 흐느끼며 자꾸만 소매 끝으로 눈물을 닦았다. 당신께서 큰일이 일으키기 전에는 돌 떨어지는 소리 이런 근심이 없었습니다. 지금이라도 손을 떼시고 훨훨 멀리로 숨어서 살면 어때요. 산속에 들어가서 화전을 일궈먹고 살든지 바닷가에 나가 조개를 잡아먹고 살더라도 설마 우리 다섯 식구에 굶어서야 죽겠습니까! 인제는 그럴 수도 없게 됐어! 내가 일어섰던 일을 후회도 않지만, 이 마당에 서서 남의 웃음거리도 되고 쉽지 않단 말이오! 그렇지만 누구 하나라도 맞잡는 사람이 있어야 할 게 아닙니까. 백성들이 있어! 난 아직도 백성까지 나를 완전히 외면하고 있다고는 생각하고 있지 않아! 열세 살 맏딸 여현, 열한 살 둘째딸 미화, 아홉 살 어린 장남 중국이 어른들같이 아버지 경대승 옆에서 고개

를 떨어뜨려 눈물을 흘리고 있었다.

  4. 3에 이어 慶大升을 개를 가리키는 경견승(慶犬升)의 괴벽서(怪壁書)도 안 붙는가 하고 반대파 무인이 제웅·초우인(草偶人, 짚으로 만든 사람 모양의 물건과 돌을 담 넘어 던져 놀라 한 달간 병을 얻어 병사했다.

『고려사』유독 대장군 집권 경대승은 미혼 무자녀인 동시 타 무인들 중 이의방 벽상공신 좌승선 임명 시 딸 태자비, 정중부 문하시중 피살되어 실권자가 못된 아들 좌승선 정균 태자부지유대장군, 병사 경대승 집권계승자로 상장군 공부상서 동중서문하평장사 판병부사 무신집권자 이의민 아들 지순 지영 지광 정실부인 최씨 비첩 부용으로 다 유가족(遺家族) 자녀가 있다. 청주경씨족보 한국금석 유문 경대승 부인 경주최씨, 이주홍 중편『경대승』세 살 위 부인 이씨로 各姓이다. 청주경씨족보와 이주홍 기혼,『무인시대 경대승 편』과『고려사』미혼이다.

경대승 비전, 몸소 실천한 사회 정화 선도 역할로 지도자 평가

경대승 장군의 업적을 묶어서 말하자면 정책 비전(vision : 내다보이는 미래의 상황)은 다음과 같이 제시했다.

비전 제시는 앞으로 나아가야 할 방향이나 미래에 대한 청사진의 제시이다.

비전은 정치적 조직이나 단체 등의 활동을 주도하는 위치에 있는 사람, 지휘자, 통솔자, 영도자, 특정한 집단이나 사회를 앞장서 거느리고 이끄는 지도자라는 리더(leader)에게 있어 중요한 덕목 중 하나이다.

첫째, 도방 정치로 사병제도이며, 1179년 9월 기해정변 시는 30명 결사대였다. 집권 후 전국에서 모은 무사와 장사 130명으로 한 이불 한 베개로 숙식(宿食, 자고 먹음)을 같이하며 하나로 합친 마음과 같은 몸이라는 일심동체(一心同體)가 되어 도방 정치를 하였다. 아깝게도 1183년 7월 집권 중 병사하였다.

둘째, 복고주의를 하였다.

무인시대의 무인 대우에서 문무 동등 대우하는 이의방의 지시로 이의민이 시해한 경위는 처음 진도로 귀양 보냈다가 18대 의종이 무신의 난으로 물러나 동생 명종이 무신들에 의해 왕위를 차지했다.

그 뒤 1173년(명종 3)에 김보당의 거병으로 경상북도 경주, 계림에서 복위되기를 기다렸으나 거병이 실패되자 이의민에 의해 비참하게 살해되는데, 이의민이 추격을 시작하자 배윤재는 의종을 현 경주시 탑동에 있는 곤원사로 거처를 옮기고 숨겼다.

발각되는 의종의 왕권을 되찾기 위해 진도에서 경주로 이동하는 귀양처 변경으로 경주로 이동하고 난 후 곤원사(坤元寺) 연못에서 1173년(명종 3) 이의민이 정중부의 난으로 폐위된 왕위에 25년간 있었던 나이 47세로 왕위에서 밀려난 지 3년 만에 이의민이 의종을 등뼈가 꺾여 죽게 시해했다.

시체는 가마솥 2개와 함께 묶여 던져 물속에 갈아 앉게 하였고, 곤원사의 승려는 연못에 들어가 가마솥 두 개만 챙겨 나왔다.

왕의 시신은 그대로 버려져 참혹하게 왕을 시해하였다.

경대승 장군은 이런 이의민이 왕을 시해한 처사로 무신시대 이전으로 왕권을 갖는 왕권을 회복하는 복고주의를 선언하였다.

셋째, 청렴결백하였다.

중서시랑평장사 정2품 벼슬 부친 경진 재산 한 뙈기 땅도 남기지 않고 남김없이 나라 선군(選軍)의 군인전에 바침으로 경탄해 칭찬이 자자하여 백성이 탄복했다.

청렴결백하여 명종 권위에 편승한 반대파무인들의 재산을 부정부패로 백성의 고혈을 짜내어 강제로 뺏어간 곡물과 재물이라 가난한 백성에게 구휼미를 나누어주어 청렴결백(淸廉潔白)하고 백성구휼미구제(百姓救恤米救濟)에 온갖 힘을 쓰셨다.

넷째, 집권·충신, 권력 있는데『고려사』에 예상 밖의 결과를 빚어 모순되고 부조화하다는 아이로니컬(ironical : 역설적, 반어적)하게 왕을 받드는 충신이었다.

다섯째, 정화차원 대의·집권자, 글 모른다. 정3품 벼슬 왕 출납 직 승선 거절함.

여섯째, 도량형제도를 설정하여 시장원리로 단속, 도방과 중방이 합동으로 경제기반사업, 서민생활 질서를 확립하였다.

　일곱째, 〈몸소 실천한 사회정화 선도역할 지도자 평가〉사물의 더러운 것을 없애 깨끗하게 함으로 사회의 악폐나 죄, 정신의 타락 따위를 없애 깨끗하게 하는 사회정화에 선도역할을 하였다. 나쁜 버릇이나 관습 악습과 폐해가 많은 풍습, 폐습을 걷어 나쁜 관습을 걷어 내었다.

　장군은 부친 경진 중서시랑평장사 정2품 벼슬 재산을 한 뙤기 땅도 남김없이 전부 나라 군전에 바침으로 청렴결백할 뿐만 아니라, 오늘날 영국과 일본의 집권내각 총리와 같이 무인시대 아닌 기존 왕권주의 시대로 회복과 민주주의 문무 동등대우로 복고주의 외친 도방 정치 경대승 장군 오늘날 집권내각총리와 같이 집권자였다.

　이와 같이 집권 내내 결별하게 차이가 있는 무신시대 일부 무신들과 함께 한 것이 왕권 회복이며 권위주의라는 명분과 권위만을 내세운 왕 명종으로 의종 왕을 시해한 자 이의민을 참살하고 무신시대를 무신과 문인이 동등한 대우를 부르짖고, 왕권회복 시대로 복귀해야하는 복고주의를 외쳤고, 도량형제도로 시장원리에 따라 시장경제질서를 바로 잡아 도방이 중방의 협조를 받아 백성편의생활에 기여했고, 백성을 억압하여 강제로 거둔 재물을 걷어 가난한 백성 구휼미로 난국을 극복하며 도방군사를 운영하여 백성들의 도방 정치 전폭적인 지지를 받았다.

　그러나 이에 반대한 일부 무신들과 관계를 한 명분과 권위주의 명종이 한 덩어리가 되어 그렇게도 일찍부터 천문 역학 지리 역사에 밝아 15세에 과거제도와 같게 귀족 재상의 자녀에 주는 문음 제도로 무과에 합격하여 문무 겸비 한 엘리트(elite : 정예, 선발된 사람) 장교출신의 정책제시로 미래제시 비전(vision : 미래, 선견, 통찰력 등)이 있게 내 걸고 처리하는 부정부패, 복고주의,

도량형제도 시장원리 하에 경제 질서회복, 백성 억압한 재산을 걷어 가난한 백성 구휼미를 나누어주었다.

도방군사 유지한 경대승 장군이 일부 무신들이 백성들 재산을 탈취한 이들에 박대를 받아오다 위협과 억압에 눌려서 집권도중 역사는 원래 예상 밖의 결과를 빚어 모순되고 부조화 한다는 아이로니컬(Ironical : 반어로 쓰는, 얄궂은, 빗대기 좋아하는 등)하게도 그렇지 않은가?

정중부 꿈을 꾸고 난 후 꿈속에서 휘두른 칼에 의해서 라고는 하지만 30세에『고려사』에도 있지만 집권자가 왕을 받드는 충신으로 그 충격 너무 커 병사한다.

경대승 장군은 비전을 세우고 무던히 고민하며 실행에 옮기려고 노력을 하신 업적이 당시 문무들도 무인 중 本보기가 되었기 후대에도 위인이 많이 나타나라고『고려사』·『고려사절요』pp26~162 연 136 페이지 걸쳐 그대로 본 제3부 다큐 가문 홈드라마(docu · 다큐멘터리 documentary의 줄인 말 家門 home drama) 제1장 '집권자 · 충신 경대승 5년(고려사절요 中권 pp.26~162[pp.26~162[pp.136])칭송'에도 남김없이 있다.

『고려무인정권 경대승』
주제 토론의 [주론]과 [반론] 제기

- 출처 : '청주문화 제18호 청주문화원이전기념호' pp157~161
'고려무인정권 경대승' 신호철 충북대 역사교육과 교수 (향토사의 재발견 인물탐구) 2003년 4월

경대승(慶大升)은 청주 출신으로 고려 무인정권 초기 정권을 장악했던 최고 집정자였다. 그것도 20대의 청년 장군이 갑자기 등장해 한 나라의 최고 권력자가 되었던 것이다. 경대승은 과연 어떤 인물이었을까. 이러한 의문을 하나하나 풀어보는 것 또한 흥미로운 일일 듯싶다.

청주문화 제18호 문화원이전기념호 '淸州文化院誌' 편집과 1976 p96 중편『경대승』李周洪(1906~1987 82세, 배재중학교·동래중학교 교사, 국립부산수산대학 전임강사 전직) 著 함께『청주문화 제18호 청주문화원이전기념호』두 권의 '경대승 자료'들을 보내오면서 청주문화원장 박영수 전 청주대성학원 홍보담당부장, '매회 행사 시 경대승 장군 깃발 앞세워 행진하고 있다.'고 하였다.

■ 1백년 계속된 무신정권

잘 알려진 바와 같이, 고려는 무신보다는 문신이 우대 받는 문신 중심의 사회였다. 때문에 고려 왕조를 흔히 '문벌귀족 사회'라고 말한다. 그러나 고려 후기에 이르면 문신에 의해 천대받던 무신들의 불만은 고조되어 갔고, 결국에는 무신들이 똘똘 뭉쳐 문신들을 제거하고 정권을 장악하고 말았으니, 의종 24년(1170)에서 원종 11년(1270)까지 지속되었다.

처음 무신란을 주동한 인물은 정중부(鄭仲夫), 이의방(李義方), 이고(李高)의 3인이었다. 무신란 당시 이의방과 이고는 산원(散員 : 정8품)이란 하급장교였고 정중부는 대장군(大將軍 : 종3품)으로 상장군 다음가는 최고급 무관이었다. 그러나 곧 이들 간의 권력 쟁탈전이 벌어져 이고는 이의방에 의해, 이어 이의방은 정중부에 의해 제거됨으로써 정중부가 홀로 정권을 차지하였다. 정중부를 제거하고 집권한 인물이 바로 경대승(慶大升)이었다. 경대승 사후의 집권자는 이의민(李義旼)이었으며, 이를 제거한 인물이 최충헌(崔忠獻)이었다. 최충헌에 이어 '최씨무인정권'이 4대에 걸쳐 지속되었고, 최씨정권이 무너진 후에는 김준(金俊), 임연(林衍), 임유무(林惟茂)가 말기의 무인 집정자들이었다. 이들 무신들의 집권기간은 꼭 100년 동안 계속되었다.

그러면 경대승은 과연 누구인가. 어떻게 하여 집권하게 되었을까. 이를 알기 위해서는 우선 경대승의 출신이나 그의 선대의 내력부터 살펴보아야 할 것이다. 경대승 선조에 대한 기록은 별로 찾아 볼 수 없다. 『고려사』경대승 열전에 의하면, 그는 청주인(淸州人)으로 중서시랑평장사(中書侍郎平章事)를 지낸 경진(慶珍)의 아들이었다는 기록이 전부이다. 『청주경씨족보』에도 경대승의 아버지인 경진이 청주경씨의 시조로 되어 있으며, 경대승 이후의 계보도 수록하지 못하고 실제 계보가 구체적으로 기록된 것은 그보다 한참 후인 고종(高宗 : 1213-1259)조에 호부 상서를 지낸 경번(慶蕃)으로부터 시작된다. 결과적으로 『청주경씨족보』에도 경대승 선대에 대한 어떠한 구체적인 기록도 없는 셈이다.

그렇지만 사실 경대승의 선대는 이미 신라말기에 청주 일대를 지배하던 청주의 유력한 호족세력임이 분명하다. 그 이유는 첫째, 『세종실록』지리지에 경씨가 청주의 토성(土姓)으로 기재되어 있다는 점이다. 주지하다시피 우리나라에서 한식(漢式)성씨가 널리 보급되는 것은 신라말 호족세력의 성장과 그 때를 같이한다. 이 시기에 형성된 성씨집단인 '토성(土姓)'은 조선조에 들어와 편찬된 『경상도지리지』와 『세종실록』지리지 등에 각 군현(郡縣) 별로 토착 성씨 즉 '토성(土姓)'을 기재하고 있으며, 토성이라는 용어 또한 위 이 두 지리지에 처음 보인다. 토성의 형성과정은 지역에 따라 차이가 있긴 하지만, 대체로 왕건이 후삼국을 통일한 후 태조 23년 전국의 군현 개편과정과 함께 그 군현의 유력한 성씨 집단에게 토성을 분정(分定)하면서 시작된 것이다. 토성의 수는 각 읍세(邑勢)의 규모에 따라 차이가 있지만, 대체적으로 대읍은 7·8개의 토성이 있었고 평균적인 군현은 4·5개의 토성이 있었다.

『세종실록』지리지에 청주의 토성은 12개의 성이 전해지는데, 그것은 그만큼 청주가 다른 어느 지역에 비해 토착 성씨 집단이 많이 존재하고 있었던 대읍(大邑)이었다는 의미가 된다. 청주 토성은 한(韓), 이(李), 김(金), 곽(郭), 손(孫), 경(慶), 송(宋), 고(高), 준(俊), 양(楊), 동방(東方), 정(鄭) 씨이다. 비록 토성이 고려시대에만 존재하였고 이미 조선조에 이르러 소멸된 것이지만, 이를 통하여 고려 초기의 청주지방 성씨집단의 형성과 변동과정을 파악할 수 있다는 점에서 매우 중요한 의미를 지니는 것이다. 위의 기록을 근거로, 이미 고려 초기부터 청주 경씨가 토착 성씨 집단으로 존재하고 있음을 확인할 수가 있다.

두 번째, 청주의 성씨 집단에 대해서는 현존하는〈용두사지 철당간〉의 명문을 통해서도 그 존재를 확인할 수 있다. 이 명문에는 철당간을 건립하는데 주도적인 역할을 했던 10여 명의 인물들 이름이 보이는데 이들은 모두 金, 孫, 慶, 韓이라는 성씨를 가지고 있다. 이 성씨들은 앞의 지리지에 기록된 청주 토성과도 일치함을 알 수 있다. 이 중 청주경씨로는 병부(兵部)의 차관인 경주홍(慶柱洪), 전사창(前司倉) 경기준(慶奇俊)이라는 구체적인 인명이 보인다. 그리고 이 두 명의 경씨 성을 가진 인물은 당시 청주를 지배하던 호족세력이었다. 그렇다면 경대승의 선조는 이미 신라말부터 청주를 지배하던 호족세력이었으며, 경주홍과 경기준은 바로 경대승의 선대임에 틀림이 없다고 생각한다. 다만 공적인 사서 및 청주경씨족보에 기록을 남기지 못했을 뿐이다.

청주경씨가 중앙에 진출한 것이 언제부터일까. 확실하게 알 수 없지만, 적어도 경대승의 아버지 대에 이르러서는 중앙의 유력한 무신가문으로 확고한 지위를 굳혔던 것으로 짐작된다. 철당간기에 보이는 경주홍이 병부경(兵部卿)이라는 관직을 갖고 있었음을 염두에 둔다면 매우 흥미로운 사실이라고 하겠다. 경대승은 의종 22년(1168) 15살의 나이에 음보(蔭補)로 정9품의 교위(校尉)에 올랐다. 그가 조상의 음덕으로 관직에 나아갔다는 사실은 그의 가문이 상당한 지위를 가졌음을 의미한다.

■ 청년장군 경대승은 청렴했다.

경대승이 무신란을 맞은 것은 그의 나이 17살 때였다. 아마도 경대승 부자는 의종 24년에 일어난 무신란에 적극 가담하지는 않았던 것으로 보인다. 대체로 온건한 입장을 견지했을 것으로 추측된다. 무신란 직후 그 주동 무신들끼리 권력을 두고 서로 싸우는 매우 혼란한 상황이 계속되었다. 명종 3년과 4년에 일어난 김보당의 난과 조위총의 난을 계기로 정중부가 이의방을 제거하고 난 후, 그는 이제 실질적인 최고 권력자가 되었다. 스스로 백관(百官)의 우두머리인 문하시중에 올랐으며, 정권을 장악한 정중부는 온갖 만행을 자행하기 시작하였다. 국왕의 별장을 차지하는가 하면 권력을 이용해 농장을 확대하고 조세를 포탈하는 등 부정부패를 일삼았다. 큰 절을 새로 중수하고 자신의 복을 기원하는 원찰로 삼기도 하였다. 핵심 관부의 인사도 정중부 마음대로 전횡하였다. 정중부의 아들인 정균 또한 권력을 함부로 휘둘러 사람들의 원성이 자자했다. 왕명의 출납을 담당하는 승선(정3품)직에 오른 그는 인사문제에 깊숙이 관여할 뿐 아니라 태후의 별궁에 큰집을 지어 살았기 때문에 물의를 일으켰으나 이들 부자의 위세에 눌려 국왕은 물론 어느 누구도 이의를 제기하지 못하였다. 정중부 부자의 만행에 불만을 가진 사람들이 늘어갔으며, 무신란에 참가했던 군인들까지도 등을 돌리기 시작했다. 일반 백성들도 가렴주구에 시달리고 있었다. 그리하여 전국에서 농민 천민들의 봉기가 일어났다. 그 대표적인 예가 공주의 명학소에서 일어난 망이 · 망소이 형제의 난이 그것이다.

바로 이러한 시기에 정중부 부자를 제거한 인물이 청년장군 경대승이었던 것이다. 무인정권 초기에 경대승의 아버지 경진은 지문하성사(知門下省事 : 종2품)까지 올랐으며 경대승 자신은 장군으로 승진했다. 기록에 의하면 경진은 그 지위를 이용해 남의 땅을 강제로 빼앗아 물의를 빚기도 하였다. 그러나 경대승은 그 아버지와 달랐다고 한다. 경대승의 정치적 성향은 다음의 기록을 통해서 알 수 있다.

경대승은 26세에 집권하여 30세에 병사함으로써 5년이란 짧은 기간동안 집권하였지만, 그러나 우리가 주목하는 것은 무인정권의 최고 집정자들 모두 『고려사』 반역(叛逆) 열전에 수록되어 있는데 반해 특이하게도 경대승만이 유일하게 일반 열전에 실려 있는 것이다. 그것은 경대승 정권 혹은 경대승에 대한 평가가 다른 무인 집권자와는 달랐음을 의미하는 것이라고 할 수 있다.

"경진은 성품이 탐학하여 남의 토지를 많이 뺏었다. 그가 죽자 경대승은 토지대장을 모두 군대에 바치고 하나도 취함이 없었다. 사람들이 그 청백함에 탄복하였다"(『고려사』권 100, 경대승 열

전)

경대승은 이처럼 청렴함을 내세워 많은 사람들의 인심을 얻었던 것이다. 그는 또 무인들의 불법적인 행동을 미워했다고 한다. 그는 "항상 무인들의 불법적인 행동에 분개하여 개연히 복고의 뜻이 있었으므로 문관들이 그를 기대어 중하게 여겼다."고 한다. 그가 '복고의 뜻'을 가졌다고 함은 무신란 이전의 상태로 되돌아간다는 것을 의미한다. 또 문신들이 그를 중하게 여겼다는 점 또한 흥미로운 점이 아닐 수 없다. 결국 경대승은 무신란을 부정했던 인물인 셈이다. 경대승이 초기 무인정권에 불만을 가진 것은 그 자신의 개인적인 문제와도 관계가 있을 듯 싶다. 즉 명종 8년 서울에 올라와 있던 청주 사람들과 청주 본토 사람들 간에 싸움이 벌어졌다. 이 사건을 원만히 해결하지 못했던 이유로 청주의 사심관(事審官)이던 그는 관직에서 파면됐다.

한편 정중부의 아들 정균이 공주에게 장가들려하자 왕이 이를 매우 꺼렸다. 정중부의 사위인 송유인 또한 문신인 문극겸과 한문준을 내쫓았기 때문에 조정 관리들에게 신망을 잃고 있었다. 그러나 왕은 성품이 유약하여 아무 말도 못하고 다만 고개만 끄떡일 뿐이었다고 한다.

경대승이 정중부 일당을 제거한 것은 명종 9년의 일이었다. 경대승과 함께 정중부 제거에 앞장섰던 인물은 허승(許升)이었다. 허승은 국왕을 가장 가까이에서 호위하는 국왕 친위군(견룡군)의 지휘관이었다. 경대승은 정균이 사랑했다고 하는 허승을 불러 자신의 계획을 은근히 털어놓았다. "내가 흉도(兇徒)들을 제거하려고 하는데 만약 네가 따른다면 성공할 수가 있을 것이다."라고 말하자 허승은 쾌히 허락하였다고 한다. 경대승은 그를 따르던 사사(死士), 즉 죽음을 무릅쓴 결사대원 30여 명과 허승이 거느린 국왕 친위대(견룡군)을 동원해서 정중부 일당을 제거하기로 마음 먹었다. 그리하여 경대승은 장경회(藏經會)가 끝나는 날 밤중에 숙직군사가 모두 잠든 틈을 타서 궁성밖에 결사대원 30명을 매복시키고 허승이 이끄는 친위군으로 하여금 먼저 궁성 안에 들어가 정균을 죽이고 휘파람소리로 신호를 보내면 결사대를 이끌고 궁성 담장을 넘어 들어가기로 하였다.

정균을 살해한 허승이 신호를 보내자 경대승은 결사대를 이끌고 쳐들어가 대장군 이경백·문공유 등 정중부의 측근세력들을 보는 대로 죽이고 왕에게 고하여 정중부 및 그의 사위 송유인을 체포하기로 청하였다. 국왕은 이에 손수 술을 내려 위로하고 국왕의 호위부대를 출동시켜 민가에 숨어 있던 정중부와 송유인을 잡아 머리를 베어 시장거리에 매달도록 하였다. 당시 정중부의 나이 74세였고, 경대승은 26세였다.

경대승이 정중부 일당을 제거하자 조정의 신하들이 모두 나와 하례하자 경대승이 말하기를 "임금을 시해한 자가 아직 살아 있는데 무슨 하례인가."라고 말하자 이의민이 이 말을 듣고 크게 두려워하였다고 한다. 이의민은 경주의 천민출신으로 무신란 직후 의종을 살해했던 인물이었다. 이의민은 경대승이 집권하자 그를 두려워 경주로 내려가 후일 경대승이 죽은 후에 다시 개경에 들어와 정권을 잡은 인물이다.

경대승은 정중부 일당을 제거하고 정권을 장악하였지만, 그는 심리적으로 매우 불안하였다. 그의 불안은 정적의 위협으로부터 비롯된 것이다. 불과 26세밖에 안 된 청년 장군이 실권을 잡은 것을 시기하는 무리도 적지 않았던 것이다. 한편 정중부 부자가 자신에게 살해되었듯이 자기 또한 언제 누구에게 당할지 모를 일이었다. 그리하여 그는 사병 조직인 도방(都房)을 설치했다. 도방이란 문자 그대로 여러 개의 방을 터서 하나의 큰방으로 만든 것이다. 이후 도방은 중요한 정치기구로 발전하였지만, 도방을 최초로 설치한 인물이 바로 경대승이었던 것이다. 도방은 애초에 신변보호를 위해 설치하였는데, 여기에 100여 명의 사사(死士), 즉 결사대원이 머물도록 했다. 이들은 긴 베개와 큰 이불을 만들어 함께 사용했으며, 경대승 자신도 때때로 결사대원들과 숙식을 같이 했다고 한다. 그들은 경대승 신변 경호에 만전을 기했으며, 경대승도 이들을 총애했다. 자연히 도방 소속 대원들은 경대승을 믿고 방자해졌으며 약탈을 일삼기도 했다. 한편 정중부를 제거하는데 큰 공을 세웠던 허승의 권한도 더욱 커졌으며 점차 권력을 남용했다. 은근히 자신의 세력을 확대하였다. 결국 경대승은 허승을 비롯한 김광립(金光立) 등 자기의 공(功)을 믿고 많은 폐단을 일으킨 자들을 잡아죽이고 정권을 장악하였다.

■ 반역 열전에 오르지 않은 경대승

그 후 그는 심리적으로 매우 불안해하였다고 한다. 그것은 정적의 위협이 그만큼 심각했음을 의미한다. 집권한 지 4년 만에 경대승은 30세의 젊은 나이로 일생을 마쳤다. 명종 13년(1183) 어느 날 밤 정중부가 칼을 잡고 큰소리로 꾸짖는 꿈을 꾸고 난 후에 병을 얻어 사망했다고 한다. 정적의 위협을 끝내 극복하지 못했음을 말해 주는 것이었다. 경대승 사후 무신란에 적극적으로 가담했던 이의민이 집권한 것은 어쩌면 예상된 결과였다고도 말할 수 있다.

결국 경대승은 26세에 집권하여 30세에 병사함으로써 5년이란 짧은 기간 동안 집권하였지만, 그러나 우리가 주목하는 것은 경대승 정권이 다른 무신 집정자들과는 그 성격이 크게 달랐다고 하는 점이다. 왜냐하면 무인정권의 최고 집정자들 모두 『고려사』 반역(叛逆) 열전에 수록되어 있는데 반해 특이하게도 경대승만이 유일하게 일반 열전에 실려 있는 것이다. 그것은 경대승 정권 혹은 경대승에 대한 평가가 다른 무인 집권자와는 달랐음을 의미하는 것이라고 할 수 있다.

주제 토론의 [주론]과 [반론] 제기
1. [주론] : 고려후기, 의종24년(1170)-원종11년(1270) [반론] : 고려사절요 상, 중, 하권 중, 고려(918-1392)중기 집권자·충신 경대승5년, 고려사절요中권이다.
2. [주론] : 정적 위협 심각에 심리적으로 매우 불안하였다. 교위 9품.

[반론] : 경대승 병사 후 왕정회복 기회 왕 우유부단하여 정적 공부상서 이의민은 경대승 무서워 알현하지 않고 고향 경주에 도망가 있었다. 교위 오·육품.

불안한 것은 자기 오른 팔인 허승을 역모로 제거했기에 대신할 사람이 없는 나머지 결사대 30명에서 130여 명으로 확대한 도방으로 정치를 했기 때문이다. 당시 임금 임명 교위 오·육품 벼슬이다. 현, 대통령 임명 소위7급.

3. [주론] : 26세 집권 30세 병사 5년 짧은 기간 집권하였다. 사사 100여 명.

[반론] : 고려 수명(壽命) 평민 평균 26세, 왕 36세 30세 병사 평균 나이다.

집권 병사·士死·도방 130명 5년 현 대통령 연한(年限)5년 같아 짧지 않다.

4. [주론] : 부친 경진은 성품이 탐학하여 남의 토지를 많이 뺏었다.

[반론] : 부친 중서시랑평장사 정2품 경진 재산은 왕으로부터 예성강 왜군 막고 조위총난 우군병마사 평정, 평장사 식읍이다. 경대승 대의, 선구에 받쳤다.

5. [주론] : 집권·충신·신하인 반면 왕은 실상, 허상·허수아비 아닌 권위다.

　　[반론] : 타(他) 무인 최충헌, 명종 신종 희종 강종 고종 5대 폐위, 허수아비다.

경대승, 조야(朝野, 조정과 민간) 잃은 기회를 포착해 기해정변, 집권

경대승이 정중부 제거를 결심한 데에는 정중부의 사위 송유인이 문극겸(文克謙)과 한문준(韓文俊)을 탄핵한 것이 계기가 되었다.

탄핵 사유는 왕을 호종하지 않았다고 탄핵됐는데, 자기 군사의 인사문제를 해결하기 위해 해당 유사를 찾아다니던 한문준의 행동은 논란의 여지가 있더라도 문극겸은 상을 당했기 때문에 못나온 것이었다 하니 송유인이 말도 안 되는 트집이다.

명종 9년 1179년 7월 추밀원사(樞密院使) 문극겸을 좌천시켜 상서좌복야(尙書左僕射)로, 추밀원부사(樞密院副使) 한문준을 좌천시켜 판사재시사(判司宰侍事)였다.

이로 인해 송유인은 크게 인심을 잃어, 조야(朝野)의 비난을 모면하기 어려웠던 것이다. 그 이전부터 정중부의 제거를 마음에 두었으나 결행하지 못하고 있던 경대승이 이러한 기회를 이용했음은 당연하다.

송유인의 월권행사에 불만을 품은 무인들은 경대승을 지지했을 가능성이 있다.

설령 지지하지 않았다 하더라도, 적어도 그의 쿠데타를 방관했음은 분명했던 것 같다. 쿠데타 당시 중방이 취한 팔짱을 끼고 보고만 있다는 뜻으로, 나서야 할 일에 간여하지 않고 그대로 내버려둠으로써 수수방관(袖手傍觀)하였다.

물론 경대승의 제거를 제의한 무인도 있었다. 그러나 그의 주장은 받아들여지지 않았다. 따라서 이러한 주장을 편 무인은 소수였다고 여겨진다.

사실 중방의 방해가 있었다면, 경대승의 집권은 불가능했을 것이다.

결국 경대승의 집권은 일부 온건집단 무인들의 도움과 중방 무인들의 협조내지는 묵인이 있었기에 성공할 수 있었다고 여겨진다.

정중부 정권은 하급무인들과 일부군인들의 반발에 강력하게 대처하지 못했다.

군인들의 정중부 정권에 대한 비난에 정중부의 아들 정균이 관직을 그만둘 것을 빌고 며칠 동안 밖에 나오지 못했다는 점이나, 하급무인들의 동반한 무관직 요구를 사헌부, 사간원의 벼슬을 통틀어 이르는 대간(臺諫)이나 고려 시대, 이군 육위의 상장군과 대장군들이 모여 군사에 관한 일을 의논하던 곳이라는 중방(重房)이 그들을 두려워하여 감히 말하지 못했다는 사실만으로도 알 수 있다.

정중부 정권은 그들의 요구를 어느 정도 수용할 수밖에 없었을 것이고, 무신란을 성공으로 이끄는데 그들의 역할이 결정적이었음으로 여기면 이상할 게 없다.

그들은 정중부 정권도 무신란에서 그들의 역할이 있었기에 가능했을 것이다.

일반군인들의 요구를 수용할 수밖에 없었다는 사실은, 급격한 변화를 꺼려했던 고위무인들의 정중부 정권에 대한 서로 사이가 벌여져 등지거나 저버림이었다.

이는 경대승의 집권이 어떻게 가능했는가 하는 의문을 해결하는데 도움이 된다.

이러한 상황을 분석하면, 정중부 등의 권력을 독점하는 과정에서 정치노선이 다른 세력들을 배척함으로써 생긴 반정중부적인 움직임에 편승하여 경대승은 기해정변을 일으켜 국민의 의사와는 관계없이 무력 등의 비합법적인 수단으로 정권을 빼앗으려고 일으킴인 정변(政變) 또는 쿠데타(coup d'etat) 성공하고 집권을 했다.

『고려사절요』(中) pp136(p26~p162)
경대승 집권 충신, 비전 제시

- 출처 :『고려사절요』(中)「주론 반론 비교」한 창작

『고려사』에 경대승 장군 충신 반복해 이야기가 136페이지 걸쳐 나오는가하면 다른 무인들 집정자는 일회성 기록에 불과한 극히 짧게 기록하였다.

이런 점에 경대승 장군은 훌륭한 업적으로 위인으로 만인의 스승으로 성인이다.

이처럼 문신들의 경대승에 대한 긍정적인 평가는 그 자신이 무인이면서도 항상 무인들의 불법적인 행동에 분개하고, 무신란과 무신정권을 부정하고 왕정복고의 뜻을 품었다는 것은 문신들로부터 존중을 받았으므로 문신과 무관하다고 볼 수 없다.

이는 무신란과 무신정권에 대한 경대승의 불만을 드러낸 것으로 무신의 문신 겸직을 부정적으로 보았음에 구질서 복귀를 의도함으로 시사(示唆)하는 바 크다.

즉, 명종 이전의 문벌중심의 귀족정치로의 복귀를 의미하는 것이었다.

무신의 난을 계기로 크게 출세한 당시의 미천한 신분 출신 무인들의 정치적 진출과 이로 인한 사회적 변화에 경대승은 반감을 가지고 있었던 것이다.

이러한 무신 세력들과 무신란 권위로 등극한 명종이 경대승 정권에 대한 도전과 반격 대상으로 무신란과 무신정권을 부정하고 복고의 뜻을 품었음에 반대했다.

경대승은 유력한 무반 가문의 배경에 의존하여 출세한 인물로 그의 부친 경진은 성품이 욕심이 많고 야비함, 탐비(貪鄙)하여 남의 토지를 많이 빼앗았다. [주론]에 [반론], 그 이면에는 예성강 하류에 왜적이 많이 출현해 민정을 살펴 경군에서 활동하여 승승 장구하여 오늘날 부대 지휘관 대령, 당시 정5품 무관 벼슬 중랑장이었다.

서경 유수 조위총의 난 1174년 3군의 윤인첨 원수가 되어 싸웠으나 자비령에서 패하였다가 다시 서경을 친 2차전 때에는 경진은 장군으로 우군병마사 지휘관으로 출전해 난을 1176년 평정했다. 지문하성사서 정2품 벼슬 중서시랑평장사를 하였다. 왕족 정1품이나 문하시중 종1품 벼슬의 다음 벼슬로 국가의 대사를 심의하며 임금을 보좌하며 모든 관원을 지휘하고 감독하는 일을 맡은 이품 이상의 벼슬이나 그런 자리에 있는 사람을 통틀어 정2품 경대승 부친 경진은 재상(宰相)이 되었다.

[주론]에 [반론], 사실 경대승 부친의 재산은 욕심이 많았다기보다 전장에서 구원병 없이 고립된 군사나 군대가 많은 수의 적군과 맞서 용감하게 잘 싸움, 고군분투(孤軍奮鬪)하여 그 공으로 왕으로부터 하사 받은 토지와 나라에서 벼슬아치들에게 벼슬살이에 대한 보수로 주던 곡식이나 베, 돈 등의 녹봉(祿俸)과 식읍(食邑)으로 받은 청주와 옥천 사이 땅 이었다.

1178년 대장군 박순필 상서병부의 정삼품 병부상서와 함께 청주목사 조온서, 경대승 대장군이 청주지방 순찰로 대장군으로 겸직 청주사심관일 때 토지관련 중앙 과 지방간 청주경씨 세력 간 싸움 100여 명이 사망자가 발생사건 청주경씨 싸움 '청주 사건'으로 책임지고 탄핵되어 파직되었다.

1176년 정중부 아들 대장군 정균이 정궁의 딸 공주이지만 후궁의 딸 옹주라고 하는 의종 명종 신종의 어머니 인종의 후궁 공예태후의 딸 수안 옹주에게 당사자의 의지와는 상관없이 강제로 혼인, 억혼(抑婚)하는 '무인시대' 장면을 지나던 경대승 대장군이 이를 보고 만류해 해주가문과 원수지간, 척을 두게 된다. 명종도 항상 정 균의 억혼을 꺼려하던 차에 걱정할 고비를 넘겼다. 정균과 이런 갈등을 해결조로 경대승 부친의 일부 약조한 재산에 부친이 신경 쓰다 돌아가시고 이 약조 거절한 경대승과 충돌해 탄핵되어 파직되었다. '무인시대' 드라마 최초 시작하며 등장한 말단 직종 총각도령으로 강등해 백의종군한 것이 첫 번째 탄핵이다. 두 번째 1178년 청주경씨 간 토지싸움 100여 명 사망 청주사건 탄핵되어 파직이다. 화불단행(禍不單行, 재앙 겸쳐 옴)이다.

또한 정균은 왕의 옆 궁을 개조하는 소리를 내고 호화롭게 차지한 관계로 조정 질서를 무너뜨렸다.

[주론]『고려사』'경대승은 집안일을 돌보지 않았다.' 부친이 갑자기 돌아가시자 경대승 장군이 집권하기 전, 부친의 전 재산을 나라 군인전, 선군에 한 뙤기 땅도 남김없이 내놓았다.『고려사』에 청렴결백하여 백성들이 탄복했다며 칭송이 자자하였다.

경진이 탈점한 토지를 경대승이 모두 나라 선군에 바쳤음을 『고려사』 전한다.

[반론],『고려사』의 글을 지은 사람, 찬자(撰者)가 경진의 탐욕스러움과 경대승의 미혼에 청백함을 대비시키고자 내어놓은 것이 '집안일을 돌보지 않았다'는 표현이다.

경대승은 이러한 행동을 통해 자신의 청렴함을 내세우며, 아울러 그의 부를 포함한 모든 무인들의 토지탈점을 비난하려는 의도도 내포되어 있었다고 여겨진다.

이러한 토지탈점은 무신란 이후 무인들의 정치적인 지위 향상과 무관하지 않다.

즉, 그들은 무인정권에 깊이 관여했기에 토지의 탈점이 가능했던 것이다.

실제로 경진은 이의방 정권에서 동지추밀원사(同知樞密院事) 종2품 벼슬을 역임했고, 정중부정권아래서는 지문하성사(知門下省事) 종2품 벼슬을 거쳐 중서시랑평장사(中書侍郞平章事) 정2품 벼슬 재상에 이르렀던 것이다.

명종이 경대승을 불러 묻기를 "정균의 승선 직을 경에게 제수코자 하노라."하니 대승이 이르기를 "신이 문자를 알지 못하오니 감히 바라는 바가 아닙니다." 하니, 왕이 이르기를 "경이 아니면 누가 가한 자인가? 조선시대 이조로 고친 고려시대 6부의 하나 상서이부, 이부(吏部)의 다음 벼슬, 이부시랑(吏部侍郞) 오광척(吳光陟)은 어떠한가?"하니 대답하기를 "승선(承宣)은 왕을 출납하는 자이므로 유자(儒者)가 아니면 불가합니다. 오광척이 비록 약간의 문자를 아오나 역시 무신 정균(鄭筠)과 같을까 두려울 뿐입니다."하니 왕이 잠잠하였다. 무신란은 고려 전기 문벌귀족 사회에 의한 귀족정치의 모순이 누적되고 문무차별에 대한 무인들이 불만이 쌓임으로써 폭발하였다.

그 결과 고려 전기 사회를 특징 지위였던 문벌 귀족에 의한 귀족정치가 붕괴되고, 고려중기사회로 무신정권이 성립되는 고려시대상 대변혁이 일어났던 것이다.

무신 정권기를 무신정권의 형성기, 최씨 무신정권의 확립기, 무신정권의 붕괴기 등 3기로 나눈다. 이렇듯 정중부 등에 의해 일어난 무신란은 150년 이상 걸쳐 유지해 온 귀족정치를 전복시키고, 무신정권의 초월적인 권력 형태를 약 100년 동안이나 발달시켰다. 따라서 고려의 사회에 일대 변화를 가져오게 하였다.

그리고 이러한 무신란은 단순한 일시적 변화를 뜻함이 아니라 체제 자체의 근본적인 개혁을 의미한다. 즉 종래 문신 중심의 지배체제에서 무신중심으로 지배 권력으로 전환되면서 무인 정권이라는 새로운 정치 체제를 형성하였다.

　경대승이 정권을 잡는 데는 성공하였지만, 정치적 기반이 취약하여 자신을 뒷받침해 줄만한 뚜렷한 세력을 갖고 있지 못하였다. 이에 대체 세력이 도방 정치였다.

　[주론]은 부친 재산을 나라에 전부 바친 대가도 하나 남지 않아 일부 무인 부정부패로 창출한 구휼미를 가난한 백성에 나눔, 친족 무인 족형 손석 도움, 경대승 동생의 장인 상장군 이소응 환경 도움, 경대승 멘토(mentor, 경험과 지식을 바탕으로 다른 사람을 지도하고 조언해 주는 사람, 조언자, 경진 유언의 보호자) 두경승이 물질적인 것과 정신적인 것 양면을 아우르는 물심(物心)에 도움은 있었다. 이것으로 충족하지 못해 도방 정치를 내세웠다. [주론]에 비해 [반론], 이 얼마나 위대한가? [반론], 경대승을 보는 관점에서 경대승을 보호하려는 명종의 경대승 편 모친 공예태후와 속마음, 격의로나 왕실이나 무신들의 경대승이 나라에 바친 부친재산 은혜도 져버리고 몰지각하게도 실질적인 직접지원을 받지 못함으로써 가냘프게 물자 절약하며 한 끼니에 두 가지 반찬을 만족하는 일식이찬(一食二饌)하는 경대승은 강력한 정권을 확립하지 못하였다.

　[주론], 그리하여 이의민 등 정적에 대하여 응징 의사만 내비쳤을 뿐 그들에 대한 공격은 소극적이었다. [반론], 집권한 경대승 장군이 무서워서 병사 후 6개월간 왕은 왕정복고 왕정 복귀할 절호 기회인데 우유부단한 왕은 여섯 달 동안 공백기에 제 고향 경주로 도망 가있는 이의민이라는 주제를 더욱이 왕이 다음 후계자라며 숨어있는 이의민을 상장군 두경승을 시켜 공부상서 직으로 데려오도록 한 것이다. 경대승은 도외시 해 소극적이라니, 왕은 적극적으로 이의민을 말한다는 것은 말도 안 되는 모순관계며 언어도단이다.

[주론], 경대승 장군이 사람을 많이 죽였다. [반론], 경대승 장군은 적장 정균의 부관 허승 견룡행수를 시켜 살해하여 전쟁이라는 난장판에 우군과 적군 간 자연히 살육전이 벌어짐에 싸워 이겼다. 적장 정균의 부관 허승 간 적군들끼리 살육을 경대승이 사람을 많이 죽였다란 전쟁터에서 말이 맞지 않아 어불성설(語不成說)이다.

[주론], 문하시중 정중부와 사위 송유인을 경대승 장군이 죽였다. [반론], 난신적자 부정부패한 정중부와 송유인을 왕의 윤허를 받고 경대승 장군이 추적 수색하여 찾아내어 무인시대에 왕이 자결을 권하였으나 응하지 않아 순리적으로 참살되었다.

[주론], 뜬소문으로 알지 못하는 일부 사람들이 경대승 장군을 역적이라고 한다. [반론],『고려사』연 일백삼십육 페이지 걸쳐 집권해 충신으로 나온다. 기해정변으로 성공하여 권력을 손에 쥐었다. 이에 역적은 맞지 않는다. 경대승 장군이 청주경씨 23대 선조이다. 경대승 장군을 근거 없이 지어낸 사람들이 역적이라고 하여『고려사』엔 집권한 충신으로 나와 이상히 여겨오던 중 '도방정치 경대승'이다.

경대승은 정적의 위협에 대치하기 위해 도방을 조직하였다. 도방은 기존의 법제와는 다른 것이었다. 결국 경대승도 무신란 이후의 변화에 순응할 수밖에 없었다.

경대승(慶大升, 1154 9월~1183 8월 4일 음력 7월 15일) 무관 대장군은 1168년 의종 22년 15세에 귀족자녀에게 주는 음서제도 · 과거제도 동급에 무과에 합격하여 당시 왕이 임명하는 오 · 육품 벼슬 교위(校尉)가 되었다. 쾌속 승진 거듭하여 불과 10년 그 뒤 명종 8년 1178년 대장군 지위에 올랐고, 1179년 3월 청주 고향에 살던 주민과 개경에 살다 청주 고향에 내려오자 고향 사람과 토지 싸움이 벌어지자 나머지 개경에 남아있던 청주 고향사람들이 청주 고향에 내려가 합세한 싸움 청주경씨들 간 사건으로 100여 명의 사망자가 발생하여 탄핵되어 파면되었다. 그해 그 후 멘토 상장군 두경승에 의해 바로 경대승은 용호군 대장군으로 복직되었다.

그해 기해정변 1179년 9월 명종 9년 26세에 왕 옆에 있는 태후별궁 개축하는 소리를 내고 호화롭게 생활하며 방자하게 굴어 명종의 수안궁주를 처로 삼을 마음을 품고 있어 임금도 걱정하였으며, 이런 일로 정균과 다투다 탄핵되어 최 말단 직 총각도령으로 백의종군하다 복직되었다. 다시 대장군·청주사심관으로 있을 때 경대승이 청주부목사 조온서, 대동한 조정 대장군 박순필과 함께 방문할 때, 청주 고향 경씨와 개경에 살다온 경씨 간 싸움, '청주 사건'으로 100여 명 사망자 발생으로 책임을 물어 두 번째 탄핵·파면을 한동안 되었다가 경대승의 의논할 자 멘토(mento, 스승) 상장군 두경승의 건의에 따라 바로 고려 시대의 경군 중에 응양군과 용호군 두 군제로 이군의 하나 용호군 대장군으로 정중부는 재임명하며 혹시 염려가 되어 호랑이 새끼를 키우는 것이 아닐까, 호랑이 제 새끼 잡아먹으랴 갸우뚱 하며 임금을 경호하는 용호군 대장군으로 경대승을 복직시킨다.

정중부가 그의 아들 정균과 함께 정중부 사위 승선 송유인과 그의 아들 송군수의 전횡을 일삼았으므로 두 번씩이나 번복 된 탄핵과 파면을 받았다. 원한을 참으면서 기회만 오기를 기다렸다가 송유인이 문극겸·한문준을 배척해서 크게 인심을 잃어 조신들이 모두 바로 보지 않게 되는 1179년 가을 7월 추밀원사 문극겸을 좌천시켜 상서좌복야로 추밀원부사 한문준을 좌천시켜 판사재시사로 임명하자 이 때 기회였다.

문극겸과 한문준은 모두 왕이 심중하게여기는 자이므로 송유인이 미워하였다. 이보다 먼저 한문준이 어떤 군졸을 위해 직무에 대한 일로 편지를 보내 송유인에게 부탁하고, 또 친히 자신이 가서 청탁하니 송유인이 노하여 말하기를 "공은 추기대신(樞機大臣, 중추가 되는 기관의 의정(議政)에 영의정(領議政, 정일품正一品) 좌의정(左議政) 우의정(右議政) 총칭으로서 문득 사사로운 일을 가지고 집정관의 집을 찾아다니는 것은 임금을 보좌하는 신하인 삼공(三公)과 사보(四輔), 공보(公輔)의 신망에 어그러짐이 있습니다."하였다.

　문극겸은 법으로 되어있는 복을 입어야 하는 친족의 상중에 있음에 복제 중이어서 임금 거동에 호종하지 않았다. 송유인이 그것은 근신의 도리를 어긴 일이라고 하며 모두 탄핵을 아뢰었다.

　왕이 그 탄핵 상주를 듣지 않기도 어렵고 또 그럴 만한 죄가 아닌데 내쫓는 일이 될 것을 근심하여 수일간을 결정짓지 못하니 송유인이 다시 더욱 굳게 고집하였다. 왕이 우승선 문장필에게 명하여 송유인의 집에 가서 비밀히 타이르기를 "한문준이 체통을 잃은 것은 마땅히 죄주는 것이 옳다. 그러나 문극겸으로 말하면 복중이어서 호종하지 않는 것은 나라의 정한 법에 의한 것이니 이것으로 죄를 준다면 예가 어떻게 되겠는가." 하였으나 송유인이 오히려 조서의 뜻을 받들지 않고서 수일간 문을 닫고 들어앉아 버렸다. 문극겸 등이 비밀히 아뢰기를 "자애로우심이 지극히 흡족하여 신들은 일만 번 죽더라도 은혜를 보답하기 어려운데, 만일 그의 주청을 윤허하지 않으신다면 신들에게 반드시 헤아릴 수 없는 환난이 있을 것입니다. 바라건대, 그의 주청을 중앙행정관청, 도당(都堂)에 내리시어 그의 마음을 쾌하게 하여 주십시오." 하니 왕이 마지못해 조칙의 한 가지로 삼공이나 상서가 부서하여 지방 주현에 보내는 임금의 말을 적은 글, 제서를 내려 좌천시켰다.

　이런 일로 참아오던 중 문극겸과 한문준을 지방으로 좌천시켜 조정이 흔들리자 이 기회를 포착한 경대승 장군이 서로 간 고향 친구이자 소피를 나눠 마시며 의기투합한 혈맹으로 정균의 부관 견룡행수 허승을 시켜 먼저 정균을 죽이라고 하였다. 허승은 정중부 아들 숙직하는 태자부지유대장군 정균을 척살하고 경대승과 함께 왕의 윤허를 받고 정중부를 죽이고 정중부 사위 송유인과 그의 아들 송군수도 잡아 정권세력가 사공(四公) 넷을 죽여 1179년 9월 집권해 1183년 7월 병사했다. 만4년 햇수로는 5년 집권하였다.

　무신들이 난을 일으켜 정권을 잡은 뒤에도 많은 무신들 다툼 속 권력을 잡았다.

　처음에 이의방이 정중부와 라이벌로 권력을 잡고 있었으며 이때 이고가 권력을 잡겠다고 난을 일으키나 실패했다. 정중부의 아들 정균이 조위총의 난을 평정하기 위해 출전 준비하는 중 자객 승려 종참 꾀여 이의방을 제거, 정중부가 권력 잡았다.

　무신정권의 변천권력기구는 중방 도방 교정도감 정방으로 세계 조류는 도방이다.

　무신정권 권력기구로 1170~1174 5년 이의방은 중방, 1174~1179 6년 정중부 중방, 1179~1183 5년 경대승 도방, 1183~1196 13년 이의민 중방, 1196~1219 23년 최충헌 도방 · 교정도감, 1219~1249 31년 최우 교정도감 · 정방, 1249~1257 9년 최항, 교정도감 · 정방, 1257~1258 2년 최의 교정도감 · 정방, 1258~1268 11년 김준 교정도감 · 정방, 1268~1270 3년 임유 임유무 교정도감 · 정방이었다. 경대승의 도방 정치를 강화시킨 교정도감 · 정방은 최충헌이 이어받은 불침번 '6번제' 교대, 전쟁 같다해 도방이다. 무신시대 중방 20년 도방 80년이다.

　그는 1154~1183 고려의 무신으로 1179년 정중부 등을 제거하고 실권을 장악하는데 이후 도방을 설치하고 문관과 무관을 고루 등용하여 무신정변으로 와해된 조정의 질서를 회복하려했으나 무신시대 등극한 명종을 담보로 무신들의 억압에 눌려 있는 동안에도 고려사에 136페이지 집권 충신으로 남아 조정의 부패하는 질서를 바로 잡기위해 회복을 앞두고 아쉽게도 1183년 30세의 나이로 집권 도중 병사합니다.

『경대승의 집권과 그 성격』
불꽃 튀는 현장 토론의 꽃 주론과 반론

- 출처 : '慶大升의 執權과 그 性格' pp1-44
  석사학위논문 慶奎滿 2004

무신 정권기에 상당한 지위에 올라 있었음에도 불구하고 결코 무신정권에 대해서 긍정적이지만은 않았다. [주론(主論)]과 [반론(反論)]은 토론의 꽃이다.

주장하여 논함이라는 [주론]과 남의 의견에 대하여 반대하거나 되받아 논의함이라는 [반론]이다. 경대승 부친 경진은 고향 청주 모산(茅山 : 인공 산·關山 : 고향 산)에서 함정에 빠진 호랑이를 잡은 것이 동네와 청주목사 김청식에게 용맹함으로 알려져 경군 추천으로 개경 왕궁에 입성했다. 예성강변 마을에 침투하는 왜구를 물리쳐 승승장구하여 오늘날 대령 부대장 중랑장까지 이르렀다. 서경유수 조위총의 난 때 진압하기 위해 조정에서 윤인첨 원수가 이끄는 1174년 1차 우군병마사로 출병하여 평정한 공으로 지문하성사에서 1176년 완전히 평정함으로, 완평(完平)되자 고려시대 중서문하성의 종이품 벼슬 지문화성사에서 1176년 2차에 연하여 평정한 공으로 중서시랑평장사 정2품 벼슬 재상에 이르렀다. 명종 왕으로부터 하사받은 예전에, 국가에서 왕족이나 공신들에게 내려 주어 조세를 받아쓰게 하는 마을을 이르던 말, 식읍(食邑)이 잘못 전달되어 [주론]으로 제기된 그의 부친(父親) 경진(慶珍)이 남의 것을 빼앗아 차지함, 점탈(占奪)했던 토지로 인정하며 [반론]부정한다고 집권 전 경대승이 부친 재산 모두 나라 선군(選軍)에 바쳤다는 사실은 당시의 무신정권자체에 대한 경대승의 청렴결백하고 대의를 가지고 있었기 때문이었다.

이어서 [주론]으로 경대승 장군이 기해정변으로 집권하게 되자 집권하는 동안 사람들을 유혈로 죽였다는 [반론]으로 부정부패로 난신적자 정중부 아들 정균 태자부 대장군을 경대승(1154~1183, 30세) 용호군 대장군이 고향친구이며 정중부 아들 태자부지유대장군 정균 부관 견룡행수 허승(?1152~1180, 28세)에게 먼저 죽이라고 하여 죽이고 불붙은 전쟁 시작으로 잔적들과 마주쳐 전쟁터 같아 싸워서다. 그 상황에 대적한 무리를 없애 집권한 것이다.

자신이 집권한 무인이면서 무신란과 무신정권을 부정하며, 항상 무신들의 불법한 행동에 분개하고 왕정복고의 뜻을 품었다는 것은, 무신란을 계기로 출세한 부정부패한 무신들과는 공격적이고 이질적이지만 충신으로 존재였음을 예단할 수 있었다.

나라의 정사(政事)는 문신들에게 맡기고 무인들은 국가 안위(安危)를 지켜야 한다는 청렴하고 자기분수를 아는 무인으로서 문신들로부터 문무동등대우를 하여 백성들로부터도 경대승이 존중받았다.

무신시대 무인들은 정사를 무인에게 맡겨야 한다는 [주론]에 경대승 장군은 집권하면서 무인이면서 문인에게 정사를 맡겨 백성억압으로 부정부패한 무인들에 맞서 청렴하고 자기분수를 아는 무인으로 문신들로부터 존경을 받았던 반면 [반론]으로 무신시대 다른 무신들은 무신에게 당연한 권리라기에 맞섰다는 평가다.

다른 무신 집권자들과는 달리 문신들이 왜 경대승을 긍정적으로 평가 했는가를 짐작케 해주는 대목으로, 충신으로 경대승 열전『고려사』백삼십육 페이지에 걸쳐 다른 무신들은 반역열전인데 경대승만은 일반 열전에 충신으로 기록되었다.

[주론]무신정권 성립 이후 경대승이 집권할 수 있었던 것은 급

격한 변화를 원하지 않는 보수적인 고위 무인세력들의 방관내지는 묵인 하에, 정중부 정권이 권력을 독점하는 과정에서 정치노선이 다른 세력들을 배척함으로써 생긴 반정중부적인 움직임에 편승하여 쿠데타를 성공시키고 집권할 수 있었던 것으로 여겨진다.

복고(復古)를 표방한 경대승의 집권으로 무신들은 상당히 위축될 수밖에 없었던 것이다. 무신의 합좌기구인 중방의 기능도 상대적으로 축소되었을 것으로 생각된다.

[반론]집권 후 그러나 무신정권의 최고 권력자로서 민심에 바탕을 둔 정치를 펼치고자 경대승은 노력하였으나 현실적으로 불가능했던 것으로 보인다.

이는 [주론]경대승 장군이 무신시대 권위주의에서 복고주의 민심을 바탕으로 한 민본에 바탕을 둔 민생에 역점 둔 것인 데 반해 [반론]백성을 핍박하여 부정부패를 일삼는 다른 무인들이 도방을 설립하고 중방을 축소하고 왕정시대로 되돌아가는 복고정책으로 전환한 [주론]에 [반론]을 다른 무인들은 제기했던 것이다.

[주론], 정치적 기반이 취약해 자신을 뒤받침 해줄만한 뚜렷한 세력을 갖고 있지 못했던 경대승 자신의 정권을 유지수단으로 都房(도방), 사병제도를 조직했다.

결사대 도방 병사 30명 함께 이룩한 기해정변 집권 후 사병집단 무사 130명으로 신변보호로 도방을 확충하여 정치하였던 것이다.

이런 상황에서 경대승이 취할 수 있었던 행동은 매우 제한될 수밖에 없었다.

이로 [반론]자신에게 도전하는 반대세력에 대해 공공연한 도방 정치를 단행했다.

[주론], 대의로 부 재산 나라 헌납한 후 왕실이나 문신들의 실

질적인 지원을 받지 못해 정치적 기반이 미약하여 강력한 정권을 확립하지 못했다고 볼 수 있다.

이에 [반론]으로 무신시대 왕이 된 중방 명종이자 경대승 장군의 왕권시대 복고정책으로 되돌아가는 것이 왕위를 잃게 됨에 자기에 마땅치 않아 독단으로 판단하였으며 이런 명분으로 권위를 앞세웠던 것이다. 청렴결백 경대승 장군이 백성을 핍박하여 부정부패를 일삼는 다른 무인들은 백성들로부터 빼앗은 재물을 빼앗기지 않으려 정치적 기반을 세웠다. 이에 맞서 도방은 가난한 백성구휼미를 창출해 유지했다.

이들에 눌려 난신적자를 없애고 부정부패 일소한 민주주의로 가는 도방 정치 도중에 하늘의 뜻 이었나, 어찌하여 나라의 올바른 길, 부국강병 목표로 가는 도중 올곧은 경대승 장군은 정의를 돕지 않아 집권도중 나이 30세 병사하게 하였나.

경대승은 무신란 이후 무신들의 불법적인 행동과 급격한 변화를 달갑지 않게 여겼던 것이다. 무신란이 아니었다 하더라도 어느 정도 출세가 보장되어 있었던 좋은 가문 출신이었음을 감안하면 무리가 아니었다.

따라서 그의 정권 기간 정적(政敵)들과의 알력, 특히 무신란 당시 적극적으로 가담했던 행동집단 무인들과 대립이 심각했던 것 같다. 그는 노골적인 불만을 나타내는 정적들을 제거하지 못하였고, 오히려 그자들 고위직 임용되어 건재하고 있었다.

[주론]정적에 대한 심리적인 불안을 끝까지 극복하지 못하고 결국 경대승은 집권 도중 30세의 젊은 나이에 병을 얻어 사망함으로써 짧은 생애를 마감했다고나 하나 [반론]실은 당시 평민 평균나이 27세였고 왕은 평균나이 30대에 비하면 경대승 장군은 짧은 생애가 아니라 당시로는 평균나이로 생애를 마감했다고 볼 수 있다.

[주론]경대승 병사 후 한 달 동안 공백 기간 명분을 내세워 권위로 왕위만 견지하려는 왕은 왕정복귀 기회였는데 뭐가 무서웠던지 고향으로 도망가 있던 자를 불러들인 것은 그가 병사 후 이의민(李義旼)이 집권한 것은 예상된 결과이다. [반론]부친의 평소 말대로 남을 넘보지 말고 충신으로 남을 것을 권고한 탓에 경대승의 집권은 부친의 순리가 역행하지 않게 자제하여 부친의 말을 따라 충신으로 남았다.

[주론]에 [반론]으로 정적에 심리적 불안으로 사망하였다고 하지만 130명을 두고 도방 정치한 위세를 알 수 있다. 오늘날 평균 건강 수명이 2020년 기준 66세 기대수명 남자 80세 여자 86세로 보아 평균 수명이 83세이지만 고려시대 평균수명 19세 임금 41세, 조선시대 평균수명은 24세, 왕은 46세에 비하면 고려시대를 비하면 백성과 임금 수명 합쳐 경대승 장군은 평균수명 30세를 살았다.

하지만 반드시 순리가 아닌 대세의 흐름에 역행한다고 그렇지도 않다. 당시 송유인이 문극겸과 한문준의 인사파동으로 좌천시킨데 계기되어 기해정변을 일으켰다. 경대승이 정균과 또래며 경쟁해 사소한 감정으로 대립됨에 첫 번 탄핵되어 총각도령 말단직으로 종사, 백의종군해 두경승 천거로 용호군 대장군에 복귀하였다.

또한 복직 후 경대승이 대장군·청주사심관으로 있을 때 본토 청주경씨와 개경에서 귀향한 청주경씨 간에 토지 싸움이 벌어진 결과 청주사건 100여 명의 사망자를 내어 그 책임으로 물어 파면되었다가 튜터(tutor, 지도인)이며 후견인 두경승 상장군의 복직 건의로 용호군 대장군으로 1178년 복직되어 탄핵과 파면 두 번이나 곤욕을 치른 경대승으로 고향인 허승과 교우이며 혈맹으로 사실 기회만 오기를 엿봤다.

배경에는 이소응 상장군이 나이는 손위였으나 인척간으론 그의 딸이 경대승의 손아래 제수씨이었고 대장군 두경승이 중서시랑평장사 정2품 벼슬 부친 유언에 따라 경대승 멘토(조언자)였으며, 경대승 모친 "손경이"이기도 하고 대장군 손석 족형으로 외사촌 형이었으며 고향친구로 의기투합하여 혈맹정신을 맺은 정균 부관 허승 견룡행수가 경대승 주위에 포진하고 있었기 기해정변이 가능하였다.

한문준은 군졸의 인사를 청탁하였다 하여 그렇다고 하더라도 문극겸은 상을 당해 왕을 호종할 수 없었는데 둘 다 지방으로 좌천을 시켜 평소와 상식으로 맞지 않았음을 필두로 하고 송유인을 앞세워 부정부패·난신적자 정중부가 일삼고 있을 때 그 일당을 허승과 합심하여 경대승이 정중부 일당을 제거함으로 집권할 수 있었던 것이 사실이다. [주론]으로 당시 집권은 순리가 아닌 대세의 역행이었다고 무리라고 함에 [반론]으로 자연스런 경대승의 순리에 따른 대세로 집권할 수 있었다. 성공한 쿠데타 집권을 반대파 역적이라니『고려사』연 pp136 충신이다.

무신란 직후 명종 때에는 아직 무신정권이 확고히 확립되지 못하였기에 무신정권의 위치가 안정되지 못하였다. 이 시기의 중방은 무신정권에 대한 항거를 방지하는 중심체로 문반에 대한 압박과 견제가 가장 심한 때였다.

경대승정권이 성립한 이후에도 초기엔 중방이 계속해서 국가의 중대사를 결정하는 중요한 핵심기관으로 역할을 하고 있었던 것으로 보아, 무신정권 형성기의 중요한 정치기구로 기능을 하고 있었던 것이다. 강력한 도방 앞엔 중방은 비존재였다.

그러므로 경대승의 집권은 완전한 형태의 정권확립이라고 볼 수 없고, 무신집권자를 비롯하여 중방의 원로 무신이 함께 참여하는 일종의 합의제정치였던 것이다.

무신란을 성공으로 이끈 무인들이 정권을 장악하면서 고려사회에 많은 변화가 나타났다.
　단순한 일시적 변화를 뜻함이 아니라 체제자체의 근본적인 개혁을 의미하는 것으로, 종래 문신 중심의 지배체제에서 무신중심으로 지배 권력이 전환되면서 무인정권이라는 새로운 정치체제를 형성했던 것이다.
　그러나 [주론]은 무인이라 하더라도 좋은 가문의 출신들은 기존 질서에 대한 집념이 강하였고, 급격한 변화가 사회를 혼란시키고 불안케 함으로써 보수적인 경대승 정권이 등장할 수 있었으나, 무신란 이후 변화의 흐름이 보수 세력의 집권을 더 이상 용납하지 않았던 것이다. [반론]은 무인시대 100년의 중방 20년 도방 80년이다.
　[주론]은 고려 무신 정권기의 초기에 해당하는 경대승 정권도 무신정권으로서 독자적인 통치체제를 갖추지 못하고, 종래의 왕권체제의 기구를 그대로 이용하면서 무신집권자로서 초월적인 권력을 발휘하는 과도기적 무신정권이었다. [반론]은 집권 초기 권력 오른팔 허승을 죽이였기에 다른 무인들이 되살아났고 다른 무인에게 약화된 면이고 미지의 도방 활용이 문제지 과도기적 무신정권은 언어도단이어 아니다. [주론] 별초도령 최충헌은 강력한 도방을 권하나 [반론]호위만하는 도방이 됐다.
　특히 최씨 무단정권의 1인 독재체제 성립에 앞서 중방을 구성하는 상장군·대장군의 합의로 정치가 이루어지는 이른바 중방정치가 20년 행하여진 것이다.
　이런 [주론]에 비해 경대승 장군이 설립한 도방 정치는 강력한 최충헌 무인시대, 세계사 조류가 노르웨이 내전의 칼브스키넷(Kalvskinnet) 전투, 프랑스의 왕 필리프 2세 즉위, 스코틀랜드 국왕 윌리엄 1세 사자 왕이 북쪽 하이랜드의 아베르딘을 점령

하는 유럽과 일본의 실권자 타이라노 키요모리가 지쇼 3년의 정변(治承三年政變)으로 고시라카와 천황(後白河天皇 : 天皇, 덴노 てんのう) · 상황(上皇 : 죠코 じょうこう) · 승려를 폐위시키고 일본에서 상왕이 왕을 대신하여 정사를 직접 돌보던 정치 형태에 1086년애 시라카와(白河) 왕이 상왕으로 물러나 최초로 실시한 것으로 상왕의 처소를 인(院)이라고 불렀던 데서 유래하였던, 천황(天皇 : 덴노 てんのう) 대신 상황(上皇 : 죠코 じょうこう)이나 법황(法皇 : 호오 ほうおう 불문에 들어간 상황에 호칭)을 인이라 하여 처소인 원(院 : 인 いん 관청)이라 하여 조정의 정치를 관장하는 정치형태로 하던 일이라는 인세이(院政, 인세이 いんせい)를 폐지하기까지 하는 장군(将軍 : しょうぐん) 쇼군이라는 무사정권으로 넘어가는 쇼군의 우두머리 막부 정치의 일본, 잉글랜드의 웨스트민스트 학교가 수립된 당시 세계 조류였다.

 그 이유는 경대승은 적대세력들을 제거할 만큼 강력한 정권을 구축하지 못하고, 오히려 정적들의 공격에 불안을 느끼고 있었다는 것을 평가로 본 사실이지만 이 [주론]에 [반론]으로 경대승 장군의 생애 업적은 지대하다는 평가가 더 우세적이다.

 [주론]과 [반론]은 토론의 꽃이라는 평가다. 그 근거를 포착한다면『고려사』연 pp136 걸쳐 경대승 장군은 집권자로 충신이었다.

 아버지의 공로 · 예전에 조상의 덕으로 벼슬을 얻는 일을 이르던 말로 蔭補(음보), 과거제도와 동등한 고려와 조선 시대, 나라에 공을 세운 신하나 지위가 높은 관리의 자손을 과거를 치르지 아니하고 관리로 채용하던 제도, 음서제(蔭敍制)로 15세 교위가 되고, 10년 만에 26세 대장군에 이르러 뜻한 바 있어 기해정변을 일으켜 권력을 5년 동안 다른 무인들에 비해 탁월하게 내다보이는 미래의 상황, 비전(vision)을 제시하고 집권하여 고려 무신 집권 시대의 사병 집단의 하나, 도방으로 도방 정치, 청렴결백으로 부정부패 · 난신적자 척결과 가난한 백성 구휼미 정책, 왕권회복과 문인 · 무인 문무 동등한 대우로 복고주의, 왕이 내린 왕명 출납업무 정삼품 벼슬 승선 을 겸손하여 응하지 않거나 받지 않고 거절로 사회정화, 질서 확립으로 자유 시장원리 도입하여 도량형 제도를 도방이 중방과 협조하여 시장 단속으로 먹고 사는 나라를 다스리고 백성을 가난에서 구제하고자 하였다.

[주론]명종 왕의 명분으로 독제 권위만 일관 내세웠다. 그러나 [반론], 이로보아 무인시대에 보수주의 · 복고주의 · 왕정복귀 · 민생을 바탕으로 한 민주주의적으로 해결하였다. 설에 의하면 유언, 차마 '북방오랑캐 때문에 눈을 감지 못한다'고 할 정도였으나 경대승 장군이 예언한 때로 결국 무인시대 100년 후 몽고에게 점령돼 원종 이후 100년간 원나라, 몽고통치하에 있었다. 지금까지도 영향이 나타나 오늘날까지 어린아이 탄생하면 몽고반점이라고 불릴 정도로 당시 국난을 극복하지 못했다. 경대승 장군의 업적이 지대하여 드물어 백년대계에 이어 갈 모범적인 본이 되게 사수한 청주경씨의 위인, 충북의 위인, 나라의 위인이므로 국가에서 나아가 세계적으로도 드문 위인인 인물이다.

이상은 경대승 장군 청주 출생에서 10세 때 어머니와 함께 청주에서 개경으로 이주해 15세 교위가 되기 전까지 생애를 그린 생활상(生活相)이며 활동 내력(來歷)이었다.

첨언(添言, 덧붙여 말함) − 구설(舊說, 이전에 있던 이론이나 이야기)

때는 1963년 청주상고 3학년 국사 신대균 선생님 시간 도중 경대승의 도방을 설명하려고 복도로 나가셔 다시 교실로 오신다. 허리에 칼을 휘두른 시늉과 갈 지(之)자로 걷는다. '여봐라 게(거기) 아무도 없느냐!' 이제 생각하면 그때 도방 군사들을 불러모아놓고 최종 점검 위해 다짐으로 경대승이 도방을 설명한다. 여기 모인 도방 군사들에게 주군(主君, 군주 국가에서 나라를 다스리는 우두머리이지만 동 시대 여기저기 일어난 영웅들인 群雄에게 手下들이 쓰는 경우가 더 많다.)으로 명한다. 부의 재산을 한 뙈기 땅도 남기지 않고 전부 나라 군부에 헌납을 했다. 앞으로 뼈다귀 하나도 차지 못할 것이다. 지금 원치 않으면 즉시 떠나라고 했다. 떠나려고 나서는 사람이 없었다. 가난한 백성구휼미 창출, 족형 손석 쌀섬지원뿐 도방 병사들과 결속 위해 숙식을 같이 했다. 일기당천(一騎當千, 한 사람의 기병이 천 사람을 당한다, 싸우는 능력이 아주 뛰어남) 도방이다.

『무신정변을 부정한 청년 장군 경대승』
주론 반론으로 평가

– 『고려무인이야기』 '무신정변을 부정한 청년 장군 경대승'
pp248~297 이승한 도서출판 푸른역사 2003

'무신정변 부정힌 청년 장군 경대승' 주론 반론 비교

경대승(1154~1183)은 무신정변에 참여하지 않은 무인으로서 '무인시대' 경대승 편 드라마 개연(開演)을 할 때지만 약관 20세 견룡행수 때 탄핵 파면되어 말단 총각도령으로 전국을 떠돌며 부관 김자격과 같이 백의종군하였고, 26세 때 청주경씨 청주주민과 개성에 살고 있던 주민 사이 토지싸움에 100여 명이 사망하는 청주사건으로 두 번씩이나 탄핵시킨 정중부를 한문준 문극겸 좌천 때 기회로 제거하고 정권을 잡았다. 그러나 세력기반이 미약하여 강력한 집권력을 행사하지는 못했다. 그는 무인이었으면서도 무신정변을 부정한 독특한 무인이었다.

청년장군의 불안한 집권

경대승의 기해정변

1179년(명종 9년) 9월 3일 사경(새벽 1시~3시) 무렵, 개경의 대궐 안, 전날 저녁부터 희경전에서 열린 장경법회가 이미 끝나고 대궐 안은 고요했다. 여기저기 피워놓은 장작불은 모두 사그라지어 숙위하던 군사들도 깊은 잠에 빠져들었다. 칠흑 같은 어둠 속에 대궐의 담장을 뛰어 넘는 두세 명의 검은 그림자가 있었다.

견룡군에 소속된 하급장교 허승(許升)과 김광립(金光立), 그리고 또 다른 한 사람이었다. 이들이 소리 없이 접근한 곳은 대궐의 숙직 건물이었다. 이들이 숙직 건물 안으로 빨려 들어간 지 한 식경(食頃, 밥 먹을 동안, 잠깐)쯤 지났을까. 갑자기 긴 휘파람 소리를 듣자 경대승은 결사대 30여 명을 이끌고 대궐 담장을 뛰어 넘었다.

갑작스런 소란으로 잠에 떨어진 숙위하던 군사들이 여기저기서 깨어났다.

그러나 이들은 일어서자마자 대부분 다시 고꾸라졌다. 잠에서 깨어난 숙위하던 군사들은 수에서 앞섰지만 치밀하게 움직이는 결사대에 밀리고 있었다.

우선 제거 대상인 대장군 이경백(李景伯)과 순검군 지휘관 문공려(文公呂)는 경대승이 직접 결사대를 이끌고 처치했다. 숙위 군사들은 지휘관을 잃어 조직적으로 대응하지 못하고 우왕좌왕했다. 대궐 안은 순식간에 전투장으로 변했고, 잠에서 깨어난 국왕 명종은 두려움에 떨며 어찌할 바를 몰랐다.

경대승은 국왕의 침전 앞으로 달려가 소리쳤다.

"신 등이 사직을 보호할 것이니 전하께서는 두려워 마시옵소서." 국왕은 계단을 내려와 경대승의 손을 부여잡고 뒷일을 부탁하면서 술을 따라주었고, 군사들에게 술까지 하사하였다. 이로써 경대승의 거사는 국왕의 지지를 확보하는데 일단 성공했다. 저항하던 숙위 군사들은 힘을 잃고 점차 무력해졌다. 그렇게 해서 대궐은 의외로 쉽게 장악할 수 있었다.

경대승은 국왕에게, 군사를 일으켜 정중부와 송유인 부자를 잡아 주살할 것을 요청하고 바로 군대를 출동시켰다. 이때 정중부와 송유인은 대궐에서의 변을 듣고 도망하여 어느 민가에 숨어 있었다. 하지만 그들에게 앙심을 품고 있던 어떤 양민의 밀고로 곧 체포되어 주살되고 말았다. 날이 밝자 그들의 머리는 시가에 효시되었다.

경대승은 이때 나이는 26세였다. 그가 정중부 일족을 제거하려고 마음먹기까지는 몇 가지 중요한 사건과 배경이 있었다.

첫째는 정중부의 아들 정균이 공주에게 장가들려고 음모를 꾸민 사건이다. 국왕은 이 문제로 크게 근심을 하였지만 정중부 가문과 혼인 관계를 맺는 것에 완강히 저항하였다. 이 과정에서 국왕의 의중이 여러 사람들에게 전달되었고, 경대승도 이 문제를 지켜보면서 국왕의 마음을 읽을 수 있었다. 정중부를 제거하더라도 국왕이 반대하지 않을 것이라는 확신을 얻을 수 있었다는 말이다. [주론]공주, [반론]궁주다.

둘째는, 송유인이 문극겸과 한문준을 개인적인 감정으로 좌천시켜버린 사건이다. 이 사건을 계기로 고위관료들은 정중부 정권에 등을 돌리고 차츰 염증을 느끼기 시작했다. 경대승은 이런 분위기를 간파하고 정중부 일족을 제거하면 고위관료들이 최소한 암묵적인 지지 정도는 보내줄 것으로 자신했다.

셋째는, 정중부 집권 기간 내내 산발적으로 일어나는 하급무신들의 저항과, 정권을 음해하기 위한 무고나 모함이 끊이지 않았다는 사실이다. 이런 현상들은 온건집단이 장악한 정권의 한계로서 무력 기반이 취약했음을 드러내는 것이었다. 이런 사정 또한 경대승이 결심을 굳히는데 중요한 배경이 되었다.

마지막으로, 무신란 당시 온건집단으로 참여했던 인물들이 대부분 자연사했거나 연로한 상태로, 정중부 정권의 중심인물들이 세대 교체되고 있었다는 점이다. 기탁성(奇卓誠, ?~1179, 무신란 가담 어사대사, 조위총 난 평정 문하시랑평장사)은 1179년(명종 9년) 2월에 죽었고, 홍중방(洪仲方, ?~1179, 무신 란 가담 종 3품 대장군)은 같은 해 5월, 진준(陳俊, ?~1179, 조위총 난 좌군 병마사 평정 참지정사 판병부사) 역시 같은 해 6월에 죽었다. [주론], 양숙(梁淑, 대장군 무신정변 시 의종을 살해하려 하자 만류하여 폐위한 뒤 유배시킴 주장 ?~?)과 경진은 언제 죽었는지 기록에 나타나 있지 않지만, [반론], 경대승 장군 부친 경진(慶珍, 1125~1177, 조위총 난 1174년 우군병마사, 평정 중서시랑평장사 정2품 53세), 정중부는 타도되기 전 정중부하에서 30년 지기(知己, 자기 속마음 아는 참된 친구)이다가 이미 죽었다.

이렇게 보면 정중부 정권이 타도될 당시 온건집단의 인물로는 이소응(李紹膺, 상장군 종3품, 무신의 란 때 현 국방부 원로)의 뺨을 새내기 현 서기관 종5품 기거주(起居注, 중서문하성 간관(諫官, 임금의 잘못을 간하고 백관의 비행 규탄하던 벼슬) 한뢰가 60살 고령과 젊은이와 대결시킨 오병수박회 씨름에 넘어졌다고 이소응 뺨을 때린 일로 이고에 의하여 죽임 당하는 무신란 원인이 됐다. 이소응은 상장군 종3품 1107?~ 1180, 73세와 이광정(李光挺, ?~1194무신정변 가담 대장군 추밀원부사)이 살아 있었을 뿐이다. 그 중 이소응(경진 사돈, 경대승 동생과 자신의 딸과 혼인 경대승 제수씨)은 70살이 넘은 고령으로 정중부가 제거된 직후인 1180년 7월에 죽었다. 다만 이광정만은 정중부 정권이후 경대승, 이의민 정권까지 살아 봉사했다

이렇게 온건집단의 인물들이 자연스럽게 사라지고 있었다는 것은 정중부 정권의 피할 수 없는 운명이었다. 나이 든 사람들이 장악한 정권에서 가장 큰 정적은 시간이었다.

경대승이 정중부 정권을 타도하려고 결심을 하였다고 해도 그것을 실천하려면 자신의 의지를 따라줄 행동대원이 필요했다. 그 날 밤 대궐을 장악한 결사대 30여 명이 그 행동대원이라고 할 수

있다. 그 도방군사들이었다. 거사 당시 경대승이 장군의 계급에 있었으므로 이 정도의 병력을 확보하는 데는 큰 어려움이 없었을 것이다.

그런데 권력의 핵심인물에 접근하는 방법이 문제였다. 아무리 많은 병력을 쥐고 있어도 핵심인물에 접근이 안 되면 거사는 실패하기 쉽고, 소수 병력이라도 접근하는 길만 열리면 의외로 쉽게 거사를 성공시킬 수도 있는 것이다. 이럴 때 권력의 핵심에 접근하는 가장 좋은 방법이 그 내부에서 동조자를 포섭하는 것이다. 그날 밤 대궐에 먼저 포섭되어 잠입한 정균의 부관 견룡행수 허승과 허승의 부관이며 대정 김광립이 거기에 해당되는 인물이었다.

허승은 용력이 뛰어나 정균의 총애를 받는 군인이었다. 거사 당시 허승은 국왕의 친위부대인 견룡군의 하급 장교였다. [주론], 허승은 견룡군의 하급 장교에 대한 [반론], 허승은 중상급 장교 견룡행수로 정균의 부관이었다. 권력의 핵심으로부터 두터운 신임이 없으면 발탁되기가 힘든 자리였다. 그런 허승을 경대승은 자신의 편으로 끌어들였다.

여기에는 정중부 정권에 대한 허승의 불만이 크게 작용했음은 물론이다. 그 불만은 항상 그렇듯이 정권에서 소외되어 생겨난 것이었다.

김광립은 대정이라는 계급에 있었는데 경대승과 친한 사이였다고 사서에 언급되어 있다. 이 김광립 역시 허승과 비슷한 경우로 경대승이 거사를 위해 끌어들인 인물이 아니었을까 싶다. 어쨌든 허승과 김광립은 이번 거사의 핵심인물로 정중부 정권을 타도하는데 가장 큰 역할을 했다고 볼 수 있다. 앞으로 경대승 정권에서 이 두 사람의 정치적 행보가 어떻게 될지 귀추가 주목된다.

하지만 그날 밤의 거사에서 가장 큰 기여를 한 사람은 국왕이었다.

대궐 내의 숙위 군사들이 적지 않았을 텐데 30여 명의 결사대로 제압할 수 있었던 것은 국왕의 마음이 이미 정중부 정권에서 떠나 있었던 탓이었다. 결국 국왕은 경대승의 손을 들어주었고, 이것은 대궐의 숙위 군사들이 갑자기 저항을 포기할 수밖에 없는 상황으로 대세를 몰아갔던 것이다. [주론]국왕은 경대승의 손을 들어주었다는 [반론]30명 도방(사병 제도私兵制度 : 권세를 가진 개인이 사사로이 길러서 부리는 병사로 관습과 도덕 법률의 규범이나 사회 구조의 체계, 사사死士 : 목숨을 내어놓고 용감勇敢히 나선 군사軍士) 경대승은 허승을 자기편으로 끌어들여서 허승을 시켜 중방 주력부대 정균을 제거한 마당에 어차피 중방 국왕은 겉으로는 도방 경대승의 손을 들어주었고 속으론 중방 손을 들어주었다. 겉과 속이 같다는 표리일체가 아닌 달라져 표리부동했다.

그리고 피신해 있던 정중부와 송유인을 바로 색출하여 처단할 수 있었던 민첩한 대응도 결국에는 그런 국왕의 태도 때문에 가능했던 것이다. 어쩌면 그 정도의 확신이 없었다면 경대승은 거사를 할 수도 없었을 것이다.

친위군 출신의 26세 장군

경대승이 군인의 길로 들어선 것은 1168년(의종 22년), 그의 나이 15세 때였다. 이때 그는 음보로 교위(정9품)에 임명되었다. [주론]교위(정9품), [반론]당시 교위정오 · 육품이다. 현 중사 · 상사 8급, 준위 · 소위 7급, 중위 6급, 대위 5급 공무원이다.

음보란 음서제도(5품 이상의 관리 자제에게 과거시험 없이 관직에 등용하는 제도)에 의해 발탁되는 것을 말한다. 15세 때 정9

품의 품관에 발탁되었으니 다른 음보자와 비교해서 어린 나이에 높은 조직을 얻었다고 할 수 있다. 여기에선 무인치고는 비교적 좋은 그의 가문이 큰 배경으로 작용했다. [주론]정9품, [반론]정5, 6품이다.

경대승은 본관이 청주인데, 청주경씨 족보에 의하면 그 시조가 경진으로 되어 있다. 경진이 바로 경대승의 아버지로 무신란 때 대장군으로 재직하면서 정중부와 함께 온건집단에 속했던 사람이다. 경진이 청주경씨의 시조인 것으로 보아, 이 가문은 그 전엔 별로 현달한 인물을 배출하지 못한 것으로 보인다.

청주경씨는 경진 때에 와서 무반 가문으로서 확고한 기반을 다졌다. 이는 다시 경진의 인척관계를 살펴보면 드러난다. 경대승의 동생은 무신란의 도화선 역할을 한 이소응의 사위였다. 경진과 이소응이 같은 온건집단으로 무신란에 참여하여 사돈 관계를 맺은 것이다. 즉, 이소응의 딸은 경진의 자부(子婦, 며느리)가 되고 경대승에게는 제수(弟嫂, 동생의 부인)씨가 된다.

또한 무기록『고려사』와 달리 2005청주경씨족보 기록, 경진의 자부 경대승 아내 配 경주최씨 인척姻戚, 초명 김인준(金仁俊)으로 고려 고종 45년(1258)에 최의(崔竩)를 살해함으로 최씨의 무단 정치를 타도하고 왕권을 회복한 김준(金俊)과는 다른 이름을 가진 김준(金畯)이라는 사람이 있다. 그 역시 무반, 최충헌 집권기 때 동지추밀원사(종2품)에까지 오른 인물, 이 김준의 손녀, 후일 최충헌의 아들과 결혼한다.

그리고 고려사에 경대승의 족형(族兄), 척형(戚兄)으로 장군 손석(孫碩)이라는 자가 있다. 그는 이의민 집권기에 크게 현달顯達한다. 이러한 경진의 인척관계를 보면, 청주경씨 가문이 무반으로서 착실한 기반을 굳힌 것은 무신란이 중요한 계기였음을 알 수 있다. [주론], 경대승의 족형 손석 [반론], 족형은 복을 입지 않는 형으로 보아 외사촌형인 것이다. [반론], 이에 본 창작엔 경대승 모친 손경이(孫璟伊) 이다.
　경진 자신이 무신란으로 크게 현달顯達한 사람이었다. 그는 무신란 직후 대장군(종3품)에서 동지추밀원사(종2품)로, 정중부가 집권한 직후에 다시 지문하성사(종2품)로, 그후 중서시랑평장사(정2품)로 승진하여 무신란 이후 죽을 때까지 재상 관료다.
　경대승이 무신란을 만난 것은 교위에 음보된 지 2년 후인 그의 나이 17세 때였다. 이때 그가 무신란에 어떠한 태도를 취했는지는 매우 궁금한 문제인데 분명한 기록이 없다. [주론]어떠한 태도를 취했는지 매우 궁금한 문제인데 분명한 기록이 없다, [반론], 어떠한 기록이 없앰에 신중하게 대처하며 판단하기 위해 관망만 하였다고 볼 수 있다. 아마 그의 나이나 집권한 이후의 정치적 성향으로 유추하여 보건대, 무신란에 직접 참여한 것 같지는 않다. 혹시 참여했다 하더라도 그의 아버지 경진이 온건집단에 섰으니까 그 범주를 결코 넘어서지는 않았다고 보인다.
　그런데 이상한 점은 무신란 이후 놀라울 만큼 빠른 그의 승진이다. 1178년(명종 8년)에, 그러니까 교위에 임명된 지 10년 만에 그는 같은 정균(?~1179)의 계급 대장군에 올랐다. 그것도 젊은 나이에, 경대승은 이의방 집권기 동안 견룡군의 행수에 있었다. 이때 경대승의 계급은 산원이었다. [주론]25세 젊은 나이에 이의방 집권기 동안 견룡군의 행수에 있었다의 계급은 산원이었다는 [반론]교위 15세 5년만에 약관 20세 견룡행수 중상급 장교이었다. 견룡군과 같은 친위부대는 정치적 출세가 보장되어서 무인 권력자의 자제들이 매우 선호하는 자리였다. 경대승이 이런 국왕의 친위부대에 소속될 수 있었던 것은 아버지 경진이 무신란에 온건파로 참여했던 공로를 배경으로 가능했다. 게다가 그는 완력과 무술이 뛰어나 견룡군으로 적격이었다.

이의방 집권기 동안 경대승은 산원에 머물러 있었던 것으로 보인다. [주론]산원, [반론]견룡행수이다. 이때까지만 해도 그는 교위에서 겨우 한 계급 승진한 것이었으니 빠른 승진이라고 할 수는 없을 것이다. [주론]빠른 승진이라고 할 수는 없을 것이다, [반론]빠른 승진이라고 할 수 있을 것이다. 친위군에 소속된 것이 그의 승진에 중요한 발판이 되었음은 틀림없다. 경대승이 급속히 승진한 것은 정중부가 이의방을 제거하고 집권한 이후였다. 정중부 집권기 동안 그가 어떤 단계를 거쳐 승진했는지 확인할 수 있는 기록은 없다. 다만 1178년(명종 8년) 3월에, 경대승이 관련된 어떤 사건의 기록에서 그의 계급이 장군으로 나타나 있다. 1174년까지 산원으로 있던 그가 4년 후에는 장군으로 승진했으니 이는 비약적인 승진이었다. [주론]1174년까지 산원, [반론]1169년 15세 교위 1174년 20세 견룡행수 1179년 26세 대장군 집권하였다.

쿠데타 · 무력정변의 동기, 청주변란

1178년 3월에 일어난 청주변란은 경대승의 신상에 중요한 변화를 가져왔다. 1178년은 경대승이 정중부를 제거하기 바로 전 해이다. 그러니 어쩌면 이 사건은 경대승의 쿠데타를 이해하는데 중요한 단서가 될 수도 있을 것이다. 쿠데타는 정변이고, 혁명은 헌법의 범위를 벗어나서 국가 기초, 사회 제도, 경제 제도, 조직 따위를 근본적으로 고치는 일, 역성혁명이다. 즉, 혁명은 이전의 왕통을 뒤집고 다른 왕통이 대신하여 통치하는 일이다. 또는 혁명은 이전의 관습이나 제도, 방식 따위를 단번에 깨뜨리고 질적으로 새로운 것을 급격하게 세우는 일이다.

1178년 3월 경대승의 고향인 청주에서 이상한 변란이 터졌다.

청주에 본래 살던 사람들과 개경에서 살다가 청주로 낙향, 퇴거한 사람들 사이에 큰 싸움이 벌어진 것이다. 낙향한 사람들도 본래는 청주에 거주하다 상경한 사람들이었으니, 결국 같은 고향 사람들끼리의 싸움이었다. 청주로 낙향한 사람들을 청주의 토박이들이 모두 살해해 버린 것이었다.

그러자 살해단한 사람들과 연고가 있는 개경의 거주자들이 복수를 하기 위해, 국왕의 명령이라 속이고 결사대를 모집하여 청주로 쳐들어갔다. 하지만 이들은 청주의 토박이들에게 패하여 100여 명이나 되는 사망자가 발생하고 말았다.

전투를 방불케 했던 싸움의 원인이나, 이 싸움에 참여한 사람들의 정체가 도대체 무엇인지 궁금한 문제가 아닐 수 없다. 이 사건에 대한 사료가 너무 엉성하여 상상력을 발동시켜 풀어보는 수밖에 없을 것 같다.

우선 싸운 사람들의 정체는 양쪽 모두 대부분 군인 층이었던 것으로 추측된다. 그렇지 않고서는 100여 명의 사망자가 나올 정도의 전투에 가까운 싸움을 설명할 수 없다. 청주 쪽 사람들은 그 지방의 주현군(州縣軍)으로 짐작되고, 개경에서 퇴거한 사람들은 청주에서 상경하여 개경에서 근무하던 중앙군(中央軍)으로 보인다. 후자는 무신란의 혼란한 틈에 국가의 통제에서 벗어난 무사집단으로 볼 수도 있고, 그 근무 기간이 끝나 다시 퇴거한 것으로 볼 수도 있다. 중앙군과 주현군 즉, 지방군의 싸움이지만 결국은 같은 뿌리의 사람들인 것이다.

이들 양쪽의 군인들이 그렇게 격렬한 싸움을 벌인 것은 토지 때문이었다. 청주 쪽 사람들은 토지를 탈점당한 사람들이었고, 개경 쪽 사람들은 그 토지를 불법적으로 탈점한 사람들이었다.

이들이 토지를 놓고 물고 물리는 싸움을 한 계기는 무신란 때문이었다. 무신란은 중앙의 군인들에게 출세의 길을 열어주었고,

이를 통해 권력을 얻은 자들은 그 위세를 등에 업고 탐학(貪虐, 탐욕이 많고 포학함)이나 사리사욕을 부렸다. 특히 불법적인 토지 겸병(兼倂, 둘 이상의 것을 하나로 합치어 가짐)이나 탈점(奪占, 남의 것을 강제로 빼앗아 차지함)은 상하를 막론하고 자행되었다는 점은 앞서 언급한 바다. 그 탈점 대상으로 가장 손쉬운 것이 자신들의 고향에 있는 군인전(軍人田, 고려 시대에, 군인에게 군역의 대가로 나누어 주던 토지)이다. 퇴역하면 정남(丁男, 나이가 젊고 기운이 좋은 남자, 부역이나 군역에 소집된 남자, 징병 적령에 이른 남자)인 자손에게 세습되고, 자손이 없으면 나라에 반환되었다.

개경 쪽 사람들은 무신란이 성공한 후 자신들의 고향에 있는 군인전을 불법적으로 약탈해나갔다. 하지만 청주 쪽 사람들은 이를 저지할 방법이 없었다. 무신란에 참여하여 공을 세운 그들의 불법 행위에 맞설 힘이 없었기 때문이다.

그러던 중 경대승의 아버지 경진이 죽자 청주 쪽 사람들은 지금까지의 불만을 폭발시켰다. 개경에서 청주로 낙향 퇴거한 사람들, 즉 토지를 탈점한 사람들을 살해해버린 것이다. 여기에는 청주에서 토지 탈점에 앞장선 경진의 죽음이 중요한 계기로 작용했다.

경대승의 아버지 경진도 무신란 이후 자신의 고향 청주에서 남의 토지를 불법적으로 탈점하여 많은 토지를 소유하고 있었다. [주론], 경진도 무신란 이후 자신의 고향 청주에서 남의 토지를 불법적으로 탈점하여 많은 토지를 소유하고 있었다, [반론], 경대승의 부친 경진은 중서시랑평장사 정2품 벼슬 재상을 지내 그 공로로 국왕으로부터 받은 식읍(食邑, 고려 시대 왕족 공신 대신들에게 공로에 대한 특별보상으로 주는 영지領地)이었다. 그 대상도 청주 지방의 군인전이 대부분이었다.

청주변란이 일어나기 전에 화병으로 경진은 죽었는데, 경대승은 아버지가 죽자 그 토지를 모두 선군도감(選軍都監), 고려 시대에 군사를 뽑는 일을 맡아보던 관아, 군인을 선발하고 토지를 지급해주는 관청에 반환해버렸다. 경대승은 대의를 위해 식읍을 아버지의 불법적인 토지 탈점이라며 못마땅하게 생각했다. 경대승의 이런 행동은 미리 예상하고 했던 것은 아니지만 청주의 변란을 부추기는 꼴이 되고 말았다.

그런데 청주의 변란 후 이 사건을 미연에 막지 못했다고 하여 문책이 있었다. 청주목사 조온서(趙溫舒)와 조정 대장군 박순필(朴純弼), 대장군 겸 청주사심관 경대승이 모두 다 탄핵돼 파면당한 것이다. 당시 경대승은 박순필과 함께 청주의 사심관(事審官, 고려 시대에, 서울에 있으면서 고향의 일에 관여하던 벼슬아치. 각 지방의 호족 세력을 억제하고 중앙 집권을 이루기 위해 둔 것으로, 부호장 이하의 향직을 임명할 수 있었고 그 지방의 치안을 책임졌다)으로 있었다.

사심관은 고려 초기 혼란기에 공신이나 호족을 자신의 출신지에 파견하여 그 지역에 대한 원활한 통제나 민심을 수습하기 위해 만들어진 직제였다. 그러나 시간이 지나면서 차츰 변질되어 사심관에 의한 민폐가 심했는데 특히 토지 탈점이 많았다. 많은 이권이 달려 있기 때문에 서로 사심관이 되려고 다투는 경우도 드물지 않았다. 사심관이 이렇게 변질된 중요한 계기는, 그 이전부터 변질되기 시작했지만, 역시 무신란 때문이었다.

경대승이 청주의 사심관이 된 것은 아버지 경진의 뒤를 이어받은 것으로 보인다. 경진이 많은 토지를 소유하게 된 배경에는, 무신란에 참여했다는 사실과 함께 그의 사심관으로서의 활동도 중요하게 작용했다. 아버지의 사심관 자리를 물려받은 그가 토지를 모두 반환해버린 것이다.

그러니 청주 사람들이 경대승의 뜻밖의 행동에 놀랄 수밖에 없었고, 상대적으로 토지 탈점을 자행하고도 뻔뻔한 다른 사람들에 대한 비난과 원한은 커질 수밖에 없었다. 그러니까 경대승을 탄핵해 파면한 것은 그가 변란 당시 청주의 사심관이었기 때문이기도 했지만, 보다 중요한 이유는 경진이 탈점한 토지를 모두 반환하여 변란의 빌미를 제공했다는데 있었다.

첫 번째는 부친 경진 재산 각서 견룡행수 불이행, 두 번째 대장군 청주사건 청주경씨들 간에 토지 싸움 100명 사망 책임, 회복 전 각각 변란의 책임을 물어 탄핵하여 파면당한 경대승은 불만이 많았다. 더구나 정중부 집권기는 사리사욕에 의한 탐학이나 부정이 만연되었다. 경대승의 불만은 그러한 정권을 향해 쌓여갔다. 다른 사람이 아닌 그가 하필 정중부 정권을 타도하는데 앞장섰던 것은 그 때문이었다.

정중부의 잔당 제거

거사 당일 아침, 경대승은 국왕의 특별한 부름을 받은 자리에서 밀직사 왕명 출납 정삼품 벼슬 승선을 제의받았다. 살해당한 정균이 맡던 자리를 경대승에게 주려는 것이었다. 경대승은 이 제의를, 자신은 무신에 불과하다는 이유로 정중히 사양했다. 그러나 국왕 마음대로 처리하기에는 경대승의 의중이 마음에 걸렸다.

국왕은 누구를 임명하면 좋겠느냐고 경대승에게 다시 자문을 구했다. 미리 생각해두지 못했기 때문에 쉽게 대답이 나올 수 없었다. 그러자 국왕은 오광척(吳光陟)이 어떻겠느냐고 다시 의향을 물었다. 경대승은 기다렸다는 듯이 분명하게 반대했다.

"승선은 왕명을 보내고 받아들이는 중책이니 문신이 아니면 아니 됩니다. 오광척이 비록 학문을 조금 한다고 하지만 무신이니 정균과 다를 바가 없습니다."

오광척은 무신이면서도 문신들과 교유를 좋아하여 무신란에는 참여하지 않았다. 그럼에도 이의방과의 친밀한 관계를 내세워 무신란 직후 별장에서 장군으로 승진하였다. 이의방이나 정중부 정권에서 특별히 중용되지도 않았고 소외받았다고 할 수도 없는, 정치적 성향이 크게 드러나지 않은 인물이었다. 국왕에게는 적임자로 여겨졌고, 경대승의 입장에서도 크게 반대할 이유가 없는 인물이라고 볼 수 있다.

그러나 경대승은 오광척이 무신이라는 이유 하나만으로 그의 승선 임명에 반대했던 것이다. 본래 승선은 무신란 이전에는 무신이 갈 수 있는 자리가 전혀 아니었다. 경대승의 생각에는 충분한 근거가 있었다. [주론], 여기서 경대승이 무신란 이후 무신들의 득세나 무차별적인 관직 진출에 대해 비판적이었다는 것을 알 수 있다.

[반론], 이는 집권하기 전에 경대승이 무신들에게 부친의 전 재산을 나라 군부 선군에 한 뙈기 땅도 남기 없이 바쳐 오죽하면 『고려사』에 청렴결백함에 백성들이 탄복했다고 한 것은 얼마나 대의를 위해 핍박을 받아 부친 경진 재산 보증 불이행과 청주사건으로 탄핵해 파면까지 당해 두 번 각각 고통에 시달렸는지를 가름 하는데 여실히 보여주는 증좌(證左, 참고가 될 만한 증거)가 아니겠는가.

국왕 명종은 경대승의 반대를 무릅쓰고 오광척(吳光陟, ?~1179 고려 중기의 무신, 무신의 난으로 천우위장군[千牛衛將軍]으로 승진하고, 이부 시랑[吏部侍郎], 양충도 찰방사[楊忠州道察訪使]에 올랐으나, 명종 9년 1179 경대승에 의해 죽임을 당했다)을 승선에 임명할 수 없었다. 자신의 의중만 드러내고 말았다. 하지만 경대승의 입장에서는 오광척이 국왕의 총애를 받는다는 사실을 확인할 수 있었고, 결국에는 임명되고 말 것이라는 불안감이 들었다. 그렇다고 마땅한 다른 인물이 얼른 떠오르지도 않았다.

그러나 경대승의 족형(族兄, 복을 입지 않는 외사촌 형) 되는 대장군 손석이 이 문제에 끼어들면서 일은 간단명료히 해결했다. 손석이 경대승을 부추겨 오광척을 주살하게 했다. 손석이 이렇게 과격한 해결책을 동원한 그럴 만한 이유가 있었다.

오광척은 정중부 집권기 때인 1178년(명종 8년) 정월, 전국에 찰방사(察訪使, 고려 시대에 두었던 외직의 하나)를 파견할 때 양주(서울)·충주 방면의 찰방사가 되어 이 지역을 감찰한 적이 있었다. 당시 손석의 아버지는 현 수원인 수주의 지방관으로 재임하고 있었는데, 지방민에 대한 착취와 탐욕이 심하여 백성들의 원성이 개경에까지 들렸다.

오광척이 감찰을 마치고 돌아오자 손석은 그를 찾아가 부친을 탄핵의 대상에서 빼줄 것을 간청하였다. [주론], 하지만 경대승이 집권하기 전에 청주사건으로 탄핵하여 파면한 것과 같이 오광척은 이를 거절하고 손석의 아버지를 탄핵하여 파면시켜버렸다. 이 일에 대한 사감으로 손석은 경대승을 유혹해 오광척을 살해한 것이다.

[반론], 족형 손석의 제안으로 경대승이 죽였다고 하였으나 KBS한국방송 역사대하드라마 『무인시대』 각본에는 오광척과 허승 함께 활터에서 활을 쏘는데 오광척이 먼저 활을 쏘자 빗나가 이제 늙었나보다 하자 허승은 그 자리에서 운이 좋지 않다며 허승이 오광척을 죽였다고 하였다.

경대승이 오광척을 제거한 것은 손석의 부추김 때문만은 아니었다. 오광척이 자신의 거사를 못마땅하게 여기고 있다는 점이 더 중요하게 작용했다. 국왕이 그를 승선으로 앉히려는 데서 그런 낌새를 감지했던 것이다.

경대승은 내친 김에 정중부 정권의 군사적 기반인 무신들을 모조리 색출하여 제거하였다. 여기에는 제거된 대상, 장군 김광영(金光英), 중랑장 송득수(宋得秀), 기세정(奇世貞)은 기탁성과 인척관계일 것으로 보이는데 확실하지는 않다.

경대승은 1179년 9월에 기해정변, 견룡군인 정균 부관 견룡행수 허승, 허승 부관 김광립, 경대승 부관 김자격 등과 더불어 정중부, 정균, 송유인, 송군수(송유인 아들, 경대승과 함께 견룡행수), 대장군 이경백, 중랑장 송득수, 기세정 등을 잡아 죽였다.

이로써 경대승은 정중부 정권의 핵심인물들을 일망타진하는 데 일단 성공했다. 모두 거사 당일 오전까지 거침없이 해치웠다. 자신도 어떻게 여기까지 왔는지 정신을 가누기 힘들 지경이었다. 정중부의 잔여 세력을 제거하고 정권을 잡는 데는 일단 성공했지만 뭔가 불안했다. 아직 어린 나이 탓만은 아니었다.

경대승의 불안은 거사 후 며칠 지나지 않아 무신들의 저항으로 현실화됐다. 대부분 정중부 정권하에서 득세했던 무신들이었다. 이들은 먼저 익명으로 군중들 속에서 무리를 선동하기 시작했다. 정중부가 문신들을 누르고 무신들의 위세를 세워준 공로나, 그에 대한 의리를 앞세워 경대승에 대한 복수를 자극했던 것이다. 주로 유언비어를 조작하거나 근거 없는 소문을 만들어 정국을 혼란케 하는 정도였다. 이들이 구체적인 행동으로 나타내지 못하고 배후에서만 떠들었던 것은 여론의 향배를 아직 가늠할 수 없어서이었다.

하지만 경대승은 불안을 느끼지 않을 수 없었다. 그렇지 않아도 거사 뒤의 감당하기 힘든 심리적 부담에서 가로채 벗어나지 못한 상태였다.

단순한 유언비어나 소문도 불안감을 넘어 공포감을 주기에 족했다.

게다가 경대승은 무신란에 전혀 참여한 바도 없었다. [주론], 자신의 독자적인 세력 기반이나 따르는 측근 인물도 이전의 집권자에 비하면 미약했다. 수세적이고 불안한 집권이었다. 자신에 대한 신변 경호를 철저히 하는 수밖에 다른 도리 없었다. 이런 목적으로 만든 것이 도방이라는 사병 집단이다.

[반론], 경대승 집권 배경에는 부친 경진 중서시랑평장사 정2품 벼슬 재상, '무인시대' 각본 부친 경진은 병문안 온 상장군 두경승에게 유언으로 경대승 후견인이고, 경진 자부(子婦, 며느리) 사돈 이소응 딸, 경대승 동생이 무신난의 발화점 된 이소응 딸과 혼인해 경대승의 제수(弟嫂)씨, 경대승 족형 외사촌형 손석, 고향친구 혈맹 정균 부관 견룡행수 허승, 허승 부관 김광립, 경대승 부관 김자격, 경진 사위 인척 중서시랑평장사 김준, 본관 우봉 최씨 초명 최난(崔鸞) '무인시대' 각본 별장(別將, 고려 시대에 둔, 낭장郎將 다음의 정칠품 무관) 벼슬로 경대승 병문안에서 명종 폐위 요구 부친 상장군 최원호 아들 최초 벼슬 음서 외조부 유정선도 상장군, 1174년 조위총 난 공으로 출세기반 교정도감으로 도방 정치 한 최충헌(1149~1219 70세, 2005년 문하시중 벼슬 권력 천수 누린 집권, 무신들의 변란을 종식시킨 사람으로 좌우위정용 섭장군 상장군 집권 임기 1196~1219 23년), 도방 군사 집권 시 30명~130여 명으로 확대 한 대의 정착으로 경대승이 제안 국왕 폐위 거절, '무인시대' 각본 명종이 딸 수안궁주 혼인 백작 요구한 인척 거절, 경대승의 추종 실세들 주위 포진됐다.

이 기반으로 이전보다 강한 경대승은 경호부대 특수부대 도방 정치가 실시되었다.

도방과 떠도는 무사들

도방의 창설

경대승이 조직한 사병 집단의 구성원은 기본적으로 군인 신분이었다. 그런데 이들 군인 층의 성격이 미묘한 것이었다. 사병 집단의 구성원이었던 군인 층이 어떤 사람들이었는가를 알아보기 위해서는 먼저 고려 시대 병제(兵制, 군을 건설·유지·관리·운용하는 데에 필요한 모든 제도)를 잠깐 살펴볼 필요가 있다.

고려 전기의 병제는 군반(軍班, 고려 시대에 경군京軍의 군역軍役을 세습하던 특정 집단) 제도로 운영되었다는 점은 앞서 언급한 바 있다. 군반 제도란 군역만을 전담하는 군반씨족이 있어 이들에게 생계유지를 위해 군역 토지·군인전을 지급해 주고 군역을 세습케 하는 것이다.

그러니까 군반씨족과 군인전은 불가분의 관계였다. 지금과 군이 비교해서 말하자면 직업군인제와 비슷한 것인데, 다만 군인 신분이 군인전과 함께 세습된다는 점이 다를 뿐이다.

따라서 군인전이 지급되지 않으면 군반 제도는 유지될 수 없었고, 군인으로서 국가에 대한 복무도 제대로 수행될 리 없었다. 쉽게 말해서 봉급을 받지 못하는 군인이 국가의 군대로 남아 있을 이유가 없는 것과 같다.

그런데 무신란 이전부터 제대로 지급되지 못하던 군인전은, 무신란 이후에도 권력자의 겸병(兼併, 둘 이상의 것을 하나로 합치어 가짐)이나 탈점의 대상이 되어 더욱 문란해지고 군반 제도·군반제는 유지하기가 어렵게 되었다. 이에 따라 군반 제도 하의 군인들은 점차 국가와의 관계나 통제에서 벗어나 제도권에서 떨어져 나올 수밖에 없었다.

이렇게 국가의 통제에서 벗어난 군인들은 창검의 사용이나 무술에 익숙하여 무사적 자질을 다분히 갖추고 있었다. 게다가 무신란은 이들의 무사적 기질을 마음껏 발휘할 수 있는 사회적 여건을 만들어주었다.

몇 차례에 걸친 집권 무인의 교체와 무인정권의 전개 과정에서 국가의 통제를 벗어난 유동적인 무사들은 더욱 양산되었다. 권력자들에 의해 군인전이 탈점되어 갈수록 줄어들었기 때문이다. 하지만 이들을 수용하고 정착시킬 만한 사회 제도적 장치는 마련되지 않았다.

이 무렵 치안을 어지럽히거나 사회 혼란을 야기 시키는 자들은 대부분 이런 무리들이었다. 특히 도적으로 표현되는 경우가 가장 많았다. 이들을 사서에서 '악소(惡少, 불량배나 무뢰배를 의미)', '사사(死士, 결사대를 의미)', '용사(勇士)', '무사'(武士), '장사'(壯士) 혹은 '문객(門客)' 등으로 표현하고 있다.

이들은 무인집권자간의 권력투쟁이나 정권 교체 때 자주 동원되었다. 무신란 직후 맨 먼저 권력투쟁에 나섰던 이고가 반란을 위해 끌어 모았다는 불량배는 바로 '악소'를 말하는 것이다. 그리고 경대승이 거사를 위해 만든 결사대나, 앞서 청주변란에서 등장하는 결사대는 '사사'를 가리킨다.

악소나 사사는 국가의 통제에서 벗어난 군인 층으로서 결국 같은 부류의 사람들을 가리키는 것이다. 용사나 장사·무사 등도 마찬가지로 악소나 사사와 다를 바 없는 존재들이었다.

이들이 모두 똑같은 사회적 존재 양태를 가리키는 것은 아니었지만, 대부분 제도권에서 떨어져 나온 군인의 층이었다는 점에서 공통된다. 이들을 모두 '무사'라고 통일해서 부르겠다. 바로 이들 무사들이 사병 집단 즉 도방의 구성원이었던 것이다.

최초 설립자로 사병 집단을 조직하고 그것을 도방(都房)이라고 부른 것은 무인집권자 중에서 경대승이 처음이었다. 그 이전 이의방이나 정중부 등도 자신의 신변을 호위할 최소한의 사적인 무력 집단은 가지고 있었다고 생각된다. 정적이나 반대 세력의 위협이 항상 뒤따르고 있었기 때문이다. 하지만 이들 사병 집단에 대해서는 사서에 그 구성원이나 규모 등에 대한 구체적인 언급이 없어 설명을 생략한다.

경대승이 조직한 도방의 구성원은 군대에서 이탈한 무사들이었다. 거사 당일 대궐로 쳐들어간 결사대 30여 명이 그 주축을 이루었고, 여기에 무사들은 더 모집하여 도방을 130여 명이 넘는 사병 집단으로 양성했다. 대단한 병력은 아니지만 경대승 개인의 신변을 호위할 만큼은 되었다고 보인다. 거사에 성공한 직후의 일이었다.

이 도방의 무사들을 지휘한 인물은 견룡군 소속의 김자격(金子格)이었다. 김자격 역시 경대승이 거사할 때 대궐에 침입했던 사람들 중의 하나였다.

견룡군에 속한 그를 사병 집단인 도방의 지휘자로 삼은 것은 국가의 군대 조직이 사병 조직에 이용되고 있었음을 보여주는 것이다. 경대승은 이들 도방의 무사들을 자신의 사저에 유숙시키고 숙직하게 하였으며, 자신도 가끔 이들과 함께 한 이불을 덮고 잠으로써 유대관계를 강화해나갔다.

경대승은 이들 도방의 무사들을 2~3명씩 풀어 몰래 항간을 염탐하도록 했다. 유언비어나 헛소문을 퍼뜨리는 자들을 잡아들이기 위한 것이었다. 수상한 언행을 한 자들은 모두 잡아들여 가두고 심한 문초를 가했다. 이 때문에 무고한 옥사가 계속되었고 형벌이 남용되는 경우가 많았다. 국왕은 사면령을 내려 이들을 풀어주곤 하였으며, 경대승은 모르는 체 넘어가기도 했다.

경대승은 도방을 조직한 지 보름도 지나지 않아 벼슬을 그만두고 집 안에 칩거했다. 외출 시 신변이 불안했기 때문이다. 적대

세력들의 위협에 그가 얼마나 심리적 불안감을 지니고 있었는지 알 만한 일이다.

하지만 국가의 중요한 정책이나 자신에게 직접 관련되는 문제에 대해서는 반드시 입궐하여 결정에 관여하였다. 이런 점에서 보면 국정 전반에 대한 영향력은 이의방이나 정중부보다 크지는 못했을 것이다.

경대승은 입궐할 때나 퇴궐할 때 반드시 도방의 무사들로 하여금 자신을 호위하도록 하였다. 도방의 호위를 받는 것은 대궐 안에서도 마찬가지였다. 도방은 자신의 수족과 같은 존재였던 것이다. 그런 만큼 도방의 무사들에 대한 의존도는 높아졌고 이들의 횡포도 그럴수록 심해졌다. [주론]도방의 무사들에 대한 의존도는 높아졌고 이들의 횡포도 그럴수록 심해졌다. [반론]반대 무인 세력으로 경대승 도방의 무사들은 호위용사였으며, 부정축제한 무신들 재물을 빼앗다하였으나 걷어 들여 의협심(義俠心, 남의 어려움을 돕거나 억울함을 풀어 주기 위하여 자신을 희생하려는 정의로운 마음, 정의를 위하여 강자에 맞서서 약자를 도와주는 의로움이 있는 마음) 강해 가난 백성의 구휼미로 충당하고 국왕이 중방의 편만으로 부의 재산은 나라 군인전에 바쳐 지원받지 못한 나머지 도방 군사 유지 관리하였던 것이 정평(定評)이다.

도방(都房), 혹은 도방(盜房)

1180년(명종 10년) 정월, 개경 일대에 도적 떼가 어지럽게 일어난 적이 있었다. 잡아들이고 보면 이들은 모두 도방의 무사를 자칭했다. 관청에서 체포하여 가두면 경대승은 풀어주고, 풀려난 이들은 다시 도적질을 하였다. 드러내놓고 약탈을 하거나 횡포를 부리면서 조금도 거리낌이 없었다. 심지어 살인을 저지르고도 담당관원이 체포하여 치죄하려고 하면 무리가 도방 사칭하였다고 경대승이 훈계해 풀어주었다.

도방의 무사들을 경대승이 얼마나 비호(庇護, 편들어서 감싸주고 보호함)했는지 보여주는 대목이다. 자신의 수족과 같은 존재들이었으니 당연한 일이었을 것이다. 손가락이 안으로 굽지 바깥으로 굽겠는가.

1181년(명종 11년) 3월에는 떼도둑이 국가의 창고인 대창(大倉)에까지 쳐들어왔다. 창고를 지키던 군사가 있었지만 이들을 막을 수가 없었고, 그 지휘관은 싸우다 패하여 죽고 말았다. 국가의 군대와 맞설 정도의 도둑들이라면 보통 도둑이 아닐 것이다. 이 점만 가지고보아도 이들은 군대에서 이탈한 군인들이었음이 분명하다.

[주론]이 도둑 떼들은 다시 태조 왕건의 진전사원인 봉은사에까지 쳐들어갔다. 진전사원에는 그곳을 지키는 숙위하는 군인이 주둔하고 있었지만 도둑의 무리를 막지는 못했다. 도둑들은 마음껏 약탈을 감행하고 은병 30여 개까지 훔쳐갔다. 그런데도 이들에 대한사후 조치나 제재가 없었다. 이런 점에서 보면 도방의 무사들이 저지른 소행임에 분명했다. [반론]정치는 원칙적으로 위장하는 밥그릇 싸움이다.

[주론]경대승이 도방 무사들의 불법이나 도적 행위를 비호하는 데는 자신의 수족들을 지키겠다는 의도도 있었지만, 보다 절실한 다른 이유가 있었다.

경대승이 도방 무사들이 불법이나 도적 행위를 비호하는 데는 자신의 수족들을 지키겠다는 의지도 있었지만, 보다 절실한 다른 이유가 있었다.

130여 명이 넘는 사병 집단을 양성하고 유지하려면 무엇보다 먼저 경제적인 기반이 확보되어 있어야만 한다. 이들 무사들에 대한 숙식 정도는 말할 필요가 없고, 주군을 위한 군사적 복무의 반대급부를 해결해주어야 사병 집단이 유지되는 것이다. 서양 중세의 봉건 영주와 기사의 관계를 생각하면 이해하기 쉬울 것이다.

그러나 경대승에게는 그럴 만한 경제 기반이 없었다. 아버지 경진이 죽자 『고려사』에 한 떼기 땅도 남김없이 토지를 모두 국가에 반환해버린 그였다. 130여 명이 넘는 무사들에 대한 반대급부는 고사하고 숙식 해결마저 원활하지 못했을 것이다.

하는 수 없이 도방의 무사들은 결핍된 경제적 욕구를 스스로 알아서 해결하는 수밖에 없다. 이들에 의한 도적 행위나 불법은 그래 횡행했다. 더구나 최고집권자의 사병들이 거리낌이 없었다. 경대승 역시 모르는 채 방치해 비호하여 불법 조장했을 혐의 짙다. [반론] 현 도방, 알아서 경제, 숨은 관행이 아직까지 내려 사회문제화다.

경대승의 도방은 그렇게 유지되었다. 인간적인 유대는 강했을지 모르지만 경제적, 제도적인 면에서는 유대관계가 약했다. 토론 - [주론], 도방이나 사병 집단의 구성원인 무사들이 일본의 사무라이나 서양 중세의 기사계급과 같이 전문적·직업적인 무사계급으로 자리 잡지 못한 이유도 이와 무관치 않다.

토론 - [반론], 고려사 경대승은 엄연히 현 각국 총리 선출과 체제의 당시 집권자·충신으로 도방은 현 특수부대나 경호부대인데 왼발과 오른발, 두 발과 같이, 도방 정치와 경제 지원은 국가 나라에서 체제나 지원이 당연지사가 아니겠는가. 반대급부도 없고 당장 먹고 살 수 있는 지원도 없는데 군사 운영 유지를 할 수 있겠는가. 도방이 중방을 압도한 마당의 집권자·충신으로 권한이 있는데 체제나 경제 지원을 통제하여 끊는 것은 어불성설이 아니었던가.

항상 가까이 있는 정적

무사들을 초치하여 사병 집단을 거느렸던 것은 경대승만이 아니었다. 거사 당일 대궐에 먼저 들어가 정균을 살해했던 허승과 김광립도 따로 무사들을 양성하고 있었다. 제도권에서 이탈하여 떠도는 무사들이 많다 보니 그럴 가능성이 많았다.

허승은 거사 직후 태자부지유별장, 즉 별장의 계급으로 태자부의 경호를 맡은 지휘관에 올랐다. 김광립은 산원의 계급으로 견룡군의 행수를 맡았다. 두 사람 모두 거사 직전 계급이 대정을 감안하면 허승은 세 계급, 김광립은 두 계급 승진했다.

그런데 이들은 계급보다도 거사 당시 그들의 역할로 인해 대단한 위세를 지니게 되었다. 특히 허승은 동궁을 가까이 모시면서 태자를 안하무인격으로 대했고 술 마시고 노래 부르며 자기 집에서 하듯이 했다. 허승이 이렇게 방자했던 것은 믿는 구석이 있었기 때문이다.

허승 역시 사병을 보유하고 있었다. 허승이 보유한 사병 집단이 경대승의 도방보다 규모는 작았지만 도방의 구성원과 다를 바 없는 무사들이었다. 경대승은 이를 묵과할 수 없었다. 자신에 대한 도전일 수 있기 때문이다. 거사 직후부터 그가 마음에 걸렸는데 이 기회에 해결을 보아야했다.

1180년(명종 10년) 12월, 경대승은 허승을 자기 집으로 초대하였다. 허승은 방심한 상태로 경대승의 집에 들어섰다가 도방의 무사들에게 포위되어 그 자리에서 주살되었다.

아울러 김광립도 위험한 인물로 판단하여 노상에서 기습, 살해해버렸다. 국왕에게는 그들이 반란을 모의하여 주살했음을 알렸다. [주론], 가장 가까운 쿠데타 허승 동지가 정적이 되어 제거된 것이다. 체제 변화는 혁명이고 체제 유지는 쿠데타이다.

[반론], 중방이 가장 무서워하는 카리스마 허승을 제거함으로 중방은 날개를 달고 위세로 억압을 가해 도둑의 무리라는 도방을 있는 것 없는 것 다 꾸민 무고죄로 명종은 명분 내세워 단독 권위로 내몰았다. 경대승은 사랑하는 동지 허승을 추스르고 달래야했다. 제갈량이 군령을 어기어 요지 가정(街亭)의 싸움에서 위나라 장군 장합에게 크게 패하여 중원 공략의 계획이 허사로 돌아갔다. 제갈량은 이를 애석하게 여겼으나 눈물을 흘리며 사랑하는 부하 마속을 울면서 목을 베었다는 읍참마속(泣斬馬謖)·누참마속(淚斬馬謖) 후 촉한과 위와의 싸움에서 '제갈량이 칠성단에서 동남풍 기다리듯' 양쯔강 중류 중국 삼국 시대인 208년에 손권·유비의 소수 연합군이 조조의 대군을 적벽에서 크게 무찌른 싸움, 적벽대전(赤壁大戰)에서 관우는 조조를 사로잡았지만 놓아주었다. 적벽대전에서 '제갈량이 칠성단에서 동남풍 기다리듯' 하였다. 이는 조조의 병사 80만 명을 촉한 20만 명 싸움에서 전략가 제갈량이 배에 바람을 이용해 화공으로 공격해 불길에 휩싸이어 그 공로로 이겼다. 연전연승 거듭해오다 읍참마속 후 제갈량과 조조 아들 조비, 조비 아들 조예는 명장 사공의를 보내 싸움에서 제갈량은 전쟁 중 병사하였다. 조예 사후의 위나라는 사마의의 아들 사마사와 사마소 등이 있는데 사마소의 아들 사마염이 위를 멸망시키고 진나라를 세웠다. 등애와 종회 둘은 촉을 멸망시킨 장본인이었다. 또한 종회의 아들 종보는 오나라를 멸망시키는 장본인이다. 이와 같이 경대승에게 대등하게 굴어 역모를 하였다고 사랑하는 부하를 울면서 허승 목을 베었다는 읍참허승 후 중방을 억압하는 강세가 꺾여 경대승은 중방 세력에 의해 도방을 도둑질 무리라고 무고죄로 뒤집어 씌어 경대승은 결국 양방 간 격렬하게 다투던 중 병사하였다. 병사 후 유언 '도방 군사를 즉시 해산하라'를 방장 김자격 반역으로 도방 군사는 유배되어 살아남

은 자가 4~5명에 불과했다. 경대승은 병사 전 동지 허승·윗사람·주인·상전(上典)같이 모시었어야했다. 중방 억압 세력가 허승 제거로 안타깝게 경대승은 병사했다.

쿠데타가 성공한 후 따르는 일종의 권력투쟁이라고 볼 수 있다.

국왕은 오히려 경대승을 위로하였고, 재상 이하 모든 관리들이 경대승의 사저에 나아가 치하하였다. 이후 경대승의 불안감은 다소 해소되었는지 대궐 내에서 도방의 호위를 받는 것을 폐지하였다. 경대승은 한나라 유방과 함께 통일한 장량과 같다.

주군이 죽으면 그를 따르던 무사들은 흩어져 각자의 길을 갈 수밖에 없다. 혹은 새로운 주군을 찾아 복종을 맹세하고 몸을 맡길 수도 있다. 하지만 이들을 수용할 만한 사회적 장치가 없으니, 예전의 도적이나 위협적인 생활로 돌아가는 경우가 많았다. 허승이나 김광립의 무사들도 그런 처지였을 것이다.

그러다가 다시 집권자의 교체나 권력투쟁에 동원되어 이용되곤 했던 것이다. 무인 집권기 동안 줄곧 무인들의 정권 교체가 계속되었던 것은 이러한 유동적인 무사계급이 존재했기 때문에 가능했다고 볼 수 있다.

경대승에 속한 도방의 무사들도 경대승이 죽은 후에는 마찬가지 처지가 되었다. 주인을 잃은 뒷자리를 잡지 못하고 떠돌던 무사들은 가끔 한자리에 모여 술을 마실 기회가 있었던 모양이다. 그러자 도방을 이끌었던 방장 김자격은 이들이 난을 모의한다고 중방에 무고하였다. 자신이 살기 위해 먼저 선수를 친 것이었다.

[주론]경대승은 병사 즉시 도방을 해체하라고 유서와 함께 유언을 내렸다. [반론]『무인시대』탕약에 몰래 독약 투약으로 사전 발견되었으나 독약도 약이라며 받고 여독에 의해 경대승 병사 한 것과 같이 경대승은 병사 즉시 도방을 해체하라고 도방 군사에게

유언하였다. 그러나 도방 방장 김자격은 중방과 합세하여 난을 일으키는 반역을 하게하여 도방을 유지하려다가 도방 군사들이 체포되어 유배당하였다.

중방에서는 이들 중 60여 명을 잡아들여 혹독한 고문을 가하고 모두 먼 섬으로 유배 도중 대부분 죽고 4~5명만이 살아남을 수 있었다. 경대승이 죽은 마당에 그의 무사들을 그렇게까지 할 필요는 없었지만, 중방 국왕은 이 문제에 직접 간여했다.

도방의 무사들을 이렇게 가혹하게 대했던 것은 중방 권위 국왕의 경대승에 대한 반감 때문이었다. 국왕은 경대승을 매우 못마땅하게 여겼다. 그 이전 이의방이나 정중부도 부담스러운 것은 마찬가지였지만, 특히 경대승에게는 색다른 거부감이었다.

전주 죽동의 난

수령들의 탐학

경대승 집권기의 민란으로는, 관성(충북 옥천)과 부성(충남 서산)에서의 민란과, 전주 죽동의 난이 있었다. 관성·부성에서의 난은 1182년(명종 12년) 2월에 일어나 바로 종식되었고, 전주에서의 죽동의 난은 같은 해 3월에 일어나 4월까지 계속되었다.

관성 현령 홍언(洪彦)은 향락생활이 지나친 음탕한 자였다. 도를 넘는 향락생활은 당연히 백성들에 대한 착취로 이어졌다. 심지어는 그가 가까이하는 기생까지도 현령의 힘을 믿고 백성들에게 행패를 부렸다.

이에 분노한 관성현의 아전들과 백성들이 홍언이 사랑하는 기생과 그 어미, 형제들을 죽이고 홍언을 잡아 가두어버렸다. 그리고 중앙정부에 홍언 처벌을 요구했다.

중앙에서 감찰관리가 파견되어 조사한 결과 홍연의 탐학과 작폐가 사실로 드러났다. 그는 종심금고에 처해졌다. 아울러 난의 주모자 5~6명도 함께 처벌하여 귀양을 보낸 것으로 난은 어렵지 않게 종결되었다.

이 난은 현의 아전들까지 합세한 것으로 보아, 일반적으로 나타나는 지방 관리의 착취에 의한 백성들의 항쟁이라기보다는 홍언의 개인적 실정 때문에 일어난 것으로 보인다. 하지만 무인집권기에 일반적인 민란의 배경과 전혀 관계가 없지는 않았다.

이와 거의 같은 시기에 충남 서산 부성에서도 백성들이 봉기하였다. 부성의 현령과 현위가 서로 재물을 놓고 심하게 다투면서 그 폐해(弊害)가 백성들에게까지 미친 결과였다. 폐해를 입은 백성들이 그 괴로움을 견디지 못하여 봉기한 것이다.

백성들의 봉기로 현령과 현위가 도주해버리자, 그들은 관아로 쳐들어가 현의 아전과 노비들을 죽이고 관아를 폐쇄해버렸다. 현령(7품)과 현위(8품)는 현 군수와 부군수의 관계와 비슷한 것인데, 이들이 서로 다툰 이유나 그 재물의 성격이 무엇인지는 사서에 나타나 있지 않다. 이 두 사람의 갈등 대립으로 그 폐해가 백성들에게 미쳤다는 것으로 보아 아마도 조세나 공물의 징수와 관련된 것이 아니었나 싶다. 또 이들이 다툰 이유도 사리사욕에 의한 착취와 분배의 문제가 아니었을까 추측된다.

충북 옥천 관성과 충남 서산 부성, 이 두 현에서의 봉기는 비슷한 시기에 동시에 일어났지만 서로 관련이 없는 별개의 것으로, 매우 온건한 형태의 민란이라고 할 수 있다. 고을 수령을 죽이지도 않았고, 더 이상 인근 군현으로 확대되지도 않았다. 사전에 계획하여 조직적으로 일어난 난이 아닌 것이다. 따라서 난의 주모자도 언급되지 않고 있다. 일차적으로 수령의 개인적 자질이 원인이 되어 탐학과 착취에 단순 봉기한 것으로 볼 수 있다.

그러나 무인집권기 이렇게 가렴주구(苛斂誅求, 세금을 가혹하게 거두어들이고, 무리하게 재물을 빼앗음)를 일삼는 수령이 갈수록 많아지고 있었다는 것은 무인집권기의 구조적 문제가 아닐 수 없었다.

중앙정부에서는 난이 종결된 후 이 두 현의 지방관을 없애버리고 현도 폐쇄해버렸다. 그 후 관성은 1312년(충선왕 5년) 옥주로 개명하여 지주사가 파견되었고, 부성은 1284년(충렬왕 10년) 서산군으로 승격하여 지군사가 파견되었다.

지방관리 폐해를 없애고 지방행정의 쇄신을 위해 옛 지방관리들 잘못된 사례를 들어 백성들을 다스리는 도리를 설명한 정약용의 '목민심서', 조선 순조 때 정약용이 지은 계몽 도서로 지방 관리들의 폐해를 없애고 지방행정의 쇄신을 위해 옛 지방관리들 잘못된 사례를 들어 백성들을 다스리는 48권 16책의 사본(寫本, 원본을 그대로 베낀 책이나 서류) 내용을 본보기로 삼았다.

전주에 부과된 관선 제조 부역

관성과 부성에서 민란이 일어났던 1182년(명종 12년) 3월, 그 때 전주에서는 관노와 군사들이 일으킨 난리이다. 조정의 지시로 배를 만드는 과정에서 상호장(上戶長) 이택민(李澤民) 등이 가혹하게 일을 시켜 기두(旗頭) 죽동(竹同) 등이 난을 일으켰으나 40여 일만에 평정되었다. 이 난이 일어난 직접적 동기는 전주의 사록(司錄)으로 있던 진대유(陳大有)란 자의 학정에 백성의 원성이 잦던 중이었다.

전주는 전라도에서 제일 큰 고을로 본래 안남도호부가 있었지만 뒤에 전주목으로 바뀐 곳이다. 목(牧)은 지방 통치상의 거점도시로 목사(3품) 이하 부사(4품), 판관(6품), 사록(7품) 등의 품관이 주재하는데, 진대유는 그 전주의 사록이었던 것이다.

사록은 보통과거 급제 후 지방 관리로 나아갈 때 처음으로 받는 관직으로, 목사를 보좌하여 대민 행정의 실무를 맡았다. 그래서 해방 지역민과 접촉 빈번한 자리였다.

전주의 사록으로 부임한 진대유는 청렴 강직한 것을 자부하면서 형벌을 매우 혹독히 하여 지방민들의 불만이 많았다. 게다가 중앙정부에서는 국가에서 사용할 관선(官船)을 제작하라는 지시가 떨어졌고, 그 공사 책임을 진대유가 맡게 되었다. 공사의 부역을 담당할 중앙군까지 내려 보냈는데, 난을 주동한 기두 죽동이란 인물은 바로 그 중앙군과 함께 내려온 하급 지휘관으로 생각된다.

그 조선 사업이 왜 하필 전주에 부과되었는지는 모르겠다. 배를 건조하려면 그만한 재목을 확보할 수 있는 산림지역이 해안 가까이 있어야 한다. 그럴 만한 지역으로 전주에서 가장 가까운 지역이 변산반도이다.

일찍부터 변산반도의 산림은 전주 민간들을 동원하여 궁궐이나 사원 건축 혹은 관선 제작을 위해 벌목한 경우가 있었고, 조선시대에도 이곳은 국용 산림지역으로 유명한 곳이다. 그러니까 관선 제작을 위한 부역과 조선 사업이 전주에 떨어졌고, 진대유는 변산반도 근처에서 벌목과 조선을 담당한 현장감독이었다고 보면 옳겠다.

그런데 그 관선을 어떤 용도로 사용하기 위한 것이었는지 궁금하다. 평범하게 생각한다면 세미(稅米, 조세로 바치던 쌀) 운송을 위한 관선으로 보는 것이 무리가 없을 것이다. 그렇다면 왜 하필 이때에 그런 관선이 갑자기 필요했을까?

[주론]근거 없는 추측에 불과하지만, 경대승 정권의 경제 기반 확보를 위한 것이 아니었을까 생각된다. 경대승 정권은 도방이라는 사병 집단을 양성하고 있었음에도 그 물적 기반이 매우 취약

했기 때문이다. [반론]전주 사록 진대유는 형벌을 매우 혹독히 하여 지방민들의 불만과 지방민과 유대 불협화 때문이다. 게다가 반대파 무인, 중앙에서 파견된 기두 죽동 등과 합세한 합작품 난이다.

기두 죽동 등의 봉기와 그 세력

노동력 징발은 보통 농한기인 겨울철에 많이 이루어진다. 농사에 지장을 주지 않기 위해 그런 것인데, 이것이 오히려 겨울철 추위와 싸워야 하는 또 다른 고통이다.

전주에 부과된 관선 제조도 겨울철에 접어들어 공사가 시작되었지만, 실제 난이 일어난 것은 3월이었다. 겨울철에 시작한 공사를 완수하지 못한 나머지 이듬해 3월까지 부역을 강행하지 않았을까 생각된다. 그렇다면 이것이 난의 중요한 원인으로 작용했음이 분명하다.

중앙에서 군사도 아니고 관료도 아닌 숨겨진 기두와 함께 죽동은 동지 5~6명과 함께 부역에 불만을 품고 있는 무리들을 선동하여 봉기하였다. 여기에는 부역에 동원된 관노나 인근 주민, 지방의 군인, 나아가 승려 등 다양한 계층이 참여하였다.

이들이 전주 관아로 쳐들어가자, 진대유는 산중으로 도망쳐 숨어버리고 아전들도 모두 달아나버렸다. 이에 죽동의 무리는 진대유를 비롯하여 공사 감독을 혹독하게 한 상호장(上戶長, 향리의 우두머리) 이택민(李澤民) 등 10여 명 부역 감독자 집을 모두 불태웠다. 그리고 판관 고효승(高孝升)을 붙잡아 아전들의 명부에 도장을 찍도록 협박하여 향리들을 모두 경질하도록 했다. 경질된 향리들은 부역의 말단 감독을 맡았던 자들이었다. 난이 일어난 지 불과 며칠 만에 전주는 기두 죽동의 반군에 점령당하고 말았다.

 전주가 점령당했다는 소식을 듣고 전라도 안찰사 박유보(朴惟甫)가 달려왔다. 죽동 등은 이 난이 정치적 변란으로 비춰지는 것은 곤란하다고 생각했는지, 반군의 무리에게 대오를 갖추어 정렬하게 했다. 그리고 진대유 등이 자행한 혹독한 공사 감독을 안찰사에게 폭로하였다.

 박유보는 진대유를 잡아 치죄하겠다고 약속하고 해산할 것을 종용하였다. 하지만 죽동 등은 먼저 진대유를 잡아들이고 공사를 즉각 철수, 중단하라고 요구하였다.

 안찰사 박유보는 할 수 없이 군사를 풀어 진대유를 잡아들이고, 난의 상황을 기록한 장계와 함께 서울로 압송토록 했다. 그리고 반군의 무리를 향해 해산하지 않으면 화를 자초할 것이라고 압박해왔다. 그러나 죽동의 반군은 이를 따르지 않고 성문을 굳게 닫고 지켰다. 박유보는 도내의 군사를 더 징발하여 몇 차례 성을 공격하였지만 큰 타격을 주지는 못했다.

 중앙정부에서는 난의 소식을 듣고 합문지후(정7품) 배공숙(裵公淑)과 랑장(정6품) 유영(劉永)을 내려 보냈다. 이들은 진압보다는 진상조사와 회유를 목적으로 파견된 안무사(按撫使, 고려 시대 중앙에서 백성의 질고秩高 : 관직이나 녹봉이 높다와 수령의 잘잘못을 살피기 위하여 파견하던 임시 벼슬)이었다.

 안무사는 성 안으로 들어가 난의 이유를 묻고 반군 세력의 동정도 살피면서, 무리 중에서 적당한 내부 동조자를 탐색하였다. 그러다가 지방군의 대정으로 있는 어느 하급 장교 하나를 포섭하여, 죽동 등의 주동자를 제거할 것을 주문하였다. 그에 대한 충분한 반대급부도 약속해주었음은 물론이다. 내부에서 그 공작이 성공하면 안찰사 박유보의 군대로 성을 치겠다는 계획이었다.

 그런데 일이 성사될 즈음 배공숙과 유영 등이 중앙에서 무고를 받아 갑자기 소환되고 말았다. 이유는 확실치 않지만 당시 중앙 정계에서는 사리사욕에 의한 무고나 참소가 많았던 시절이라 개인적인 중상모략일 가능성이 많다.

　내부 공작을 주도한 두 안무사가 소환되자 그 공작은 유야무야 되었고, 승산 없는 공방전만 지루하게 계속되자 반군은 40일 이상 성을 지키면서 버티었다.

　그러던 중 앞서 포섭된 그 내부 동조자가 또 다른 승도들을 회유하여 마침내 죽동 등 난의 주모자 10여 명을 제거하는데 성공하였다. 죽동 등이 제거되자 반군 세력은 점차 힘을 잃고 무리들도 흩어지고 있었다.

　중앙에서 임용비(任龍臂)와 김신영(金臣穎)이란 자가 다시 파견된 것은 이때였다. 새로 온 이들 안무사는 협박과 회유를 반복하면서 반군 세력이 더욱 약화되기를 기다렸다. 얼마 후 이들이 군대를 이끌고 전주성을 쳐들어갔을 때는 별다른 저항도 받지 않을 정도로 반군 세력은 미미했다. 그때까지 버티고 있던 잔여 세력 30여 명을 주살하는 것으로 난은 진압되었다.

　난을 진압하기까지 거의 두 달이 소요되었으니, 그 반군 세력이 만만치 않았음을 알 수 있다. 반군 세력이 의외로 강했던 것은 지방의 군인들이 참여하고 있었기 때문이다. 이들도 물론 부역에 동원된 사람들이었다.

　정부측의 회유에 넘어간 대정 계급의 그 내부 동조자도 지방군에 소속된 자였다. 대정은 가장 말단의 하급 장교인데, 지방군의 경우 보통 그 지역의 향리들이 여기에 임명된다.

　향리는 지방의 토착 세력가로 과거에 응시할 수도 있어 중앙관료로도 진출할 수 있는 계층이었다. 그러니 관노들이나 일반 농민들하고는 이해관계가 다를 수밖에 없었고, 정부측에 포섭된 이유도 그런 입장 차이로 인한 엇갈린 이해관계 때문이다.

초기에 강성했던 반군이 의외로 쉽게 무너졌던 것도 반군 세력의 다양한 계층 구성 때문이었다. 관청의 노비에서부터 그 지역의 일반 농민, 지방의 군인이나 그 지휘를 맡고 있는 향리층, 심지어는 중앙에서 내려온 군인들까지 매우 복잡한 구성이었다. 이들의 공통점은 관선 제조를 위한 부역에 시달렸다는 것 외에 없었다.

주모자 죽동이 중앙군과 함께 내려온 기두였다는 사실은 눈여겨볼 필요가 있다. 이들은 전주 인근에서 군인으로 선발되어 상경 근무하고 있던 군인들인지도 모른다. 앞장에서 언급한 대로, 중요한 점은 이 기두들이 정중부 정권 때부터 중앙정계에서 반란이나 소요를 일으키는 주인공들이었다는 사실이다. 그래서 이들을 무신란 때의 행동집단 중 한 부류로 조심스럽게 추정했는데, 죽동도 어쩌면 그런 인물이 아니었을까 싶다.

난이 평정된 지 2개월 후인 1182년(명종 12년) 6월, 전라도 안찰사 박유보는 파직되었다. 전주를 온전히 위무하지 못했다는 것과, 허락도 없이 마음대로 군대를 징발하여 움직였다는 것이 파직 사유였다. 후자가 더 중요한 이유였으리라.

무신란을 부정한 독특한 과도 정권

왕을 시해한 자가 아직 살아 있지 않느냐

경대승과 이의민 관계

경대승이 정중부 정권의 핵심 인물들을 제거한 직후, 조정의 대소 신료들은 모두 입궐하여 경대승에게 축하를 보냈다. 축하를 받는 자리에서 경대승은 이렇게 말했다. "왕을 시해한 자가 아직 살아 있는데 어찌 축하를 받을 수 있겠는가." 바로 이의민을 두고 한 말이었다. 이 말 한 마디는 경대승 정권의 정체성을 확인시켜 준 선언이었다.

　이의민의 제거를 공언한 것이 의미심장한 일이다. 이의민이 전왕 의종을 시해한 것은 무신란을 마무리한 사건이라 할 수 있다. 경대승이 그런 이의민의 제거를 여러 관료들 앞에서 공언한 것은, 조금 나는 듯이 높이 뛰어오름, 비약(飛躍)일지 모르겠지만, 무신란을 부정하고 명종의 왕위계승을 부당하게 여기는 것과 다를 바 없다.

　[주론] 하지만 경대승은 스스로 공언한 이의민 제거를 적극적으로 실천에 옮기지 못했다. [반론] '무인시대' 경대승 편 각본에선 왕 하사품 경대승 청룡도(靑龍刀, 관우의 언월도(偃月刀, 보병이나 기병이 쓰던 긴 칼, 길이 일곱 자, 날은 반달, 칼 등의 중간에 딴 갈래 이중 상모象毛 : 기나 창 따위의 머리에 술이나 이삭 모양 붉은 빛깔의 가는 털 를 달도록 구멍이 있으며, 밑은 용의 아가리를 물렸다.)와 이의민 부월(斧鉞, 출정하는 대장에게 통솔권의 상징으로 임금이 주던 작은 도끼와 큰 도끼) 간 싸움에서 이의민이 탁자에 쓸리지고 내리치자 바닥으로 쓸어졌다. 이의민이 죽은 줄 알았던 경대승이 이를 확인하지 않아 나중에 되살아났다. 경대승은 왕이 공부상서를 임명해 그쯤해 두고 왕을 알현하게 놓아준 것이 아니냐는 말이다. 서경 근교지 북계에서 탈출하여 상장군 두경승이 이의민을 체포하고서 놓아주었으므로 임진강을 건너가는 중 경대승이 발견하였으나 화살이 맞지 않아 이의민 고향 동경 현 경주로 도망하였던 것이다. 이의민은 허승이 죽자 경대승이 죽은 것으로 들려 내가 없애려고 하였더니 누가 먼저 경대승을 죽였구나 하였다. 경대승이 무서워서 병사하자 믿지 않고 있다 왕이 공부상서로 임명하여 상장군 두경승을 시켜 이의민을 왕경 개경으로 데려오게 하는 웃지도 못할 난센스(nonsense,

터무니없고 어리석은 말이나 생각)를 자아냈다. 경대승이 강력한 비전을 세운 집권 · 충신에게만 명종은 단독으로 명분과 권위로 중방과 같이 나라와 안위를 지키는 도방 지원에 단절을 앞세워 억압하더니 본성이 드러나 그렇게도 염원하던 경대승의 비전으로 내세운 왕권회복의 절호의 기회였지만 우유부단(優柔不斷, 어물어물 망설이기만 하고 결단성이 없음)하고 유연한 명종이 두려워서 이의민을 공부상서로 임명한 후 집권하게 내버려둔 것이다. 이건 난센스(nonsense, 무의미, 말도 안 되는 짓)이다. 자신을 제거하려 한다는 소문이 나자 이의민은 두렵지 않을 수 없었다. 이의민이 그 대비책으로 세운 것은 자신의 무사 집단을 갖는 것이었다. 역시 경대승의 도방과 같이 군대에서 이탈한 군인들을 끌어 모아 사병으로 기른 것이다.

　이의민은 이들 사병들로 하여금 자기 집 안팎을 철저히 경비하도록 하였다. 이 무렵 경대승의 도방 무사들은 몰래 거리 염탐하거나 불법과 도적질을 일삼고 있었다.

　이의민의 입장에서는 이런 도방 무사들의 움직임이 커다란 위협으로 다가왔다. 그래서 마을 어귀에 큰 문을 세워 야경까지 하게 했다. 이를 여문(閭門, 동네 어귀에 세운 문)이라고 불렀다. 개경의 여러 동리에서도 이를 본떠 여문을 세웠다고 한다. 도방 무사들의 위협은 이의민에게만 영향을 미친 것은 아닌 모양이다.

　이의민은 개경에 남아 있는 것이 불안했다. 그는 정중부 집권기 때 줄곧 조위총 난의 진압을 위해 군진에 나가 있었다. 그때 이의민은 서북면병마사라는 직책에 있었다. 그 후 정중부 제거 소식을 듣고 잠시 개경에 들어가 있었던 것이다. 하지만 경대승의 응징 경고는 더 이상 개경에 머물러 있을 수 없게 했다.

　경대승의 도방 무사들이 개경을 휩쓸고 다닐 무렵, 이의민은 병마사의 직임을 지니고 서북면의 군진으로 쫓기다시피 달아났다. 개경의 자기 집에도 무사들을 사병으로 양성하고 있었지만 경대승의 도방을 상대하기는 미약했다. 신변 안전을 위해서는 개경보다 군진에 머물러 있는 것이 최선이었다. 설마 경대승이 변방에까지 군사를 보내 자신을 죽이지는 못할 것으로 판단했다.

군진에 머물러 있었지만 이의민의 촉각은 온통 개경의 움직임에 곤두서 있었다. 군사를 일으켜 개경으로 쳐들어갈까 생각도 해보았다. 최선의 방어는 공격이라고, 경대승을 제거하기 위한 선제공격을 생각할 수도 있는 것이다. 하지만 이는 곧 반역으로 오해되어 왕권에 도전하는 꼴이 되고 만다. 그것이 얼마나 무모한 짓인가는 조위총의 난에서 이미 분명하게 드러났다.

설사 반역이라는 오해를 무릅쓰고 이곳 서북면에서 군사를 일으킨다 해도 조위총만큼의 세력을 규합할는지 의문이었다. 더구나 이의민은 조위총 난을 진압한 장본인이기 때문에 서북면의 주민이나 군사들이 자신을 따라준다는 보장도 없었다. 강제로 진압당한 그 지역민들이 이의민에 대해 호감을 가질 리 없기 때문이다.

게다가 이의민은 의종을 시해한 장본인이었으니 오히려 반감마저 없지 않았다. 의종 시해에 함께 했던 박존위가 운주(평북 운산)에서 그 지역 주민들에게 살해당한 사실만 보아도 짐작할 수 있는 일이었다.

1180(명종 10년) 12월, 개경에서는 중요한 사건이 터졌다. 경대승이 쿠데타의 동지였던 허승과 김광립을 제거한 바로 그 사건이다.

그런데 이 사건은 군진에 나가 있던 이의민에게 잘못 전달되었다. 경대승이 주살되었다고 알려졌던 것이다. 이의민은 그렇게 소식을 잘못 듣고 주변 군사들에게 소리쳤다.

"내가 경대승을 죽이고자 했는데 누가 먼저 손을 썼단 말인가."

이의민은 기쁜 나머지 속마음을 시원하게 털어놨지만 이 말은 개경의 경대승에게 그대로 전달되었다.

1181년(명종 11년) 4월, 이의민은 개경으로 돌아가지 않을 수 없는 상황이 생겼다. 서북면병마사에서 형부상서(정3품)로 고쳐 임명된 것이다. 이때도 물론 상장군을 겸하고 있었다. 병마사 직을 그만두게 되었으니 더 이상 군진에 계속 머물 수 있는 명분이 없어진 것이다. 여기에는 이의민을 불러들여 경대승을 견제해보려는 국왕의 정치적 의도가 깔려 있었다.

이의민은 바로 개경으로 올라왔다. 경대승의 살해 위협이 더욱 높아졌다는 것을 알고 있었지만 다른 수가 없었다. 그대로 군진에 머물러 있게 되면 왕명을 거역하는 것이고, 반란을 기도하고 있다는 색다른 오해를 받기 십상이기 때문이다. 한번 부딪혀 보자는 속셈도 있었을지 모르겠다.

개경에 돌아온 이의민은 자신이 기뻐서 했던 말이 이미 여러 사람들에게 널리 퍼져 있음을 알았다. 이 때문에 경대승이 더욱 앙심을 품고 있다는 것도 풍문이 났다.

하는 수 없이, 개경에 들어온 지 보름도 지나지 않아 이의민은 병을 핑계 삼아 고향 경주로 낙향해버렸다. 국왕이 만류했지만 듣지 않았다. 이제 자신을 지켜줄 곳은 고향밖에 없다고 생각했을 것이다. 어쩌면 고향 경주에 다시 들어와 머문 그 보름 간이었다. 하지만 문제 명답, [주론]과 [반론]이 토론의 꽃으로 [주론], 경대승은 별다른 조치나 특별한 움직임을 보이지 않았다. 이의민의 제거를 공언했지만, 어떻게 보면 경대승은 이의민에 대해 수세적인 자세가 역력했다.

[반론], '무인시대' 경대승 편에서 왕이 하사품으로 내려준 경대승 청룡도(靑龍刀, 푸른 하늘의 긴 장검)와 왕이 하사품으로 내려준 이의민 부월(斧鉞, 작은 도끼와 큰 도끼) 간 싸움에서 경대승

의 청명도를 맞고 이의민은 첫 번째, 탁자에 쓰러지고 두 번째, 내려쳐서 바닥에 팽개쳐 나뒹굴며 쓰러져 눈을 감았다. 그러나 경대승은 주살을 확인하지 않아 이의민 제거의 절호의 기회에서 이의민은 그 후 겨우 감은 눈을 떠서 살아난다. 경대승은 집권 충신으로 살려줘 이의민을 앞세운 명종 때문이다.

국왕 명종 · 이의민 · 경대승, 삼자와의 관계

국왕의 부름을 받은 이의민은 응하지 않았다. 경대승의 사후에도 이의민은 여러 차례 애초 중방 편의 국왕이 부름을 받았다. 국왕은 왜 그렇게 이의민을 찾았을까.

그 이유 하나로 국왕 명종은 무신란이 성공한 결과 왕위에 오른 인물이다. 왕위에 오른 지 10여 년이 지난 지금, 무신란을 성공시킨 주역들, 즉 주동집단이나 온건집단은 이제 모두 사라지고 행동집단만이 남아 있었다. [주론], 국왕이 궁극적으로 의지할 곳은 이들밖에 없었다. [반론] 국왕 명종은 명분과 권위를 내세워 단독 독단 권위로 중방의 무인들에게 왼발 오른발같이, 바늘 가는데 실 가듯, 정치 경제를 맡겨 유지하게 마음대로 부정축재를 하게하고, 현 각국 총리 선출과 같은 『고려사』 당시 집권자 · 충신으로 왼발 오른발같이, 바늘 가는데 실 가듯, 정치 경제를 지원은커녕 중방의 무인들에게 부정 축재한 것을 가난한 백성들에게 구휼미를 나누어주고, 부친 전 재산을 한 뙈기 땅도 남김없이 나라 군부 선군에 바쳐 백성들이 청렴결백으로 탄복했으므로 유지할 것이 없어 도방군사 유지를 위한 것을, 그걸 도둑질이라고 억압해 감옥에 가두고 형을 내려 도방군사를 형 집행하여 우유부단하고 유연한 국왕 명종 단독 그 억압에 눌려 30살에 집권자 · 충신 경대승은 병사하였다. 경대승 병사 후 유언 도방군사는 해산하라고 한 것을 도방 방장 김자격은 반역하여 도방을 유지하여 반역으로 역모해 자살, 유배돼 살아남은 자가 4~5명이 불과했다.

게다가 경대승과 같이 복고를 외치거나 무신란을 부정적으로 보는 집권자의 등장은 왕위계승의 정통성마저 위협했다. 그럴수록 더구나 지금이나 당시 말도 안 되는 명종의 동복인 형을 시해한 자, 전왕 의종을 시해한 이의민은, 이제 싫으나 좋으나 한 배를 탄, 정치 운명체로 다가왔다.

다른 하나, 경주에는 의종을 시해할 때 적극 협조했던 이의민의 세력이 건재하고 있어, 이들이 무슨 일을 저지를지 알 수 없다는 점이었다. 경대승이 집권하면서 이의민에 대한 응징을 선언했을 때 경주의 이들 세력 역시 이의민과 똑같은 위협감을 느끼고 있었다. 그래서 낙향한 이의민을 중심으로 더욱 단결하여 닥쳐올 위기에 대처하고 있었던 것이다.

그렇다면 이의민은 왜 국왕의 상경 요구를 번번이 거절했을까.

먼저 개경의 상황이 이의민에게 유리하지 않았다는 점을 들 수 있다.

[주론] 경대승이 살아 있을 때는 물론이지만, 경대승 그가 죽은 뒤에도 국왕을 시해했다는 정치적 부담 때문에 바로 상경하여 정권을 장악하기에는 무리였다.

[반론] '무인시대' 경대승 편 각본에서 명종의 부름을 받고 조위총 난으로 북계에 있다 집이 있는 왕궁 개경에 올라온 이의민 형부상서를 영접해 독대(獨對, 벼슬아치가 다른 사람 없이 혼자 임금을 대하여 정치에 관한 의견을 아뢰던 일)한 자리를 거절하고 집이 있는 개경에 보름 동안 머물었을 때 경대승을 만나 술 한 잔씩 나누어 먹고 한판 승부를 겨룬다. 왕이 내린 경대승 청룡도와 왕이 내린 이의민 부월 간 싸움에서 경대승이 승리하였다. 그

후 이의민은 경대승이 두려워 고향 경주로 향했다. 상장군 두경승은 임진강을 건너기 전에 이의민을 체포하였으나 놓아주어 임진강을 건너는 동안 도착하여 활을 쏘았으나 맞지 않고 이의민은 배에 꽂힌 화살은 뽑아 꺾어버리고 고향 경주를 내려갔다. 경대승 병사 후 명종은 이의민에게 공부상서를 내렸으나 경대승이 무서워서 6개월 동안 고향 경주에 있었다. 상장군 두경승이 경주로 내려가 이의민과 동행함으로 명종은 이의민을 공부상서로 영접하고 집권하게 된다. 이의민은 무신란 이후 중앙 정계에서 기반을 다질 기회가 별로 없었다.

무신란 이후 줄곧 김보당의 난이나 조위총의 난 진압을 위해 군진에 나가 있었고, 난이 진압된 후에도 경대승이 무서워 이의민은 곧 고향 경주로 낙향해 있었던 것이다. 이런 그가 국왕의 요구에 응하여 곧바로 상경하기에는 뭔가 주저되었던 것이다.

아울러, 자신은 아쉬울 게 없다는 정치적 계산도 있었다. 어차피 국왕은 자신에게 매달릴 수밖에 없는 존재라는 사실을 알고 있었던 것이다.

아쉬운 쪽은 국왕인데 굳이 위험을 무릅쓰고 자신이 먼저 손을 내밀 필요가 있었겠는가. 자신에게 조금 더 유리한 상황을 기다리면서 버티었던 것이다.

1183년 7월 경대승 병사 후 왕정복귀의 절호 기호인 6개월만인 1184년(명종 14년) 2월, 이의민은 장고 끝에 결국 경대승이 무서워서 공부상서 임명으로 상장군 두경승과 함께 국왕 명종이 영접해 공부상서로 독대하기 위해 마침내 상경했다. 경주로 낙향한지 3년만의 일이었다. 경대승이 죽은 지도 반년이나 지난 때였다. 그 전에 12월 인사에서 국왕 명종은 이의민에게 공부상서(정3품)를 제수하고 다시 부른 것이다. 이의민을 상경시키기 위해 국왕이 무던히도 애썼다는 것을 알 수 있다. 하지만 이의민이 늦게나

마 상경한 데는 다른 중요한 이유가 있었다.

경주로 낙향해 와서 이의민이 하는 정치적인 작업들은 이미 국왕이나 중앙의 관료들에게 알려져 있었다. 경대승이 건재하고 있을 때는 자위 수단으로 생각하여 대담하게 넘길 수 있었지만, 경대승이 죽은 다음에는 정치적 의미가 달랐다. 그대로 경주에 남아 있다가는 가만히 앉아서 반역죄를 뒤집어쓸 수도 있는 문제였다. 국왕이 간절하게 여러 차례 상경을 요청한 것도, 그런 변란을 일으켜서는 안 된다는 정치적 메시지이자 염려에서였다.

그러나 이의민이 상경한 후에도 개경의 정치 상황은 그를 중심으로 유리하게 재편되지 않았다. 1196년 4월 이의민은 최충헌에 의해 제거되었지만 이의민이 상경하여 국왕 시해범의 정계 진출이라는 꼬리표를 천형(天刑, 하늘에서 내리는 큰 벌)같이 달고 있었으므로 최초로 받은 관직은, 수사공좌복야(정2품)였다. 1183년(명종 13년) 12월, 정3품 벼슬 공부상서에 임명된 후 1년 만에 재상에 오른 것이다. 하지만 수사공좌복야, 품계로는 재상에 해당되지만 실권이 거의 없는 한직으로 재상회의, 도당에 참여할 수 없는 관직이었다. 이의민이 이렇게 한직을 받은 것은 그 동안 지켜졌던 관직상의 서열을 쉽사리 무시할 수 없었기 때문이다.

이의민은 경대승을 무력으로 타도하고 정권을 잡아 등장한 인물이 아니라는 점이다. 경대승 정권은 이의민에 의해 무너진 것이 아니라, 그의 갑작스런 병사로 사망해 막을 내린 것이다.

국왕 명종과 경대승 관계

경대승은 무인집권자 중에서 유일하게『고려사』반역 열전에서 제외된 인물이다. 그것은 경대승이 무신란을 부정하고 비전을 세운 왕정복귀, 복고를 외쳤기 때문이다. 경대승이 이의민의 제거를 선언한 사실에서도 무신란을 부정적으로 보았음이 드러났다.

무신란을 부정했다면 명종의 왕위계승 정통성에까지도 영향을 미칠 수 있는 문제이다. 명종의 왕위계승은 무신란이 성공한 결과의 산물이기 때문이다. 따라서 국왕명종에게는 이전의 어느 집권자보다도 경대승이 부담스런 존재일 수밖에 없었다.

그런데 경대승이 무신란을 부정했을지는 몰라도, 재위 중인 국왕 명종을 부정한 기색은 실제 나타나지 않는다. 즉위한 지 10년이 지난 명종의 왕위계승을 이제 와서 부정한다는 것은 쉬운 일이 아니었다.

재위 중인 국왕을 부정한다는 것은 새로운 국왕을 세운다는 뜻과 같다. 그것은 인위적인 왕위 교체를 의미하는 것으로, 정치군사적 반란에서나 가능한 일이다. 그러니까 경대승이 명종의 왕위계승을 부정하면 그 자체 또 다른 무신란이 되는 것이다.

무신란을 부정하기 위해서, 그리고 왕위계승을 부정하기 위해서는 또 한 번 반란을 일으켜야 한다. 경대승은 이를 감당하고 수행할 능력도 의사도 없었다. 거사 당일 대궐에서 사직의 보호를 언명한 것에서도 알 수 있다. 하지만 경대승이 재위 중인 명종을 심정적으로나마 달갑지 않게 여겼음은 틀림없다.

경대승이 무신란을 부정했다면 당연히 왕정복고를 위해 국왕의 편에서 노력했어야 한다. 그러나 당시 국왕 명종은 무신란으로 왕위에 오른 인물이다. 왕정복고를 이룩하려면 명종의 왕위계승을 인정할 수밖에 없었고, 그러면 무신란도 부정할 수 없게 되는 것이다. 경대승 정권의 모순이었다.

이러한 경대승의 정치적 딜레마(dilemma, 난국·진퇴양난)는 국왕 명종과의 관계 속에서도 드러난다. 왕위계승을 인정할 수도 없고 인정하지 않을 수도 없는 것이다. 국왕의 입장에서도 적극적으로 왕권을 회복할 수도 없고, 경대승 정권에 의탁할 수도 없는 것이다. 이와 같은 명종과 경대승 정권의 미묘한 관계는 그 이전 이의방이나 정중부 정권과는 전혀 다른 것이었다.

어느 정권보다도 집권력이 미약했던 경대승 집권기는 국왕 명종으로서 왕권을 회복할 수 있는 호기였다. 그러나 역설적이게도 오히려 안일에 빠져 왕권의 안정에 소홀했던 것은, 경대승의 집권이 갖는 그런 미묘한 문제 때문이었다.

명종은 무신란 이후 10여 년 동안 국왕으로서의 위상을 전혀 확보하지 못했다. 경대승이 집권한 후에도 이 점에서는 조금도 나아지지 않았다. 오히려 갈수록 국왕이라는 허명(虛名, 실속 없는 헛된 명성)에 안주하려는 경향을 드러냈다. 나인(고려 · 조선 시대에, 궁궐 안에서 왕과 왕비를 가까이 모시는 내명부를 통틀어 이르던 말, 여자)들과의 애정에만 탐닉했던 것은 그 좋은 예이다.

국왕이 가까이하는 나인으로 다섯 명의 여성이 있었는데, 셋은 일찍 죽고 순주(純珠), 명춘(明春)이라는 두 나인이 남아 있었다. 이 두 나인을 얼마나 사랑했는지 잠시도 곁에서 떠나지 못하게 하였다. 그런데 1180년(명종 10년) 6월, 순주에 이어 마지막 남은 명춘이 죽자 국왕은 애끓는 마음을 조금도 숨기지 않고 소리 내어 울었다. 주변의 시선을 조금도 개의(介意, 어떤 일 마음 생각 신경을 씀.)치 않았다.

이에 모후(母后, 임금의 어머니, 공예태후)가 "비록 정이 깊더라도 중방에까지 들려서는 아니 됩니다."라고 주의를 주었으나 울음을 그치지 않았다. 심지어는 친히 도망시(悼亡詩, 아내의 죽음을 슬퍼하는 시)를 짓고 종친들에게 화답하는 시를 올리도록 할 정도였다. 이것을 보고 어느 익명의 사관은 다음 같은 평을 사서에 남겼다.

'왕은 천품이 잔약하고 여러 번 변고를 겪으면서 놀라고 두려워하여 군국의 기무機務(비밀 지킴)는 모두 무신들에게 견제되었다. 희로애락에 이르기까지도 감히 자신의 뜻대로 못하더니, 정중부가 주살된 후 마침내 여자와 정애(情愛)에 빠지게 되었다.'

(『고려사절요』12, 명종 10년 6월초)에서

국왕의 행동반경이 개인적인 영역에까지 얼마나 옹색했는지 알 수 있다. 그런데 재미있는 것은 경대승이 집권한 후 그런 제약이 조금 완화되기는 했지만, 이것이 왕권의 회복으로 나타난 것이 아니라, 극히 사적인 여자들과의 애정에 탐닉하는 쪽으로 흘러갔다는 것이다.

명종은 형제애나 가족애에도 더욱 몰입했다. 전왕 의종이 비명에 횡사한 후 왕실은 참담했다. 동모제인 명종이 형의 뒤를 이어 왕위에 오르긴 했지만 왕실이 입은 정신적인 상처는 이만 저만한 것이 아니었다. 게다가 정권을 잡은 무인들의 방자함과 득세로 왕실은 무력증에 빠져 있었다.

그것을 보상받는 길로써 왕실은 공예태후를 중심으로 모자관계를 돈독히 했다. 전왕 의종이 모후와 불편한 관계였다는 사실은 두고두고 후회스러운 일로 여겼으며, 무신란이 일어나 왕실의 권위가 땅에 떨어진 것도 그 때문이라고 생각할 정도였다.

그래서 그랬는지 몰라도 명종은 모후에 대한 효성이 지극했으며, 두 아우 충희와 평량공 민(平涼公 旼, 후의 신종)도 역시 그랬다. 국왕을 중심으로 한 형제간의 우애도 사가의 어느 형제들 못지않았다.

충희가 궁녀들을 난행하여 대간의 탄핵을 받았을 때도 국왕은 오히려 그 대간의 관리를 파면할 정도로 두둔했다. 충희는 출가한 승려였는데 모후의 간병을 핑계로 대궐에서 생활하면서 일을 저질렀던 것밖에 없었던 모양이다.

국왕은 고려왕조를 상징하는 왕실의 중심이 아니라, 이제는 한

가족 구성원의 가부장에 불과한 듯 보였다. 무인집권자들은 그 가족사의 테두리 안에서는 국왕의 활동에 대해 너그러웠을 것이다.

무신란을 부정한 경대승이 집권한 후에는 그것에 더욱 안주했다. 가족애나 형제애, 혹은 여자에 대한 탐닉은 그나마 명종이 국왕으로서의 자유를 찾는 길이었다.

중방의 강화

경대승의 무신란에 대한 부정적인 태도는 역설적이게도 점차 중방의 강화를 가져왔다. 경대승 집권기의 중방이 정중부 집권기의 중방보다 영향력이 커지고 있었다는 기미는 여러 가지 점에서 포착된다.

1180년(명종 10년) 7월, 중방에서는 종참과 그와 관계된 승려 10여 명을 붙잡아 섬에 유배를 보낸 적이 있었다. 종참은 정균과 함께 이의방을 제거하는데 앞장섰던 바로 그 승려였다. 그를 중방에서 새삼스럽게 징계했던 것은 이의방을 제거하고 중방의 권한을 약화시킨 장본이라고 생각한 때문이다.

중방에 권력의 핵심의 자리에 잡게 한 것은 이의방이었다. 그런데 정중부가 집권하면서는 중방이 약화되었다. 하급무신들의 반발 때문이었지만 그 근본 원인은 중방을 후원하던 이의방이 제거된 탓이었다.

중방의 고급무신들은 상대적으로 이의방 집권기가 그들에게 좋은 시절이었다는 사실을 깨닫게 되었다. 정중부 정권에 대한 불만도 당연히 높아갔다. 그러다가 정중부 정권이 무너지자 이의방 제거에 앞장섰던 종참과 승려들을 추방해 뒤늦게 지난 시절의 앙갚음을 한 것이다. 이는 바꿔 말해서, 중방의 고급무신들이 경대승의 쿠데타에 동조하거나 암묵적 지지 정도는 보냈다는 뜻도 된다. 따라서 중방은 경대승 집권에 들어 강화될 소지를 마련해놓고 있었다.

1180년(명종 10년) 11월, 중수하던 처음 이름이 중광전이었는데 강안전으로 개칭돼 완공되었다. 그 문맥을 '향복(嚮福)'이라고 했다. 이 강안전 곁에 중방이 위치하고 있었는데, 중방에서는 그 문맥의 이름을 못마땅하게 생각했다. 향복이 항복(降伏)과 음이 비슷하여, 무신들의 기운을 눌러 항복하게 하려는 것이 아닌가 하고 의심한 것이다. 중방의 무신들은 그 문맥의 이름을 고쳐줄 것을 요청하였다.

국왕은 중방의 요청을 거절하지 못하고 평장사 민영모에게 명하여 이름을 다시 짓게 했다. 그래서 다시 지은 이름이 '영희(永禧)'였다. 중방에서는 이를 다시 트집잡았다. '희(禧)' 자는 '복(福)'을 의미하지만 '영(永)' 자는 길흉을 짐작할 수 없으니 다시 고치라는 것이었다.

국왕은 하는 수 없이 중방에서 알아서 짓도록 했다. 그래서 마지막으로 낙착된 이름이 중방의 중(重) 자를 따서 붙인 '중희(重禧)'라는 문맥이었다.

좀 우스운 일이지만 중방에서는 문신들의 숨겨진 의도가 있지 않나 의심한 것이다. 당시 중방의 무신들이 매사에 얼마나 예민하게 반응하고 있었는가를 보여주는 대목이다. 이는 경대승의 집권에 따른 과민한 반응이 아니었나 싶다. 하지만 다른 한편으로는 중방에서 문맥의 이름에까지 간섭하여 자신들의 의지를 관철시켰다는 점에서, 중방의 영향력 강화로 볼 수도 있다.

[주론], 중방에서는 시장의 물가나 상행위에도 간여하였다. 1181년(명종 11년) 7월, 중방의 무신들은 재상, 대간의 관리들과 함께 경시서에서 회동하였다. 경시서(京市署, 고려·조선 시대

에, 시전(市廛 : 시장 거리의 가게를 관리하고 감독하는 일을 맡아보던 관아)는 상행위를 감독하는 기관이다.

이 모임의 주제는 시장의 물가를 정하고 말, 두(斗) 곡(斛, 10말의 용량)의 양을 일정하게 통일하려는 것이었다. 즉 도량형을 통일하여 시장의 상거래 질서를 확립하고 위반하는 자는 처벌하기 위한 근거를 마련하려는 것이었다.

[반론], '무인시대' 경대승 편 각본에는 경대승은 도방이 중방의 협조로 함께 시장경제 실서를 감독하기 위해 도량형제도 실시하여 되와 말을 사용하게 감독하였다고 하였다. 경대승 집권기 충신으로 시장경제질서에 도방이 나서서 중방 협조를 받아 함께 감독하였다. 지금은 엄연히 도방 정치 경대승 시대이기 때문에 시장경제질서 도량형제도 실시 감독은 중방이 주체가 아니라 『무인시대』에서도 최초 도방이 주체가 되었다. 도량형제도 감독은 도방이 주최가 되었지 중방이 주최가 되었다는 것은 황당무계(荒唐無稽, 말이 허황되고 두서가 없음)·황당지언(荒唐之言, 터무니 없는 말)·어불성설(語不成說, 말이 조금도 사리에 맞지 않음)하여 이에 맞지 않다.

여기에 재상들과 나란히 중방의 무신들이 참여한 것이다. 이를 보면 중방이 시장의 상행위에까지 간여했음을 알 수 있다. 더불어 당시 시장의 상거래 문제가 국정의 중요한 관심사였음을 드러난다.

상거래 문제가 국정 운영의 중요한 문제였다는 것은, 무인집권기 상업 활동이 매우 활발했음을 보여주는 것이다. 이는 사행을 통한 중국과의 무역이나 활발한 은의 유통 등과 함께, 고려 문벌귀족사회가 이 시기 사회 경제적으로 큰 변화를 겪고 있었다는 증거이다.

이런 일도 있었다. 1181년(명종 11년) 12월, 해안사를 중방의 원당으로 정한 일이 있었다. 해안사는 성곽의 서쪽에 있는 사찰인데, 처음에는 이 사찰을 의종의 영정을 모시는 진전사원으로 정했다. 그러나 중방의 무신들이 이를 저지했다. 의종은 무신들을 탄압한 왕인데 그의 영정을 무방(武方), 즉 서쪽에 모실 수 없다는 게 이유였다.

그리하여 성의 동쪽에 있는 초라한 오미원(吳彌院)을 선효사(宣孝寺)로 고치고 새로 진전을 지어 옮기게 했던 것이다. 그리고 해안사를 빼앗아 중방의 원당으로 만들어버렸다. 이런 사정 또한 중방의 영향력 강화로 보여진다.

중방의 결정적인 영향력은 1183(명종 13년) 5월에 있었던 무반의 관직을 줄이는 조치로 나타났다. 경대승 정권의 성향대로 한다면, 문무반의 관직을 무신란 이전의 상태로 복구하든지, 아니면 문반의 관직을 다시 늘려야 했을 터인데, 오히려 정반대로 결정된 것이다. 무신란을 부정한 경대승 정권에서 약화되어야 할 중방이 점차 강화되고 있었으니 역설적이다. [주론]중방 강화 [반론]반대파 암투로 도방 정치했다.

문신들이 반긴 복고주의

『고려사절요』에는 경대승의 인물이나 정치적 성향에 대해 이런 평가를 내렸다.

경대승은 항상 무인들의 불법한 행동에 분개하여 복고(復古, 과거의 모양, 정치, 사상, 제도, 풍습 따위로 돌아감)의 뜻이 있었으므로 문관들이 기대어 존중히 여겼다. 또 의종을 시해한 자를 치고자 하였으나 그 말이 어렵고 큰 문제여서 실천하지 못했다. 정중부, 송유인을 죽이자 왕이 속마음으로는 꺼리나 겉으로는 두터운 은총을 보여 모든 요청을 따라주었다. 그러므로 사람들이 많이 따르고 붙었으나 학식과 용략이 있는 자가 아니면 거절하니 무관들이 두려워하고 꺼리어서 감히 방자하게 굴지 못했다.

출처, ([고려사절] 12, 명종 13년 7월초)에서

이 기록에 의하면 경대승에게 복고의 뜻이 있었다는 것을 알 수 있다. 복고는 무신란 이전의 상태로 돌아가는 것을 의미한다. 이런 경대승 정권의 복고 성향을 가장 반겼던 사람들은 전통 문신들이었다.

경대승의 쿠데타가 성공할 수 있었던 것도 이것과 무관치 않을 것이다.

경대승의 복고 성향은 무인들의 불법한 행동을 보고 분개한 데서 출발했다. 무인들의 불법한 행동이란 선왕의 법제나 과거의 전통을 무시하고 마음대로 했던 행동들이다. 그래서 문관들은 경대승의 집권을 환영했고, 불법을 저지른 무관들은 꺼려하는 분위기였다.

[주론]경대승은 앞서 언급한 대로 그의 아버지 경진이 탈점했던 토지를 모두 반환해버렸다. 그것은 무신란 이후 아버지의 활동을 부정하는 것과 다름없다. 확대 해석이 될지 모르겠지만, 아버지의 무신란 참여까지 비판하는 의미를 담고 있다고 볼 수 있으며 무신란 자체를 부정적이었다. [반론]대의로 집권 전 부 재산 나라에 바쳤다.

정치판에서 부자간에는 보통 정치노선이나 이해득실에서 어긋나는 경우가 드물다. 경대승은 왜 그의 아버지와는 달리 무신란을 부정적으로 보았을까.

무신란 이후 무신들의 불법한 행동은 경대승이 무신란을 부정적으로 보게 된 중요한 근거였다. 하지만 경대승이 무신들의 불법한 행동을 부정적으로 보게 된 이유는 역시 의문으로 남는다.

더구나 자신의 아버지를 비판하면서까지 그랬다는 것은 조금 이상하다. 경대승이 무신들의 불법한 행동에 분개한 결정적 이유는 무엇일까.

경대승이 비교적 좋은 가문 출신이었기 때문에 보통 그렇게 설명하는 경우가 많은데 이는 충분한 해명이 못된다. 그의 가문이 사회적으로 기반을 잡은 것은 무신란이 계기였고, 경대승 자신도 아버지 경진이 무신란에 온건파로 참여했던 덕택으로 빠른 승진을 했기 때문이다. 즉 무신란으로 덕을 본 사람이 무신란을 부정적으로 본다는 것이니, 아무래도 석연치 않다.

그렇다면 그가 남달리 정의감이나 의협심이 강해서 그랬을 수도 있지만 이는 우연에 치우친 설명으로, 자칫 경대승의 집권을 어쩌다 일어난 우연한 사건으로 전락시키는 우를 범하게 된다. [주론]경대승 집권은 우연의 일치다. [반론]경대승 집권으로 무신란 부정은 아닐 거라고 하는 불의에 불인, 즉 정의감에 의협심이 강해서다.

역사는 필연성을 추구하는 학문이고 원인을 밝히는 학문이다. 그렇게 하지 않을 수 없는 상황에 대한 설명이 있어야 한다. 무신란에 대한 경대승의 부정적인 인식이나 복고 성향이 나타날 수밖에 없는 원인이 설명되어야 한다. 그렇지 않고서는 경대승의 집권을 합리적으로 이해하는 길이 막히고 있다. [주론]합리적 불이해 [반론] 두 번씩이나 탄핵 당해 그 겪은 고통을 정의감에 의협심으로 만회(挽回, 바로 잡아 회복함)하기 위해 무신란 부정을 택하였다. 재산이나 권력을 제치고 도방 정치였다.

무신란에 대한 부정적인 인식이나 복고 지향은 경대승 한 사람만의 생각은 아니었을 것으로 보인다. 무신란이 일어난 지 10년 가까이 흐르면서 무신들의 불법한 행동이나 과거 전통을 무시하는 횡포에 염증을 느끼는 사람들은 많았을 것이다. 이것은 비단 무신란으로 피해를 받은 사람뿐만 아니라, 수혜를 입은 사람들에게서도 나타날 수 있다.

무신란에 참여하여 혜택을 입은 사람들도 더 이상의 혼란이나 정치 기강의 문란이 자신들에게 손해라고 판단되면 돌아설 것은 당연하다. 이런 부류에는 고위급 무신들이 많았다. 이제 기득권 집단이 된 이들도 보수적 성향을 드러낼 수밖에 없다.

경대승이 바로 거기에 해당하는 인물이었다. 정중부 집권기에는 그러한 사회 분위기가 일부에서나마 일어나기 시작했고, 경대승이라는 인물은 그런 분위기 속에서 등장한 것으로 보인다.

경대승 집권기의 복고적인 조치로서 가장 의미 있었던 일은 무신란에 희생당한 사람들의 영혼을 위로한 것이다. 1183년(명종 13년) 4월, 흥원사에서 화엄법회를 베풀고 경인년 계사년의 난 때 죽은 자들을 위한 천령제가 행해졌다. 경인년은 무신란이 일어난 해이고, 계사년은 김보당의 난이 일어난 해인데, 이 두 해 동안에 문신들이 가장 많이 학살되었다.

천령제는 그 두 시기에 무고하게 죽은 사람들의 혼령을 위로하기 위한 것이었다. 이는 역으로 그에 대한 가해자들의 행위가 부당했다는 의미로도 통한다. 무신란 이후 무신들이 득세해 있던 세상에서 조금은 시대 분위기와 어긋난 행사였던 것이다. 그러니 경대승이 복고의 뜻을 실천하기 위한 가시적 성과였는지도 모른다.

하지만 당시 살육을 자행한 무신들의 입장에선 그리 달갑지 않은 행사였다.

경대승이 복고의 뜻을 품고 있었지만 그것에 부응할 만한 적극적인 정책들을 취할 수 없었던 것은, 바로 그 무신란의 주역들이 건재하고 있었기 때문이다. 더구나 앞장서서 학살을 자행했던 행동집단은 이제 한창 부상하고 있었다.

거리를 둔 경대승의 인사정책

경대승이 집권한 후, 정중부 정권에서 탄압받았던 사람들은 다시 등용되었다. 송저와 한문준, 문극겸 등이 그들이다. 송저는 정중부의 가노를 치죄했다가 파면 당했던 사람이고, 한문준과 문극겸은 송유인에게 밉보여 좌천당했던 사람인데 정중부 정권이 무너지고 이들이 다시 재등장하여 등용되는 것은 당연한 조치일 것이다.

경대승 정권의 인사정책을 보면 정중부 정권 때의 인사 기초가 그대로 유지된다는 것을 알 수 있다. 이전 정권에서 고위직을 차지한 사람들이 흐트러지지 않고 그대로 다시 고위직을 유지하고 있는 것이다. 난을 주동한 상장군 조원정은 의종 종말 경인년의 정변에 이의방에게 협력하여 출세하였다. 특히 조원정은 이의방·정중부·경대승 등 여러 차례의 정변에도 생존하여 고위직에 등용되었다. 그 대표적인 인물도 이광정이다.

이광정은 세 차례나 면직되기를 원했지만 받아들여지지 않았다.

그는 정중부가 제거된 직후인 1179년 11월 해직되기를 간청했으나 역시 허락되지 않았다. 정권 교체기에 잠시 위험을 피해가려는 의도였을 것이다.

이광정이 정중부와 함께 온건집단이었다는 점을 감안하면 그의 건재는 이해할 수 없을 정도이다. 이광정은 1179년 12월 다시 한 번 해직되기를 원했지만 역시 또한 받아들이지 않았다. 그는 경대승이 죽은 직후인 1183년(명종 13년) 12월 인사에서 관직 서열 1위인 문선 훈봉 상서이부 으뜸 벼슬, 판이부사(종1품)에 올랐다. 이를 보면 그는 정권 교체 때마다 그런 수법, 위기를 모면했다는 혐의를 지울 수 없다.

이광정이 이렇게 경대승의 집권기 동안 건재할 수 있었던 것은 국왕 명종과의 인연 때문으로 보인다. 그는 홍중방과 함께 전왕(前王) 의종을 폐위시키고 명종을 즉위케 하는데 큰 기여를 했던 사람이기 때문이다. 그런데 더욱 중요한 이유는 경대승이 인사권을 장악하여 마음대로 하지 않았다는 데 있었다.

1181년(명종 11년) 정월, 대간에서는 인사행정, 특히 지방관직의 임명에 대해 과거의 법제와 원칙을 지켜나가야 한다는 상소를 올렸다.

무신난 이후 지방관직에 임명된 자들이 대부분 무신들이었음을 감안하면, 무신들의 승진이 남발된 것에 대한 견제라고 볼 수 있다. 이런 상소가 나오게 된 것은 경대승의 집권에 따른 시대적 분위기 때문이다. [주론]상소는 시대적 분위기, [반론]정중부 기탁성 진준 사거 한 후, 경대승 병사 후 숨어있던 행동집단 조원정, 이영진 등장해 다음과 같이 되살아난다.

정중부 · 기탁성 · 진준 등 고위 무신 세력이 사거(死去, 죽어서 세상을 떠남)하는 경대승 집권기에는 조원정은 자신의 세력을 구축하여 정국운영을 주도하는 권력의 한 축으로 자리 매김하였다. 경대승 집권기 명종도 민영모 · 유공권 · 염신약 등 문신을 중심으로 자신의 측근 세력을 양성하였다. 경대승이 병사하게 되는 명종 13년부터 이의민이 상경한 동왕(同王 14년)까지 뚜렷한 무신집권자는 없었다. 이 기간 동안 조원정은 정치적으로 부상하여 확고한 자신의 세력 기반을 다지는 '조원정의 득세기(得勢期)'로 새롭게 파악된다. 이후 이의민이 상경한 명종 14년 무렵부터 조원정이 반란으로 제거된 동왕 17년까지의 시기이다.

이 시기에 국왕과 이의민의 측근 및 조원정의 족당(族黨)과 당여(黨與)가 공존하는 '한시적(限時的)인 과도기적(過渡期的) 과두제(寡頭制)'로 국정이 운영 되었다. 결국 조원정은 옥장(玉匠)의 아들로, 그 모친과 조모는 모두 관기(官妓)였으며, 무신란 참여로 이의방을 도와 정7품 낭장과 장군까지, 조원정은 명종 때 공부상서에 올랐으며, 경대승 병사 후 도방군사를 원악도로 유배시킨 장본인이었으나 1187년(명종 17년)에 일어난 조원정 반란으로 이의민에 의거 제거된다.

　이영진은 생선 장수 일을 하다가 나졸로 임명되고, 무신란에 참가하면서 무신으로 출세한 인물이다. 전용 무장은 언월도(偃月刀, 靑龍刀; 옛날 무기의 하나로 초승달 모양으로 생긴 큰 칼), 첫 등장 때부터 머리를 완전히 삭발한 비쥬얼(visual, 시각 자료)로 등장하며, 실제 조위총 난에서 애꾸눈이 된 건 이의민인데 조위총의 난 진압과정에서 한 쪽 눈을 잃은 이후로는 안대를 차고 나온다. 출신 성분 때문에 이영진에게 '총부(摠部, 고려 시대에, 군무와 무역에 관한 일을 맡아보던 관아)'라는 별명이 있으며, 같은 천출(賤出, 종이나 기생으로서 남의 첩이 된 여자인 천첩賤妾에게서 낳은 천한 출신) 자손인 석린과 같다.

　조원정, 석린 등과 함께 소장파의 대표 이의방의 휘하였으나 이때 이의방의 형 이준의가 대취한 것을 보고 그를 말리다가 이준의에게 민머리에 술 세례(洗禮)를 당하는 굴욕을 겪는다. 이의방, 그가 숙청되고 나선 정중부에게 붙은 조원정의 휘하가 된다. KBS한국방송 대하드라마 '무인시대 경대승 편'에서 [주론], 경대승 집권기에 중방 무신 부정축재자 이영진 재물을 빼앗기다 도방 세력에게 반격을 가해 도방군사 4부장 오척/홍두 전사, 도손 옥사, 방주 김자격 자결, 양표 참살, 그 중 한 명인 양표를 성격대로 이영진이 참살해 얼마나 포악하고 악랄한가를 보였다. [반론], 왜 경대승은 도방군사 피해 받고 적극 대응하지 않았는가? 중방 세력 이영진에게 대가로 대항하면 국왕과 중방에게 반격해 폐위까지 확대되게 하는 상황, 대장군 · 집권자 · 충신 · 무협(武俠,

175

무술이 뛰어난 俠客)이므로 자신과 도방군사에게 자제했다.

이영진은 조원정의 난이 일어날 때는 거사에 참가하지 않았다가, 정세유, 정존실과 모여 20년간 생사고락을 함께한 석린의 처지를 안타까워 하다가, 바로 그 석린이 찾아와 구명을 요청하자 방금한 말이 무색하게 살기위해 그를 붙잡아 군부에 넘긴다. 그러나 석린과의 오랜 우정을 버렸다는 죄책감에서 끝내 벗어나지 못하고, 처형당하는 석린에게 하염없이 사과만 해댄다. 둘이서 처음부터 어울려 다니며 약방의 감초처럼 등장한 걸 고려하면 정말 씁쓸하기 짝이 없는 결말이다. 조원정의 난이 종결되고 정세유, 정존실 등과 더불어 얼마 안 가 죽었다는 식으로 내레이션(narration, 영화, 방송극, 연극 따위에서, 장면에 나타나지 않으면서 장면의 진행에 따라 그 내용이나 줄거리를 장외(場外)에서 해설하는 일, 묘사, 서술, 화법)이 처리되어 극중에서 쓸쓸이 퇴장하는데, 조원정, 석린의 처형에 이어 나오는 내레이션(narration)이라 꼭 석린의 뒤를 쫓아갔다는 느낌을 주었다. 이영진은 1196년 4월 최충헌이 이의민을 제거한 후 최충헌에게 죽었다.

문문 양반의 하급관리나 지방 관리의 임명은 이부와 병부에서 장악했다. 이런 속에서 지방 관리의 임명은 원칙도 없고 기준도 없는, 분경(奔競, 인사 청탁)과 사리사욕에 의한 인사행정으로 극도의 문란상을 드러냈다. 대간(大諫, 임금이나 어른, 높은 지위에 있는 사람에게 잘못을 고치도록 크게 간함)에서 위와 같은 인사행정의 원칙을 강조한 상소문은 그래서 나왔다. 처음에는 대간의 그런 요구를 따르기로 했지만, 결국 고위관리들에 의해 다시 거부되었다.

대간에서 원칙에 입각한 인사행정을 건의한 것에 대해 이부와 병부의 책임자들이 반대한 이유는, 무신들의 반발을 두려워한 때문이었다. 지방관리 임명에서 원칙을 준수한다는 것은 무신란 이전으로 돌아간다는 뜻이니, 무신들이 반발할 것은 당연히 예상되는 일이었다. 경대승이 인사권을 제대로 행사하지 못했을 것이란 점이다.

인사행정은 여전히 권력자들을 향한 청탁과 뇌물, 사리사욕 등으로 얼룩져 있었다. 경대승은 복고의 뜻은 있었지만 역시 인사행정에서도 그 의지를 실천하지 못했던 것이다. 오히려 경대승이 인사행정에 깊게 간섭하지 않으려는 태도를 보임으로써 인사권을 쥐고 있는 고위관리들의 농간은 그 이전보다 더욱 심했다.

그렇다면 경대승이 인사권을 장악하여 전횡하지 않은 이유가 궁금해진다. 이것은 앞서 언급했던 경대승 정권의 모순과 관계가 있다.

무신란을 부정한 경대승은 다른 집권 무인들처럼 인사권을 장악하여 전횡할 수 없었다. 그렇게 되면 다른 무인집권자와 다를 바 없게 되고, 무신란을 인정할 수밖에 없는 것이다. 이는 자신의 집권이 갖는 명분이 흔들리는 일이다.

무신란을 부정하고 복고를 외친 경대승 정권의 성향대로 한다면, 무신란 이전의 과거 전통이나 법제를 지키는 것이, 그나마 자신의 집권이 갖는 정당성을 찾는 길이었다. 그래야만 방자하던 무신들도 통제할 수 있었다.

만약 정중부나 송유인처럼 마음대로 인사권을 행사하면 무신들의 거센 요구나 인사 청탁을 막을 방도가 없었을 것이다. 이는 곧 국정의 문란으로 이어지고 자신에게도 유리하지 못한 것이다. 그러나 무신란 이전의 과거 법제도 온전히 준수할 수 없었다는 데 더욱 큰 문제가 있다.

무신란 이후 지방 관직에는 무신들이 대거 진출하여 포진하고 있었다. 무신들의 지방 관리 임용은 이의방 집권기에 집중적으로 이루어졌다. 그 이후에도 이런 추세는 막을 수 없었고, 무시할 수도 없었다.

지방 관리 인사권을 담당한 이부와 병부의 수장은 말할 것도 없고, 국왕이나 심지어는 무인의 최고집권자조차 마찬가지였다. 정중부가 그랬고, 복고를 외친 경대승도 예외가 아니었다. 인사 정책에 대한 경대승의 방임은 그래서 나타난 것이다.

지방 관리 진출해 있던 무신들의 기득권 수호 욕구가 얼마나 드세었나를 보여주는 좋은 사건이 하나 있다. 1181년(명종 11년) 3월, 우간의대부(정4품)로 발탁된 송저가 느닷없이 거제현령으로 좌천당한 일이었다.

송저가 좌천당한 이유는, 그가 서북면병마사로 있으면서 의주의 분도관(分道官)으로 함께 임명되는 문신과 무신을 문신만으로 임명하자고 주장을 한 데 있었다.

분도관이란 동북면과 서북면 양계의 요지에 파견되어 인근의 몇 개 주·진을 통합하는 지방관이다. 이 분도관은 양계의 장관인 병마사와 말단 주·진의 수령을 연결시켜주는 역할을 하였다. 무신란 전에는 여기에 반드시 문신을 임명하는 것이 원칙이었는데, 무신란 이후에는 모두 무신으로 대체한 것이다.

다만 의주는 중국과의 관문으로 사신의 왕래와 문서의 교환이 빈번하여 무신에게 그 일을 맡기기가 곤란한 점이 많았다. 그래서 의주만큼은 그 지정학적인 위치를 고려하여 문신과 무신을 함께 임명토록 했던 것이다.

송저가 서북면병마사로 부임했을 때, 의주 지역 주민들은 문무 양인으로 구성된 분도관의 체제비를 모두 부담하기가 힘겹다고 호소하였다. 송저는 의주 지역 주민들의 요구를 수용하여 의주의 분도관은 문신만을 임명해줄 것을 중앙에 건의하였다. 국왕도 이 건의를 수용하여 그렇게 시행하려고 했는데, 소문을 들은 무신들이 벌떼같이 일어났다. 문신들이 자신들을 도태시키려는 수작이라는 것이다.

무신들은 송저를 죽여야 한다고 아우성이었다. 국왕도 이 일이 이렇게 큰 파문을 일으킬 줄은 미처 몰랐다. 어쩔 수 없었다. 송저를 보호하기 위해서라도 거제현령으로 보낼 수밖에 없었다. [주론] 거리 둔 인사 정책 [반론] 무인 경우 따라 달랐다.

소극적인 리더십의 경대승의 과도 정권

경대승 정권의 관리 인사에서 한 가지 주목할 만한 사실이 있다. 그것은 무신란에서 행동집단에 섰던 인물들이 하나 둘씩 고위관리로 등장했다는 점이다. 최세보(崔世輔), 조원정(曺元正), 이의민이 그들이다.

최세보는 1180년(명종 10년) 12월, 동지추밀원사(종2품)에서 다음 해에는 지추밀원사(종2품)로 승진했다. 그는 한미(寒微, 가난하고 지체가 변변치 못함)한 가문 출신으로 문자를 모를 정도로 무식했다고 사서에 언급된 인물이다. 재상관료에 임용된 자가 문자도 몰랐다는 것은 과장된 일일 테고, 출신 신분이 보잘것없었다는 뜻이다.

이 최세보는 무신란 전에 대정 계급으로 친위군에 소속되어 있었다.

그러던 중 1167년(의종 21년) 정월 김돈중에 의해 유발된 '화살 사건' 때, 국왕의 호위를 잘못했다고 하여 유배당했던 14인의 친위군 장교 가운데 한 사람이었다. 이들이 유배에서 풀린 게 무신란이 성공한 직후인 1170년(명종 즉위년) 10월이었다.

그러니까 초세보는 무신란에는 직접 참여할 기회가 없었다. 하지만 그 뒷수습에는 적극적으로 참여했다고 생각된다. '화살 사건'은 애꿎은 친위군 장교들이 유배당함으로 해서 그들을 분노케 했고, 이를 계기로 무신란이 계획되었기 때문이다. 어쩌면 최세보는 뒤늦은 참여를 만회하기 위해 더욱 열성적으로 무신란에 동조했을 것이다.

이의민 집권기 때 이 최세보는 자식의 문제로 곤경에 처했다가, 이의민의 구원을 받아 모면한 적이 있었다. 이로 미루어 생각하면 그는 무신란 직후 이의민과 함께 정치적 행보를 같이했을 가능성이 많다.

이런 그가 복고를 외친 경대승 정권에서 재상의 반열에 오른 점은 주목할 일이다.

조원정은 1181년 12월 인사에서 공부상서(정3품)에 올랐다. 이 조원정은 그의 아버지가 옥을 가공하는 옥공(玉工)이었고, 어머니와 할머니는 관청의 관기(官妓, 궁중 또는 관청에 속하여 歌舞[가무], 妓樂[기악] 따위를 하던 기생)이었다. 그러니 보잘것없는 미천한 신분으로 7품 이상을 오를 수 없는 사람이었다.

하지만 그는 무신란 때 하급 장교로 있으면서 행동집단의 일원이 되어 이의방을 적극 도왔다. 그래서 무신란 이후 하급 장교에서 낭장 거쳐 장군 승진을 계속하였고, 이제 정3품의 공부상서에 발탁된 것이다. 문제는 이런 조원정도 복고를 외친 경대승 정권에서 거리낌 없이 고위 관리에 중용되었다는 점이다. 조원정은 이의민에게 반란을 일으켜 역모로 참살된다.

더욱 눈여겨볼 대목은 이의민 역시 1183년 12월 인사에서 당당히 공부상서에 올랐다는 점이다. 이때는 경대승이 병사한 직후였다. 이의민은 이에 앞서 형부상서에 임명된 적이 있었지만 경대승의 저지로 취임하지 못하고, 경주로 낙향하면서 벼슬이 없었다. 그러던 이의민이 경대승이 병사 후 바로 왕명 공부상서에 발탁된 것이다.

앞의 최세보, 조원정과 함께 이의민의 등장은 다가올 행동집단의 시대를 예고하는 것이다. 그 한 중심에 이의민이 있었다.

[주론], 경대승에게는 특별히 그를 뒷받침해주는 측근의 인물이나 정치 세력이 별로 없었다. 그도 그럴 것이, 어느 날 갑자기 등장하여 정중부 정권을 타도하기는 했지만 무신의 난과 무관한 사람이었기 때문이다. [반론], 반드시 그렇기 때문만은 아니다. 경대승은 또한 비전을 제시한, 복고주의·부정한 무신의 난 이전으로 왕정복귀·문무동등대우·의종 시해 응징·부친 전 재산 한 뙈기 땅도 남김없이 나라 군부 선군에 바친 청렴결백·정3품 벼슬 승선 거절과 중서문하부 직 또한 대인으로 수안궁주 혼인 명종 청혼 백작 거절·무협(武俠, 무술이 뛰어난 호방하고 의협심이 있는 사람 협객)이었기 때문이 아닌가.

[주론], 더구나 집권 약 5년, 만 4년 동안 그는 국가의 어떤 관직도 맡지 않았다. 도방 무사들의 보호를 받으면서 사저에 칩거한 것이나 다름없는 상태였다. 그러니 국정에 대한 장악이나 영향력 행사를 충분히 했을 수 없다. 경대승은 정권이라고 부르기에는 그 리더십(leadership, 대표·지도력, 무리를 다스리거나 이끌어 가는 지도자로서의 능력)에서 너무나 소극적이었다.

[반론], '무인시대'에는 집권은 1179년 9월~1183년 7월로 집권 기간 3년 11개월 약 4년이었다. 햇수로는 5년 만 4년 동안이다. 평양인근 북계에서 이의민의 별초군에 있었다가 집권 중인 경대승 병문안 온 별초(別抄, 고려 시대에, 정규 군대 이외에 특별히 조직한 군대, 1174년[명종 4년]에 설치한 야별초가 그 시초) 별장(別將, 고려 시대에 둔, 낭장 다음의 정칠품 무관의 벼슬) 최충헌 권고로 폐위하였다면 역적이 되었다. 이런 억압에는 적극적으로 대처하지 않고, 비전 제시한 대로 청렴결백·대장군·집권·충신·무협으로 그 길이 월등히 났다고 여겨, 억압에도 불구하고

참고 견디다 병사했다. 집권자·충신으로, 끝내는 경대승 부관이며, 자결한 도방 방장 김자격의 독약을 경대승 약탕에 투약해 경대승의 병사 전 유언, 도방군사를 죽음과 동시 해체 하라에 방장은 역적, 반란 일으켜 도방군사 유배시킨 경대승 불충한 반역자다.

　1183년(명종 13년) 7월, 경대승은 정중부를 제거한 지 만 4년이 채 못 되어 갑자기 잠을 자다 죽고 만다. 정중부가 칼을 빼들고 쫓아오는 꿈을 꾸다가 죽었다고 사서에는 기록하고 있다.

　아마 심근경색에 의한 심장마비가 아니었을까 싶다. 그가 얼마나 반대 세력의 암살 위협에 시달렸는지 상상할 만하다. 향년 30세였다.

　경대승은 무인집권시대의 여러 무인들 중에서 가장 독특한 인물이다. 무신란을 부정했다는 점에서도 그렇지만, 전임 집권자들과는 달리 스스로 청렴해 권력을 드러내지 않았다는 점에서 더욱 그렇다. [**주론**] 권력욕을 들어내지 않았다. [**반론**] 청렴해 권력욕을 드러내지 않았다. 이것을 어떻게 이해해야 할지 조금 난감해진다.

　인간의 행동은 이해득실을 계산하고 그것에 어긋나는 쪽으로 갈 수는 없다. 하지만 인간은 선악이나 옳고 그름에 대한 판단도 함께 한다. 선악이나 옳고 그름에 대한 판단에서 인간은 당연히 선하고 옳은 쪽을 택할 것이다. 경대승은 선하고 옳은 쪽 그 길을 택한 것이다.

　그런데 이해득실에 대한 계산과 선악이나 옳고 그름에 대한 판단, 이 두 가지 길이 분리될 수 없다는 데 문제가 있다. 이득이 되면서도 그것이 선하고 옳은 일이라면 고민할 필요가 없다. 그런 문제에만은 인간 세상이 그렇게 복잡해지지 않는다.

　이득이 되지만 그것이 악하고 그른 일일 때, 혹은 손해가 되지만 그것이 선하고 옳은 일일 때 인간은 어느 쪽을 택할까. 역사 속의 인간들은 거의 모두 전자를 택한다고 생각했다. 즉 이해득실과 선악의 문제가 충돌할 때 이해득실의 계산이 앞선다는 것이고, 그런 전제하에 합리적인 설명을 하는 것이다. 과연 인간의 선택은 항상 그럴까?

서양의 어느 철학가 말했듯이 인간은 기본적으로 선의지(善意志, ein guter wille, 선을 행하고자 하는 순수한 동기에서 나온 의지. 경향성에 따르지 않고 도덕 법칙에 의하여 규정된 의지를 이른다. 칸트가 처음으로 썼다.)를 가지고 있다. 그래서 두 길이 충돌할 때 선하고 옳은 길을 얼마든지 택할 수도 있다고 본다. 비록 그것이 손해나는 일이라 할지라도 선하고 옳은 길을 택하는 것이 순리다.

그런데 이렇게 되면 합리적인 접근이 불가능해진다.

그래서 역사학자들은 초역사적인 선악이나 정의, 불의 등의 관념을 가능한 배제하려고 한다. 선하고 옳은 길을 택한 것도, 그 이유를 충분히 밝힐 수 없을 뿐이지 종국에는 그것이 이해득실에 따른 것이라고 해석하려 든다.

하지만 위험에 처한 사람을 살려내고 자신이 대신 죽음을 택한 사람이 얼마든지 있지 않은가. 죽음을 택한 사람의 행동을 어떻게 이해득실 설명할 수 있단 말인가.

[주론] 경대승이 선하고 옳은 인간이라는 뜻이 아니다. [반론] 역설적으로 경대승은 악하고 옳지 못한 인간이라는 뜻도 아니다. 그것도 아니라면, 경대승은 중간쯤 되니까 평범 속에서 비범함에 위인이 아니고 해낼 수 없는 일이다. 경대승 그는 무신의 난이나 앞선 무인정권을 '악'이나 '그른 것'으로 분명히 판단하고 있었다는 뜻이다. 앞에서 경대승이 무신란을 부정적으로 본 것에 대해 나름대로 합리적인 해명을 해보았지만, 실은 경대승 정권을 올바

로 이해하는 가장 중한 일은 다음이다.

아버지가 탈점한 토지를 모두 나라 군부 선군에 반환해버렸다든지, 이의민을 죽이겠다고 공언한 것, 정중부 정권을 타도한 후 정치에 방임적인 태도를 보인 것, 죽을 때까지 어떤 관직도 지니지 않은 것, 왕권복귀와 인사정책에 문무동등 반영 등은, 경대승의 그런 선하고 올바른 생각에서 비롯된 것이었다. 무신들이 쿠데타를 일으켜 정권을 잡은 것은 용인할 수 없는 '악'이라는 생각은, 복고주의의 왕권회복으로 되돌아가야 한다는 비전 중 하나이다.

역사상의 사건이나 변화에서 어떤 시기의 성격을 규정하기가 조금 애매하게 생각되면 과도기로 설정하는 경우가 많다. 하지만 과도기는 그렇게 애매한 시기도 아니고, 그 이전과 그 이후의 시기를 단순히 연결시켜주는 물리적인 시간만도 아니다.

과도기는 변화의 흐름에서 윤활유와 같은 것이다. 그것이 결여되면 마찰과 충돌이 일어나 피를 흘리게 된다. 과도기는 그 피를 대신해주는 것이다.

경대승 집권기는 무인정권의 중심 세력이 온건집단에서 행동집단으로 넘어가는 잠시의 과도기였다고 보면 어떨까. 경대승이 의도한 것은 아니지만, 그의 집권은 온건집단이 소멸되고 행동집단이 성장하기를 기다려주는 시기였다. 그래서 두 집단 간의 권력이동을 자연스럽게 연결시켜주었던 것이다.

무신정변을 부정하고 복고를 외친 경대승 정권은 무인집권의 전개 과정에서 보면 보수의 반동이었다. 경대승의 집권은 집권 중 갑작스런 병사로 예측하기 어렵다.

"무신정변에 반대한 무신정변"
경대승 장군 평가 주론과 엇갈린 반론

- 출처 : "고려시대 사람들 이야기 1 정치생활" pp114~116
  박용운 등 도서출판신서원 2001

역사상 가장 오랜 무신정권
- 반론, 『고려사절요』 경대승 집권충신 연 pp136 공론
주론, 무신정변 반대한 무신정변
- 반론, 경대승 『고려사』 집권충신 연 pp136 공론

하급 무신과 일반 군인들이 변혁의 속도가 늦은 것에 불만을 품고, 고위 무신들이 정중부의 국정 관리능력에 의심을 품는 상황을 맞아 정중부 정권은 흔들리기 시작했다. 피지배층인 서북 지방민과 공주 명학소(鳴鶴所) 민의 봉기는 정중부 정권의 위기를 가속시켰다. 부정부패로 난신적자 정중부 정권은 명종 9년(1179) 9월에 26세의 청년장군인 경대승(慶大升)의 기해정변 쿠데타로 무너졌다. 쿠데타를 일으킨 경대승은 좋은 가문 출신이었기 때문에 겨우 15세에 불과했던 의종 22년(1168)에 음서로 당시 정오육품 교위(校尉) 벼슬을 받고 관직에 진출하였다. 그는 무신정변에 참여하지 않고도 가문배경에 의해 출세의 길을 달렸다. 그런 탓에 경대승은 무신이면서도 늘 무신정변 주동세력을 못마땅하였고, 그들의 불법적 행동에 분개했다.

정중부 정권이 흔들릴 즈음에 정중부의 아들 정균이 공주에게 장가들어 세력을 만회하려 시도한 적이 있었다. 이 때 경대승은 정중부를 토벌할 생각이었지만 정중부의 사위로 당시 兵部의 장

관을 맡고 있던 송유인(宋有仁)이 두려워 선뜻 결행하지는 못하고 있었다. 그러던 중 송유인이 대수롭지 않은 일을 꼬투리 삼아 당시 신망을 얻고 있던 문신인 문극겸(文克謙)과 한문준(韓文俊)을 탄핵하여 인심을 잃었다. 정중부 세력의 횡포에 대한 반발심리가 높아지자 경대승은 기회를 놓치지 않고, 견룡 허승(許升)과 모의하여 결사대 30여 명을 동원해서 숙직하고 있던 정균을 죽이고 궁에 침입하여 정중부 일당을 처치하였다. 그리고는 금군(禁軍)을 출동시켜서 정중부와 송유인 부자를 체포하여 처형하였다.

정중부 세력을 제거했지만 다른 무신들의 반발은 두드러지지 않았고, 왕인 명종도 쿠데타를 추인했다. 상황이 어느 정도 진정되자 내친 김에 경대승은 내다보이는 장래의 상황인 비전(vision) 세워 자신의 정치성향을 분명히 밝혔다. 정중부 제거 뒤에 대궐에서 자신에게 하례하는 대신들에게 "임금을 시해한 자가 버젓이 살아 있는 데 무슨 하례인가?"라고 말하며 무신정변 주동세력 이의민에 공공연히 경고한 것이다.

뿐만 아니라 경대승은 학식과 용략이 없는 자는 원칙적으로 기용하지 않았다. 이 때문에 무신정변에서 큰 활약을 보였던 무사들은 타격을 받았다. 이들 가운데에는 비천한 가문출신에 무식한 자들이 많았기 때문이다.

그렇지만 경대승이 취한 정책은 무신정변 이후 형성된 새로운 질서 자체를 완전히 부정하는 것은 아니었다. 무신위주의 권력구조가 정변 뒤에 9년 동안 나름대로 뿌리내렸기에 이를 전면적으로 부정했다가는 정권이 존립할 수 없었기 때문이다. 실제로 경대승을 토벌하자는 의견이 대두되기도 했다. 이건 현실로 옮겨지지 않았다.

당시의 정치형세를 살펴보면 유력한 무신들은 '무신'이라는 점

말고는 동일한 정치적 이해를 갖고 있지 않았고, 또 그들 가운데에는 하급 무신들과 일반 군인들의 각종 요구로 급격하게 사회가 변화하는 데에 거부감을 갖고 있는 자들이 많았다. 경대승이 보수적인 정치성향을 표방했음에도 불구하고 집권할 수 있었던 까닭이다.

하지만 경대승의 권력은 안정적이지 못했다. 경대승은 동일한 이해관계를 갖고 있지 않았던 무신들을 정치적으로 통합하여 자신의 세력으로 포섭할 만큼 유능한 인물은 아니었다. 그렇다고 정치력·군사력으로 정적을 소탕할 만한 힘과 배경을 갖고 있는 것도 아니었다. 경대승은 집권 직후 곧바로 무신정변을 옹호하면서 정중부 일파의 죽음에 대한 복수를 공언하는 무신들의 경고를 받았다. 놀란 경대승은 정적의 위협에 대처하기위해 쿠데타결사대 30명에서 집권으로 확대하여 1백 30여 명의 결사대를 모아 도방(都房)을 조직하였다.

도방 구성원에는 이후 각종 사회문제를 야기했던 불량배가 많았지만 경대승은 도방 구성원들이 숙직할 때 그들과 한 이불을 덮고 잠을 자기도 하는 등, 그들에게 파격적인 성의를 베풀었다. 경대승은 보위 집권 대의를 위해 사병을 양성했을 뿐 아니라 불안정 권력을 안정시키기 위해서 다양한 세력을 포섭하려고 애썼다. 필요하다면 무신정변으로 인해 급부상한 세력과의 타협도 서슴지 않았다.

그래도 경대승은 항상 신변에 위협을 느꼈다. 그래서 염탐꾼을 항상 풀어놓고 유언비어를 들으면 즉시 잡아가두어 고문하고, 자주 반역, 살인 따위의 크고 중대한 범죄를 다스리는 옥사(獄事)를 일으켰으며, 형벌을 무자비하게 사용하였다. 하지만 이는 그저 정권을 유지할 자신감이 없음을 드러내는 표지에 불과했다. 경대승은 고작 만 4년 동안 실권을 휘두르다가 정중부가 칼을 잡고 큰소리로 꾸짖는 꿈을 꾼 뒤 시름시름 앓다가 명종 13년(1183) 7월에 30세의 젊은 나이로 병사했다. 도방, 병사 전 유지, 경대승이 죽은 뒤 도방으로 대표 세력은 철저 하게 붕괴되었다.

반론

경대승 집권 충신, ① 나라의 안정으로 가난을 물리치기 위해 무신부정축적재산을 가난 백성구휼미로 창출 ② 나라 경제를 부흥시키기 위해 도방은 중방에 시장경제질서로 도량형제도를 실시하여 단속하게 협조를 요청해 함께 질서관리에 나서 확립하였고 ③ 문무동등, 문인과 무인을 동등하게 대우하여 무인들로부터 억압에서 문인들이 환심(歡心, 기뻐하고 즐거워하는 마음)을 샀음으로 문인들이『고려사』에 연pp136 걸쳐 경대승 집권충신이라고 높이 평가하여 오늘날에 이르게까지 하였으며 ④ 기해정변과 같이 사직(社稷, 나라 또는 조정(朝廷, 임금이 나라의 정치를 신하들과 의논하거나 집행하는 곳) 질서를 바로 잡기 위해 왕에게 고했다. ⑤ 왕과 태자간 허승의 태자부대장군으로 태자를 앞세워 폐위시키는 태자역모를 화해하기 위해 경대승 장군 주선으로 왕과 태자가 보는데서 태자는 잘못했다고 하여 화해하는 축하주를 올려 왕실의 화목을 기원하였고 ⑥ 정균의 수안궁주 강혼에 경대승 대장군에 구원 있어 근심의 왕실을 돕고 ⑦ 도방, 위급에 대처했다.

『잠깐 권력을 잡음』'삼일천하' 집권 표현술
부 경석철 일기 경대승

- 출처 : "2001년 본서저자의 부친 경석철(慶錫哲, 1922-2001 80세) 일기장 '전지자손물차타인(傳之子孫勿借他人)" 잠시 권력을잡음' 삼일천하(三日天下)" 창작

부친 경석철의 일기장에서 '잠시 권력을 쥐었다'고 말하고 있다. 잠시 권력을 쥐었다는 말은 아주 짧은 기간 동안 정권을 잡았다가 곧 물러나게 됨을 비유적으로 이르는 삼일천하(三日天下)이다. 또는 어떤 지위 발탁 기용되었다 며칠 못가 떨어지다.

조선말 1884년 김옥균을 중심으로 한 개화당(開化黨)은 청국의 속박에서 벗어나 조선의 완전 자주독립과 자주 근대화를 외치며 정변을 일으켰는데 이를 갑신정변(甲申政變)이라 한다. 이 정변은 3일째 되는 날 청군의 무력 공격에 패하여 수포로 돌아갔는데 이를 삼일천하(三日天下)라 부른다. 이는 아주 짧은 기간 동안 정권을 잡았다가 곧 물러나게 됨을 비유적으로 이르는 말로 쓰인다. 1일 동안 천하의 권력을 잡음이라는 일일천하(一日天下)라는 말도 있지만, 또한, 아주 짧은 기간 동안 정권을 잡았다가 곧 물러나게 됨을 비유적으로 이르는 말도 있지만 경대승 장군은 만 4년 햇수로는 5년 동안 고려무인시대 제2대 집권자의 재임기간을 1일천하 또는 3일천하라고도 부르고 있다. 본서 저자의 부친 경석철은 경대승 장군 재임기간을 삼일천하로 표현하는 표현술을 나타내었다.

잠시 권력을 쥐었다는 삼일천하와 같은 말로 오래 계속되지 못하는 일을 비유적으로 이르는 말, 중국 한(漢)나라 장창(張敞)이 경조윤(京兆尹, 조선 시대에 한성부의 으뜸 벼슬로 품계는 정이

품이다.)에 임명되었다가 며칠 후 면직됨에 유래한 말로 오래 계속되지 못하는 일, 오일경조(五日京兆)도 있다.
　일일과 삼일이니 오일이니 하는 것은 아주 짧은 기간을 말하고 천하니 경조니 하는 것은 권력을 가진 것을 말한다.
　여기서 삼일은 권력을 가졌던 5년을 말하며 천하는 권력을 쥐었다는 말이다.
　　본 부친 경석철은 남에게 물려주지 아니하고 오직 자손에게 전하라는 일기장(日記帳)에 "전지자손 물차타인(傳之子孫 勿借他人", 한어 汉语 : 자손에게 전하고 다른 사람을 빌려주지 마라.) (No. 2) 제173장에 의거 다음 위인의 고장 청주를 소개한다.

　* 三日天下(삼일천하) : 五日京兆(오일경조) : 잠시 동안의 재직(在職) · 삼일천하(三日天下) : 아주 짧은 기간 동안 정권을 잡았다가 곧 물러나게 됨을 비유적으로 이르는 말이다. 오일경조는 잠시 동안의 재직(在職), 삼일천하(三日天下), 오래 계속하지 못하는 일

　* 天下(천하) : 국가 정권, 하늘 아래 온 세상, 통치권

　* 표현술(表現術) : 사상, 감정 따위를 말이나 행동으로 나타내는 솜씨나 기술이다. 문어는 글로 구어는 말로 표현, 글과 말은 표현방식이 다를 뿐 내용은 같다.

　* 傳之子孫 · 传给子孙(전지자손 · 전급자손 : 자손 대대로요 · 자손에게 물려주다.)
　* 勿借他人 : 남에게 빌려주지 마라
　(1) 第一七三 章 淸州 (제173장 청주)

清州 土地 沃(土), 饒人 多豪傑(청주토지옥[토]요인다호걸) : 청주는 땅이 기름지고 호걸이 많다. 청주는 토지가 기름지고 넉넉하여 위인 귀인이 많이 난다는 곳이 청주라는 의미이다.
 * 饒人(요인 : 남을 용서하다, 남에게 양보하다.) 즉 너그러운 사람을 말한다.
 예문(例文), 세월불요인(歲月不饒人) : 세월은 사람을 기다려 주지 않는다. 세월이 지나가면 늙기 마련이다. 가는 세월 오는 백발로 사람을 세월로 속일 수 없다.
 * 沃土(옥토) : 농작물이 잘 자랄 수 있는 영양분이 풍부한 땅
 *多豪傑(다호걸) : 호걸이 매우 많다

 (2) 第 二二四章 忠北道民의 氣像(제224장 충북도민의 기상)에서 팔도지방별 성격

 ① 淸風明月(청풍명월) : 맑은 바람과 밝은 달, 아름다운 자연의 경치를 읊거나 노래 한다고 하며 성정이 깨끗하고 선한 충청도 사람
 ② 巖下老佛(암하노불) · 巖下古佛(암하고불) : 바위 밑의 오래된 불상, 바위아래 정좌하고 있는 늙은 부처, 노불 같아 푸근하면서도 무게가 진흙탕에서 싸우는 개라는 뜻, 강인하여 악착스러운 성격의 함경도 사람
 ④ 猛虎出林(맹호출림) · 산림맹호(山林猛虎) : 사나운 호랑이가 숲속에서 나온다는 뜻, 용맹하고 성급한 성격의 평안도 사람 지칭
 ⑤ 風前細柳(풍전세류) : 바람 앞에 나부끼는 가지가 매우 가늘다는 버들, 부드럽고 영리한 전라도 사람 지칭
 ⑥ 鏡中美人(경중미인) : 거울에 비친 미인같이 아름답고 친절

해서 사귐성 있고 조용한 성품을 가진 바르고 얌전한 성격의 서울과 경기 사람

⑦ 松竹大節(송죽대절)·거거고산(去去高山) ·泰山喬嶽(태산교악) : 소나무와 대나무같이 절개 있어 위엄 있고 기상이 있는 경상도 사람

- 거거고산 : 가면 갈수록 그 속내 알 수 없는 경상도 사람
- 태산교악 : 험준한 산비탈과 괴암절벽같이 웅장하고 용감하며 거칠고 드센 경상도 사람 지칭하기도 한다.

⑧ 春波投石(춘파투석)·석전경우(石田耕牛) : 봄의 호숫가에 돌을 던지면 파문이 일듯 조용히 호응하는황해도 사람 지칭

- 석전경우 : 자갈밭을 가는 소라는 뜻으로 부지런하고 꾸준하며 인내성이 강한 황해도 사람 지칭하기도 한다.

위 지방 표현에서 북한에 포함된 황해도 평안도 함경도가 있다. 경기도 충청도 강원도 등은 내향적 성향이 강하다. 특히 북한의 3도 황해도를 제외하면 외향적 성향이 매우 강하다. 중국의 침입을 막아낸 고구려 사람들이 외향적이고 강한 인상이 사자성어를 통해서도 엿보인다. 강원도 충청도 사람들은 순박한 편이고 곡창지대 전라도나 경상도 지역이 활달하고 외향적 성향을 보인다. 단점을 강조하는 몰지각 행동보다는 장점을 인정하고 서로 상호보완하며 융화하면 좋을 것으로 판단된다.

잠시 권력을 쥐었다는 삼일천하와 같은 말로 오래 계속되지 못하는 일을 비유적으로 이르는 말, 중국 한(漢)나라 장창(張敞)이 경조윤(京兆尹)에 임명되었다가 며칠 후 면직됨에 유래한 말로 오래 계속되지 못하는 일, 오일경조(五日京兆)말도 있다.

삼일이니 오일이니 하는 것은 짧은 기간을 말하고 천하니 경조니 하는 것은 권력을 가진 것을 말한다.

여기서 삼일은 경대승 장군이 권력을 쥐었던 5년을 말하며 천

하는 권력을 쥐었다는 말이다.

첨언(添言 덧붙여 말함)
사신의 말, 최충헌 집권 1197(명종 28년), 명종 폐위, 경대승 왕정복귀 찬양

명종 1131~1202 71세 재위1170~1197. ['출처 : 『고려사절요』 中13권 pp161~162']

"정중부 · 이의방 · 이의민 등이 의종을 시해하고 국가의 권력을 제 마음대로 부렸으니 명종으로서는 마땅히 마음에 맹세하고 스스로 힘을 써서 반드시 적을 토멸하고 말았어야 할 것이다. 만약 힘이 부족하다면, 경대승이 왕실의 미약함을 분개하고, 강신(强臣, 임금의 힘으로도 어쩔 수 없는 신하)의 발호를 미워하여 하루아침에 의병을 일으켜 정중부 부자를 목 베어 여우와 토끼를 사냥하듯이 하자 이의민은 머리를 부둥켜 쥐고 쥐처럼 달아나 시골에 숨어서 목숨만을 부지했으니 이때야말로 반드시 현량을 임용하고 기강을 세워 왕실을 다시 떨치게 할 시기인데도, 왕은 능히 그렇지 못하고, 안일에 만족하여 그 하는 일이 평상시의 아무 일이 없을 때와 같았다. 이의민과 같은 자는 다만 한 필부이니 한 사자를 보내 왕을 시해한 죄를 들춰내어 목 베고 멸족함이 옳을 것인데, 도리어 불러들여 작위(공부상서)를 갑자기 올려 주어, 그로 하여금 왕실을 업신여기고, 조신을 살해하며, 벼슬을 팔고 형옥을 가지고 뇌물을 받아 나라의 정치를 탁란(濁亂, 사회와 정치가 흐리고 어지러움)하게 하였으니 그 화가 참혹하였다. 최충헌이 이 틈을 타서 일어나니 왕이 도리어 추방당하고 자손도 보전하지 못하게 됐다. 권신이 잇달아 권력을 잡아 왕실 이어 몇 백 년 아 원통하다." – 명종 묘 개성 장단 지릉 1916년 도굴로 훼손되었듯이 무인시대 1대 정중부 참형 2대 경대승 병사 후 묘를 유

언, 봉분하지 말고 평장하라했지만 경쟁시대 3대 이의민이 훼손했는지도 모를 일이다.

경대승 6개 정책별 정치 경제 사회 문화 국방 당면 과제 작금 비교

※ 경대승 6개 정책별 정치 경제 사회 문화 국방
당면 과제 작금(昨今) 비교

구분 / 6개 정책	도방 정치와 정당 정치, 작금 비교	
	작(昨:어제)	금(今:지금)
	경대승 장군 도방 정치 집권 시대	대한민국 정당 정치 시대
1. 정치적	· 도방 정치 : 사병 집단 집권자, 충신, 비전, 충효사상고취 · 복고주의 · 왕정복고, 외침 방비 · 왕권 권위 맞선 집권 충신 위인	· 정당 정치, 국제연합 역할 · 의회민주주의 · 조선시대 사림의 집단 붕당정치 선조 공론정치 정조 사후 세도정치
2. 경제적	· 도량형제도 단속, 자유 시장 경제 · 부친의 전 재산, 나라 군부에 헌납함에 청렴결백해 백성들 탄복	· 개방 · 개혁 · 성장—시장경제, G8개국 · 자립경제, 경제수출입 10위 대국 · 수출입품 성장, 국제사회 공헌
3. 사회적	· 부정부패 일소, 난신적자 척결 · 국가 · 가정, 모범적 생활 건재 · 부정축재타개 나눔 실천, 백성구휼	· 자유 민주사회 건설 · 사회 질서 확립 · 부정부패 척결로 정화 · 분야별 인공지능 AI 신 성장

4. 문화적	· 집권 충신,『고려사』 연 136페이지 문화 창달 · 행인 역적 시해 오인, 집권 충신 · 구국 정신, 충효 교육, 정의 사자 · 도방 : 내외 국 방패	· 전통 문화 계승, 충효 산 교육장 · 보존 가치 발전, 세계무대 등장 · 충효, 보전 가치를 계승할 의무 · 국방, 강군 육성, 방산 수출 성장
5. 국방(군사)	· 도방 정치, 당대 세계 조류 순종 · 도방 군사, 국내외 침략 세력 견제 · 도방, 국내외 세력 막는 통일 정책 · 30여년 몽고(원나라) 7차례 침입, 1254년 고려 23대 고종 41년 굴복 속국 80년, 여몽전쟁 시기 1232년 고려무신정권 지도자 최우 국권을 위해 본국 개경에서 강화도로 39년 천도 원종 11년 개경 천도한 후 24대 원종(재위 1259~1274) 고려 마지막 천자 순효대왕(順孝大王) 원나라 추증 시호 충경왕(忠敬王) 여몽연합군으로 진압된 1270~1273년 삼별초항쟁 무신정권 최후로 속국 · 도방, 통일 국가 유지 역할 · 나라 지키는 도방 군사를 없애자 몽고(원나라) 지배 속국 된 모순. · 말타기騎馬, 활쏘기弓 道-마상무예	· 동맹 핵우산 하에 침략 세력 견제, 地政學→技(術 轉換)政學 還收 · 자주 국방 건설 전투기 등 수출 · 무기 첨단화 기술 개발로 제압 · 군사 가치 중요 인식 · 몽고(원나라) 침입에 속국 영향 1) 공녀(貢女) : 고려와 조선 시대 중국 원나라나 명나라의 요구로 여자를 바치던 일. 2) 몽고반점(蒙古斑點) : 蒙古點 · 蒙古斑 · 소아반(小兒斑) : 신생아나 엉덩이나 등에 나타났다가 없어지는 푸른빛의 반점으로 몽고 인종에게서 흔하다. 식민지, 몽고 39년일본36년. 경대승 병사 후 1차 원종 몽고 귀속 교육 6대 걸쳐 '충' 사용, 공민왕 23년 2차 시해 고려 멸망. 1)과 2)는 몽고 침입의 산물이 되어 오늘날까지 그 영향 미쳤기 비통한 역사를 안고 있기에 참으로 안타깝다.

6. 당면 과제	· 비전 제시 : 현실성 부족 · 지원 세력 : 명종 중방 편중 지원, 도방 전무, 알아 해 관행 구휼미	· 비전 제시 : 장래성 가능 · 지원 세력 : 막강, 국제 국가간 도방 현 특수부대 · 경호부대 발전

제2부
역사 대하드라마

– 무인시대, 경대승 편 각본 요약

'도방 정치 경대승', 『무인시대』 "경대승 편"

- 출처 : 문체관부 추천 · 한국방송KBS 극작가 유동윤 저작권
  승인 본서 p300 · 창작품

의종 22, 15세 교위, 명종9, 26세대장군, 30세 병사 집권 5년, 유동윤 『무인시대, 경대승편』 각본 p1,000서 p130로⅛ 요약본要約本, 말과 글 요점 잡아서 간추린 글이나 책이다.
 (2016년 국무총리조종실민원담당관 출판승인, 편지와 공문으로 문화체육관광부저작권팀장 한국방송KBS저작권팀장, 저작권자『무인시대』유동윤 극작가,『무인시대, 경대승 편』300페이지각본 저자권자 승인 2012. 4. 20일자 유동윤 서명 본서p300)
 - 신창섭(KBSPD):2003~4무인시대감독 경대승 편 감사패 2017.02 청주경씨종친회
 - 박용우:2003~4무인시대 장군공대역배우 감사패 2017.02 청주경씨종친회
 다음은 한국방송공사 KBS 1TV 토 · 일 밤 10:10 2003. 2. 8~2004. 8. 15. 158부작 2003~2004년 2년에 걸친 방영 역사 대하 드라마 '무인시대' 유동윤 작 KBS한국방송공사 극작가 저작권자 각본, 『고려사』에 근거한 경대승 편을 '저작권사용승인서'를 저작권자로부터 본인이 승인을 받은 각본이다. 문화체육관광부 도방 정치 경대승 책으로 엮게 저작권산업과장 · 회의 한 결과 한국저작권위원회 심위조정팀장 · KBS한국방송공사 저작권팀장에게 공문과 편지를 보내어 도방 정치 경대승 책 엮게 '청주경씨종친회' 발전을 도움이 되도록 하는 결과 각본을 얻고 저작권자

극작가의 승인받고 p300 요약본을 책으로 내게 되었다.

기록이 없어 구전 모은 제1부는 출생하여 교위가 되기 전 14세까지 창작 엮었다.

제2부는 위와 같이 법률상담을 거쳐 저작권심위를 통과하고 저자권자의 '저작권사용승인서'를 경대승 편 300페이지를 받아 방대한 분량의 각본을 소제(小題)를 두어 구분하기 쉽게 굵은 활자 글자체 고딕체로 요약한 제2부는 '도방 정치 경대승' 편을 요약한 교위 15세, 대장군 26세, 5년간 집권하고 30세, 집권 중 병사 한 내용이다.

제3부는 남아 있게 되는 1606년 선조 39년 강원도오대산사고지와 전주사고지의 임진왜란 병화를 면하게 되므로 1451년 조선 문종 원년 편찬 정인지의『고려사』· 1452년 문종 2년 편찬 김종서의『고려사절요』이다.『고려사』·『고려사절요』에 경대승 편 연 pp136에 걸쳐 집권 중 충신으로 나와 있는 내용을 엮었다.

다음 '무인시대'의 '경대승 편' 첫 장면, 경대승 장군 20세 약관에 나이에 견룡행수에서 동년배 정중부의 아들 대장군 정균과 사소한 감정에 1차 탄핵 파직돼 정중부 권력 최하위 말단직종 변방 전투부대지휘관 총각도령에 내몰려 암행민정시찰로 백성의 참혹한 생활을 겪으며 백의종군 모습에 시작되며 역사대하드라마 '무인시대'이다. 그 후 견룡행수 복직으로 전개된다.

토지 싸움, 청주주민과 청주개경주민 간 100여 명 사망 청주사건 청주사심관· 대장군 2차 탄핵파직 후 대장군복직, 중앙추밀원원사 문극겸 상서좌복야, 추밀원부사 한문준 판사재시사 각각 지방 좌천해 조정관료 동요 기회 삼아 기해정변 집권했다.

비참한 여인과 아기 울음소리

- 군사들에 참살당한 백성

 경대승은 살육의 자리에서 군사들에게 참살당한 백성들을 보다가 아기울음소리가 나자 아기를 안아서 처참한 상태를 둘러보다가 부친 경진 정2품 중서문하평장사 청주경씨 가신 신복이었다가 경대승 장군의 부관이 된 김자격에게 아기를 안기고 경대승 부관 김자격은 다시 유모에게 맡기고 경대승 장군 뒤를 따르고 있다.
 신의 가호아래 예측 설명, 경대승은 충격으로 볼 때 앞을 칠흑 같은 어둠을 밝힐 서광이 빛나게 하는 해와 달처럼 대낮과 같이 환하게 비치게 나라를 일찍이 일깨우는 선각자가 되어 나라를 정상궤도에 진입하게 하여 나아가는데 비록 지지기반 짧게 엿보이게 여겨지지만 오직 희대(稀代, 세상에 드묾)에 성신의 보호할 기대뿐이다.
 경대승이 최고 권력자 이의방에게 경고로 현실 개선 요구하는 용기로 출현한다.

경대승 최고 권력자 위위경 이의방 천동댁 월담

- 대의 품고 시작과 동시 실권자 이의방 거병함에 사직 구제로 견룡행수 대결

경대승이 월담하여 위위경은 권력을 휘둘러 궁핍한 백성들의 재물을 약탈하고 살육을 자행하였소. 그러자 위위경은 서경반란 제압으로 어쩔 수 없다고 응수 하였다.

위위경은 내 경인년에 거병한 뜻은 폭군과 조정의 간적들의 횡포로 위태롭던 사직을 구하기 위함이었거늘 네 어찌 거병의 대의를 짓밟으려는 것이냐. 경대승은 소장, 또한 견룡행수로써 위태로운 사직을 구하기 위한 대의로 위위경의 목을 베려는 것이오이다. 이의방 내 거병한 것이 정녕 이 나라의 사직을 위태롭게 한 것인지 깊이 생각해 본 연후에 자네한테 목을 내어줄 것인지 아니면 자네 목을 벨 것인지 결단을 내릴 것이야.

의기와 결연한 마음

· 대범성

경대승, 청주경씨 시조 경진의 아들로 몇 년 후 스물여섯의 나이에 1179년 9월 기해정변(己亥政變), 무신정권을 무너뜨리고 조정과 군부를 장악하여 개혁정치의 대의를 펼칠 인물이다. 어려서

부터 의기롭고 무예가 출중하여 이미 열다섯의 나이에 귀족에게 주는 과거제와 같은 제도 고려와 조선 시대, 나라에 공을 세운 신하나 지위가 높은 관리의 자손을 과거를 치르지 아니하고 관리로 채용하던 음보로 고려시대 귀족계급에만 시행하던 과거제도 중의 하나이다. 음보(蔭補), 문음(門蔭), 음사(蔭仕), 음직(蔭職)이라고도 표기하며 음덕(蔭德)으로 표현하기도 한다. 음서로 선발된 관료들은 음관(蔭官)으로 불렸는데 규정에는 음서제로 관직에 오른 자는 당상관이상의 직책과 청 요직에는 오르지 못했으나 문벌의 영향력에 따라 간혹 청 요직과 3정승, 2찬성까지 올라가는 경우도 있었던 음서제도에 합격한 것이다. 예전에, 조상의 덕으로 벼슬을 얻는 일을 이르던 말로 조상의 덕으로 벼슬을 얻은 음보(蔭補) 교위임명 후 5년 만에 견룡 행수로서 이의방의 전횡에 분노하는 혈기왕성한 청년이었던 지금은 20세 약관을 갓 넘긴 나이였다.

경대승은 무신정권을 무너지게 하고 조정과 군부장악 개혁정치로 대의 세운 인물로 위위경 이의방 천동댁 월담 소식, 무신정권 정중부 아들 대장군 정균이 놀란다.

경대승은 키가 크고 건장하고 많은 사람들을 휘어잡거나 심복하게 하는 능력이나 자질을 가진 남을 끌어당기는 강한 개성의 비범한 통솔력, 카리스마(charisma)였다.

경대승 부친 경진의 질타

· 경각심

경대승 부친 경진은 천동댁 월담을 청주가문 닫는 꼴을 보고 싶으냐며 꾸짖자 경대승은 경각심에서 월담하였습니다. 경진은 조위총의 난 평정을 위해 '내 서경에 출정(出征)한 동안 다시 한

번 또 경거망동하면 내 돌아와 경대승과 부관 김자격 두 사람의 목을 칠 것이니 은인자중 하여라.' 하자 경대승은 어금니를 잔뜩 문다.

경진은 조위총 서경반란으로 1174년 1차 진압군의 공을 세운 우군병마사로 참전하여 서경반란군 제압의 위세를 떨쳤으며 서경진압군은 고려 외침 막는 원정군 역할도 겸하였다. 명종은 다시 한 번 윤인첨을 원수로 삼아 진압군을 서경으로 출정시켰다. 기탁성을 부원수로 삼고 진준을 좌군병마사로 경진 추밀원사를 우군병마사로 하는 대규모 병력이었다. 이는 고려가 외침에 맞서던 거국적인 원정군의 편제였으니 당시 황실과 군부의 서경반란에 대한 위기감이 얼마나 컸는지를 보여주는 것이었다.

명종 4년 1174년 12월 29일 왕은 정중부 문하시중, 경진 지문하성사를 임명했다. 경진 관직은 30여년 지기(知己) 문하시중 다음서열 1176년 중서시랑평장사다.

황제을 시해한 위위경 이의방에 적개심을 품어 참살한 정균의 거사 갈등

· 적개심

정균이도 위위경에 대한 적개심이 크다며 조정과 군부를 틀어쥐고 국정농단 하였고 황제를 시해하라고 명을 내려 대역부도한 죄를 저질렀다. 정균은 거사를 같이 하자고 제안하지만 경대승은 아니 들은 것으로 하자.

황도군에 서경 유수 조위총의 반란군 퇴각

· 서경반란 진압 중 위위경 이의방 참살소식에 두경승 장군 회군

정균은 부관 종참과 서경반란군 진압을 위해 출정하려던 이의방 위위경을 참살하였다. 이의방 출전 직전 참살돼 서경반란군 진압에 혼란을 겪다. 두경승 장군은 정균의 이의방 위위경을 참살한 소식으로 서경반란군을 진압 도중 황도 정리를 위해 회군했다. 경대승은 정균에게 조정과 사직을 위해 대의로 위위경을 참살하였는가 하며 정균을 무시하며 그냥 지나가버린다.

대의를 위해 중방을 칠 교위 허승의 조정과 군부장악은 경거망동

· 의종 시해한 자 이의민의 부월로 대의 차지 대결 만류
교위 허승은 벌떡 일어서며 경대승 견룡행수께오서 거병을 않으시겠다면 소관, 더는 견룡행수를 따르지 않을 것입니다. 하고 휙- 나가버린다. 반면 대정 김자격은 경대승을 보며 행수, 허 교위가 다른 마음을 먹었다면 후환을 없애야 하지 않겠사옵니까. 견룡행수 경대승은 고개를 좌우로 저으며 허 교위가 대의를 버리고 내게 등을 돌리지는 않는다.

* 견룡행수(牽龍行守) : 고려 시대, 대궐이나 관아, 군영 등을 지키는 무관을 이르던 말을 견룡(牽龍)이라 하였고, 행수(行守)는 고려와 조선 시대, 품계와 다른 직임을 줄 때 쓰던 호칭이다. 또한 그 제도 품계가 직임보다 일품 이상이 높으면 행(行), 품계가 직임보다 일품 낮으면 수(守), 이품 이하가 낮으면 시(試)라 하였다.
* 대정(隊正) : 고려 시대, 무관 벼슬의 하나. 종구품의 최하급 군관으로 2군(軍) 6위(衛)에 각 사십 명, 의장부(儀仗府)에 열 명, 견예부(堅銳府)에 네 명을 두었다.*
* 교위(校尉) : 고려와 조선 시대, 오 · 육품 무관의 벼슬에 붙이는 칭호를 이르던 말이다. 현 공무원 소위 7급(병), 중위 7급(을), 대위 7급(갑), 소령 6급, 중령 5급

경대승 후견인 대장군 두경승 예견, 대의명분 무인보다 정치그릇 추천

- 사병 제도(私兵制度), 도방 정치 예견 대의보다 충정 권유

경대승은 두경승과 활을 내는 사이 과녁 한가운데 화살이 퍽- 꽂히며 두경승은 활을 내려놓으며 내 20세 약관의 나이에 견룡행수에 오른 자네 소문은 익히 듣고 있었네. 시생 또한 두 장군께오서 참된 무인이라는 명성을 들었사옵니다. 두 장군을 귀감으로 삼아 대의명분을 행하는 무인의 정도의 길을 걸을 것이옵니다. 내 보기에 견룡행수 자네는 무인이 되기보다는 정치를 할 그릇이구먼. 경대승, 두경승이 내려놓은 활에 화살을 재어 과녁을 향해 날린다. 퍽 하고 힘차게 과녁한복판에 화살이 날아가 꽂힌다. 경대승, 두경승 대장군이 대의를 버리고 충정 채우라는 말을 되뇐다.
(황도 성문 앞 길 낮, 경대승과 김자격, 군마를 타고 급하게 성문을 빠져나간다.)

계주 견룡행수 경대승, 계원 대정 부관 김자격, 계원 교위 허승 간 대결

· 정균 부관 종참 위위경 이의방 참살로 계원 소집 및 해산-
정균 부관 종참 위위경 이의방 참살로 계원 소집 및 해산은 없

었던 일로 한다.

 * 위위경 : 상장군 대장군이 지휘하는 군 고려 육위의 하나이며 고려 시대 18등급 중 여섯 번째 등급 종삼품의 벼슬, 왕이 내리는 이품이상 벼슬, 경이다.

정균 황명 참칭 태자비 출궁시켜 폐출 및 대결

 · 대역죄 이의방의 여식으로 태자비 강제 출궁-
 정균은 이의방의 여식 태자비를 황명 참칭하여 강제 출궁시켜 폐출시킨다. 명종 모후(母后) 공예태후에게 태자비를 황궁 밖으로 뫼시었습니다. 말하자마자 닥쳐라 당장 물러가라. 불경죄는 태자비를 밖으로 끌어낸 다음 받겠습니다. 경대승은 반역 도모하려하는가 제압으로 포기한다. 정균은 이의방 위위경을 참살한 후 이의방 형 이준의 등을 제거하기 위해 추포한다.

 * 공예태후 : 공예태후 임 씨(恭睿太后 任氏, 1109년 음력 9월 7일~1183년 11월, 73세)는 고려의 17대 왕 인종의 셋째 후비, 아내이자 장남 18대 의종, 삼남 19대 명종, 오남 20대 신종의 어머니이다. 본관 전남 장흥(長興), 시호는 공예(恭睿)이다. 고려 시대, 중서문하성의 종일품 벼슬 중서령(中書令)을 지낸 임원후(任元厚)의 딸, 문하시중 이위(李瑋)의 외손녀다. 1129년 왕비로 책봉되어 연덕궁주(延德宮主)의 호를 받았다. 인종의 총애를 받았다. 전라남도 출신으로 고려 여인이라 불린다.*

댁에서 부친 위중하다는 급보

· 병문안

김자격 부관이 위위경과 다른 길을 걸을 것입니까 하자 경대승은 내 이제껏 군부의 요직을 누리신 가친 덕에 궁핍하여 본 적이 없었거늘 내 어찌 가슴으로 백성들의 굶주림과 핍박받는 억울함을 알 수 있겠는가 하며 내심을 털어놓는다. 나 또한 손에 권력을 쥔다면 위위경의 전철을 밟게 될 것이야 내 당분간은 두경승 대장군이 내 가슴속에 대의를 버리라고 말씀하신 뜻을 깊이 새길 것이야 하고 생각하는 순간 견룡군사가 달려와 댁에서 급보이옵니다. 경대승은 놀라며 하던 일을 멈추고 급히 부친 댁으로 병문안을 가기위하여 서두른다. 부친 경진에게 급히 위중하시다는 전갈을 받고 왔사옵니다. 찻잔을 집어 던지며 아비를 죽일 작심하였느냐 먼저 번은 위위경 댁에 월담을 하더니 이번은 해주가문과 척을 두면 너는 물론 이 아비까지도 살아남지 못한다. 정균이에게 사죄하라. 그러지는 못하옵니다. 공예태후를 겁박하고 태자비 전하를 욕보이는 불충을 저질러 놓아서 불충에 조아릴 수 없사옵니다. 견룡행수로 직분을 다했을 뿐입니다. 태자비 출궁시키기 위해 거짓 병환으로 소자를 불렀었습니까? 간적들의 소행이니 아직 소임이 남아있어 황궁으로 돌아가겠습니다.

* 청주경씨 시조 경진(1119~1177 59세, 1126~1177 52세, 나이 두 설이 있는데 후설이 일반적인 고려중기 무신)은 동사강목(東史綱目) 제8상. 고려 예종 기해己亥 14년(송宋[北宗] 휘종徽宗 연호年號 선화宣化 원년, 요 천조제 천경 9, 금 태조 천보 3, 1119)에 출생하였다. 고려 명종조에 관官이 정의광정대부평장사문하성사正議匡正大夫平章事門下省事에 이르렀고 우군장右軍將

으로 서경西京 반적反賊 조위총趙位寵을 토벌했다. 묘墓는 청주의 모산茅山(잔디 띠로 입혀 만든 인공 산)에 있다. [출처 :『청주 경씨족보』, 상권, 1983년] 청주 고향 청주시 남일면 효촌리 현 모산(茅山, 인공 산)이다 · 관산(關山, 고향 산) 뒷산에서 호랑이를 잡기 위해 함정(陷穽)을 파, 호랑이를 잡았다. 동네에 전파, 청주목사에까지 알려져 왕궁이 있는 개경에서 경군을 모집함에 청주목사 김청식이 경군으로 추천하여 왕궁을 호위하는 경호부대 경군으로 출발하였다.

　출세의 가도를 달리기 시작하기를 잦은 예성강 해변 왜구 출현에 참전하여 퇴각시켰다. 1174년 서경에서 병부상서와 서경유수를 겸하고 있던 조위총이 무인의 난을 부정하며 난을 일으켰다. 동지추밀원사로 명종 4년 9월 조위총의 반란을 토벌하는 관군의 지휘관으로 그해 1174년 12월 29일 지문하성사에 올랐던 것이다. 제2차 조위총의 난을 평정으로 중서시랑평장사 윤인첨 원수, 1차 이어 경진을 우군병마사 출전해 1176년 제2차 조위총의 난 평정하여 그 공으로 중서시랑평장사가 되었다. 아마도 조위총 토벌에 대한 공으로 여겨진다. 그 후 정중부 집권기에는 중서시랑평장사에 역임한다. 무인정권시대에 들면서 최고 지배계층에 속하게 된다. 1170년 무신란으로 온건파 정중부(1106~1179, 74세)가 18세 위로 함께 해온 온건파로 이 분이 아들 경대승 장군의 부친이다. 경대승은『고려사』에 가사를 돌보지 않았다고 하였기에 부친 경진, 식읍으로 받은 재산을 사후 전부 나라에 헌납하고 왕이 내린 벼슬 정삼품 왕의 출납을 하는 승선도 거절하고 전력 사병숙소, 숙식소라고도 하는 도방에서 도방 군사와 함께 숙식하였다. 경대승 부인과 혼인관계에 대해『고려사』무인 자녀가 다 있는데 반해 경대승만은 자녀가 없다. 사실이 아닌 일설로 출처 불분명하지만 경대승 부인 경주최씨(慶州崔氏)이다. 그 시조는 신라 기원전 1세기 돌산고허촌장 경주최씨 시조 최소벌도리(崔蘇伐都利)가 박혁거세 거서간 출생 발견(기원전 69년) 양육 즉위 박혁거세의 장남 박특(朴忒)이 신라 개국공신이며, 중시조는 신라 말기 문신 최치원(崔致遠)이다. 석탈해왕릉은 이씨 시조이자 양산촌장 이일평의 무덤이다. 경진의 딸의 외손 경렬공景烈公 김준(金晙, 안동인 중서시랑평장사, 상장군에게 경주최씨 딸이 출가한다. 모 경씨母慶氏의 외손명은 김중구(金仲龜)이다. [경주최씨 출처 : 韓國金石遺文 金仲龜 墓誌名 白碑]. 무신란 중요인물이며 정중부의 벗, 이소응 딸은 경진 자부다. 경대승의 남동생이 이소응 딸과 결혼하여 경진은 며느리, 자부이고 이소응 딸은 경대승의 제수(弟嫂)로 이소응과 경대승은 친인척(親姻戚)간이다. 중서시랑평장사가 직위 상장군 종1품 문하시중 바로 다음 정2품이다. 정중부만 해도 대정으로 고려 2군 응약군 일명 공학군 출신 무신정변 후 참지정사였다.

무인시대 극중 행적으로 경진은 경대승의 아버지 역할은 다음과 같다.

의종이 폐위된 후 개최된 중방 회의에서 이의방과 이고가 대립하는 모습을 보며 "참으로 개판이구만!" 하며 한탄하는 모습으로 첫 등장한다.

두경승을 아들의 후견인 · 지도자 · 멘토(mentor)로 삼는다든지, 정중부의 의중을 잘 파악하는 등 노장파 중에서는 비교적 머리가 꽤있는 편이지만 가문의 안위를 제일 중시하나 대의를 마음에 품고 굽힐 줄 모르는 경대승이 이의방과 정중부, 정균등과 대립하는 행동을 보이는 것에 가슴을 졸인다.

본래 정중부의 온건파에 소속되어 정중부와 30년의 지기知己이며 마찬가지로 정중부의 벗인 이소응과도 사돈인 관계로 정2품 중서시랑평장사를 지내 이의방과 정중부의 대립 때부터 정중부의 편에 서서 함께 해온 만큼 사실상 정중부가 완전히 권력을 장악한 후 정중부 일가를 제외하면 2인자에 오를 정도로 기반이 튼튼했고, 가문의 위상 역시 정중부가 집권하고 나서는 더 높아지나 싶었지만 아들 경대승이 의기를 굽힐 줄 몰라서 정중부, 정균에 대적해 정중부의 눈 밖에 나가 버린다.

그로 인해 정중부에게 수십 년 지기의 우정에 매달려 아들 경대승에게 관직을 달라고 애걸복걸하는 신세로 전락해버린다. 결국 한 때 지기의 아들에 불과하며 조카처럼 편히 대하던 정균에게까지 대놓고 모욕을 당하고 비굴하게 무릎을 꿇는 굴욕까지 겪고, 사위 승선(承宣) 송유인은 노골적 전답의 절반을 달라고 요구에 이른다.

이런 수모를 겪고 자신이 어쩌다가 청탁이나 하는 신세가 되었나 하고 한탄한다. 화병으로 말을 타려다가 낙마한 후 가노와 함께 돌아와 집에서 시름시름 앓으며 경대승에게 해주 가문과 척隻(외짝)을 두게 대적하지 말라고 부탁하고 죽는다. 자신의 말을 듣지 않는 장남인 경대승과는 자주 다툼이 있었지만, 죽기 직전도 아들의 앞날만을 생각하며 병문안 온 상장군 두경승에 후견인으로 아들 경대승을 돌봐 달하고 유언해 출세욕과 탐욕이 강한 권신이나 아들 사랑만은 지극한 아버지이다.*

* 도방 : 최초 설립자로 사병제도, 원래 사병들의 숙소를 가리켰다. 경대승은 직접 도방군사와 같이 자며 숙식을 한 후에는 숙위대의 명칭으로 사용했다. 도방을 사칭하여 권세를 이용해 농민 약탈 살생 폐단이 늘어나자 경대승은 특권으로 신변보호, 반대세력 숙청, 비밀탐지로 이용하고 또한 이들을 관청에 체포된 자를 옥고에서 풀어주는 악순환이 일어났다. 경대승이 사망하자 도방 군사를 죽이거나 섬으로 귀양을 보내 살아남은 자가 서너 명에

불과했다. 그러나 최충헌은 집권하자 도방을 강화하여 최우 최항 최의 4대까지 아들 손자에 이르게 60년 최씨 정권과 도방·교정도감을 두었으며 김준 초명 김인준이 원종의 친몽 정책 반대하자 임연이 처형, 도방 삼별초 임연의 아들 마지막 무신정권집권자 임유무(1248~1270, 삼별초 해산) 부자와 집권기까지 도방 무인정권 1세기동안 지속되었다. 도방은 무인정권 몰락 때까지 계속되었다. 세계역사로 볼 때 동시대 세계 조류의 각국들도 도방정치를 한 점으로 보아 도방은 의의가 크다고 할 수 있다. 도방은 역사적으로도 가치가 크다. 오늘날에도 도방의 흔적을 볼 수 있다. 오늘날 현실 도방 조직의 사례로 남은 청와대 경호부대와 특수부대가 본으로 각 국가들의 대통령 경호원은 사병에서 관군으로 확대하여 발전하였으므로 도방 역사를 잇는 한 획이라 할 수 있다.

폐주 의종 시해 선황제로 복귀한 국상 격론

· 사흘간의 복상으로 국상

황상폐하가 폐주의 선황제 국상을 복권하는 윤허를 하시었으니 복상을 결정합시다. 재상 문극겸은 폐주의 시신조차 찾을 수 없으니 국상을 간소하게 치르는데 속히 묘호와 시호를 정해 폐주를 선황제로 복귀시키는 일을 서둘러야 할 것이오이다. 염신약 문신들도 통탄하게 동의한다. 정중부는 사흘 복상으로 폐주의 국상을 치르는 것으로 조정의 뜻을 정하겠소이다.

경대승 대 정균 갈등이 경진 대 삼십 년 지기(知己) 문하시중 정중부로 번짐

- 비량지흔(卑梁之釁) : 사소한 일로 전쟁을 일으키다, 아이싸

움이 어른싸움 된다.

　자기 패거리 서로 싸움을 한다는 골육상쟁(骨肉相爭)이 된다. 속담 '아이 싸움이 어른 싸움 된다.'는 말은 대수롭지 않은 일이 점차 큰일로 번짐을 이르는 말이 되듯 정균과 경대승간 정중부와 경진 간 싸움을 말한다. 이 작품은 한국 전쟁을 배경으로 하고 있는데, 작품의 제목인 '나목'이란 바로 고난에도 굴하지 않는 생명을 지닌 표현으로 전쟁으로 인해 정신적 물질적으로 헐벗은 삶을 살 수 밖에 없었던 우리 민족의 모습을 상징한다 하겠다. 물론 그러한 헐벗은 삶의 모습이 추상적으로 제시되는 것은 아니며 인물들 간의 갈등을 매개로 하여 그려진 내용의 박완서 소설 1970년 40세의 나이로 여성동아에 작가가 겪은 6.25전쟁의 체험이 형상화 되었으며, 예술에 대한 열정을 가진 삶과 대비를 이루어 이야기가 진행되며, 삶의 진정한 가치를 찾기 위해 분투하는 모습이 형상화 된 장편소설 '나목'이 당선되어 문단에 나온 그는 거기에서 수빈이가 사내애들과는 어울렸다 하면 얻어맞고 들어오기가 일쑤였다. 이럴 때마다 할머니가 고래고래 역정을 들고 때로는 수빈이를 때린 아이를 할머니가 대신 때려주는 일, 비량지흔(卑梁之釁·衅)-아이들 아이들 싸움이 어른들 싸움이 되었다. 또한 골목에서 석필을 가지고 뭔가 그리면서 놀다가 싸움이 붙었는데 마침 퇴근하던 오빠가 보고 싸움을 말리려고 했지만 나는 든든한 백이 생긴 김에 그 애에게 마지막 일격을 가한다는 게 얼굴을 할퀴었고 아이 싸움이 어른 싸움 됐다. 다음 같다.

　정중부는 경진 지문하성사, 나랏일 앞서 자제분 잡도리를 잘하시어야겠습니다. 경진은 의아해 하며 문하시중, 그 무슨 말씀이오입니까. 지문하성사 경진에게 견룡행수가 조정과 군부에 처결한 일을 가지고 불만을 품고 있다고 들었소.

　시절이 하도 어수선하거늘 괜히 오해 살 일이 없도록 해서 미리 귀띔해 드리는 것이니 깊이 새겨두시구려. 경진은 아들 경대승을 보자 내 세월을 겪어보니 혈기 방장한 의기만으로 세상을 살수만은 없다. 때로는 몸을 낮추고 머리를 조아릴 줄도 알아야 하는 것이야. 불의에 굴복한 대가로 부귀공명을 누려본들 무슨 보람이 있겠사옵니까. 소자, 그리는 못하옵니다. 경진은 아들 경대승과 정균 둘을 만나게 마련한 자리에서 교우를 쌓아 가도록 하라며 서로 잘 지내게 화친하라고 강하게 부탁 하며 경진은 경대승과 정균만 남겨놓고 자리를 비운다. 정균은 내 가랑이 발밑을 기어가라. 뭐라고, 경대승은 뭐라고 하며 칼로 정균의 목을 겨눈다. 정균은 흠칫 놀라보고 부관 허승은 재빨리 보호하듯 막아선다. 경대승은 기어간다면 참았다고 할 것이고 기어가지 않는다면 이검으로 소장의 목을 베라 아니면 한줌도 안 되는 권력을 휘두르지 말라. 알았네. 술이나 앉아서 한 잔하게나. 일 없네. 이만 돌아서 가버린다.

경진, 견룡행수 수모 참지. 정균과 밥상 대화 엎자 이런 쇠고집 보았나하며 질책

· 충성 맹세 강요

지문하성사 경진은 아들 경대승에게 반복해서 질책을 한다. 경진과 아들 경대승간 부자간에 정균의 권력에서 자기 패에서 일어나 싸움질하는 자중지란(自中之亂)이 계속된다. 독려하기를 화친을 하랬지 차려준 밥상을 뒤엎어 대결을 하라 하였느냐며 질책을 가한다. 해주가문에 충성맹세를 강요하는 것은 안 된다며 충성맹세는 무인이 오직 황실에 하는 것이지 해주가문에 하는 것이 아닙니다. 또한 소자 청주가문에 부귀영달이 아니라 이름 석 자를 물려주고 싶사옵니다. 애비를 가르치려하느냐 아니면 어떻게 현재 사령관으로 고려 시대 대궐이나 관아, 군영 등을 지키는 무관들 중에 우두머리 견룡행수(牽龍行首)가 되었겠느냐. 아비 덕을 입었으니 자식 대대손손 물려주어야 할 것이 아니냐. 이런 몹시 검질기게 센 고집 쇠고집 보았나. 정균이에게 이 애비가 무릎을 굽는 것을 보고 싶은 것이냐.

정중부는 크게 될 그릇이니 염려되어 관직을 박탈해 싹을 미리 잘라

· 대장군 정균 부관 허승 견룡행수, 경대승 장군 외직으로 교체 정중부는 지문하성사 경진에게 이것이 무엇이오이까. 전답문서들이옵니다. 우리 청주가문의 전답들 중에서 소출이 높은 기름진 전답들만으로 골라 바치는 것이옵니다. 의아하듯 보며 헌데 이 문서를 어찌 내게 주시는 것입니까. 문하시중 비장(祕藏)하게 시생, 맹세컨대 청주가문은 해주가문의 그늘에 머물며 해주가문의 권위에 도전하는 일이 결코 없겠소. 부디 시생의 아둔한 자식 놈의 허물을 덮어주시옵소서. 정중부는 경대승 이는 장차 크게 될 그릇일세. 고려시대 관리 감찰 기관인 어사대의 으뜸 벼슬로 품계는 정3품 어사대부(御史大夫) 대장군 이광정(?~1194)은 경진을 획-돌아보며 지문하성사의 자제가 정균 대장군의 눈 밖에 난 일로 견룡행수의 직에서 물러나 변방을 떠돌고 있는 일을 벌써 잊으시었습니까. 경진은 허어, 어사대부 어찌 옛일을 들추는 것인가. 문하시중의 사직을 막아야한다는 이 말씀이오이다. 경진이 침통한 표정으로 병문안 하고 잠든 듯 보이는 정중부를 보고 있는 가운데 정균은 황상폐하께옵서 어의를 보내시어 진맥을 하고 약을 지었사오니 곧 쾌차하실 것이옵니다. 공사다망하오

신대 제위들께오서 소장의 가친을 걱정하시어 발걸음을 해주시니 감사무지(感謝無地)하옵니다. 경진은 그래, 균이 자네의 효성을 보아서라도 문하시중께오서 훌훌 털고 일어나실 걸세. 너무 걱정 말게.

백성들 입에 난신적자가 된 정중부

・부정부패 난신적자 정중부

망이 망소이난의 촌로는 '정중부는 궤장(几杖)까지 받은 난신적자입니다.' 라고 말한다. 궤장(几杖)은 예전에 임금이 국가에 공이 많은 늙은 신하에게 주는 안석과 지팡이를 뜻한다. 정중부는 치사를 할 칠순의 나이에도 조정에서 물러나지 않으려는 탐욕으로 조정신료들을 부추겨 궤장까지 받았거늘 이 늙은 놈이 아무리 고되다한들 정중부와 같은 난신적자한테 뒤져서야 되겠소이까. 예산 난민 손청은 경대승을 밀정이라고 오판하여 포박하여 체포한다. 경대승은 핍박받는 백성들의 눈물과 탄식을 들었소. 봇물처럼 터지는 백성들의 분노를 보았고 태산을 움직이는 장한 힘을 보았소. 병마사 손청은 끄덕이면 옳게 보았네! 그대 말을 들으니 밀정은 아닌 듯싶네. 허나 내 장차 후환을 없애려면 두 사람을 살려둘 수는 없네! 무장에게 참수하라! 촌로는 손녀와 자기를 구해준 포박당한 경대승을 병마사 손청에게 밀정이 아니라고 살려 달라고 한다.

황상폐하는 장군 청룡도 검을 내려주며
용호군 경대승 장군 임명

- 복직한 경대승 장군 충성맹세

 황상폐하는 검을 내려 장군의 검, 청룡도를 하사하며 용호군대장군 경대승을 임명하고 복직한 경대승은 충성을 맹세하기를 상장군 조원정을 상석으로 두경승, 홍중방, 오광척, 정균, 정세유, 정황재, 이부, 주변에 이영진과 석린 등이 배석하여 군사를 거느리고 도열한 가운데 조원정 상장군은 복직으로 경대승을 대장군 복직 임명을 한다. 조원정이 장군의 검을 황상폐하께오서 대장군 경대승에게 검을 내리시었으니 충성으로 맹세하는가. 맹세합니다. 조원정은 장군 검을 건네주면 경대승은 결연한 표정으로 장군 검을 움켜쥔다. 두경승은 그 모습을 보면서 끄덕인다. 황궁으로 돌아온 감회가 어떠한가. 조정이 백성들의 목숨과 재물을 도적놈들로 가득 차 있으니 황궁 안에 역한 냄새가 진동하옵니다. 두경승은 경 장군에게 은인자중하며 때를 기다리게. 훗날 자네가 아름다리 나무가 될 때쯤은 저들은 이미 말라비틀어진 고목이 될 것이야. 경대승은 연희궁주(延禧宮主)와 수안궁주(壽安宮主)가 금구(金球)놀이하다 금구가 굴러가는데 누군가가 먼저 금공을 주어들 때 수안궁주와 눈이 마주친다. 수안궁주 얼굴위에 환하게 웃던 머루의 얼굴이 겹친다.
 궁주는 옹주와 같은 말이다. 고려 시대, 왕의 부인과 왕세자의 부인을 아울러 이르는 비빈과 왕의 딸 왕녀에게 주던 봉작으로 고려 충선왕 때 옹주로 고쳤으며, 내명부의 작위 공주는 정실 왕비가 낳은 임금의 딸을 말하고, 옹주는 임금의 후궁에게서 난 딸을 말한다. 수안궁주를 경대승이 지나다가 우연히 눈이 서로 맞닥트려 처음 만났던 것이었다. 앞으로 어떠한 종류라는 모종의 섬싱(something)이 이루어진다.

다음은 경대승의 고향 청주를 소개한다.

"청주(淸州)는 고려명종(1170-1197) 때 중서시랑평장사 정2품 청주경씨 시조 경진이며 고려명종 때 무인시대 집권자 아들 경대승 장군의 고향이다. 청주는 고려 태조 23년(940년)청주로 호칭된다. 청주의 유래에서 삼한시대에 마한의 땅으로 백제 시대에 이르러 상당현(낭비성·낭자곡)이라 칭하고 군사적요충지로 신라가 삼국을 통일하자 지리적 중요성으로 인해 왕경을 금성이라고 하고 현재 경주였고, 통일 신라의 지방행정구역 5소경 북원경 원주, 금관경 김해, 남원경 남원, 중원경 충주, 서원경 청주 중의 하나인 서원경으로 승격, 지방행정의 중심지가 되었다. 조선 시대 들어 수운이 발달한 충주가 교통의 요지로 부상함에 따라 청주는 상대적으로 발전이 정체되었으나 1905년 경부선 철도 개통과 함께 발전의 전기를 맞게 되었다. 1908년에는 관찰사가 충주에서 청주로 이전되었다. 1920년 충북선 개통은 지역발전을 획기적으로 앞당기는 계기가 되었으며, 1946년에 청주부와 청원군이 분리되었고, 1949년에 청주시로 승격한다.

그 후 청원군 편입 등으로 커져 1989년 7월에 2개의 출장소 동부와 서부가 설치되었고, 1995년 1월에 출장소가 구(동부 상당, 서부 흥덕)로 승격되었다. 2014년 7월 1일부터 청주시에 청원군이 합쳐서 행정구역 청주시로 재탄생되어 인구 청주시 68만 청원군 13만 명을 합이 81만 명, 4개구 청원구, 상당구, 흥덕구, 서원구다.

도방군사가 될 오척과 남복한 소랑 남매 첫 출현

· 첫 번째 오척과 소랑 도방군사 충성

경대승은 청주지도를 펼쳐놓은 채 부친 경진이 수결한 각서를 보며 깊은 생각에 잠겨있다. 오척과 소량은 두건을 두른 채 관사 쪽을 노려보다가 재빨리 관사대청위로 올라선다.

오척은 불 꺼진 방안으로 소리 없이 들어와 검을 뽑아들고 침상 쪽으로 다가서며 달빛을 받은 검 날이 날카롭게 번뜩이는 가운데, 휘장을 획-젖히는 동시에 경대승 침상에 검을 푹-꽂고 난 후 이상한 느낌에 이불을 젖혀보니 아무도 없었다. 한쪽에서 청주지도와 각서를 보며 깊은 생각에 있던 경대승이 일어나 앞을 막으며 누가 보낸 자객이냐. 전광석화처럼 달려들어 범수(犯手, 남에게 먼저 손찌검함) 있는 검술로 경대승을 공격하다가 검을 놓쳐 떨어뜨리고 바닥에 쓰러졌다가 몸을 일으키려는 순간 어느새 오척의 검으로 목덜미를 겨누며 네 조정에서 보낸 자는 아닌 듯 어찌 월담을 하여 나를 죽이려는 것이냐. 새로 부임한 사심관이 해주가문에 뇌물로 바치기 위해 새로 일군 전답을 몰수할 것이란 소문을 들었소. 이놈 땅을 빼앗기지 않으려고 자객질을 한 것이오. 경대승은 손을 들어 김자격을 말리며 자식 된 자가 어찌 선친의 허물을 벗을 수 있겠는가. 오척의 검을 밀어주며 자네가 나를 죽이려는 명분이 정당하니 이 검으로 청주백성들의 원한을 갚게. 김 교위, 내 죽더라도 이자와 이자의 아우를 무사히 돌려보내주게. 경대승은 '김 교위! 내 입으로 뱉은 약조를 지키지 않는다면 청주백성들은 대대손손 청주가문을 믿지 않을 것이야! 백성들의 신망을 받지 못하는 사심관이 무슨 소용이 있겠는가. 오척을 보며 결연하게 자 어서 나를 베게 각오한 듯 눈을 감는다.'
오척은 검을 치켜들고 경대승 앞의 탁자위에 퍽-꽂아버린다. 눈을 뜨고 보며 어찌 나를 베지 않는가? 사심관께서 약조를 지켜주시었으니 이놈 물러가겠사옵니다. 허나 사심관께오서 오늘밤 일을 잊으시고 선친의 전철을 밟으신다면 이놈 다시 올 것이옵니다. 자네 이름이 무엇인가? 오척 이라하옵니다.

부친 전 재산 한 뙈기 땅도 남김없이 나라에 바쳐 백성 청렴결백함 탄복

- 경대승, 사망한 중서시랑평장사 부친 경진 전 재산 나라 군부 선군에 바침

『고려사』에 경대승 장군은 전답을 한 뙈기 땅도 남기지 않고 나라의 군부에 바쳐 기록에 경대승 장군은 사심관의 전답을 나라의 군인전에 바치고 청렴결백한 생활로 백성의 사표가 되었다. 청주변란은 청주가문 전답을 군인 선발하고 군인전을 지급해주는 관청 선군도감에 바쳐 백성들에게 나눠주는 계기가 되어 백성들이 청렴결백에 탄복하였다고 전한다. 사후에 살고 있던 집에 남아 있는 것은 초가, 말먹이와 쌀 한가마니 뿐이었다. 얼마나 청빈한 생활을 하였는가를 보여주었다.

경대승 장군은 자다가 정중부라고 외치며 만인이 우러러 보는 정권을 손에 쥔 채 5년 집권 도중 나이 30세 병사하였다. 더 사셨다면 도방 정치를 하고 전 재산을 나라에 바쳐 청렴결백 근검절약 경제부흥을 일으키고 외유내강하여 이웃과 이웃나라에게까지 번져 누구도 넘볼 수 없어 내란과 외침을 막는 이중효과를 얻은 점으로 보아 일본의 침략은 상상도 못할 것이었으며 그대로 답습되어 남북통일은 저절로 되었을 것인데 안타깝다. 경대승 장군은 1179년 9월 기해정변을 일으켜 정권을 잡는다. 자다가 정중부 외치며 정권을 손에 쥐고 5년 집권 중 병사했다.

조선 시대, 1884(고종21)년 조선 말기, 독립적인 정부를 세우기 위하여 일으킨 갑신정변 때 형조판서로 임명된 개화파 김옥균을 중심으로 김옥균 박영효 홍영식이 일으켜 정권을 잡았던 개화당이 3일 만에 민씨 수구당과 중국 청나라 군사의 반격으로 실각한 사건으로 글자그대로 갑신정변의 삼일천하도 있다. 앞서 본 부친 남긴 일기장 '잠시 권력을 잡았다' 삼일천하다. 짧은 순간 삼일천하 정권 5년 잡았다.
　경대승장군은 갑자기 꿈에 정중부가 나타나자 놀라 경기를 일으켜 심장마비로 돌아가셨다. 경대승 장군이 떠나가실 때 개경 황도 길가 백성들은 울지 않는 자가 없었다고 한다. 경대승 장군은 1179년 9월 허승과 맺은 혈맹과 의기투합하여 기해정변 일으켜 정균의 부관이며 견룡행수 허승이 먼저 경대승이 시키는 대로 적장을 제거하여서 자연히 경대승은 나머지 잔적과 전쟁터 같은 유혈사태가 벌어지지 않을 수 없었다. 그런 상황에선 누구도 마찬가지다. 허승이 첫 깃발을 꽂았다.
　부친 전 재산 선군에 바쳐 백성 탄복은 청빈한 생활을 낙으로 알고 몸소 실천하여 좋은 선례가 되고 있다. 더 사셨다면 비전 왕정복귀의 복고주의, 청렴결백, 문무동등대우, 가난한 백성 구휼미창출, 경제시장 도입 도량형 통제 등, 본을 받아 사심이 없고 공심만 있어 남북통일은 물론 우리나라가 한층 더 발전이 되지 않았을까.
　경대승 장군은 청렴결백으로 비전 세워 앞날을 예측한 도방 정치를 하여 백성들이 평소 따르게 공론화된 마당에 양방 도방이 중방을 아우르는 속, 명종 무인의 난으로 등극한 권위에 맞서 복고주의를 외치는 왕정 복귀하게 도방 정치를 하시었다.
　또한 모든 사람의 귀감이 됨은 물론 우리나라 역사에 아니 세계역사에 결코 뒤질 수 없는 무인 대장군으로 동등한 세계 추세로써 국외로는 주변나라 송나라 금나라 일본 유럽 러시아 등까지 통치력이 널리 알려져 당시 국내에 당파는 물론 없었고 외침이 없었기에 전쟁을 억제하는 효과가 있었다.

　결국 외침을 막는 역할을 하여 경대승 장군은 비전제시 개혁자 이자 전략가이었다.

　병사 직전 유언 '북쪽 오랑캐 때문에 차마 눈을 감지 못하겠다.'로 입증되었다.

　무인시대 후계자 이의민도 문무가 출중한 당시 개경에 있는 경대승 장군 소문으로 알려져 무서워서 피해 자기고향 경주에 있었고 명종 왕이 내린 형부상서 직 임명도 거절하였다. 경대승 장군의 다음 정권으로 이어지는 대적할 자이었는데 그나마 왕래할 수 있었던 것은 경대승 장군의 후견인 상장군 두경승 경호로 조위총 서경반란 참전에 잠간 명종을 대면해 경대승이 무서워 고향경주 되돌아 갈 수밖에 없었다.

　당시 국내외는 물론 주변나라들까지도 넘보지 못할 정도였다.

　경대승 장군은 도방정치의 정치가 근검절약을 하여 경제부흥을 일으켜 시장에 되와 말을 사용하는 도량형제도를 만들어 시장을 감독하게 도방 앞장 중방이 협력하여 시장원리를 도입하여 경제질서를 잡아 오늘날 대기업총수 역할로 부흥과 나라 다스리고 백성을 구제하는 경세제민(經世濟民) 운영의 경제정책을 당시 수행하였다.

　경대승 장군은 과거제도와 같은 음서제도에 합격하여 문인들의 추앙을 받아 백성생활개선과 정서문화를 창조하여 흐름을 바꾼 사회문화개혁가다.

　고려를 이끌었고 고려시대 과거제도와 부친 경진 중서시랑평장사 정2품으로 귀족계급에서 선발하는 음서제와 과거제 두 톱 중 고려인재를 우선 등용하는 음서제에 경대승 장군은 선발돼 어떤 사회에서 우수한 능력이 있거나 높은 지위에 올라 지도적 역할을 하는 사람 엘리트(elite) 장교로 문무를 겸한 지도자였다.

경대승 장군은 최초 경호인을 둔 제도 사병 제도 즉 도방을 설치한 사람으로 백성과 더불어 도방 정치를 하였다. 그러므로 전 부문 정치 경제 사회 문화를 개혁한 지도자였고 내외정세도 강하였다.

여기서 내는 국가 외는 주변나라를 말한다. 그래서 2003년과 2004년에 이어 KBS1TV '무인시대' 방영 유동윤 극작가는 시청자들에게 보여주기 위해 전체 158회 중 53회 34%를 경대승 장군 편에 '무인시대' 3분의 1이 넘는 횟수로 나타냈다.

본 무인시대 경대승 편 저작권자 유동윤 저자권승인서 2012년 4월 20일이다. 5년 만에 '무인시대' 경대승 편 출연진 KBS PD 신창섭 무인시대 감독, 경대승 역할 박용우 무인시대 장군공 대역 배우 두 사람에게 청주경씨중앙종친회에서 2017. 2월 감사장을 주었다.

이 기회에 역사를 알리어 국민교육을 승화시켰고 역사의 한 페이지에 큰 획을 그었다. 당시 얼마나 백성들이 따랐고 어떻게 도방 정치를 하였는가를 보여 주었다. 또한『고려사』에 권위로 명종이 미워하는데도 왕을 받드는 문제 집권자로 충신으로『고려사』와『고려사절요』의 여러 사람의 전기를 차례로 벌여 기록한 열전(列傳)에 기록돼 효를 바탕으로 한 임금, 스승, 아버지의 은혜는 다 같음이라는 군사부일체(君師父一體)를 구현하였다. 경대승, 전 재산 나라에 바치고 도방군사가 부정 축제한 무인재산을 거둬 가난한 백성구휼미 창출하는 경제 순환 정책과 사칭한 도방 군사를 도방 군사라고 해 비적(匪賊, 도둑)이라 명종 권위로 억압해 병사한다.

경대승 장군은 전 재산을 고려 시대 병력을 징발하는 조직 선군도감에 군인을 선발하는 군인전을 운영하게 나라에 바침으로 집에는 고작 초가집 한 채와 쌀 한 섬뿐 그 외 말먹이 밖에 없었다는 하여 청렴결백함을 나타내어 경대승 역사를 기려 방영한 '무인시대'는 사례 중심의 역사대하드라마 방송이 『고려사』의 실화이다.

청주 어느 거리 군사들이 방문(榜文)을 붙이고 있다

· 경대승 부친 경진 재산이 조의총의 난 등 평정한 공을 식읍으로 받은 공신전

『고려사』에 따르면 경대승의 부친 경진은 남의 토지를 탈점하여 넓은 땅을 소유하였는데 경대승은 부친 사후에 경대승이 빼앗은 토지를 돌려주자 모두가 그의 청백함에 탄복하였다고 기록되어 있다.

군사들이 방문(榜文)을 붙이고 있다. 유생이 보고 경대승 사심관께오서 전답을 돌려주신다하오. 이 사람 사심관 경대승이오! 내 청주백성들을 뵙자고 한 뜻은 청주가문에서 거두어들인 전답들을 원주인들에게 돌려주기 위함이오! 청주가문에서 지난날 창검을 앞세워 백성들을 핍박하고 수탈한 잘못을 사죄하는 뜻으로 선친에게 물려받은 청주가문의 전답들을 모두 군인을 선발하고 군인전을 지급해주는 관청 선군도감(選軍都監)에 바쳐 백성들에 나눠줄 것이오! 내 선친께오서 청주백성들에게 지신 빚을 내대신 사죄할 것이니 넓은 아량을 베풀어주시오! 결연한 표정을 무릎을 꿇고 정중하게 이마를 땅바닥에 조아려 백성들 앞에 정중한 사죄의 예를 갖춘다.

청주백성들은 당혹스럽게 보다가 누군가 '사심관 만세'를 외치면 백성들 와 － 함성을 지르며 '사심관 만세－만세－만세－'를 외

친다.

이와는 반대 목소리도 있다.

창작 앞서 경대승 부친 경진은 청주에서 함정으로 호랑이를 잡아 소문이 동네에서 김청식 청주부사에게 알려져 왕궁이 있는 개경 서울에서 경군을 모집하자 추천을 하여 뽑혀 왕궁 경군으로 들어가 승승장구하여 예성강 하구 근해 침입한 왜군을 수차례 무찔렀던 공으로 하사 받은 전과 오늘날 평양 당시 서경유수 조위총은 의종을 시해하고 무인시대 왕을 옹립하게 한 명종을 반대하는 무인시대 반란세력에 우군병마절도사 지휘자로 무찔렀던 공으로 하사받은 전으로 나라에서 정식으로 받은 고려시대 공신으로 책봉된 자에게 청주가문에서 지난날 창검을 앞세워 백성들을 핍팍하고 수탈한 재물이라 하였는데 이는 사실 공로로 지급한 토지 식읍(食邑)이라는 공신전(功臣田)이었다. 경대승은 부친 경진이 공신전으로 받은 것을 부친 사후, 사람으로 마땅히 행하거나 지켜야 할 큰 도리 대의(大義)를 품고 깨끗이 청렴결백하게 부친이 모운 군인전을 나라에 바쳐 그 후 집권하는 대의 큰 뜻을 이루고자 하였음으로 이 말이 진정성이 있다.

이로 인해 경대승 장군의 중서시랑평장사 정2품 부친 경진이 '백성들의 토지 땅을 강제로 빼앗다.'는 말 표현은 전을 바치는 우선 목적이었기 틀린 말인지도 모른다.

청주변란

· 토지를 원주인들에게 반환에 개경백성과 청주백성 간 대결로 100명 사망사건

경대승 장군은 겸직 청주사심관으로 토지를 원주인에게 전답문서를 나누어 준다.

정중부는 정균에게 싹을 미리 잘랐을 것을 복직시켜 사심관 자리를 내어준 것이 불찰이다. 아버지, 소자가 청주가문이 약조한 전답을 받아내겠사옵니다. 균아, 이미 손가락 사이로 빠져나간 물을 무슨 방도로 되 담을 수 있다는 말이냐. 예전에 청주가문에서 백성들의 전답들을 빼앗은 방식으로 찾으면 될 것이옵니다. 강제로 빼앗는다 하자 경대승은 '내 선친께오서 청주가문의 땅을 내어주시기로 약조를 하시었다고는 하나 청주백성들 원주인에게 전답을 나누어주어 지금 청주가문에는 전답은커녕 한줌의 흙도 없소이다.' 한다. 내 이 돌밭을 일군 연후에는 약조대로 반을 내어드리리다. 돌밭을 일구며 날이 저물기 전에 일을 마쳐야하니 정균에게 이만 물러가시오. 정균과 정세유는 군사들과 토지를 뺏으려 청주백성을 사람이나 짐승을 무참하게 마구 죽이는 도륙(屠戮)을 낸다. 오척과 소량은 청주백성들과 경대승에게 몰려와 사심관을 더는 믿지 못한다 하자 스스로 청주백성의 전답을 지키라 하며 맞선다.

　청주 돌산에서 경대승과 김자격은 갑주를 벗고 쟁기질로 돌을 파내고 지게로 파낸 돌을 옮기는 등 땀을 흘리며 개간 중이다.

　오척과 소랑은 청주백성들이 달려들어 병장기를 뺏고 정균을 군마에서 끌어내려 무릎을 꿇게 하자 경대승은 대장군을 참살하면 큰 화를 입을 것이고 가문의 먹칠이자 조정영수 문하시중의 아들이니 멈추게 하고 정균에게 소인배들의 짓거리를 하지는 않을 것이라 믿소. 정균 음! 정 대장군 가문의 명성을 걸고 청주백성들에게 약조하실 수 있소이까. 정균, 내 약조하겠네! 말위에 올라 싸늘한 눈빛으로 경대승을 보다가 말머리를 돌려 군사들 병장기를 버린 채 뒤를 따른다.

　청주변란으로 사심관 파직은 청주목부사 조온서, 조정 대장군 박순필, 사심관 대장군 경대승 셋이 파직으로까지 이어진다.

가문재산을 백성들에게 돌려주자 강제 환수에 나선 정균과 가병들이 청주백성과 맞서는 청주소란을 일으켜 결국 경대승은 파직한다. 결국 이런 변란이 경대승 거사에 직접 영향을 주게 된다. 경대승의 청주변란으로 청주사심관 파직은 경대승의 거사로 기회는 송유인이 중서문하평장사 판병부사 추밀사 문극겸과 부사 한문준을 탄핵할 때 정중부 제거가 되며 정권의 몰락을 의미하는 직접적인 영향이 된다.

문하시중 정중부는 왕에게 주청하여 아들 정균을 군부에서 갑주를 벗게 하고 왕의 출납을 맡는 좌승원직으로 막강한 권력을 휘두르는 조정에 출사를 하게 된다.

청주 사심관 관아 마당에서 경대승은 굳은 표정으로 무릎을 꿇고 있고 그 옆에 김자격과 관아 관원들이 서 있다. 칙사가 명종의 칙서를 읽고 있다.

청주사심관 경대승이 가문의 토지를 돌려준 일로 촉발되어 백여 명의 사상자를 낸 청주변란은 명종이 청주목부사 조온서와 대장군 박순필, 청주사심관 경대승 대장군을 파직하는 것으로 일단락되었다.

청주 사심관 관아 앞길에서 청주변란으로 책임을 지고 파직당한 경대승과 김자격은 말위에 올라 황제가 있는 도성으로 고려시대, 수도인 개경을 이르던 말 황도(皇都)로 향한다.

청주변란은 경대승과 조정의 실력자 정중부 부자와의 반목과 갈등의 골이 더욱 깊게 패이게 하였고 혹자는 이 청주변란이 경대승이 거사를 일으켜 정중부를 제거하는데 직접적인 원인이 되었다고 평가하기도 한다.

난신적자 정중부 여러 사람 중의 우두머리 영수(領袖)자리, 대장군과 좌승선원 자식 정균, 사위 송유인 지위가 높고 훌륭한 벼슬 고관대작(高官大爵) 횡포로 부정부패가 날로 심해졌다.

두경승은 경대승에게 조정에 출사하라고 권한다. 경대승은 백성들이 피땀 흘려 일군 전답을 뺏으려는 자가 조정영수자리에 앉아 있고 그 자식과 사위가 조정의 고관대작에 앉았사온데 그깟 썩은 조정에 들어가 본들 무슨 보람이 있겠습니까. 소장 차라리 녹봉을 받지 않을지언정 조정에 출사하지는 않을 것이옵니다. 거사 후에도 정균의 직이었던 좌승선원을 대의를 위해 글을 모른다며 황상폐하 명종이 제수하자 거절하였다는 것과 무관하다고 볼 수 없다.

수안궁주 대하는 경대승과 정균 간 양분된 모습

· 사랑과 봉사로 대하는 경대승과 폭력과 추행으로 대하는 정균
정균은 좌승선이 되었다고 수안궁주의 길을 막으며 조롱한다. 궁주께 문후 드리려고 합니다. 태후전까지 모시겠습니다. 수안궁주는 정균의 뺨을 철썩 때린다. 견룡군을 부른다고 장 상궁이 말하자 장 상궁 뺨을 정균이 때린다. 경대승은 길을 가다 이 광경을 보면서 놓아주시오. 장 상궁, 소인은 괜찮사옵니다. 궁주께 간청드리오니 두 번 다시 좌승선과 맞설 생각은 마시옵소서. 어서 예전에, 황제의 생존한 임금의 어머니 모후(母后)가 머무르는 곳 태후전(太后殿)으로 드시지요.

화가 난 정균은 '경대승, 네놈이 감히 나를 기망해. 오냐, 내 네놈의 수급을 베고 살점으로 젓국을 담을 것이다. 정균은 부관 허승에게 견룡행수, 내 앞에 경대승의 목을 가져오게. 분부대로 따르겠습니다.

경대승을 태자의 난신적자를 척결하는 군사조련 거병 선봉장 인재로 인정

· 국태민안(國泰民安)

태자는 경대승을 난신적자를 척결하는 군사조련 거병 선봉장 인재로 인정하며 또한 황상폐하의 국태민안 인재로 본다. 경대승은 태자전하께오선 백성들이 황제의 성덕보다 연명할 곡식 한 톨이 더 중하게 여긴다면 어찌 하시겠습니까. 요순황제시절로 돌아가 황제가 땅을 경작할 수는 없네. 황제가 선정을 베푼다면 백성들이 배를 골치는 않을 것이어. 태자전하는 경 장군이 군사를 모우고 조련한다면 내 재물을 대어줄 것이네. 경 장군, 내 대의에 따라 주겠는가. 태자전하 거병을 하란 것입니까. 태자전하, 소장에게 생각할 말미를 주시옵소서.

청주변란 후 황도군사들 청주백성 살육과 전답 강탈

· 청주에서 개경 황도로 온 오척과 소랑

경대승 참혹한 청주소식을 소랑의 오빠인 오라버니 오척의 동생 아우 소랑에게 듣는다. 경대승은 내 경건망동으로 청주백성이 참살되고 전답을 빼앗긴 것을 가슴이 아팠던 것을 반성한다. 비록 전답은 잃었으나 장군의 가르침을 따르고자 하여 오척의 상처가 아물 때까지 경대승 집에 머문 다음 이들은 도방에 합류하게 된다.

수안궁주 서찰 뜯지 않은 채 불에 소각

· 백성들이 죽어 가는데 궁주와의 연정은 사치라는 생각

소랑은 비록 전답을 **빼앗겼사오나** 장군의 가르침을 **뼈** 속 깊이 새길 것이옵니다. 네 오라비 오척이 쾌차할 때까지 내 집에 머물도록 하여라.

장 상궁은 지난번 좌승선 횡포에 감사하다는 내용의 서찰이라 하며 수안궁주가 보낸 서찰을 경대승 소장은 글을 모르오니 뜯지도 않은 채 서찰을 불에 태운다. 이 서찰을 근거로 청주가문과 해주가문사이 척이 났으니 황실의 위해가 가해질지 몰라 태웁니다. 장 상궁에게 글을 모른다고 수안궁주에게 전하시오.

경대승은 백성들이 굶어 죽는데 궁주와의 연정은 사치라는 생각을 한다.

수안궁주 혼인 이야기

· 경진 중서시랑평장사 장자 경대승 용호군 장군 황상을 옹립한 명문가문

명종 어머니 공예태후는 명종에게 청주가문을 칭송하며 혼인하겠소. 해주가문 정중부가 적대시 하여 황실혼인이 조정분란이라고 단정하여 반대합니다. 공예태후는 황실에서 해주가문과 혼인을 하자고 하자 나는 반대한다고 맞선다. 혼인관계가 공예태후는 청주가문 명종은 해주가문으로 맞서 서로 엇갈리게 주장을 한다.

허승 시각 두 가지, 청주백성 참살자로 반역, 대의를 위해 희생

· 청주백성 살생자로 경대승까지 포함하자 한판 대결로 무릎 꿇다

허승은 경대승의 수급을 베러왔다. 여자 복색을 한 소랑은 저 자가 청주백성을 참살하였다고 경 장군에게 알린다.

경대승은 피를 나눈 형제이므로 돌려보낸다. 대의를 앞세워 백성을 도륙을 낸다면 반역이다. 정균의 견룡행수 허승은 '이 치욕 반드시 갚는다.'하며 돌아선다.

경대승은 견룡행수 자네 손에 청주백성들의 피를 묻힌 게 참이냐. 대의를 위해서 그만한 희생은 치러야 했소. 자네의 대의가 대체 무엇이건대, 백성들 목숨보다 중하단 말인가. 오냐, 자네가 내 목을 가지러왔다면 견룡행수 네 또한 목을 걸어야 할 것이다.

수안궁주 혼인 반대 두 이유, 부친 상중, 장수는 사직 황실 혼인작위

· 첫째 부친 상중, 둘째 사직과 황실을 지키는 장수는 혼인 작위는 충정 안 됨

경대승 신, 아비를 잃은 상중의 몸인 것이 그 첫 번째 까닭이옵고 또한 신은 사직과 왕실을 위해 언제든 출전하여 목숨을 초개와 같이 바칠 장수이옵니다. 신이 황실과 혼인을 맺는다면 장군에서 물러나 작위 백작을 받게 될 것이오니 이 또한 황상폐하를 위하는 충정이 아닐 것이옵니다. 태후폐하, 신 뜻 깊이 헤아려주시옵소서!

도방시대 최초 출현

· 경 장군 신변보호책 장사 선정 도방시작 알리는 첫 신호, 도방 경호원 성격

경대승은 도방 최초 창시자다. 최충헌은 1174년 명종4년 조위총의 난을 진압할 때 부원수 기탁성에게 발탁되어 말단직 별초도령에 뽑혔고 그때 경대승 병문안하여 명종을 폐위시키시면 병이

낮는다고 조언 하였으나 천하를 얻을 사람이라며 거절당하였다. 이어서 별장 직에 올라 승승장구하여 1196년 이의민을 제거한 최충헌, 그의 아들 최우·최이, 최충헌의 손자 최항, 최항의 아들 서자 최의 4대 60년 동안 중방을 유명무실한 기관으로 전락해 강력한 도방으로 교정도감을 두고 폐위시킨 왕은 19대 명종, 20대 신종, 21대 희종, 22대 강종, 23대 고종 5명의 왕들을 폐위시키고 통치한다. 그러나 왕이 되려고 생각지 않아 왕들을 폐위시켰기에 반역자이다.

31대 공민왕 암살로 이성계는 왜구의 황산대첩과 개경에 침투한 홍건적 물리쳤던 공을 무시하고 고려에는 벼슬이 높고 권세가 있는 집안 권문세족(權門勢族)으로 숨었다가 역적으로 최영의 요동정벌을 반대한 이성계의 사불가론(四不可論) 첫째, 군량미·군사 규모 등에서 명과 대결할 만한 능력을 갖지 못한 약소국이 강대국을 상대로 싸우는 것은 상책이 되지 못한다. 둘째, 전쟁 시기를 여름철로 잡은 것은 잘못인데, 이 시기에 전쟁을 벌이면 농사를 망칠 뿐 아니라 농민의 호응을 받기가 어렵다. 셋째, 거국적으로 대군을 원정시키면 그 틈을 타서 왜구의 침입이 증대할 것이다. 넷째, 당시 장마철이므로 전투하기에 불편하고 전염병으로 군사들이 희생될 우려가 크다는 것이었다. 이러한 사불가론을 내세운 이성계의 강력한 군대 자신의 최강 사병세력 가별초(家別抄 : 조선 전기에 왕가에서 사사로이 부리던 백성 또는 사병의 무리)가 도방 군사인즉 합류하고 동북면에 있는 막대한 경제적 기반으로 세력을 유지한 채 위화도회군을 하였다. 다음은 도방 정치 경대승의 주변국가 세계 조류다.

중화(中華)는 중국이 세계의 중심으로 가장 문명한 민족이라는 의미로 한족(漢族)의 자기 우월주위에서 나온 말로 그들은 주변국을 얕잡아보아 예교(禮敎)가 없는 오랑캐로 취급하고 동쪽의 오랑캐라 하여 동이(東夷), 서쪽의 오랑캐라 하여 서융(西戎), 남쪽의 오랑캐라 하여 남만(南蠻), 북쪽의 오랑캐라 하여 북적(北狄)이라고 하였다. 당시 이웃나라 송나라와 금나라 전 유럽에 걸쳐 이웃나라들도 도방으로 통치하였다. 명종 시대의 중국은 북쪽에는 금이 세력을 구축하여 안정을 꾀하고 있었으며, 남동쪽에서 송이 남송시대를 일궈가며 문화를 부흥시키고 있었다.

　남송에서는 주의와 욕구연 등이 나타나 시대의 사조를 표방하는 사상 활동이 이루어지고 있는 분야 사상계(思想界)의 새로운 물결이 온다. 유럽에서는 신성로마 황제 독일 국왕 이탈리아 국왕 부르군트 국왕 독일어 프리드리히 1세와 제휴하여 십자군전쟁 원정을 감행하고, 영국에서는 헨리 2세가 죽고 리처드 1세가 즉위한다.

　한편 이 시기는 이탈리아를 중심으로 르네상스가 점차 번져가고, 안개의 아들이란 뜻으로, 고대 독일의 전설적인 왕족 니벨룽을 시조로 하는 난쟁이 족속 '니벨룽겐(Nibelungen)' 노래가 완성되는 등 가사문학이 결실을 맺는 때다.

　일본은 1179년 절대적인 권력을 행사한 장군, 초대 쇼군 '미나모토노 요리토모'에 의해 가마쿠라 막부다. 1199년 초대 쇼군이 죽고, 2대 쇼군 '미나모토노 요리이에' 등극, 2대 쇼군을 축출하고 '미나모토노 사네토모'(1203~1219) 3대 쇼군으로 세운다. 집정은 막부(쇼군의 우두머리)의 정치와 행정을 담당, 최고 관직을 뜻한다. 사실상 막부의 실질적인 권력은 '호조 가문'이 장악한 것이다. '조큐의 난〈1221년 막부 정권〉'이 끝나면서 '가마쿠라 막부'는 조정을 포함 서, 동을 모두 지배하는 막부가 주도한 가마쿠라 시대는 1185~1333으로 148년간 지속된다. 쇼군(shogun : 장군)은 막부(幕府 : bakuhu : ばくふ : 将軍しょうぐんの 거처나 진영 : 武人 정권 : 鎌倉〈겸창〉かまくら · 室町〈실정〉むろまち

· 江戶〈강호〉えど시대의 3대에 걸친 무인정권 : 1192~1868 일본 통치한 세습적 군사 독재자 쇼군의 정부)의 우두머리다. 당시 세계가 도방 정치이었다. 임진왜란 때 도요토미 히데요시가 전국시대 분열 무력 통일을 하고 그 뒤 도쿠가와 이에야스가 막부 정치를 시작했다. 일본막부정치 1867년 메이지 천황에 정권을 넘긴 도쿠가와 막부의 끝이 세계 조류다.

도방 정치 경대승의 경과이다. [첫째],『고려사』에 충신인데 잘 모르는 사람은 역적이라고 하기에 집권자로 명종을 폐위시키지 않은 충신으로『고려사』에 있고 기해정변 집권하였기 역적 아니다. 경대승은 청주경씨 계대불명 선조이시다. [둘째], 2003~4년 KBS대하드라마 방영 '무인시대〈경대승 편〉' 각본 자료를 KBS 한국방송공사 문화관광체육부 국무총리조정실민원담당관과 상담한 회의 결과 출판 승인하여주웠고, 문화체육관광부산하기관인 한국출판문화산업진흥원을 소개하여주었다. "도방 정치 경대승"은 정부 교수 국민 등 공론화되어 힘을 입게 되었다. [셋째], 선조의의를 살려 내라는 간곡한 국민들의 충언이 있었기 때문이었다.

[넷째], 2014년 4월 20일 무인시대 각본 경대승 편, 저자 유동윤으로 부터 저작권승인서를 받았다. 그러므로 정부서 저작권법을 만들어 책으로 만들 수 없다는 표절(剽竊 : plagiarism : 시나글, 음악 따위를 지을 때, 남의 작품의 일부를 자기 것인 양 몰래 따서 씀)을 할 수 없다. [다섯째], '무인시대' '경대승 편' 각본을 개요의 핵심별 요약과 같이 알기 쉽고 보기 좋게 고딕체(Gothic : 굵은 서체)로 압축 요약했다. 구성은 1부 단막극 2부 역사대하드라마 각본 3부 가문 홈드라마이다. 위와 같이 여섯 경과를 거쳐 '도방 정치 경대승' 2008-2025 17년 걸렸다.

황실 겁박과 국정 농단한 해주가문에 맞서 황실을 보위할 수 있는 인재

· 수안궁주의 청

수안궁주는 내 경 장군에게 청을 하러 왔소. 내 경 장군이 충성스런 사람이란 말을 들었소. 태자전하께오서는 경 장군이 해주가문과 맞서 황실을 보위할 수 있는 인재라고 하시었다.

경 장군, 황실을 위해 해주가문의 전횡을 막아주시오. 내 그 뜻을 청하러 발걸음을 하였소. 정치를 모르는 장수일 뿐이옵니다. 정치가 어지럽다고 하여 군부가 창검으로 일어선다면 이는 지난 경인년 정변의 전철을 밟는 일이 될 것이오며 황상폐하께 큰 불충이 될 것이옵니다.

오척의 벗인 도방군사로 합류한 홍두와 양표 충성 맹세

· 장군 명성 듣고 흠모

오척이 건장한 체격 홍두와 책사형의 인물 양표를 거느리고 서 있다.

경 장군의 명성을 듣고 진즉부터 흠모하고 있었사옵니다. 장군께오서 미천한 놈을 거두어주신다면 충성을 다 바치겠사옵니다. 양표 이놈도 충성을 다 바칠 것이옵니다. 내 자네들을 도방군사로 받아들일 것이니 편이들 지내게.

살생부와 거병 맞교환 전략

· 정균의 살생부에 실려 놀란 경 장군이 그 대책으로 거병 결정하라는 압력

경대승은 견룡행수 허승에게 무슨 일로 오늘 찾아왔는가.

허승은 이것은 좌승선 정균이 건네 준 살생부인데 그 안에는 경 장군의 이름도 적혀있소이다. 경 장군이 거병을 하든 아니하든 이 사람과 다시 만나게 될 것이오.

허승은 경 장군이 거사를 미룬다면 내 손으로 살생부에 적힌 자들 뿐 아니라 조정과 군부에서 해주가문에 반대하는 자들의 씨를 말릴 것이오.

경 장군이 내 손에 피를 묻히는 수고를 덜어주기를 바랄 수밖에 달리 방도가 없을 것이야. 이것은 거병에 무게를 실리게 하는 대목이다.

역모의 전말

· 경대승과 두경승이 시해한 이의민 금강야차를 경대승 사랑채 방에서 논쟁

역심을 품지 않은 자가 어찌 황제를 시해하였는가 말하는 경대승과 역심으로 황제를 시해한 것이 아니라 난세가 어찌 금강야차의 탓 만이라 할 수 있겠느냐가 맞서는 두경승은 무슨 방책이라도 있는가 묻는다. 경대승은 창검으로 군부가 조정을 틀어쥔다면 태평성대를 이룰 수 없으니 사직을 바로 세우기 위해서는 반드시 조정을 문신들 손에 되돌려 주어야한다.

경대승은 거병을 한다면 황제를 시해한 금강야차의 수급을 베어 군부가 저지른 대역부도를 단죄할 것이다.

이 난세의 뿌리는 황실과 조정의 정치가 썩어서이고, 그 일로 군부에 거병 명분을 심어 경인년의 화를 자초한 무신의 난 때문이다. 군부가 권력을 쥐고 무엇이 바뀌었는가. 백성들에게 더 궁핍을 불러왔사옵니다.

이 대목은 조정을 군부가 문신들 손에 되돌려 줘야한다는 것을 강조하는 말이다.

그러나 이의민과 서경 조위총 난을 진압을 같이 한 두경승은 거병은 피를 피로 씻는다면 난세가 더욱 어지러울 것이다.

좌승선 정균이 견룡행수 허승에게 보낸 살생부가 들어나 조정 군부에서 해주가문에 눈에 가시가 되어 목숨을 노리고 있다고 두경승 대장군에게 조심하라고 일침을 가한다. 살생부에 포함된다는 말에 두경승은 말을 잇지 못한다.

이의민 책사 평양서쪽 북계 두두을 중국 불교 선종, 참선스님 선사

· 예언가 출현

두두을 선사는 경대승에게 접근으로 일의 예측을 관망하게 하여 준다. 위위경 이의방의 포악에 휘둘려 백성들이 도륙되는 광경을 보고 어미 잃은 아이를 눈물 나게 보이면서 구해주신 일과 명학소 봉기 망이 병마사 처형당하는 청주감옥 광경으로 눈물을 보이셨다. 선사 두두을은 금강야차와 의기투합할 것인지를 그리 하면 조정과 군부를 장악하고 백성을 구제할 수 있다는 의사를 묻자 경대승은 천하를 다 준다 해도 황제를 시해한 역적과는 손을 잡지 않을 것이다.

혼인 거절 사유, 배필이 있다는 거가 황실의 방패막이

· 황실의 방패막이 역할

인종 넷째 비 선평왕후와 셋째 비 공예왕후 두 분, 경 장군에 혼인배필 요구한다.

수안궁주는 혼인을 거절한 사유를 묻자 경대승은 가슴에 묻어 둔 여인이 있다고 말하자 수안궁주는 충격으로 멍하니 있다가 예를 갖추고 돌아선다. 수안궁주는 쏘아보다가 경 장군 그대가 나와의 혼인을 거역하는 까닭이 무엇인가. 공예태후께서도 좌승선 정균의 궁주 겁박에 병환이 드시었습니다. 내 황실의 궁주로 용호군 장군에게 묻는 것이니 추호도 거짓 없이 답해야 할 것이다. 소장, 가슴에 묻어둔 여인이 있사옵니다. 그 여인을 배신하고 궁주의 배필이 될 수는 없사옵니다.

의심되는 자객 침투로 오히려 의기투합 되는 계기

· 허승의 월담

월담 침투로 경대승은 허승과 결별을 함께 하여 정중부 수급을 밴다는 신호로 손을 맞잡게 되어 거병할 계기가 되었다. 경대승은 자네 검에 죽고 싶지도 않고 거병도 안할 것이다. 내손으로 정중부의 수급을 벨 것이다. 자네 힘을 보태겠느냐. 허승은 힘을 보태겠다는 의미로 손을 내밀어 경대승과 맞잡게 된 것이다.

도방군사 충성 결속 다짐

· 탁자위에 은괴

경대승은 김자격이 뒤편에 서있으며 오척 홍두 양표를 보며 탁자위에 은괴를 놓는다. 받아라. 이것으로 장사밑천을 하던 땅을 구하여 농사를 짓던 배를 곯지는 않을 것이다. 도방군사들을 버리는 것이니까. 이놈들이 장군께 무슨 잘못을 저지른 것입니까. 내 자네들을 버리려하는 것이 아닐세. 내 장차 큰일을 앞두고 자네들을 돌보아줄 수 없을 듯싶어 하는 말이야. 일이 잘못된다면 자네들 또한 죽음을 면치 못할 것이오니, 내 말대로 따르게. 음! 자네들 뜻이 정 그러하다면 내 그 뜻을 받아들일 것이네. 도방군사들 오척, 홍두, 양표는 고맙사옵니다.

경대승은 수안궁주에게 해주가문과 맞설 그릇이 못되옵니다. 수안궁주는 좌승선과 혼인을 앞두고 경 장군을 뵙고자 왔습니다.

회오리 일으킨 변혁 쿠데타 계획

· 허승의 거사제보 재촉

좌승선 정균이 허승 견룡행수 소장을 의심을 하게 된다는 제보를 한다.

황궁 경계강화와 정중부 거주지 관북택 군사교체와 주변강화 등이다. 경대승은 위 첩보제시로 앞 당겨 거사지시를 한다. 결정을 좌승선 정균 숙직날 밤 장경회가 끝나는 신미일 밤 하룻밤을 다섯으로 나눈 넷째 시각, 곧 새벽 한 시에서 세 시 사이를 말하는 사경(7시~9시 1경, 9시~11시 2경, 11시~1시 3경, 1시~3시 4경, 3시~5시 5경) 결사대 30명을 화의문 밖 매복시켜 그 놈의 수급을 벤다.

구 무인시대 몰락과 신 무인시대
경대승 정권 시작

- 쿠데타 발생 경대승 정권 알림

정중부의 온건 무신정권, 구 무인정권 몰락과 경대승의 복고 정권, 도방 과도기 정권, 신 무인정권이 시작된다. 경대승의 거사는 1179년 9월 기해정변 쿠데타로 새로운 시대가 탄생되는 경대승 정권을 알린다.

좌승선 정균 최후

· 정균의 죽음 정중부 정권의 몰락 의미
좌승선 정균은 경인년 무신정변을 일으킨 정중부의 아들이었다. 조위총의 서경반란 와중에 정균은 승려 종참과 함께 이의방을 참살하여 철퇴를 휘두르며 무소불위 권력 이의방 정권을 황제도 꺼려했던 권력을 쥐어 정중부 정권에 넘겨준 인물이다.
정균이 살충제를 먹여 해독제를 주어 살린 총애하는 견룡행수이며 부관인 허승은 태자부지유 숙직하는 부정부패로 난신적자 정균을 검으로 몸통을 베어 사직을 바로 잡는데 성공하므로 대의로 거사를 결정한다.
황제 사위가 될 야심을 부리다가 경대승에게 발각되어 척살되었다.

정균, 뒤를 힐끗 돌아보기도 하고 황급하게 도망쳐 오는데 앞에 갑주(甲冑) 갑옷과 투구를 누군가 등을 돌린 채 서있다. 정균, 흠칫 멈춰서며 경계하듯 본다. 갑주를 입은 자가 정균 쪽을 향하여 몸을 돌린다. 허승이다. 정균, 자네를 만나더니 천우신조로구먼! 하늘이 우리 해주가문을 버리지 않으시었구먼! 하하하- 허승! 정균, 황궁 안 사정이 경각에 달렸거늘 어찌 아무 말도 아니 하는가? 허승, 경대승은 반역을 도모한 것이 아니라 난신적자의 목을 베어 사직을 바로잡고자 하는 대의로 거사를 한 것이오! 정균, '무어라! 허면 네놈도 경대승과 한통속이었단 말이냐! 네놈을 총애하였거늘 네 놈이 어찌 내 발뒤꿈치를 물 수 있단 말이냐! 내 해독제를 주어 네놈 목숨까지 살려주었거늘 어찌! 허승! 냉혹한 표정으로 검을 뽑아 정균의 몸통을 벤다.

정균은 경인년 무인정변을 주동하였던 정중부의 아들로 조위총의 서경반란 와중에 고려 시대, 위위시(衛尉侍)의 종3품 벼슬 위위경(衛尉卿) 이의방을 참살하여 무소불위의 철퇴를 휘두르던 이의방 정권을 무너뜨리고 정중부에게 권력을 쥐어준 인물이다. 정중부 정권의 실세로 조정과 군부의 인사를 좌지우지하였으며 황제조차도 정균의 위세를 꺼려 그 허물을 질책치 못하였을 만큼 막강한 권세를 누렸다. 그 후 황제의 사위가 되려는 야심을 품었다가 평소 적대하던 경대승에게 척살되었다. 정균의 죽음은 곧 정중부의 정권의 몰락을 의미하는 것이었다. 즉, 경대승 신 무인정권이다.

성공한 쿠데타 기해정변
(경대승이 허승 김광립 김자격 등 일으킨 정변)

- 황제 명종은 대역부도한 정중부 송유인 추포하여 척살하라고 선포

황제를 겁박하던 난신적자 좌승선 정균을 제거하여 사직 보위 충정으로 거사를 하였사온데 나머지 난신적자 수괴 정중부 사위 송유인을 제거하라는 황명을 내려 주십사하옵니다. 황제 명종은 경대승의 가상한 뜻을 알았도다. 정중부 난신적자를 척살하라. 이어 송유인을 제거하고 연이어 정중부가 제거된다. 명종9년 기해정변 1179년 9월에 정권을 세우고 도방을 설치하여 큰일은 왕에게 알리고 나라 일을 관제(管制), 관리 통제하였으나 도방을 사칭해 변질돼 몰락하는 해가 1183년 7월이다.

기해정변으로 정권 쟁취를 같이한 친구이고 동행자 허승 등 버팀목이 되는 자기주위를 반역으로 원수가 되어 제거함에 독불장군은 없다는 속담도 있듯 기운다.

위기의식을 나타내어 정권도중 병사하게 된다. 좀 허승의 제거를 서두르지 않고 더 늦추고 타이르고 숙고하였으면 협력하는 강한 정권이 되었을 텐데 안타깝다.

조원정을 상석으로 하여 오광척, 정세유, 이영진, 선린 등의 군부실세를 비롯한 각위의 상장군들과 상서좌복야 문극겸, 염신약, 참지정사 이광정을 비롯한 조정신료들이 굳은 표정으로 중방에

서 경대승이 중방회의를 소집하여 앉아있다. 조원정 상장군이 좌승선 정균이 수안궁주와 강제 혼인하려다 참살되었다고 정중부 송유인의 행방이 묘연하고 추포 중을 중방서 보고한다. 허승이 승선 오광척 화살 빗나 참살한다.

정중부 사위이며 정균의 처남 송유인의 최후

· 송유인의 문신 한문준 문극겸 강등 좌천이 기회가 되는 기해 정변의 원인

의종 때 대장군으로 경인년 무인정변 때 합류 중서시랑평장사까지 오른 인물이다. 송유인이 문신 한문준 문극겸을 강등 및 좌천되는 배척을 하여 도화선이 되어 정중부 몰락에 이르게 한다. 허승의 부관 김광립은 돼지우리에 숨은 송유인을 발견 단칼에 베어버린다. 정중부의 체포령이 발령되었는데 행방이 묘연하다.

송유인은 의종 때 대장군으로 문신들과의 교류가 돈독하였으나 경인년에 정중부, 이의방이 주동한 무신정변이 일어나자 화가 미칠까 두려워 조강지처를 쫓아내고 정중부의 사위가 되어 영달을 누린 인물이다. 처남이었던 정균과 함께 정중부정권의 실세로 군림하며 문하시랑평장사까지 올랐으나 결국 경대승의 거사 때 비참한 말로를 맞이하였다.

*한문준(?~1190 韓文俊) : 인종 때 과거에 급제하여 장주(長州) · 장흥(長興) · 남원(南原) 등 3군의 부사와 남경유수(南京留守)를 지내면서 혜정(惠政)을 베풀었다. 명종 초에 대부경(大府卿)으로 제배되고 추밀원우승선(樞密院右承宣)에 뽑혀 부사에 승진하였는데, 송유인(宋有仁)에게 거슬려 판사재시사(判司宰寺事)로 강등되었다. 1183년(명종13년)에는 문하시랑평장사판이부사

(門下侍郞平章事判吏部事)가 되어 공정하다는 평을 들었다. 시호는 정의(貞懿)이다.*

문극겸(1122~1189 文克謙) : 고려시대 중기의 문신으로 자는 덕병, 본관은 남평이다. 최세보 등과 함께 고려〈의종실록〉을 편찬하였다. 이인, 이거의 장인이며, 조선 태조 이성계의 7대 외조부이기도 하다. 뒤에 추밀원사가 되었는데, 1179년(명종 9) 송유인(宋有仁)과 틈이 생겨 수사공좌복야(守司空左僕射)로 좌천되었다.

막다른 골목의 정중부 추포

· 마지막 온건파 무신정권 체념(諦念)

경대승은 행적이 묘연하다고 정중부를 추포하라. 허승은 정중부를 살려둔다면 정균과 송유인을 척결한 것만으로 군부의 동요를 막을 수 없으니 중방 안에 모여 있는 군부장수들과 조정신료들을 모조리 베어 후환을 없애버리는 것이 옳을 것이니 김광림과 함께 경대승에게 말한다. 경대승은 경거망동 말라 금강야차 이의민이 호시탐탐 진격을 노리고 있거늘 어찌 피바람을 일으키려 하느냐. 저들을 모조리 참살한다면 누가 있어 금강야차를 맞설 것이냐.

정중부 다시 힘 모아 돌아오겠다는 권토중래(捲土重來)로 탈출 시도와 자포자기

· 정중부 양면 작전 선택

정중부는 임진강을 건너면 두 번 다시 황도로 돌아올 수는 없다. 나이 칠순이 넘은 나이에 자식과 사위를 잃었거늘 도모하여 후일을 기약하겠는가. 하지만 정중부는 관북택 집사 받쳐 든 장검을 쥐고 비장한 표정을 짓는다. 경대승은 벽상공신 정중부에게 칼을 거둔다면 황제폐하 알현을 하게 한다 하자 김광림에게 칼을 건넨다. 김광림은 김광림을 비롯한 견룡들이 철저하게 경계를 서고 있는데 누군가 갑주를 입은 장군이 급하게 군마를 타고 달려온다. 김광림과 견룡들, 경계하듯 보는데 군마가 멈춰서고 정중부, 결연한 표정으로 군마에서 내린다. 정중부는 김광림과 견룡들의 호종을 받으며 당당한 걸음으로 대전 쪽으로 들어온다. 경대승, 허승과 경대승 부관 김자격을 거느리고 급한 걸음으로 정중부 앞길을 가로막는다. 나는 벽상공신이다 황제폐하를 알현하러가는 길이니 길을 열어라. 난신적자 죄인 수괴는 황제폐하를 알현하러 대전에 들어갈 수 없다. 칼을 거두면 알현하게 한다 하자 정중부는 칼을 김광림에게 준다. 황궁의 형옥에 가둔다. 허승은 왜 죽이지 않았느냐 경대승은 죽기를 각오하고 황궁으로 찾아온 늙은 장수의 뜻을 거두어주는 것이 올바른 도리일 것이야. 어떤 일에 실패한 뒤 힘을 길러 다시 그 일을 시작하는 권토중래 한 끝에 대한 황제폐하에게 알현하니 황제폐하 임금이 중죄인을 몸소 신문하는 친국(親鞠)을 하여 참수하고 효시하라 명령한다.

문하시중에서 수괴 죄인으로 바뀐 참수형 정중부

· 역사의 급변

명종은 대전에 나와 용상에서 죄인 정중부를 불러들이라.

대역죄인 정중부는 그 아들 정균과 사위 송유인을 주구(走狗) 사냥개로 내세워 황실과 조정을 겁박해 국정을 농단하여 이 나라 사직을 위태롭게 한 대역죄를 자인하는가.

정중부는 벽상공신으로 황제폐하에게 자신을 주청하니 윤허하여 주십시오. 황제폐하는 대역죄인 수괴 난신적자는 자진할 수 없다고 하여 명으로 참수형에 처하고 효시하라. 명종은 황실과 조정 군부수장들이 조정과 군부와 아들 정균이 왕의 시녀 명춘 후궁 순주 신첩들을 까닭 없이 트집을 잡고 함부로 떠들어 대는 야료(惹鬧)와 겁박한 사례를 들어 주장하며 반복하는 대역죄인 정중부를 오늘 신시에 십자가에서 처형으로 참수하여 효시하라.

정중부는 고려의 무신정변을 주동한 반역자로 『고려사』에 기록된 인물이다.

본관은 해주로 용모가 우람하고 얼굴빛이 백옥 같았으며 수염이 아름답고 위풍이 늠름하였다고 전해진다. 인종 황제 때 견룡대정이 되었으며 당시 조정 영수였던 김부식의 아들 김돈중이 수염을 태우자 폭행하였을 만큼 모욕을 참지 못하는 당당한 성품이었다. 경인년에 이의방과 함께 거병을 주동하여 의종황제를 폐위시키고 무신정권을 여는데 주축이 되었으며 이후 아들 정균이 이의방을 참살한 뒤 나이 칠십에 조정과 군부를 장악하여 조정영수인 문하시중의 자리에 올랐다. 이후 황제의 궤장을 받아 칠순이 넘으면 사직해야 하는 치사를 면하고 명실상부한 고려의 권력을 움켜쥐었다. 몇 해 뒤 조정에서 물러나 그 권력을 아들 정균과 사위 송유인에게 대물림하였으나 정권실세들의 부정부패로 인한 정국불안과 황실과 사돈을 맺으려는 과도한 야심으로 인해 황실의 반감을 사게 된 일을 계기로 종국에는 스물여섯 살의 장군 경대승에 의해 최후를 맞이하게 되니 이때 정중부의 나이 일흔 넷이었다.

정중부가 참수당하기 얼마 전에 경인년 거병의 주역이었던 진준, 기탁성, 양숙, 경진 등이 세상을 떠났고 경인의 난 무신의 난 수박대회 때 젊은 사람과 대적하여 육십 세의 장군이 쓰러지자

의종을 모신 신하 문신 한뢰가 와서 뺨을 때려 맞은 난의 발단이 되게 한 경진의 자부이며 경대승의 제수씨이기도 한 상장군 이소응의 딸과 경대승 동생 혼인으로 이소응은 정중부 사후 일 년 뒤에 졸하게 되니 정중부의 죽음으로 경인년 거병을 주동 인물들은 역사의 뒤편 돼 신 무인정권의 시대가 열린다.

새로운 정권을 열어젖힌 인물은 정중부 정권을 무너뜨린 청년 장군 경대승 이었으며 경인년 거병에 참여하였던 주역들 중 의종을 시해한 이의민만이 살아남아 새로운 시대를 맞이하고 있었다.

해설(NA : Narration : 시나 연극의 부분 설명) 정중부(1106~1179 74세) : 본관은 해주로 용모가 우람하고 얼굴빛이 백옥 같았으며 수염이 아름답고 위풍이 늠름하였다고 전해진다. 외모 덕에 처음에는 살던 고을에서 군적에 올려놓고 그의 팔을 매어 보냄이라는 봉비(封臂 : 팔을 묶어서 보냈다는 뜻이다. 전갈을 급히 보낼 때 쓰는 표현이기도 하다. 이러한 역할을 일본과 한국에서 비각〈飛脚 : 예전, 먼 거리를 재게 달려 통신을 전하는 역할을 하던 전령〉이라고도 한다)를 수도 개경에 보냈다. 재상 최홍재가 군사들을 가리다 풍채가 비범해 보여 팔을 맨 것을 풀어주고 공학금군〈控鶴禁軍 : 고려 때 임금이 조회 연회 등 행차 시마다 동원되었던 국왕 호위 부대〉에 군인 생활로 편입시켰다. 인종(9년)황제 때 초급장교 정도의 직책 견룡대정(부사관)이 되었으며 당시 조정 영수였던 김부식의 아들 김돈중이 섣달 그믐밤 궁에서 귀신을 쫓아내는 일종의 축제인 나례가 펼쳐졌는데 오병수박회를 하던 중 고려는 초기 문무동등 대우를 하였으나 점점 무신들이 대부분 학문과는 거리가 멀었고 전쟁에서 최고 지휘관은 문신이었고 무신을 낮은 차별대우해 오던 중 무신의 반격적 첫걸음으로 아름다워 무인에 어울리지 않다며 정중부의 수염을 태우자 폭행하였을 만큼 모욕을 참지 못하는 당당한 성품이었다. 경인년에 이의방과 함께 거병을 주동하여 의종 황제를 폐위시키고 무신정권을 여는 데 주축이 되었다. 이후 아들 정균이 이의방을 참살한 뒤 나이 칠십에 조정과 군부를 장악하여 조정영수인 문하시중의 자리에 올랐다. 이후 황제의 궤장을 받아 칠순이 넘으면 사직해야 하는 치사를 면하고 명실상부한 고려의 권력을 움켜쥐었다. 몇 해 뒤 조정에서 물러나 그 권력을 아들 정균과 사위 송유인에게 대물림하였으나 정권실세들의 부정부패로 인한 정국불안과 황실과 사돈을 맺으려는 과도한 야심으로 인해 황실의 반감을 사게 된 일을 계기로 종국에는 치밀한 전략 계획의 스물여섯 살의 장군 경대승에 의해 최후를 맞이하게 되니 이때 정중부의 나이 일흔 넷이었다.

신 무신정권 비전 제시 문무동등 대우 왕정복귀 할 복고 정권으로 탄생

· 쿠데타 성공, 의종 시해 척결 후 낙향 마무리 조정의 동량과 무부 불신 대립

쿠데타 성공 후 경대승을 보는 점이 다른 얼굴이 있었다. 공예태후는 경대승 장군을 야심이 보이지 않아 조정의 동량이라고 평가한 반면 황제 명종은 무부들을 믿지 않는다는 평가를 한 두 관점이다. 그리하여 무부들이 걱정된다며 경대승에 조정의 요직을 제수하시어 공주 수안궁주와 혼인을 맺어 황실의 일원으로 맞이한다면 황상의 심려도 사라짐에 황제 명종의 어머니 공예태후는 아들 황제에게 권고한다.

경대승은 백성들에게 폐를 끼친 자들을 제거하였다. 이는 경대승 몰락의 원인이 되며 무인들이 무서워하고 무인들이 꼼짝 못하

게 하는 성미를 가진 허승과 함께하였다면 오랫동안 정권을 유지했었을 텐데 안타깝다.

　동조자 이광정 최충렬은 부정부패를 저질러 영달하였다하여 제거된다. 경대승은 불법행위의 도방 일원을 구명하는 등 백성들에게 폐를 끼쳤다. 홍길동이나 임꺽정에 나오는 인물같이 탐관오리의 재산을 가난한 백성에게 나누어 준 것과 같이 도방은 구휼미운동을 하였다고 기록에 나와 있다. 이것으로 보아 도방이 변질되었다. 축적한 관리들에게서 뺏어 가난한 백성에게 나누어 주었다.

　경대승은 청렴하였으며 부패가 없었다. 집권도중 병사하였을 때 집에는 말먹이와 초가집 한 채, 쌀 한 섬 뿐으로 알 수 있다. 청렴하였는데 도방군사를 130명이나 거느렸다는 것은 의심이 가지만 가난한 백성구휼미운동과 백성의 신임으로 채워졌다.

　경대승이 반역열전에 나오지 않은 것은 그가 정치를 잘해서다. 경대승은 다른 무신과 다르게 문인을 존중하였으므로 충신으로 열전에 기록되었다. 경대승의 정책을 본다면 대안조차 제시하지 않았던 무신정권에 비하면 긍정적이다. 재물과 백성이 먹고살게 보살펴 시장원리 도량형제도 감독하기 위해 도방이 중방과 힘을 합쳐 단속을 하였다.

　내로 강하여 외도 강하였으므로 경대승 집권 중 외세침입이 없이 황제와 조정 화합하여 태평성대를 집권 도중 이루었다. 내로 강하여 외로 번져 무서워서 무인시대 다음 후계자 이의민은 고향 경주에 거주하여 도성 개경에는 나타나지 못하였다. 그 영향이 고려를 외침으로부터 보호하는 정책에 힘을 보탰다.

　경대승은 무인시대를 부정하고 있는 것으로 보아 강경보수 복고주장이 무인으로 기해정변 후 조정대신들이 집으로 찾아와 축배를 하자고 제의하자 경대승은 '의종 시해한 자 이의민이 버젓이 살아있는데 축배는 무슨 축배냐.'한 점으로 보아 의종 시해弑害, 부모나 임금을 죽이는 일 이의민이 제거되어야 한다는 등 무인시대 이전으로 돌아가려고 함으로 다른 무인들과 충돌하게 된 것이다.

경대승은 호민관이었다. 고대 로마에서 평민의 권리를 지키기 위해 평민 중에서 뽑았던 관직 호민관이다. 경대승은 기해정변으로 정권을 난신적자 정중부를 제거하여 세운 것이 경대승정권이다. 경대승은 기해정변으로 파탄된 체제를 되살리려는 모습으로 혼란한 사회에 부정부패를 없애는 대안을 제시하였다. 경대승의 정권 후에 등장한 권문세족체제로 불완전하나마 계승되었다. 경대승의 정책을 본다면 대안조차 제시하지 않았던 구 무신정권에 비하면 긍정적이다. 역시 그 목적은 지배체제를 위한 것으로써 민생안정은 부수적인 것이었다. 그런 점에서 경대승은 무신정권의 희망과 한계를 보여주는 인물이다.

헌법 벗어나 전 분야 물론 주위 조직 고침인 혁명에 비해, 왕권 존속하며 무력 정권 탈취 체제 변혁이 목적인 쿠데타 성공 후 경대승은 의종 시해 한 자 금강야차 이의민 척살한 후 이의방 정중부 그들의 전철 밟지 않고 개경, 고려 광종 11년(960) 고려수도 개경을 고친 이름 황도, 오늘날 개성을 떠난다고 주장한다.

하지만 복고를 내세우면 의종을 내세우는 격이 되어 짐의 존재가 무명유실하게 됨에 무인시대 등장 한 명종은 반대하고 중방의 무인들도 옛 시대 문인시대로 돌아가는 것을 반대하여 경대승과 맞부딪치게 된다.

황제 명종의 승선(承宣) 제수 경대승 거절

- 오해와 진실

 황제 명종에게 고려시대 중추원의 정삼품 벼슬 좌승선을 거절한 이유로 경대승은 글을 모르는 무부에 지나지 않다고 하였고, 내심으로 좌승선이었던 정균의 전철을 밟지 않겠다는 의도가 깔려 있는 것으로 짐작된다. 황제 명종은 황실은 물론이고 백성들 또한 경 장군의 공덕을 칭송하고 있으니 너무 겸양치 말라. 승선은 황상폐하를 측근에서 보필하고 황명을 출납하는 막중한 요직인데 감히 글을 모르는 신이 승선이 될 수 없사옵니다. 그렇다면 중서문하성에 들어가 싶은 것인가 황제 명종이 또한 제수하였다. 조정의 자리를 바라고 거사한 것이 아닙니다. 경대승은 거절 이유는 작금에 정치가 혼탁하고 백성이 도탄에 빠진 것은 조정인사가 청탁뇌물로 채워져 인재가 배척당하는 문란함에 있다. 경대승은 황제 명종에게 승선에 오르면 정치가 어지럽혀 질 것이므로 거절한다.

허승의 야심찬 계획

· 월권(越權)
 해주가문에 추종하는 군부 잔당을 참살할 것이라고 태자에게 건의한다. 태자는 이 말은 견룡행수의 뜻인가 경대승의 뜻인가. 경대승은 해주가문을 도려내는 것으로 소용을 다했고 신은 조정과 군부의 썩은 살을 도려내야 합니다. 허승의 거사라는 야심에 맞서 경대승은 견제를 한다.

태자궁에서 거사 주체세력으로 공을 믿고 방자하게 굴어 후에 허승과 함께 허승에게서 직을 넘겨받아 견룡행수가 된 김광림은 결국 경대승에 의해 제거된다. 만약 경대승이 허승을 당시 제거되지 않고 허승과 연대해서 세력을 확장하였으면 경대승 정권이 더 오래가지 않았겠나.

타협을 모르고 일방적인 돌출행동은 화를 재촉하게 되어 남에게 누를 끼칠 수 있다는 진리다.

별들 전쟁 시작인가 끝인가

· 복고로 난신적자의 잔당을 마저 척결

선황제 의종을 시해한 금강야차 이의민이 두 눈 시퍼렇게 뜨고 살아 있거늘 어찌 군부의 수장들께오서 중방에서 술판을 벌이고 계신 것입니까. 경대승은 연회상(宴會床)을 뒤 집어 엎는다. 난신적자를 척살한 자축연인데 역정부터 내시는 것이라며 이광정이 말하자. 해주가문 부정부패 방법 중 하나인 겉으로 나서지 않고 뒤에서 드러나지 않게 보살펴주는 일 뒷배로 영달을 꾀하지 않은 사람이 여기 중방에 있지 않는가. 조원정은 말이 지나칩니다. 소장이 틀린 말이라도 하였습니까. 아무도 말이 없다. 여기서 경대승의 청렴결백이 또 한 번 입증되는 대목이다. 금강야차를 토벌할 진압군 출정을 경대승이 요구하자 조원정은 출정을 논의해 보겠습니다.

황제 명종의 권위로 독재 의식

· 남용하는 권위

황제 명종은 경대승이 명종의 형 선대의 황제 선황제 의종을 시해한 금강야차를 토벌하여 참살하자고 하자 황제 명종의 큰어머니 17대 인종 제4비 부인 선평왕후(?-1179)에게 말하기를 선황제에 이어 소자가 용상에 오른 정통성을 부인하고 황실에 도전하는 불충이다. 자기만이 아는 황제 명종은 앞에서 머리를 조아리고 뒤편에서는 병력을 장악해 황제의 명을 거역하고 있어 황실에 도전하는 경대승의 전횡을 더는 좌시할 수 없다. 이로 말미암아 황제 명종과 경대승은 불신관계로 이어진다.

경대승은 정치는 조정신료들이 청탁과 뇌물로 이어져 백성을 파탄시키고 있다고 하며 조정과 군부는 중방을 폐쇄하고 경인년 이전으로 돌아가야 한다. 황제 명종은 권위로 맞서 유지하려는 것으로 해결해야 한다. 인종 넷째 비 선평왕후와 인종 셋째 비 공예태후(1109-1183)는 경대승을 앞세워 혼란을 수습하고 몸을 신중히 하시오.

고관대작들의 재물 하례 진상품 소각 소동

· 청렴결백의 신호탄

경대승은 조정과 군부 고관대작들의 노비들이 재물 하례 진상품 쌓아놓자 부관 김자격이 횃불을 건네주자 비단 등 재물 하례 진상품을 던져 소각시킨다. 경대승은 하인들에게 다시 재물 하례 진상품을 보낸 자는 그자의 재물을 모두 불쌍한 백성에 나눠주어 구휼할 것이다. 경대승 청렴결백은 전 재산 물론 백성 또 한 번 탄복한다.

금강야차를 놓고 당기는 불꽃 튀는 일촉즉발(一觸卽發) 공방전

· 이의민 금강야차 공격전에 맞서는 황도군사 방어전

경대승에 이어서 다음 정권 후계자로 오르는 인물이며 대결자이다. 금강야차 이의민은 황명을 받고 개성 교외지역 근교 임진강 건너 평양 간 북계에 잠시 가있었다.

북계(北界)는 고조선의 평양 서쪽의 땅, 삼국시대에 고구려가 차지한 땅으로, 고려시대 994(성종 13)년에 패서도(浿西道)라 하였고, 그 뒤에 북계라 하였으며, 1102(숙종 7)년에 서북면(西北面)으로 고쳤다.

북계황제를 자칭하고 북계군사를 이끈 금강야차 이의민(李義旼)은 고려시대 수도인 개경 지금의 개성 황도를 공격하여 오다가 검문검색 등 상황이 심각하여 근교에 군사를 머물러 놓는다. 혈혈단신 금강야차는 자기 몸을 보호하는 호신법 무기 부월을 소지하고 대장군 두경승의 안내로 황제 명종을 용호군대장군으로 알현한다.

그 후 황도에 거처하던 집에 머무른다. 경대승은 황제 명종의 형 선황제 의종 시해 금강야차를 참살하기위해 일대 일촉즉발에 서로 맞붙는 접전을 한다. 금강야차는 도망을 하다가 북계군사로 복귀하려 하였다. 경대승과 황도군사와 같이 추격할 때 여의치 않자 두경승의 도움으로 임진강을 도하한다. 마침내 두두을 선사 책사의 안내로 피신하기 위해 자기 고향인 경주로 향한다. 책사 두두을 선사는 이의민편이다.

경대승이 집권도중 병사하자 병사 전에는 형부상서 임명에 고향 경주로 피신했지만 황제 명종이 공부상서로 임명하여 불렀는데 경대승이 무서워서 경주에서 황도 개경으로 올라오지 못하였다. 황명을 받고 잠시 북계로 나가있는 금강야차였다. 금강야차가 침공하면 두경승 내손으로 추포할 것이다. 허나 두경승은 명종 알현 등 후일을 염려해 면전에서 추포하지 못하고 또 고향 경주로 가게 임진강을 건너게 한다.

  이의민은 정중부 휘하의 임금을 호위하며 궁전을 지키는 금위군을 뽑을 때 키가 육척이고 힘이 세어 의종의 마음에 들어 무인으로 등장하였다. 그 후 꿈에 무지개 비단 융단이 궁전입구까지 펴져서 하늘 위를 걸어 입궁하였다고 한다. 아버지는 소금장수 어머니는 천민이었으며 위로는 형이 둘이 있는데 옥에 갇혀 죽었다. 유독 이의민만 옥에서 살아남았다.

중방 탄핵 권력 레임덕(lame duck : 지도력 공백)
사직 명종 윤허

-역모 유언비어 벽에 붙은 방에 책임

유언비어 경대승이 역심을 품어 명종을 시해한다는 격문사건으로 경대승은 사직으로 책임을 진다고 명종에게 사직을 윤허한다고 청한다.

끊이지 않는 음해 소행 유언비어를 막아 없애는 방안으로 사직을 경대승은 택한다. 방(榜)은 여러 사람들에게 널리 알리기 위하여 길거리 등에 써 붙이는 글인데 역모라는 방은 경대승에게 탄핵이 되어 사직하는 부담이 된다.

레임덕(lame duck)은 탄핵으로 정치적으로 레임덕은 절름발이 오리라는 뜻으로, 임기 종료를 앞둔 대통령 등의 지도자 또는 그 시기에 있는 지도력의 공백 상태 즉 권력의 공백 상태를 말하며 권력의 누수현상(漏水現狀)이다.

해와 달로 도방 수행원 소랑이 해는 명종 달은 경대승 표현

· 하늘에 두 해는 없다
하나의 해는 황제 명종이 천하를 밝히고 하나의 달은 경대승 장군이 어두운 밤길을 밝히는 달빛이라고 경대승 도방 수행원 소랑은 말한다.

소랑은 청주에서 청주변란이 일어나자 경대승은 그 책임을 지고 사심관에서 파직되자 불의를 밝히려 경대승 도방 수행원으로 따른다.

선황제 시해(弑害)를 입힌 자 이의민은 자기가 황제라고 칭하고 황제 옷을 입고 행세함으로 이를 가리켜 하늘에는 두 해가 없다고 반박한다.

경대승은 자기를 낮은 데로 인도하게 해는 황제로 황제에 대한 충성을 달에 견주고 있으며 그 빛을 받아 백성들의 어두운 면의 삶을 보살펴 주는 달로 자기를 표현하고 있음을 알 수 있다. 황제에게 충성하는 의미를 나타내고 있다.

* 경대승 장군의 업적
1. 도방 정치는 사병제도 도방이 중방을 아우르며 구휼미로 백성들 구제 정치를 함.
2. 복고정권은 선황제 시해 이의민을 척결, 무신정변 이전의 문인시대 왕정복귀임.
3. 청렴결백은 부친 경진 중서시랑평장사 전 재산 나라 군인전 집권 전 선군 바침.
4. 백성에 추앙받는 정치가로는 선 백성을 챙기고 후 관리로 돌보아 구휼미 구제.
5. 도량형제도로 시장원리 경제 질서 확립은 도방이 중방과 경제 사범 근절 노력.
6. 부정부패 척결은 조정신료와 군부수장의 부정축재자 색출 백성들 구제 노력과 황제폐하 명종은 권위로 맞서 사리사욕이고 나라재산이므로 반대함.
7. 왕이 내린 왕의 출납 직인 승선 벼슬 거부와 중서문하성 벼슬 모든 벼슬 거절은 귀족자녀 과거제 동급 음서제 합격하였지만

글을 모른다며 거부하고 왕이 대장군 오광척을 임명하자 그 자도 부정축재자로 제거함. 고려 출세, 음서와 과거다.

8. 나라 막중대사 처리로 큰일이 있을 때 나라에 나가 결정하며 정치함.

9. 도방 군사 확립으로 외침의 침략 방비가 되므로 나라의 침략을 받지 않았다.

10. 집권한 권력임에도 충신으로 왕을 받들며 정치를 하여 『고려사』 『고려사절요』에 충신 연 136페이에 기록되었음. 현 각국 총리제 같게 정치했다.

11. 질서 확립은 폭정에 견룡행수 때 땅 문서로 첫 번 탄핵, 말단직 총각도령, 대장군 사심관 때 두 번 탄핵 청주사건 100명 사망, 민정 살펴 백의종군 후 정변.

12. 경대승병문안에서 총각도령 때 제안대로 최충헌에 폐위당한 황상폐하 명종이 협조하였으면 우리나라는 부정부패 없고 남북통일국가일터인데 안타깝다.

13. 애국심 발로 '북방 오랑캐 몽고(원나라)때문 경대승 눈을 감지 못한다고 했다.'

14. 고려 고종(1192~1259, 재위 1213~1259 최충헌 폐위) 때 최씨 독재 정치와 몽고의 침략에 맞서 싸우다 고려가 망하고, 조선 고종 때 일본에 망하였다고 하였다. 경대승(1154~1183, 집권 1179~1183 5년)이 집권 중 병사한 지 76년 만에 사실 고려는 망했다. 이상하게 똑같이 고려 조선이 각각 고종 때 망했다.

위기의 탈출

· 위기를 호기로 전환

이의민이 보낸 부루라는 자객이 경대승을 위협하자 제압하여 불쌍하게 여겨 살려주고 금강야차 두두을 책사 또한 자기편으로 만드는 호기로 바꾼다. 대기만성으로 적을 자기편으로 만드는 모든 것을 담는 큰 그릇 역할이다.

정치는 힘이 아니라 백성을 가슴으로 따뜻하게 대하며 행함임

· 밝은 정치를 하면 적들이 자연 소탕됨을 신조로 삶
황실과 조정은 겉으로는 백성을 위한다고 하며 속으로는 재물을 빼앗는 탄압을 하였다. 표리부동(表裏不同)하다는 표현을 선사 두두을 책사의 의견을 듣고 헤아리는 경대승은 표리여일(表裏如一) · 표리일치(表裏一致) 해야 한다. 현실을 개탄한다.

김자격, 소상한 내력

· 김자격, 경진 가신(家臣), 경대승 휘하 교위, 방장 유언 도방 해체 불복
선사 두두을이 경 장군과 인연을 묻자 경대승 장군의 오늘날 부관 교위 김자격은 경 장군이 태어나시기 전에 청주가문에 들어와 선친 부친 경진부터 뫼시었으며 경 장군이 내손을 붙들고 걸음마를 하셨고 무예도 가르쳤습니다.
김자격은 경대승의 그림자로 전후와 생사는 물론 생사고락을 같이 하였다. 고려 · 조선시대에 현 중 · 소위 9급 중 7급으로 당시 오 · 육품 무관의 품계에 붙이는 칭호인 교위(校尉)는 부대장이나 지휘관의 명령을 받아 작전 명령 이외의 모든 명령의 처리와 각종 행정 업무를 맡아보는 참모 장교인 부관(副官)이다.
경대승을 군주 국가에서 나라를 다스리는 우두머리 도방의 주군(主君)으로 하고 도방을 책임지는 우두머리 감찰 도방 방주(都

房房主) 역할을 하였다.
 김자격은 경대승의 산 증인인 반면 가뜩이나 명종 권위와 타 무인 압력에다가 경대승 약탕에 독약을 넣어 독살하게 만들어 병사(病死)를 하게 만든다. 이것은 은인이 적으로 환생한 짓으로 남에게 입은 은혜를 잊고 배반함으로 배은망덕(背恩忘德)한 행위를 하였다. 또한 유언, 병사 즉시 도방 해산, 역행 도모해 명종 칙사, 도방 군사들을 귀양 보낸다. 뉘우쳐 경대승 도방 주군을 흠모한다. 도방 방장 자결했다.

정략 결혼 압박과 단호한 거절

· 정략 결혼은 정균과 동일하여 거절
 경대승은 공예태후에게 정책 혼인이 정균과 노선이 같아 전철을 밟지 않으렵니다.
 수안궁주와 혼인하면 경대승을 공신 예우로 황제 명종은 윤허하겠다는 요구에 경대승은 정균의 정략 결혼 실패를 보고 답습하지 않기로 하고 말미를 주십시오.
 공예태후는 반문으로 조정과 군부에 기반 없이 백성을 구제할 큰 정치는 불투명하고 황실의 후광이 없으면 대의를 이를 수 없습니다.

좌승선 물망 앞둔 상장군 오광척, 새벽별은 지다

· 좌승선 물망에 오른 중방 상장군 오광척 척살
 중방 상장군으로 민폐를 살피기 위한 관직 찰방사 오광척을 경대승은 황제 명종이 좌승선 임명을 하려하였다 하여 그도 무인이라 정균과 같다고 하여 반대함으로 낙마시키고 결국 경대승 측근 김광림에 의해 척살되었다.

역사적 사실에서 고려사에는 경대승의 이종사촌 족형 손석과 원한관계가 있었으므로 손석에 의해서 오광척이 척살되었지만 이와는 달리 '무인시대 경대승 편' 여기서는 김광림에게 오광척이 척살되었다고 하여 비교할 수 있다.

경대승 부친 경진이 30세 현재 대령으로 부대장 중낭장으로 있을 때 역사적 사실 대장군 손석이 경대승의 족형으로 나와 있음으로 복을 입지 않고 손위 외사촌 형이 되며 경대승 모친 손경이 사이 경대승 장군이 태어났다.

손석의 아버지가 수주사로 있다가 성질이 탐욕스럽고 야비해 재물을 빼앗는데 끝이 없어서 백성들이 괴로워했으며, 손석이 두려워 이 당시 찰방사로 간 오광척을 찾아가 좋게 봐주기를 빌었지만, 오광척이 듣지 않고 손석의 아버지를 탄핵해 파면시켰다. 이로 인해 오광척과 사이가 벌어져 원한을 품었다.

1190년에는 추밀원 부사를 지냈고, 중서성에는 이의민과 두경승이 있고 추밀원에는 손석과 김영존이 있었다. 1194년에는 참지정사가 되었고, 1196년에 최충헌이 이의민을 죽이고 정권을 잡으면서 어떤 사람 길인(吉人, 성품 바르고 복스러워 좋은 사람)이 군사를 일으키는 모의를 한다고 했으며, 손석은 체포되어 살해당했다.

손석은 도방 밀착 지원, 경대승 족형(族兄 : 같은 성을 가진 일가로서 유복친 안에 들지 않는 형뻘 되는 남자)으로 고려 후기 좌승선, 추밀원사, 참지정사판호부사 등을 역임한 무신, 1182(명종 12)년 상장군(上將軍)으로 서북면병마사가 되었다.

오광척 척살은 경대승 측근을 경쟁으로 보고 제거한 것은 조정 군부에게 경대승과 관계에서 반감을 부추기게 했다. 대장군 오광척의 척살로 명종은 경 장군을 대전으로 불러들여 짐을 난망하게 만들다니 더는 청주가문과 혼인이 없을 것이다. 모르는 일이옵니다.

이와 같이 경대승은 '선 조치 후 보고'·선참후계(先斬後戒, 먼저 베고 나중에 고하다.)로 도방군사들과 함께 황제폐하 명종에게 고하는 정치를 하였다. 경대승이 허승에게 누가 오광척을 척살하라고 하였는가. 제가 대의를 갖고 명을 내렸습니다. 이것이 허승의 진면목이야 하며 둘이서 다투는 불꽃 튀는 일대 접전이 벌어진다. 허승은 경대승에게 황실과 혼인을 포기하고 황도를 떠나면 더 이상 위해를 가하지는 않겠습니다. 오광척 척살을 놓고 또 한 번 회오리바람이 지나간다.

화살이 날아가 과녁 복판이 아닌 언저리에 퍽-꽂힌다. 오광척은 부장들과 군관들을 거느리고 활을 쏘는데 활살이 빗나간다. 김광립은 대장군 활을 쏘시고 계시었습니까. 소싯적에는 화살 한 개로 날아가는 새 두 마리도 쏘아 맞혔거늘 이제는 눈이 어두워 과녁조차 맞추지 못하니 늙었나 봅니다. 그런데 자네 무슨 일로 나를 찾는가. 척살하러 왔습니다. 거사 위세로 대장군을 욕보이려는가. 김광립은 오광척을 단칼에 베니 쓰러져 절명한다.

오광척은 중방 상장군으로 경대승의 거사 뒤에 정균을 대신하여 좌승선의 물망에까지 올랐으나 군부출신이란 까닭에 경대승의 반대로 낙마를 한 인물이다. 또한 오광척이 찰방사 시절 경대승의 족형 손석과 원한의 인물이었다. 거사의 주동자들의 명망 받던 대장군 오광척 참살한 일은 조정과 군부에 경대승에 반감을 부추였다.

관료 부정부패 척결, 조정과 군부의 변혁, 백성의 지혜, 큰 정치 개혁

· 백성을 위한 정치

경대승은 황실에 신망도 잃고 군부에게 배척을 받아 무슨 수로 백성들을 위한 큰 정치를 할 수 있느냐. 선사 두두을은 경대승에게 백성을 위한 정치는 '민심을 읽고 새로운 조정을 만드는 것이다' 라며 조정의 썩은 물로는 백성들의 해갈에 도움이 되지 못한다. 백성들이 원하는 것은 땀 흘려 일한만큼 배곯지 않는 것인데 조정은 백성들 재물을 빼서간다. 조정과 군부의 부패한 고관대작들은 경 장군을 질타하며 개혁을 요구한다.

경대승은 전철을 밟는 조정과 군부에 난신적자가 되란 말이요. 두두을, 이의방과 정중부는 썩은 조정에 올라 타 권세를 누려서 난신적자가 되었다. 황제 명종에게 충언을 들여 부패한 조정과 군부를 갈아치우는 새바람을 일궈 튼튼한 조정에 올라 타 글도 모르고 가난한 일이나 이치에 어둡고 어리석은 사람 무지렁이 백성을 껴안아 아우르는 정치를 해주시기를 바랍니다.

두두을 선사는 조정과 군부를 틀어쥐신다면 난세에 충신이라 할 것이다.

견룡행수 허승, 중방회의 주재, 경대승 청주 낙향 권유

· 중방회의에서 군부 간교하고 악독한 도둑 간적(奸賊)들 참살 결의

허승은 중방회의에서 조정과 군부 간적들 참살 언명을 한다. 청주가문이 맞서면 도륙날 것이어서 피할 것을 요구 받는다. 경대승, 청주로 낙향하는 권유를 받는다. 은인자중하여 추이를 관

망하며 지켜 볼 일이야. 중방 조원정이 연판장을 돌려 수결로 견룡행수 허승을 제압하려 하자 사전에 발각되어 허승은 중방에서 수결한 사람들은 참수하여 용서치 않을 것이야.

경대승의 족형 손석 출현

· 역모 방(榜) 제거

지금의 대중전달 방식 신문이나 방송대신하는 당시 방(榜)은 여러 사람들에게 널리 알리기 위하여 길거리 등에 써 붙이는 글이었는데 손석은 '경대승 역모라는 내용 경대승 장군이 역모로 획책하려 해주가문 멸문지화 시켰다.'고 하는 방이 붙은 방을 제거하기 시작한다. 손석은 방을 떼어 찢어버린다. 손석은 부관 김자격에게 대승아우가 천하는 얻어 대어를 낚았는데 어찌 물속에 놓아주려한다고 하는가.

손석은 경대승의 족형으로 그의 아버지가 대장군 오광척에 의해 탄핵을 받고 파직되자 원한을 일으켜 경대승이 거사에 성공하자 오광척을 척살하자고 부추긴 인물로 고려사에 기록되어 있다. 명종 총서, 최여해 '의종에게 홀을 받는 꿈, 왕이 된다.'

오광척(吳光陟)은 아버지 상서(尙書) 정(玎)의 아들이다. 처음에 견룡대정(牽龍隊正)이 되었다가 의종(毅宗)말에 별장(別將)·견룡행수(牽龍行首)가 되었다. 이의방(李義方)과 친하였기 때문에 무신정변 때 천우위장군(天牛衛將軍)에 승진되고, 뒤이어 금오위장군(金吾衛將軍)·이부시랑(吏部侍郎)에 올랐다. 1176(명종 6)년에 하정사(賀正使) 오숙부(吳淑夫)와 함께 금나라에 가서 서언(徐彥)의 집송(執送)을 사례하였으며, 1178년에는 천우위장군으로서 양충주도찰방사(楊忠州道察訪使)가 되었다. 이때 장군 손석(孫碩)의 아버지가 현재 경기도 수원으로 수주(水

州)의 수령이 되어 돈이나 물건 따위를 억지로 달라고 하는 짓 토색질(討索-질)을 심하게 하자 이를 탄핵하여 파직시킴으로써 손석의 원망을 샀다.

1179(명종 9)년에 경대승(慶大升)이 정중부(鄭仲夫)부자를 제거하고 실권을 잡았을 때 왕이 경대승을 고려 시대, 왕명의 출납을 맡아보던 정삼품의 벼슬 승선(承宣)에 임명하려 하였다. 보현원 사건, 명종 자신은 주도적으로 한 일은 그다지 없었다.

그러나 경대승이 사양하였으므로 대신 왕은 오광척을 지목하였는데 경대승이 이를 반대하고 미워하게 되었다. 경대승의 성이 다른 일가 가운데 형뻘이 되는 사람으로 척형(戚兄) 손석이 원망을 품어오던 터이라 경대승을 사주하여 살해하게 했다. 이처럼 경대승이 정중부 부자(鄭仲夫父子)와 오광척 등 중요 무신을 살해하자 다른 무신들이 정중부를 비롯하여 사공(四公)을 죽였다고 하여 경대승을 공동의 적으로 돌렸다. 이때의 사공은 상장군 오광척·대장군 정균(鄭筠·대장군 이경백(李景伯)·무관직 고려 정팔품 품계 산원(散員)에서 오품 무관 중랑장(中郎將)까지 무장으로 금군과 별초군, 오군의 부대조직으로 지유(指諭) 문공려(文公呂) 등을 말한다. 손석은 경대승의 족형으로 『고려사』 그의 아버지가 대장군 오광척의 탄핵을 받고 파직돼 원한을 품고 경대승이 거사를 일으키자 경대승 부추겨 오광척을 참살한 인물로 기록됐다. 명종 지릉, 황해북도장풍군 항동리 현 1916 도굴소실 추정된다.

해주가문 연관 살생부

· 난신적자 색출 작전

견룡행수 허승은 대장군 조원정을 통해 해주가문 난신적자들에게 뇌물로 아첨한 군부요직살생부를 작성하여 명종에게 올리자 명부에 있는 자들을 귀양과 참수하라.
김광립은 견룡행수 허승에게 지금 각지의 수백의 장사들이 경장군 댁으로 몰려들고 있다 하옵니다.

도방군사들의 집결

· 도방군사 선발 시험
허승에 도방군사와 맞서는 권력으로 속속 등장한다.
경대승은 각지에서 모여든 도방 장사들에게 내 비록 거사를 주동하여 해주가문을 멸문지화 시켰으나 지금은 군부에서 사직을 한 몸이고 또한 장차 조정에 출사할 마음은 추호도 없으니 청주가문이 이 나라 조정과 군부를 좌우지할 명분이 되는 일은 결코 없을 것이다. 내 이미 선친의 가산을 모조리 원주인들에게 돌려주었으나 그대들이 내 휘하에 들어 충성을 다 바친다하여도 호의호식은커녕 살점 붙은 뼈다귀 한 조각도 챙기지 못할 것이다! 도방군사들을 먹일 수 없어 내 그대들에게 밝은 앞날을 약조할 수 없으니 이만 돌아들 가게.
그래도 도방군사로 홍두, 양표, 도손 등 충성을 다짐하여 마지 못해 받아들인다.

도방군사 결사대 홍두 양표 도손 연이은 등장

· 도방군사 속속 입장
도손은 아무리 성질이 나쁘고 못된 짓을 하는 젊은이 악소 패(惡少-패)가 사람으로서 마땅히 하여야 할 도리에 어그러지고 흉악함과 도리를 어겨 막됨이라는 패악무도(悖惡無道)한 무리 도방군사로 입적한 것은 정중부 제거에 놀라서였습니다.

인종의 넷째 비, 선평왕후는 황상폐하의 신망을 잃고 군부에서 물러나 있지 않습니까? 공예태후는 이 늙은이가 황궁에 들어온 지 반백년이 넘었건만 이제껏 경대승 같은 충직한 안광 눈빛을 지닌 신하는 본적이 없소이다. 경대승은 무부들 손에 더럽혀진 이 나라 황실을 구할 것이오이다. 결연하게 이 늙은이는 경대승을 믿소이다.

한쪽만이 상대방을 사랑하는 짝사랑 수안궁주 근친 백작 영인백과 혼사 청첩

· 경 장군 치하

수안궁주는 근친으로 영인백(令人伯)과 혼사 일을 정했다고 하며 경대승을 참으로 차갑고 무심한 사람이라고 전하고 혼인은 하되 경 장군을 사모합니다. 지금도 파혼하여 경 장군을 따르겠다고 치하하며 술잔을 따른다. 이건 소장에게 불충입니다.

* 짝사랑 : 외사랑, (日)片思 かたおもい카다오모이, (英)crush on, one side love

경대승의 도방군사, 추상같은 군율 지닌 일당백의 정예군사 조련

−병사하기까지 유지 130명만의 도방군사, 견룡군과 황도의 병력 대적

　경대승은 추상같은 군율을 지닌 한 기병이 천 명을 당한다는 일기당천(一騎當千)·혼자서 백 사람을 당한다는 일당백(一當百) 정예군사로 조련된 도방군사 백삼십 명만으로 견룡군사와 황도의 병력을 대적할 수 있을 것이야. 김자격은 쌀섬이 없거늘 저들을 무슨 방도로 먹이실 것이며 병장기는 어찌 마련할 것입니까. 김자격에게 우선 후원 별채를 부수고 백 명이 밤이슬을 피할만한 거처를 마련하고 먹일 곡식과 병장기는 차차 방도를 마련하기로 하세. 허승은 경 장군 황도 개경을 떠나라는 이 사람의 말을 잊으시었소이까. 내 황도를 떠나지는 않을 것이야.
　내 지난번 청주전답을 되돌려준 후로 남은 가산이라고는 이 집 한 채 뿐이거늘 황도를 떠나 어디로 가겠는가. 허면 어찌 가병들을 모은 것입니까. 내 허승의 수급을 베고자 하는 뜻으로 장사들을 모았네. 손석, 경대승에게 먹일 청주가문에 양곡조차 바닥이 났다는 것을 알고 있거늘 무슨 도적을 방비하겠다는 것인가. 가병들을 모은 것은 토끼가 죽으면 토끼를 잡던 사냥개도 필요 없게 되어 주인이 삶아 먹는다는 뜻으로, 필요한 때는 쓰고 필요 없을 때는 버리는 경우를 이르는 말 토사구팽(兎死狗烹)시킨 조정

과 군부에 칼을 겨누고자 함이 아닌가. 경대승, 허승을 제거하고자 함이요. 손석, 쌀을 짊어진 노비들을 거느리고 경대승 쪽으로 다가온다. 쌀섬들을 보며 형님 저게 다 무엇이옵니까? 대승아우가 가병들을 거느릴 것이란 소문을 들었네. 내 청주가문 곤궁한 사정을 손금 보듯 훤하게 꿰뚫고 있거늘 가만히 있을 수 있겠소. 내 아우한테 보탬 되고자 쌀 몇 백 섬 가져 왔네. 도방 군사, 경제 손석 이다.

경거망동 허승 제거 계획, 권력의 분열이 권력의 축소

· 허승, 태자전하 옹립계획 대역부도(大逆不道 : 왕권탈취나 어버이살해 큰 죄)
 허승은 태자궁별장으로 자리를 옮기고 부관 김광립을 견룡행수로 하여 황제폐하와 태자전하의 골육상쟁이라는 불충한 말에 대해 역심으로 단정하고 공격을 하였다. 허승(1152-1180 29세)은 청주가 고향, 경대승과 어릴 적 잠시 부친 청주사심관 전 시절 함께 자란 동년배다. 그는 정균의 부관, 청주변란 때 청주백성을 도륙을 낸 자로 청주에서 올라와 합세한 도방군사 도손과 소랑이 원한을 갚아야 할 때입니다.

허승이 태자의 왕위 찬탈 역모는 배은망덕

- 대치(對峙)

경대승은 허승에게 허 별장 황제를 폐위시키면 반역이다. 허승은 어찌하라는 것입니까? 내 오랜 벗으로 충언을 하겠네. 허승은 기해정변, 1179년 9월 온건파 무인정권이 무너지고 복고파 무인정권 경대승 허승 김광립 김자격이 심야에 궁궐을 잠입하였다. 정중부 정균 송유인 일당을 제거한 거사(擧事) 때 정균을 제거한 시발로 쿠데타 주역으로 주체세력이다.

이 나라 사직을 황제와 조정신료들에게 돌려주고 정치에서 손을 떼게! 그것만이 반역의 오명을 씻는 길이네.

허승은 아직도 경 장군을 필요할 때는 쓰고 필요 없을 때는 버린다는 토끼가 죽으면 토끼를 잡던 개도 필요 없게 되어 주인이 삶아 먹는다는 토사구팽(兎死狗烹)시키고도 황제에 대한 충정이 남았습니까?

토사구팽과 같은 말로 원칙을 위하여 자기가 아끼는 사람을 버림이라는 읍참마속(泣斬馬謖)이라는 말이 있는가 하면 남에게 입은 은혜를 잊고 배반함이라는 말 배은망덕(背恩忘德)이 있다.

배은망덕의 유래는 없지만 관련된 옛날이야기가 전해진다. 그 내용 다음과 같다.

『부모님이 일찍 돌아가시고 고아가된 아이가 있었는데, 이 아이는 먹을 것이 없어 부잣집에 밥 동냥을 하러 갔습니다. '찬반이라도 한 술만 주시면 안 될까요?' 주인은 아이가 불쌍해서 따뜻한 밥 한 상을 차려준 다음 아이의 딱한 사정을 듣고 자신의 집에서 머슴살이를 하면서 농사를 배우라고 했습니다.

그리하여 이 아이는 부잣집에서 머슴살이를 시작하게 되었습니다.

세월이 흘러 아이는 청년이 되고 주인은 청년이 된 아이를 결혼시켜 행랑채에 살도록 했습니다.

그러던 어느 날 청년이 주인에게 말했습니다. '제가 어릴 적부터 머슴살이를 한 품값을 모두 계산해 주세요.'

'그 소리를 들은 주인은 호통을 쳤습니다. 배은망덕도 분수가 있지, 오갈 데 없는 놈을 키우고 농사일까지 가르쳤는데, 그 은공을 정녕 모른단 말인가?'

사실 주인은 청년을 양자로 삼고 재산도 주려고 마음먹고 있었습니다.

그러나 청년의 욕심 때문에 청년과 청년의 식구들은 그 집에서 쫓겨나고 말았습니다."라는 배은망덕의 옛날이야기입니다.

토사구팽은 도방정치 경대승에서 경대승의 기해정변 때 의기투합한 주체세력 허승을 태자궁별채에서 거처하며 태자를 옹립하여 역모를 한다고 제의하자 서로 맞서자 허승이 경대승에게 한 말 토사구팽이 있고, 같은 뜻으로 삼국지에 나오는 일화에서 중국 촉나라 제갈량이 사랑하는 부하 마속이 군령을 어기자, 군의 질서를 세우기 위해 울면서 그의 목을 베었다는 일에서 유래 된 읍참마속이 있는가 하면, 같은 뜻으로 유래와 같은 옛날이야기가 전해지는 고아와 부잣집 주인이야기로 고아를 길러내어 결혼까지 시켜주고 행낭 채에 살게 했으나 청년의 욕심이 지나치게 머슴살이 한 품값을 모두 계산해 주시오라고 하는 말에 쫓겨나고 말았다는 배은망덕이었다.
　허승, 지금 용상에 앉아있는 유약한 황제로는 조정과 군부의 썩은 살을 도려낼 수는 없습니다. 비록 후대 반역자의 오명을 뒤집어쓸지라도 뜻을 꺾지는 않을 것입니다. 경 장군이 이 사람과 가는 길이 다르다면 우리 두 사람 더는 벗이 아닙니다.
　태자전하를 새 황제로 옹립하고 반역을 않겠다고 하지만 경대승은 그것이 역모로 반역이라고 맞선다.
　경대승은 관직과 장군 직을 내놓고 사병집단 도방을 거사 때 30명이었던 군사를 130명으로 늘려 조정과 집 사이 출타 때 개인경호를 하였다. 벼슬 없이 나라의 큰일이 있을 때 조정에 나아가 정치에 관여하였다. 경대승이 권력에 욕심이 없고 허승과 김광립은 쿠데타의 보상이 없자 견룡행수에서 태자궁별장으로 나아앉아 태자궁에서 오만방자하게 밤새도록 매일 술을 마시며 소리 내어 유흥을 기녀와 즐겼다.
　이에 격분하여 경대승은 허승을 집으로 불러 제거하고 도중에 있던 도방방장 김자격에 의해 허승의 부관 김광립도 허승보다 먼저 제거한다.
　경대승과 의기투합하여 함께 이룬 기해정변 성공에 주체세력 일등공신으로 동행자며 동조자 허승을 공을 내세워 태자궁 점령 왕으로 내세우려는 역모 죄로 몰아붙인 것이었다. 권력 욕심을 부린 노자의 도덕경에 나오는 중국 한나라 때 유방에게 역모한 한신과 처지가 똑같아 비교된다. 노자의 도덕경은 다음과 같다.
　'물 흐르듯 자유롭게 사는 삶' 노자의 도덕경이다.
　〈도덕경〉은 춘추시대 노자가 남긴 책으로 알려져 있습니다.
　노자는 주나라 장서실을 관리하는 일을 하다가 천하가 혼란스러운 모습을 보고는 홀연히 산속으로 들어간 성격이나 말, 행동 따위가 보통 사람과 달리 뛰어나 유별난 사람 기인(奇人)이었습니다.

그가 은거에 들기 전 윤희라는 관리가 글을 남겨 달라고 해 〈도덕경〉을 남겼다.

공자도 노자를 만나고는 '용과 같은 사람'이라고 할 정도로 그의 모습을 신비롭게 표현했습니다.

〈도덕경〉은 자연의 이치에 따라 물 흐르는 대로 살 것을 권하는 책입니다.

세상이 움직이는 원리가 있고, 그것에 따를 때 인간도 좋은 삶을 살 수 있다.

노자의 가르침을 흔히 사람의 힘을 더하지 않은 그대로의 자연, 무위자연이다.

자연의 순리에 따라 물 흐르는 듯 사는 삶입니다. 인간은 인위적으로 세상을 바꾸려고 하는데, 이는 혼란을 가져오고 고통의 원인이 됩니다. 욕망이 크면 괴로움도 크다는 것을 노자는 잘 알고 있었습니다. 모든 것을 포용하는 물의 유연성처럼 세상의 흐름 '도'를 따르라는 말이다.

요즘 말로 하자면 '워라밸(일과 생활의 균형 : Work & Life Balance)'입니다.

일과 가정생활, 친목활동과 건강 등의 여러 가지 면을 조화롭게 하여 행복한 삶을 영위하자는 취지입니다. 노자는 무려 2,500년 전에 워라밸을 주장한 셈입니다.

그럼 어떻게 워라밸을 이룰 수 있을까요? 노자가 생각하는 워라밸은 '상선약수(上善若水)' 즉, 물과 같은 삶입니다. 물은 다른 사물을 이롭게 하면서도 그들과 다투지 않습니다. 물은 도에 가깝습니다. 아이의 마음으로 도를 깨친 사람을 도인(道人)이라고 합니다. 자연의 원리를 알고 그에 따라 자신을 운용하는 사람입니다. 도인은 갓난아이와 같다. 아기는 자연과 잘 어울려 벌에 쏘이거나 뱀에 물리지 않는다.
 벌이나 뱀을 보고 놀라지 않고, 피하려는 마음이 없기 때문입니다.
 〈도덕경〉은 자연의 원리를 통해 우리 삶의 태도를 되짚어볼 수 있는 가르침이다.
 큰 우주의 원리에 비해 우리가 가진 생각은 아주 작고 사소합니다. 작고 사소한 것에 사로잡혀 자신을 괴롭히지 않고 큰 생각으로 우주와 하나가 되는 삶이다.
 허승이 한나라 유방에게 역모 참살된 한신과 같아 비참(悲慘)한 말로입니다.
 한나라를 천하통일을 유방과 장량이 함께하여 장량은 논공행상(論功行賞, 공적의 크고 작음 따위를 논의하여 그에 알맞은 상을 줌.)을 받지 않고 토사구팽(兎死狗烹)당하기 전에 초야에 묻힌 장량은 경대승과 같은 사람이다. 위인 추대 이유이다.
 경대승과 혈맹으로 의기투합하여 함께 이룬 기해정변을 허승은 한신과 같아 공을 내세워 자기만을 믿고 권력 주장 고집으로 비참한 말로에 비해 상반적으로 장량은 한나라 천하가 통일되고 난 후 물 흐르듯 삶을 초야에 묻혀 자연인이 되었다는 것과 비교하여 노자 〈도덕경〉에 한신과 장량을 허승과 경대승에 비교해 보았다.

도방군사 간 충돌을 경대승 용서

· 도방군사들 간 충돌
 경대승은 도방군사들과 충돌로 백성들은 피골이 상접하게 굶고 있는데 힘이 남아 싸움질을 하고 있느냐 집에 불을 질러 태워 없애라. 오척과 도손의 격투 도방군사 충돌을 본 결과 도방숙소를 불태웠다. 집을 태우는 대신 오척 홍두 도손 양표 소랑 도방군사들 저의 몸을 태워 주십시오. 도손이 앞장서 기름을 몸에 끼얹고 김자격이 횃불에 불을 붙이자 경대승이 칼로 횃불을 칼을 가지고 가로로 자른다. 몸을 헛되이 하려는가. 몸을 헛되이 보람도 없이 해 하려는가 말이야. 용서는 다음으로 미룬다. 다시는 않겠다고 다짐을 반복한다. 마지못해 용서하게 된다.

다시는 그런 충돌하는 일이 없도록 하겠다고 하고 장군으로 모신다고 다짐하고 도방군사들은 용서를 빈다.

주위 자기 세력을 제거하는 결심

· 경대승 권력 축소 결정

허승이 역심을 품고 버리지 않겠다고 하여 수급을 베기로 결정한다. 손석, 경대승에게 허승이 새 황제 옹립을 한다는 소문이 파다하네.

태자전하는 경대승에게 내 어찌 천륜을 저버리고 낳아주신 황상폐하의 용상에 앉는 패륜을 저지를 수 있겠는가. 지금 허승의 반역을 막을 충신은 경 장군, 그대뿐일세! 경 장군, 부디 허승을 도모하여 위급에 처한 황실과 사직을 구해주게.

도방 공사 완공을 앞두고

· 도방 원칙

경대승은 큰 붓, 대필(大筆)을 움켜쥐고 도방이라고 힘찬 획을 긋는다.

내 군사들의 거처를 도방이라 명할 것이다.

교위 김자격이 도방의 방주가 되어 도방군사를 이끌 것이다.

동서남북 사방으로 도방군사들을 나누어 각기 청룡군, 백호군, 주작군, 현무군으로 칭하고 오척 홍두 양표 도손이 머리가 되어 각각 군을 이끈다. 도방은 황제폐하의 군사가 아니다.

　나 경대승과 청주가문의 군사가 되어서도 아니 된다. 이 나라 사직을 바로 세우고 도탄에 빠진 백성들의 구제하는 대의를 이룰 군사가 되어야 할 것이다.

　도방군사들은 군부수장 조정고관대작들이 백성에게서 뺏은 쌀섬을 도로 뺏어 가난한 백성구제를 위해 가난한 백성들에게 구휼미를 나누어 줄 것이다.

도방 설치 현판식과 허 별장 이변 예고

-도방에 첫 번째 초대

　도방 정면에 〈都房〉이라는 현판이 걸려있고 그 앞에 촛불을 밝힌 제단이 마련되어 있다.
　경대승, 축문을 읽고 있고 그 뒤편으로 손석과 김자격이 서있고 그 뒤로 오척과 홍두, 양표, 도손이 각기 청색, 백색, 적색, 흑색의 복장과 병장기를 갖춘 도방군사들 앞에 결연하고 경건한 표정으로 서있다. 뒤편 선사 두두을, 소랑의 모습 보인다.
　경대승은 경자년 섣달 갑오일에 청주가문 경대승이 사직을 위하고 백성들을 구제하기 위한 대의로 도방을 열고 기원 드리오니 천지신명께오서 경대승과 도방군사들의 대의를 굽어 살펴주시옵소서 하는 축문으로 제를 올리나이다.
　도방 현판식과 때를 같이하여 허승 초대와 동시에 제거될 것이다.
　허승은 술시에 경대승과 청주가문을 제거하고 진압을 위해 황궁으로 진격한다는 계획을 세운다.
　도방 안에 허승이 입장하고 허승의 군사들 도방밖에 머무르는데 도방군사, 술을 마시게 한다. 허승의 군사들, 방심하여 술동이 쪽으로 몰려들어 술을 마시는데 도손과 홍두, 번뜩이는 눈빛을 주고받으면 도방 장사들이 순식간에 달려들어 허승의 군사들을 베어버린다. 도손, 병장기로 군관을 사정없이 참살한다.

손석은 대문 밖으로 나와 그 모습을 보고는 도손과 홍두에게 의미심장하게 끄덕여주고 다시 대문 안으로 들어간다.

손석에 의해 계획된 현판식 초대와 동시 제거대상은 경대승이 허승을 제거하고 김자격이 김광립을 제거한다.

허승은 제거당시 태자궁별장으로 허 별장 칭호를 받았다.

〈都房〉 현판이 횃불 빛에 일렁이고 있다. 김자격을 비롯한 도방 장사들과 허승의 호위무장들이 긴장감속에서 경계를 서고 있는데 양편 모두 오늘밤 생사를 가를 접전이 벌어질 것을 숙지하고 있습니다. 도방 안에서 경대승과 허승이 호탕한 웃음소리가 들어온다.

태자궁지유별장 허승과 허승의 견룡행수 김광립 최후

· 허 별장(태자부지유 별장, 정7품)의 공을 내세워 역모

명종 황제폐위 주장으로 방자하게 굴어 태자궁지유별장으로 있어 공을 내세워 제멋대로 방탕생활을 하며 최충헌이 총각도령으로 병문안 온 자리에서 명종폐위를 건의하자 나가시오 하며 거절까지 하였다. 경대승의 입지를 좁히게 하며 태자를 어떤 사람 임금으로 받들어 모시는 옹립(擁立), 역모 뚜렷하게 행동을 한 허별장이었다.

태자를 지키는 태자궁별장 허 별장의 견룡행수 김광립은 허 별장의 뒤를 따라 호위하러가는 도중 도방 방주 김자격에 의해 역습되어 제거된다.

허승은 대의를 세우고 신변을 강화하기 위해 군사를 증가시켜 비대해져 엄습하여오자 결국 경대승에 의해 친구이자 쿠데타 둘도 없는 단짝 주체세력이 제거된다. 허승보다 먼저 부관 김광립

이 제거된다. 김자격과 김광립, 처절한 사투를 벌이고 있다. 오척과 양표, 최대정을 비롯한 도방 장사들이 견룡군을 몰살시킨 후 두 사람의 접전을 지켜보고 있다. 김자격, 최후의 일격을 내치듯 병장기를 휘두르는데 김자격, 피하며 그대로 검으로 베어버린다. 김광립, 피를 뿜으며 푹 무릎을 꿇는다. 김 교위 자네 손으로 내 목숨을 거두어 주게. 김광립, 소장, 별장을 지키지 못한 죄가 크옵니다. 소장, 먼저 가오니 별장께오서 부디 대의를 이루시옵소서. 김자격, 잠시 망설이다가 결연한 표정으로 김광립을 획-베어버린다.

허승은 병문안 온 최충헌이 말단 직위 총각도령 때 경대승 병문안 중 명종을 폐위시키면 병이 나서 쾌유할 것이라고 건의했으나 경대승이 거절, 나가라고 하듯 명종을 폐위시키자고 강력히 주장한 허승을 경대승이 본가로 불러 제거한다.

견룡행수 김광립의 죽음은 다음으로 태자부지유별장 허승의 최후를 예고한 거다.

상호 간 죽음 칭호

· 허승의 말로-

경대승은 허승과의 대결에 앞서 설전이 오가는데 오늘 밤 둘 중의 하나의 죽음을 놓고 천자의 죽음은 붕(崩)이라하고, 제후(諸侯, 봉건 시대에 일정한 영토를 가지고 그 영내의 백성을 지배하는 권력을 가지던 사람)의 죽음은 훙(薨)이라하고, 경대승과 같은 선비 또는 대부(代父, 지도자)의 죽음은 졸(卒)이라하고, 군자(君子, 행실이 점잖고 어질며 덕과 학식이 높은 사람, 높은 벼슬에 있던 사람, 아내가 자기 남편을 가리키는 말)의 죽음은 종(終)이라하고, 평민 백성의 죽음은 사(死)이라하고, 허 별장의 죽음인 대역죄인의 죽음은 폐(斃)라고 한다.

허승은 정중부를 제거하는 주동세력으로 쿠데타 때 동지이자 둘도 없는 주체세력이었다. 그런데 지금은 정치상으로 서로 대립되는 처지에 있는 사람으로 정적(政敵)이 태자부지유별장으로 방자한 언행에 지탄을 받다가 경대승에 의해 생을 마감한다. 허승의 역모해 죽음으로 권력중심에 서게 되는 경대승은 도방 정치시대가 열린다.

자신의 목을 검으로 찌르는 순간 허승의 최후의 말은 내 대의를 이루지 못하여 내 대신 경 장군의 대의를 이루시고 내가 저승에 가서라도 경 장군의 대의를 지켜볼 것이야. 경대승은 일어서서 몸을 돌려 가면 허승은 결연한 표정을 짓다가 자신의 목을 베고 쓰러져 숨을 거둔다. 경대승의 눈가에 눈물이 흘러내린다.

허승의 죽음에 대해 경대승의 도방군사들은 천하의 허승을 이겼다.

자기를 견줄 막강한 동지며 정적인 허승이 죽자 경대승 신변과 주변에 위협을 느껴 사실상 도방 설치와 동시 도방 정치가 도래되었다.

경대승은 고개를 들어 하늘을 보며 끄덕이며 왕은 낮을 밝혀주는 태양이고, 그래 저 달은 아주 오랜 옛날 태고(太古) 때부터 밤을 밝혀 왔고 또한 장차 천대만대를 겹쳐 변함이 없을 것이지만 저리도 무심하거늘 어찌 사람들은 백년도 채우지 못할 운명이면서도 탐욕을 부려 스스로 명을 재촉하는 것인지 모르겠네.

허승은 용력이 있어 모든 사람들이 탄복하였다. 당시 정중부(鄭仲夫)와 아들 균(筠)의 횡포가 심해지자 허승은 기회를 노리고 있던 경대승과 만나, 1179(명종 9)년 견룡행수이며 견룡장(牽龍將)으로서 용호군 대장군 경대승과 함께 1179년 9월 명종 9년 기해정변을 일으켜 정균을 시발로 함께 정중부 송유인을 제거하였다.

　그 공으로 태자부지유별장(太子府指諭別將)이 되자 경대승을 믿고 방자하여 불량소년을 양성, 동궁(東宮)을 가까이 모시고 있으면서 동궁의 뒷벽에 누워 노래하고 관악기 붊을 하는 가취(歌吹)로 밤을 새우며 횡포를 자행하다가 이듬해 경대승에게 1180(명종 10)년에 제거되었다. 경대승과 함께 정치하였다면 오랫동안 집권할 수 있었다. 또한 비범한 통솔력 카리스마(charisma)는 오늘날과 같이 최고 경영자 CEO(chief executive officer)의 덕목으로 명석한 두뇌, 강렬한 카리스마, 빠른 판단력으로 포용의 리더십에도 있듯이 허승은 남을 끌어당기는 강한 개성, 비범한 통솔력 카리스마(charisma) 성격, 통솔하는데 다른 무인들을 꼼짝도 못하게 장악했다.

　바늘에 실과 같았던 인물이 태자옹립을 한 역모 죄로 심히 안타깝게 참살되었다.

　경대승과 허승, 병장기를 겨누며 서로를 팽팽하게 노려보다가 어느 순간 전광석화처럼 서로에게 달려들어 일진일퇴의 접전을 펼친다. 손석과 김자격을 비롯한 도방 장사들, 각자의 느낌을 지켜보고, 경대승과 허승, 생사를 가르는 처절한 싸움을 벌이며 서로의 몸을 베며 기운이 점점 소진되어갔다.

　허승, 최후의 일격을 가하려는 듯 경대승의 목 줄기에 검을 찌른다.

　손석과 김자격, 소랑 등이 절망한 표정으로 보고 허승의 검이 경대승의 목을 관통한 듯 보이는 순간이었다.

　경대승, 합장하듯 양손바닥을 모아 허승의 검날을 잡아챈다. 허승, 당황하여 검을 빼내려고 안간 힘을 쓴다.

　경대승, 노려보다가 손바닥을 비틀어 허승의 검을 부러뜨린다.

　경대승, 중심을 잃고 비틀거리는 허승의 틈을 노려 수박으로 허승의 급소를 퍽-가격한다. 허승, 피를 뿜으며 쓰러진다.
　허승, 혼신의 힘을 다해 일어서려 해보지만 큰 내상을 입은 듯 다시 토혈하며 무릎을 꿇는다.
　일동, 경 장군이 천하의 허승을 이겼구나!
　허승, 내가 맞대응 싸움에서 졌소이다! 내목을 어서 베시오!
　경대승, 허 별장 자네가 대의를 내세워 반역을 도모하지 않겠다면 내 자네의 목숨만은 살려줄 것이야.
　허승, 경 장군, 이 사람을 욕보이지 마시오! 내 대고려의 장수이오이다. 충성을 맹세하였던 견룡행수와 군사들이 모조리 참살 당하였거늘 어찌 나 혼자 살기를 바라겠소이까? 내 비록 죽을지언정 대의를 꺾지는 않을 것이오! 어서 내 목을 베시오!
　경대승, 떨어진 자신의 병장기를 주워 허승에게 병장기를 건네준다.
　허승, 경 장군, 내 이루지 못한 대의를 장군께오서 이루어주시오! 내 저승에 가서라도 경 장군의 대의를 이루는 것을 지켜보리다! 결연한 표정을 짓다가 자신의 목을 베고 처절하게 쓰러져 숨을 거둔다. 경대승의 눈가에 눈물이 흘러내린다.

　***경대승 장군이 기해정변의 절친한 동지였던 허승의 목을 베었다. 제갈량이 사랑하는 부하 마속을 군율을 어기었다고 눈물을 흘리면서 목을 베었다. 이런 원칙을 위하여 자기가 아끼는 사람을 버림, 삼국지에 나오는 중국 촉나라 제갈량이 사랑하는 부하 마속이 군령을 어기자, 군의 질서를 세우기 위해 울면서 그의 목을 베었다는 일에서 유래한 읍참마속(泣斬馬謖)일화이다. 마속은 가정싸움에서 위나라 장군 장합에게 크게 패하여 중원 공략의 계획이 허사로 돌아갔다. 촉나라 제갈량은 이를 애석하게 여겼으나 눈물을 흘리며 목을 베었다는 '읍참마속' 고사로 알려진 인물

이다.

　삼국지는 후한말기 터진 황건적의 난 184년으로부터 시작 위 촉 오가 정립한 이른바 삼국시대를 거쳐 위나라 명장 사마의의 손자 사마염이 삼국을 통일하면서 진(晉)을 건국 265년 하기까지 약1세기에 걸친 이야기다.

　주요 줄거리 삼국지(三國志)는 중국 진(晉)나라 때에, 진수가 지은 위 오 촉 삼국의 정사이다. 중국 이십오사의 하나로 위지(魏志)에 기록된 부여전(夫餘傳), 고구려전(高句麗傳), 옥저(沃沮), 읍루(挹婁), 예(濊), 춘추전국시대의 삼한전(三韓傳)은 우리나라의 상대사(上代史) 연구에 귀중한 자료이다. 위지 30권, 촉지 15권, 오지 20권으로 모두 65권으로 되어 있다. 삼국지연의(三國志演義)는 중국 원나라 작가 나관중이 당시에 유행하던 공연의 대본을 모아 진수의 역사서를 토대로 재구성한 역사소설이다. 유비 관우 장비가 도원결의에서 의형제로 맺어 시작하여 오나라의 손호가 항복하여 천하가 진나라로 통일될 때까지의 사적을 소설체로 풀어 서술하였다.

　유비 직업은 돗자리 장수 특기 족보 사들이기, 관우는 녹두와 소금 장수, 오나라군사에 살해되었는데 무당들은 50대 과로사로 억울하기 죽어 신통하다는 영험(靈驗)한 신이라 해 무속신앙에서의 정치는 심모원려(深謀遠慮)와 신상필벌(信賞必罰)이라 하였고, 장비의 직업은 개백정, 제갈량은 백수이나 유비의 책사 선정시 인재를 맞아들이기 위하여 참을성 있게 노력함으로 중국 삼국시대 촉한의 유비가 남양(南陽)에 은거하고 있던 제갈량을 초옥으로 세 번이나 찾아갔다는 유래인 삼고초려(三顧草廬)가 있다. 조조의 부는 환관 아들 조조 직업은 관리 공무원이었으며 또한 시인으로 고향 패국 초현, 조조 셋째 아들인 동생 조식과 이복형 조비 삼조(三曹)로 중국 문학사에 빼놓을 수 없다. 조식은 생활 자유분방 해 남방 정벌군 사령관으로 출정식 때 술에 너무 취해 참석하지 못했다. 이런 여러 가지 사정이 겹쳐 조비를 후계자로 결정하게 된다. 조조는 전장에 나가서 조식은 좋은 문장으로 구구절절 애틋한 정을 표했다. 그러나 조비는 단지 눈물만 줄줄 흘릴 뿐이었다. 조조는 그래도 장남이 더 진실하고 효성이 있다고 생각했다.

'도방 정치 경대승'의 고려 시대 무신정권 집권자의 사병 집단 또는 사병 숙소로 경대승의 신변 보호를 위하여 처음 설치하였고, 최충헌도 이를 계승하여 이곳에서 정사(政事)를 처리하였는데 원종 11년(1270)에 왕정 복구로 없앤다. 도방은 경대승 부의 높은 벼슬아치의 집에 딸려 있으면서 그 벼슬아치를 받드는 사람, 가신(家臣) 교위 김자격이 도방의 방주가 되어 도방군사를 이끌 것이다. 동서남북 사방으로 도방군사들을 나누어 각기 청룡군, 백호군, 주작군, 현무군으로 칭하고 오척 홍두 양표 도손이 머리가 되어 각각 군을 이끈다. 고려 전 지역을 떠도는 일정한 곳이 없이 떠도는 악소패거리 무사들인 오척 홍두 양표 도손 이들은 앞에서 언급되었지만 삼국지 도원결의에서 유비 관우 장비와 같이 성질이 고약하고 못된 젊은이의 무리인 악소패거리(惡少牌거리) 장사였다. 이들이 삼국지와 도방을 만방(萬邦)에 알린다.

중국의 사대 기서(四大奇書) 가운데 하나이다. 삼국지연의는 중국에선 여포와 원술을 물리쳐 하북지역 장악해 난세에 영웅이고 치세에 간웅(奸雄, 간사한 꾀가 많은 영웅) 조조 중심 독서가 읽혀지고, 삼국지는 한국에선 영웅(英雄, 지혜와 재능이 뛰어나고 용맹하여 보통 사람이 하기 어려운 일을 해내는 사람) 유비 중심 독서가 읽혀지고 있는 성향이다. 두 영웅 조조 조위정통론과 유비 촉한정통론이다.

유비와 조조는 물과 불의 관계다. 조조가 엄격하면 유비는 관대하게 대한다. 조조가 서주대학살로 난폭하면 황제 지시라며 여포와 유비 간 서로 싸우게 계략했고 잠시 여포가 서주를 장악했던 데서 쫓겨난 유비는 전쟁 중 피난길에 백성을 보호한 인덕에 의지한다. 조조가 책략으로 행동하면 나는 성실하게 행동한다. 언제나 조조와 반대로 행동을 취해야만 비로서 일이 성취된다.

정치가, 군사지략가, 문학가로 이름을 날렸던 간웅(奸雄) 조조(고향 : 안휘성〈安徽省〉의 박주〈亳州, Bozhou〉)에게 쫓기던 유비(고향 : 북평〈베이징 : 북경〉)는 손권(고향 : 절강성〈浙江省 : Zhejiangshěng · Zhejiang Province〉 항주시〈杭州市〉의 용문고진〈龍門古鎭〉)이 있던 수도 건업 · 남경보다 좀 더 동쪽에 오 지역 손권이 세웠다는 현재 상해, 동오(東吳), 중국 삼국 시대, 오나라의 아버지 손견, 형님 손책의 뒤를 이어 오 땅을 물려받은 초대황제 손권(182~252, 222~252)과 손을 잡고 남하한 중국 대표적인 난신 조조의 대군을 적벽(장강〈양쯔강〉 상류)에서 격파함으로써 강남에서의 지위를 확립하였고 후에 황제가 되어 연호를 황룡(黃龍), 도읍을 건업(建業 : ,남경(南京, 난찡)으로 정했다. 유비와 손권은 적벽 전투에 대승한다.

적벽대전(赤壁大戰, 중국 후한 말 천하통일을 목표로 남하하는 조조에 대항하기 위해 손권과 유비가 연합해 양자강 적벽에서 벌인 큰 전투이다.)이 일어난 중국 중앙부를 흐르는 아시아에서 가장 긴 강, 양쯔강(Yangzi江)이라 부르는 장강의 거의 끝단 하류의 바다근처 갈래 강 중국 장쑤성 남동부를 흐르는 황푸강(Huangpu:江, 상하이를 지나 우쑹吳淞부근에서 장강 합류)을 중심으로 푸동 지역과 푸서 지역으로 나누는데 푸서 지역은 아편전쟁에서 중국이 패한 후 상해항을 비롯해 5개항을 영국, 프랑스, 일본 등의 열강들에게 반강제로 열게 되면서 유럽식 건축물이 유명하게 들어섰고, 현 금융 중심지와 명품 복합물이 들어서 있다.

이 승리를 계기로 유비는 형주에 땅을 빌려 촉나라의 기반을 다지게 됩니다.

위·촉·오 세 나라로 나뉜 천하는 치열한 전투를 벌이며 각자 영역 넓혀 간다.

그러던 중 관우가 손권에게 잡혀 죽임을 당하고 이어서 장비마저 부하들의 손에 죽자 유비는 손권에게 복수를 다짐합니다.

꿈에서 관우를 본 조조가 병으로 죽고, 육손 때문에 손권이 세운 나라 동오 정벌에 실패한 유비도 병으로 죽자 삼국은 새로운 국면을 맞이합니다.

어떤 일이 잘 이루게 꾀를 내어 돕는 사람 책사는 촉의 제갈공명, 위의 사마의, 오의 육손이 서로의 재주를 겨루게 된 것입니다.

군사 명수 위나라 440만명, 오나라 250만명, 촉나라 100만이다.

제갈량을 자(字)로 제갈공명은 남만 땅을 정벌하고 위나라를 정벌로 북벌을 단행하지만 마속의 실수와 황제의 명 때문에 결국 유비의 뜻을 이루지 못하게 됩니다.

그리고 제갈공명마저 병으로 죽자 위나라의 사마씨가 조씨를 몰아내고 진나라를 세워 촉과 오를 정벌하고 천하를 통일합니다.

삼국지 간추린 내용은 1. 적벽대전 : 위 조조를 제갈공명 지혜 용기 전투력으로 촉의 승리, 2. 형주 땅을 빌린 유비, 3. 주유와 방통의 죽음, 4. 서천 땅 점령과 형주 땅, 5. 관우의 죽음과 꿈에서 관우를 본 조조의 죽음, 6. 유비의 죽음과 남만 땅 정벌, 7. 제갈공명의 출사표와 사마의의 복권, 8. 읍참마속과 공명의 승부, 9. 제갈공명의 죽음이다.***

경대승 장군이 사랑하는 부하 허승의 목을 벰과 같이 촉한의 책사 제갈량이 사랑하는 부하 마속의 목을 벰과 같다는 내용으로 울면서 사랑하는 부하를 참했다는 읍참마속으로 그 후 경대승 장군과 똑같이 제갈량도 최후를 맞이한다.

마속(190년~228년)은 중국 三國志演義(삼국지연의) 촉한의 장수 제갈량의 신임을 받았으나 가정 전투(街亭戰鬪, 228년 제갈량의 제1차 북벌 중에 일어난 촉한 마속과 위나라 장합의 싸움이다.)서 참패로 제1차 북벌을 말아먹은 책임을 지고 죽였다. '원칙을 위하여 자기가 아끼는 사람을 버린다.'는 뜻의 읍참마속(泣斬馬謖) 유래다.

중국의 사대기서는, 1.나관중의 "삼국지연의" 2.오승은의 "서유기(대당황제의 칙명으로 불전을 구하러 인도에 가는 현장삼장의 종자 돌에서 태어난 손오공이 주인공 공적 부처가 된다.)" 3. 난릉소 소생의 "금병매(반금련 이병아 방춘매 3명 히로인 돈 술 여자로 패가망신)" 4. 나관중과 시내암의 "수호전(송강 수령으로 탐관오리 징벌 후 조정 귀순 반란군 정벌 공을 세우나 송강도 비참한 최후)"이 있다.

삼국지는 중국 서진 시대 역사가 진수(233~297)가 저술한 역사서이다.

유비중심의 삼국지 역사 서적이다. 진수의 삼국지를 원나라 말~명나라 초기의 소설가 나관중(1330~1400)이 조조중심의 삼국지연의를 지었다.

중국 사대명저가 있다. 700년 동안 동아시아 명저로 이어진 삼국연의, 서유기, 수호전, 홍루몽(紅樓夢 : 세 젊은이의 사랑과 혼인 문제, 가씨 집안의 흥망성쇠)이다.

허승은 경대승과 함께 거사를 주동하여 정중부 부자를 참살하는데 공을 세웠던 인물이다. 경대승의 거사에 공을 세운 후에 태자를 호위하며 옹립한 태자부지유별장에 올라 그 오만방자한 언행으로 지탄을 받다가 태자를 옹립하는 역모라 하여 경대승에게 참살되었다. 경대승이 정중부를 제거하는 거사를 함께 도모한 동지이자 정적이 되었던 허승을 참살한 일로 명실상부한 권력의 중심에 서게 되었으며 도방정치의 시대가 도래 하게 되었다.

허승 참살이 도방 정치 경대승

· 도방(都房 : 고려 무신 집권 시대 개인 사병 집단) 최초 설치 도방 정치 시작

도방군사들 도방방주 김자격 도방 장사 오척 홍두 양표 도손을 거느리고 황궁전각들과 태자궁을 장악한 후 황상폐하에게 고하는 정치를 하기 위해 입궁한다.

경대승의 족형 손석, 조정 대신들과 군부수장들을 중방에 모이라는 기별을 한다.

동서남북 사방으로 도방군사들을 나누어 각기 장수로 오척 청룡군, 홍두 백호군, 양표 주작군, 도손 현무군으로 칭하고 오척 홍두 양표 도선이 머리가 되어 각각 군부대를 통솔한다.

태자부지유별장 허승과 견룡행수 김광립의 수급을 역모를 일으켜 반역죄로 베었다고 고하니 황제 명종은 '태자지유별장 허승 단독이라 믿지 못하겠다하고 조정과 군부에 역모에 연루자를 발본색원하여 죄를 엄히 다스리어라.'

경대승은 도방군사들을 대동하고 황궁에 풀어 먼저 경계를 행하고 그 후 경대승의 도방수장들과 함께 황제폐하 명종에게 알리어 고하는 도방 정치가 시작된다.

도방은 내로 강해 외로 퍼져나가 외세를 막아내는 역할을 해 효과가 있었고 외세의 침입이 전혀 없었다. 이의민은 경대승이 무서워 고향 경주로 도망한 것이 개경 황도와 지방에까지 소문이

퍼졌다. 당시 도둑들조차도 얼씬도 못하였다.

　명종시대의 세계역사 흐름이 명종실록 약사에 의하면 당시 사병제도 도방이 세계조류로 지배하게 되므로 유럽에서는 독일의 프리드리히 1세가 제 5, 6차 이탈리아 원정을 감행하고, 영국 헨리 2세가 죽고 리차드 제1세가 즉위, 남송 간 문화교류다.

　한편 이 시기는 이탈리아를 중심으로 14~16세기에 이탈리아에서 시작된 인간성 해방을 위한 문화혁신운동 르네상스(Renaissance)라는 문예부흥(文藝復興)시대로 점차 번져가고, 고대 독일의 전설적인 왕족 니벨룽을 시조로 하는 난쟁이 족속으로 안개의 아들이란 뜻으로 니벨룽겐 Nibelungen의 노래가 완성되는 등 기사문학이 결실을 맺을 때였다. 도방 정치 경대승 때 일본은 쇼군 우두머리 막부가 정치했다.

　'명종과 군부수장의 중방이 불신하지 않고 경대승과 같이 힘을 합쳐 부정부패를 뿌리 뽑고 청렴결백과 백성구제를 하였으면 얼마나 좋았겠는가?' 이 말은 『고려사』에 있는 말이다.

　이는 지금까지 질서 있게 전통으로 이어졌으면 오늘날 뿌리가 되어 후대까지 내려옴으로 남북통일을 물론 얼마나 좋았으며 그야말로 태평시대 즉 세계 평화에 기여하였을 것인데 우리나라 역사에서 볼 때 참으로 애석한 일로 안타깝다.

도방 정치 회의

-중방회의 소집

　중방(中房)은 고려시대, 이군 육위의 상장군과 대장군들이 모여 군사에 관한 일을 의논하던 곳이다. 도방 정치를 알리는 중방회의 소집이 손석에 의해 경대승 주재아래 조정과 군부의 수장들이 중방에 집결하였다.
　손석과 무장한 오척, 도손을 비롯한 도방 장사들이 경대승 옆에 서있다.
　조정 상장군 조원정과 참지정사 이광정, 조정 대신, 이영진 석린 정세유를 비롯한 군부수장들도 놀란 표정으로 이를 본다.
　참지정사 이광정은 중방회의 소집을 군부수장들을 모조리 참살하기 위해 허승이 시켜 놓고 경대승이 참여 하니 중방회의에서 군부수장들은 놀라며 경대승이 나왔다고 한다. 허승이 얼마나 참살될 중방 군사 수장들에 엄하였음 알 수 있다.
　경대승은 지금은 조정과 군부수장들이 불참한 분도 있고 황궁안에 남아있는 허승과 김광림의 잔당을 척결하는 것이 시급하니 허승을 참살한 경위를 설명하기 위해 날이 밝은 후 다시 중방회의를 소집한다.

공예태후, 황실과 조정의 억압에서 구조

· 태평성대 도래

명종의 어머니 공예태후는 허승과 김광립 제거로 무부들에 더럽혀진 황실을 구제한 것에 믿을 만한 충신 경대승 장군의 충정을 높이 평가한다.

태자는 태자와 황제 명종 간에 역모 관계를 경 장군이 말끔하게 씻어주었다.

선평왕후는 해주가문을 참살하고 허승과 김광립을 참살하여 주도면밀한 경대승을 두려워한다.

공예태후는 예, 전임 군주 인종의 후실의 지위인, 황태비 말씀대로 경대승이 다른 마음을 먹는다면 이 나라 이백 년 황실은 풍전등화로 암담한 처지가 될 것이오.

내 그 때문에 경대승을 수안궁주의 배필로 맞고자 그리 공을 들였던 것이오.

감격한 태자의 충정 덕분 표시

· 격려

태자는 허승과 김광립 제거로 경 장군이 허승을 도모하여서 황상폐하께 역모로 몰려 패륜한 자식이 되었다. 이제 경 장군과 같은 황실의 파탄을 구조한 젊고 참신한 인재가 이 나라 조정을 이끌어 나가야 된다.

도방 정치, 조정대신들과 군부수장들 대거 참석한 중방회의 재소집

· 허승 제거 설명

경대승은 다시 소집하여 놓고 중방회의 참석하여 허승을 제거한 설명을 한다.

소장, 지난밤 반역을 획책한 허승을 주살하였사옵니다!

소장이 조정과 군부에 관직을 지니지 못한 신분으로 가병들을 이끌고 허승의 반역을 처형한 뜻은 소장, 이 나라 조정과 군부를 믿을 수 없기 때문이옵니다!

중방에 참석한 군부수장들은 가병을 이끌고 중방에서 언성을 높입니다.

원탁테이블에 중방 군부수장과 함께 앉고 중방회의를 옆에 도방군사들을 세우고 경 장군은 중방회의를 주재하였다.

경대승은 조정이 백성들의 민생을 외면한 채 파당을 짓고 당리당략을 일삼는다면 소장이 그 파당을 짓부술 것이옵니다.

또한 경대승은 군부가 본연의 소임을 저버리고 정사를 농단하려든다면 소장, 결코 용서치 않을 것이옵니다!

조정과 군부의 인사가 청탁뇌물이나 줄서기에 좌지우지 된다면 이 또한 좌시하지 않을 것이옵니다!

중방회의 결과 경대승은 허승이 조정과 군부를 뒤집어 업으려 하였는지를 조정대신과 군수부장들이 이제 조금은 알 것입니다.

벗을 제거한 공로로 조정에 출사하지 않겠고 군부의 요직에 있지 않겠습니다. 차후 정책진로에 대해 경대승은 뜻을 아울러 밝힐 것이옵니다.

굶고 자진하고 있는 백성들 처지가 이러할진대 조정과 군부의 수장들께오선 백성들 참상에는 눈을 감고 귀를 막으신 채 무슨 정치를 하시겠다는 것이옵니까?

백날 말로만 사직과 백성을 위하겠다고 맹세하여 본들 그것이 백성들에게 무슨 보탬이 될 수 있단 말이옵니까? 정신들 차리시옵소서!

경대승 참살 허위 유포에 이의민의 황도공격, 경대승 대비

· 금강야차 이의민의 정보를 교란시켜 반응 추이

오대 명왕(五大明王)의 하나로 얼굴이 셋이고 팔이 여섯으로 여러 가지 무기를 가지고 있으며 북방(北方)을 수호하고 악마를 항복시킨다고 하는 금강야차(金剛夜叉) 이의민이 꿈에 '무지개다리를 왕궁에 놓아 걸었다.'며 왕이 되겠다며 황제 옷을 입고 황도 개경에서 북쪽으로 떨어진 쪽 북계(北界 : 고조선의 평양 서쪽의 땅)에서 호신무기, 예전에 살생권의 상징으로 주는 작은 도끼와 큰 도끼 부월(斧鉞)을 가지고 있으며 군사를 모아 놓고 거처하며 입궁하기를 기다리고 있었다.

김자격은 경 장군이 참살하였다고 허위 유포하여 소문을 퍼뜨린다.

북계에 머물고 있는 금강야차가 황도를 공격하려고 한다.

경대승은 황도군사 조원정 상장군과 합세하여 공격에 대비한다.

조원정이 이끄는 황도군사들은 경 장군 만세, 만세, 만세하고 외친다.

황도군사훈련과 군부 부귀영달은 정치 농단 맞선 이의민 명종 알현

· 황도군사훈련 점검

응양군 상장군 조원정과 경대승은 이의민 금강야차 황도공격 반란군을 물리치기 위해 황도군사훈련을 시찰한다.

명종이 용호군 상장군 이의민에 형부상서 내직을 내리자 부인 둘 조강지처 최씨와 둘째부인 부용을 데리고 입성하고 두경승과 함께 명종을 알현한다.

 경대승은 백성들을 굶주림과 진구렁이나 숯불과 같은 데에 빠졌다는 뜻으로 '생활이 몹시 어렵고 비참한 상태에 처해 있음'을 뜻하여 도탄(塗炭)에 빠뜨린 원인은 불학무식한 군부의 장군들이 일신의 부귀영달과 가문의 권세를 위해 정치를 농단하고 있지는 않는가?

손석, 대의 손상시킨 최세보 문장필 조원정
파직 요청, 경대승 거부

-금강야차 토벌 주장

 경대승의 족형 손석은 대승아우의 대의를 손상시킨 최세보, 문장필 군부출신 조정신료를 파직 요청하자 경대승은 역효과라고 거부한다.
 파직시키면 불리한 증좌의 표시라 반대한다.
 무엇보다도 먼저 서둘러 해야 할 일, 급선무(急先務)는 금강야차 토벌과 황제폐하와 태자 간의 왕위에 오해로 황실의 반목을 무마시키는 일이옵니다.
 최세보는 경대승이 군사들 추앙을 받아 그 위세로 조정과 군부를 억압하고 있어 이 나라 군부에서 경대승에 맞설 상대자가 고조선의 평양 서쪽의 땅, 북계(北界)에서 황제 옷을 입고 왕 행세해 제왕 보위(寶位)할 용호군 상장군 이의민이옵니다.
 조원정은 황상폐하께오서 용호군 상장군 이의민에게 형부상서직을 내리시고 황도 개경으로 불러올리라는 황명이 계시었네!

정통성 명분 권위에 대응책 형부상서 철회 요구, 이의민 퇴로 차단

 · 선황제 의종 시해 대역부도한 죄인이며 거병 획책

명종, 조정과 군부의 인사는 황제 짐의 권한이거늘 어찌 경 장군이 짐의 용단에 토를 다는 것인가? 이의민은 짐의 명을 받들어 수년 동안 경인의 난, 무신의 난을 반대한 서경유수 조위총 난으로 서경반적의 잔당을 토벌한 충신이기에 짐이 내직을 명하여 그 공을 치하하려는 뜻이니 그리 알고 물러가시오.
 경대승, 이의민은 선황제를 시해하고 대역부도하며 거병을 획책하고 있다고 명종에게 부디 황명을 거두어 주시옵소서!
 명종, 경 장군! 이의민이 선황제 의종을 시해한 대역부도한 죄인이라면 짐은 의종 형님의 용상을 찬탈한 패륜의 황제란 말인가? 경 장군이 조정과 군부를 경인년 거병이전으로 되돌리겠다는 것은 짐의 정통성을 인정하지 못하겠다는 뜻이거늘 대체 역심을 품은 자가 이의민인가, 경대승인가? 짐은 알 수 없도다! 경 장군, 황제로서 명하노니 당장 물러가시오!
 경대승, 어금니 물며 경직한 표정으로 대전에서 나오면 김자격 손석이 다가선다.
 손석, 대승아우, 황상폐하께오서 정녕 금강야차를 조정으로 불러드리는 건가?
 경대승, 그렇소, 황상폐하께오서 호랑이를 황궁으로 불러드리시었소이다.
 손석, 허어, 어찌 유약하신 황상폐하께오서 어찌 대승아우한테는 이리도 강건한 어의를 보이시는 것인지 모르겠구먼?
 경대승, 황제의 정통성 명분과 권위를 찾기 때문이겠지 아니옵니까?
 김자격, 황상폐하의 명이 계시었다한들 금강야차가 순순히 황도로 올라오지는 못할 것이옵니다!
 경대승, 굳은 표정을 짓는다. 이의민의 형부상석 직을 명종에게 철회를 요구하고 이의민이 도망가는 퇴로를 차단해 막는다.

명종, 선평황후의 손을 주며 소자, 여기 있사옵니다.
 선평왕후, 내 황궁에 들어와 반백년동안 선황제와 태후폐하를 뫼시었으니 그 무슨 여한이 있겠소. 내 눈을 감기 전에 황상께서 선정을 펼치시는 모습을 뵙지 못하는 것이 안타까울 뿐이오. 황상, 부디 어진 황제가 되시오. 지금 살고 있는 현실 세계나 일생 동안을 이르는 곳 이승에서 살만치 살았으니 내 사람이 죽은 뒤에 그 혼이 가서 산다고 하는 세상 저생 · 저승에서도 축수발원 드릴 것이오. 그리고 잠들 듯 숨을 거둔다.
 선평왕후는 병부상서 김선의 따님으로 인종황제 5년, 정미년에 공예태후의 뒤를 이어 고려 7대 인종황제의 네 번째 황후로 책봉되시었으니 명종에게는 어머니가 되시는 분이다.
 무인정변 이후 공예태후와 함께 황실의 큰 어른으로 유약한 황실을 지켜오다가 경대승의 거사가 있었던 명종황제 9년, 기해년에 승하하시었다.
 의종의 황태비 연수궁주로 존칭되었으며 시호는 선평황후이시다. 인종의 첫째 비는 폐비 이씨, 둘째 비는 폐비 이씨, 셋째 비는 공예태후, 넷째 비는 선평왕후이다. 명종의 친모는 공예태후이다.

이의민 명종 알현, 전 황제 의종 시해 반역죄, 대립, 집권자가 반역자

-경대승 권력 홀로 쥐고 자기 마음대로 하는 전횡 방어 이의민 명종 알현

　이의민과 경대승은 서로 맞서자 상장군 두경승이 상장군 이의민 명종 알현이라 하며 권위에 도전하는 것이냐 일촉즉발이 모면(謀免, 어떤 일이나 책임을 꾀를 써서 벗어남)된다.
　최충헌에 숙청당해 귀양한 두경승이 경대승에게 황제를 알현하러온 이의민 상장군의 길을 막느냐? 경대승은 선황제 시해한 죄상을 알려주려고 길을 막았사옵니다.
　명종은 경대승 전횡(專橫)을 막고 고려황실을 보위하기 위하여 형부상서를 이의민에게 제수함에 경대승은 평양 서쪽 땅 북계에서 용포를 입고 황제노릇에 맞선다.
　경대승의 정책제시로 왕을 시해한 자를 응분에 대가로 반역죄로 처치하고 문무 차별 없게 동등하게 문인 대우하는 방향으로 되돌리는 정책이며, 과거의 체제, 풍속이나 제도 또는 전통으로 되돌아가는 왕권회복·복고주의(復古主義) 정책 제시했다.
　복고는 첫째, 왕을 시해 한 자 처단하고 왕정 복귀를 주장하는 것이며 둘째, 문인을 무인과 동등하게 대우하는 정책이다.
　명종은 선황제를 시해한 대역부도한 반역자는 이의민이 아니라 명종의 형 의종을 두둔하여 하늘의 아들이라는 뜻으로, 제국의

군주를 이르는 천자(天子)의 자칭 짐(朕)을 부정하므로 경대승이 반역자다.

좌승선 겸임 조정을 쥐었다면 다 해결, 난신적자인가, 이의민 참살

· 황궁 방비 경대승 가병 철수 요구

경대승, 가병 철수는 조원정의 뜻이냐 금강야차의 뜻이냐.

조원정, 가병 철수는 황상폐하의 뜻이옵니다.

경대승, 김자격에게 역모 증좌를 밝힌 후 이의민을 참살하라.

손석, 경대승에 좌승선을 겸임하여 조정을 틀어쥐었다면 감히 누가 잡소리 하겠나?

경대승, 형님께오서는 이 아우가 조정과 군부를 틀어쥐고 황실을 겁박하는 난신적자가 되기를 바라시었던 것이옵니까?

김자격, 아무리 금강야차라 한들 혼자서 한 필의 말을 탐하는 필마단기(匹馬單騎)로 어찌 거병을 획책할 수 있겠사옵니까? 금강야차는 부인 두 사람만 거느리고 입성하였다고 들었사옵니다!

경대승, 분명 무슨 계략을 감추고 있을 것이야. 북계에서 황도로 통하는 모든 길목을 철저하게 감시하고 황도와 황궁방비 또한 철저히 경계해야 할 것이야.

경대승과 후견인 상장군 두경승 대장군의 이의민 견해 차

· 거병이다 도방이다 상호 주장

경대승은 이의민의 거병을 제압하기 위해 감시한다고 하자 두경승은 도발이다.

이의민 경대승 양자 결투

· 경대승 화해 손짓으로 다음 승부하자고 황상에 충정 표시

이의민이 경대승에게 위협을 가해 살려두다가 다시 기회를 이용해 위협하다가 경 장군의 목숨을 노린 자객이 살해되어 북계 이의민에게 돌려보낸 놀란 일로 부루의 원수를 갚기 위해 왔다며 경대승 집 방문을 하여 경대승은 왕이 내린 장군 검 청룡도와 이의민 도끼 부월로 사용하며 경대승과 병장기로 치열한 결투가 벌어진다.

서로 간 예견하기 어려운 상태의 대결이 지속된다.

이의민이 다가오자 경대승이 손짓으로 오늘은 이만하자고 하자 다음에 승부를 하자고 하여 승부가 나지 않는다. 경대승은 술잔을 서로 따르며 마시고 있으며, 이의민이 도방군사가 어찌 공격하지 않는가? 황제폐하에게 임금이나 국가에 대한 충성스럽고 참된 정으로 충정(忠情)이 되지 않아서다.

이의민, 내 자네 말대로 서라벌 곤원사에서 폐주의 등뼈를 꺾어 시해하였네! 선황제 의종 폐주의 시신은 가마솥에 넣어 물속에 수장시켰지! 내 당시 위위경 이의방 그 분의 밀명을 받고 폐주를 시해하였네! 그것은 당시 군부의 뜻이기도 하였어.

경대승, 이의민에게 이 나라 군부는 고려의 사직과 황실이 이어지는 한 씻지 못할 대죄를 저지른 것이오이다. 이의민, 자리에서 먼저 일어나 방밖으로 나간다.

경대승 대문 이의민 금강야차 반란군 공격 후 송악산 등 퇴각

· 반역의 기미로 행패

경대승, 금강야차의 반역을 획책하기 위해 경대승의 대문을 부

수고 들어오는 행패를 부린다. 산중을 추격하여 이의민 반란군을 제압할 기회다. 도방군사를 파악하기 위해 찾아온 금강야차 반란군 은신처를 찾아라.

오척, 경대승에게 금강야차와 낯선 군사들이 개경 이곳 송악산과 오공산, 용수산과 덕암봉에 은신하고 있다고 하옵니다.

용들의 재대결 경대승 청명도, 이의민 피 흘리며 절명, 치사(致死) 미확인

· 청명도 대 부월

경대승, 시해한 죄도 안차 황실과 조정 반역을 해.

이의민, 부월을 휘두르며, 황도 자기 집에서 호언장담으로 천하를 얻을 것이야. 용포를 입고 질펀하게 술을 마시고 있다.

오늘이 지나면 고려황제의 목을 베어 제거하고 천하를 손아귀에 쥐게 될 것이야!

(방문이 열리며 경대승, 청룡도를 든 채 방안으로 들어선다.)

이의민, 경대승, 네 놈이 어찌!

경대승, 선황제를 시해한 대역부도한 죄로도 성이 안차 네 고려황실과 조정에 반역을 하려는 것이냐! 내 네 목을 베어 고려의 황실과 사직을 구할 것이야!

이의민, 오냐, 이번에야말로 네놈과 생사를 판가름 낼 것이야! 부월을 들고 고함을 지르며 경대승을 힘껏 내리 찍는다.

경대승, 부월을 피하며 이의민을 단칼에 베어버린다.

이의민, 피를 뿜으며 탁자위로 와장창 쓰러진다. 고통 속에 부월을 집어 들려는데…

경대승, 금강야차, 황제놀음은 뜨거운 불길로 고통을 받는다는 여덟 가지의 지옥 팔열 지옥의 하나 아비지옥(阿鼻地獄)에 떨어져서 하라! 다시 한 번 이의민을 벤다.

이의민, 방바닥에 쓰러져 눈을 뜬 채 목숨이 끊어짐에 절명(絕命)한다.

이의민은 용포 차림으로 경대승의 청룡도 칼에 쓰러져 눈을 감는다.

경대승 장군이 이의민을 절명지경에까지 이르게 하고 죽음에 이르게 하는 치사(致死) 확인하지 않게까지 하여 나중에는 사라나게 하였다. 그런 경대승 장군이 집권도중 병사하여 무인시대 세 번째 집권인물로 등장한다. 이의민이 선황제 시해한 죄를 묻는 복고주의 정책을 실행하여 처분하려하다 대적 중 도망을 고향 경주로 하였다. 일생동안 대적 되었던 경대승 병사 후 한집안이 다 죽임을 당하는 끔찍한 재앙 멸족지화(滅族之禍)시키고도 분해 경대승 유언에도 있듯이 사후 아무도 모르게 남김이 없게 '관을 쓰지 말고 매장하고 봉을 세우지 말고 평장을 하라.'고 했다.

이의민은 경대승이 살려준 것만도 과만한데, 정말 필요할 때는 쓰고 필요 없을 때는 버린다는 토끼가 죽으면 토끼를 잡던 개도 필요 없게 되어 주인이 삶아 먹는다는 토사구팽(兎死狗烹), 원칙을 위하여 자기가 아끼는 사람을 버림이라는 읍참마속(泣斬馬謖), 남에게 입은 은혜를 잊고 배반함이라는 말 배은망덕(背恩忘德)이다.

경대승 장군이 살려준 은혜에 반하는 이의민의 행적으로보아 아니라고 볼 수 있겠는가. 참으로 권력이 무엇인가를 말하여 주고 앞뒤를 잘 헤아려 깊이 생각하지 않고 행동하는 사람 무모한 (無謀漢) 본심이 경대승의 유물을 없게 만든 안타까운 짓이라고 누가 부인하겠는가.

그러하고도 이의민은 12년 동안 집권하고 결국『고려사』에 청렴결백 부정부패 척결 충신 경대승 장군과 비교할 때 그는 난신적자로 부정부패로 얼룩져 최후 최충헌에게 참살됐다. 최충헌 무단정치는 명종 신종 희종 강종 고종을 폐위시켰다.

  그러나 무인시대 2기 집권자 경대승은 왕 지위 유지 위해 독재·권위를 내세워 거짓 이름으로 도방군사가 약탈을 자행한다고 하여 역적이라고 몰아세워 도방을 압박하여 유언으로 '북쪽 오랑캐 때문에 차마 눈을 감지 못하겠다.'는 말을 남기게 하고 병사하게 만들어 고려가 망하게 하였다. 경대승 병사한 그 후 명종의 모친 공예태후가 그렇게 고려 충신을 죽이냐며 천벌을 받는다며 병사시킨 후 한두 달 후 바로 이어서 화병으로 병사하였다. 이의민은 12년 난신적자로 부정부패가 얼룩져 최후 최충헌에게 1196년 참살되었고, 최충헌은 무단정치로 5대 왕 명종 신종 희종 강종 고종을 폐위시켜 아들과 손자 대를 잇고 결국 몽고에 항복해 고려는 망하였다.

두두을(도사, 이의민 '황룡 대업' 알려준 인물), 금강야차 참살 요구

- 용상 찬탈

두두을 선사는 순간 타오르던 촛불이 어디선가 불어온 바람에 꺼진다. 정녕 부처님께오서 금강야차를 버리려 하시는 것인가?
경대승, 두두을 선사에게 낙향하시지 않고 여기에 오셨습니까?
두두을, 경대승과 거래를 하러 왔습니다. 소승 그렇사옵니다. 탁자위에 놓인 지도를 펼치며 지금 금강야차의 군사들은 이곳 송악산과 오공산, 용수산과 덕암봉에 은신하고 있사옵니다. 그 수는 산마다 각 밭두둑 한 두둑과 한 이랑 씩 이오니 사천 명 이옵고 최부라는 용장과 자선이라는 지장이 좌우 군을 이끌고 그 밑에 몸집이 크고 흉악하게 생긴 사람, 범강장달(范彊張達)같은 불법의 수호신 팔 장군들이 각 군을 이끌고 있사옵니다. 이것은 황도의 밀정에 의해 내용이 파악되었사옵니다.

두두을 선사 새로운 천문

· 두두을 선사 천문 독서
두두을, 새벽은 수급이 떨어지거늘 더 어두우나 별은 더 밝은 것이라고 두두을 선사는 이의민을 말하고 경 장군이 쳐놓은 그물망을 어찌 빠질 수 있습니까? 경대승은 이 나라 백성들을 구제하실 분이라고 생각할 뿐이옵니다.

금강야차의 수급이 떨어질 것이거늘 어찌 저 별은 광채를 더욱 발하고 있소이까? 동이 터오기 직전의 새벽이 더욱 어두운 법이고 꺼지기 직전의 불길이 더욱 맹렬하게 타오르는 법이지요.

아무리 금강야차가 날고 긴다 한들 경 장군께오서 쳐놓은 하늘에 새그물, 땅에는 고기그물을 아무리 하여도 벗어날 수 없는 경계망이니 피할 길 없는 재앙으로 입게 되는 불운 재액(災厄)을 이르는 천라지망(天羅地網)의 포위망을 어찌 뚫겠사옵니까?

두경승 대장군이 이의민 임진강 건네준 도하 통과시킨 방조죄

· 추포(追捕)할 자 도강(渡江)하게 방면(放免)한 죄

두경승 대장군, 이의민을 추격하다가 임진강을 건너가게 통과시켜 묵인한다.

경대승, 대장군의 죄는 금강야차의 수급을 벤 후 따질 것이옵니다.

황제를 알현하여 후일을 기약 못하고 이의민이 임진강을 건너는 도강(渡江)을 하게 방면한 것은 자네와 약조를 어기었네. 마음대로 반역죄로 처리하시오.

추포할 자 이의민을 붙잡아 가두어 두었던 사람을 자유롭게 놓아주게 방면(放免)한 죄로 군부에서 물러나고 조정에 출사를 하시오. 내 그리하오리다.

임진강 도하와 공격 시도

· 이의민 도주

김자격, 경대승에게 다른 배들은 밑창을 뚫어 놓아 배를 탈 수

가 없사옵니다.

　결국 배를 타고 중간 쯤 갈 때 경대승은 활을 내었으나 뱃전에 화살이 꽂힌다.

　이의민, 임진강을 건너 고향 경주에 도착하여 명종의 용호군상장군으로 고려 형부의 으뜸 벼슬 형부상서 직을 제수 받지만 조정과 군부에 대한 범죄로 도방군사에 참살과 선황제 시해한 반역죄로 밝혀져 고향 경주로 내려가 숨어살게 된다.

　은신으로 이의민의 집은 대문이 두 개였다. 이러한 대문은 마을마다 마을을 드나드는 어귀에 세운 문, 여문(閭門)이라 하여 이때부터 생겨났다.

조정 출사 권유 두경승 승낙

-두경승의 출사 승낙

 경대승, 두경승 대장군과 독대하여 반역수괴 금강야차를 도주하게 한 방조죄로 군부에서 물러나 조정에 출사를 하여 정치에 참여하시옵소서.
 정치 경륜도 없고 불학무식 글도 몰라 조정출사 거부하였으나 마지못해 승낙한다.

용상자리 없는 명종

 · 중방에서 성군의 정치 선양
 명종이 중방에 들어온다. 경대승의 청으로 두경승 조정출사 윤허한 명종은 나라의 중차대한 국사를 논의하는 중방에 용상자리는 없다고 하자 놀람으로 무어라? 국가 막중대사 일은 황상폐하가 아니오라 군부가 펼치고 있사옵니다.
 조정과 군부가 소집된 회의에서 황상폐하 명종에게 중방을 신이 이 나라의 정치를 경인년 거병이전으로 되돌리려는 것은 황상폐하의 정통성과 무신시대 왕위 임명으로 전통적이며 다른 사람을 통솔하여 이끄는 힘이라는 권위에 도전하려는 것이 아니오라 이 나라 정치를 좌지우지하는 중방에서 되찾아 황상폐하께 돌려

드리려는 뜻이옵니다! 신, 황상폐하께 충성을 맹세 드릴 것이옵니다.

부디 신을 믿고 성군의 정치를 펼치시옵소서!

경대승 주도하에 명종과 태자 간 역모 해소책 화친 축하주 마련

-황실(皇室)과 나라나 조정, 왕조를 비유하는 사직(社稷)을 구함

 (명종에게) 경대승, 신은 황상폐하의 충성스런 신하로 목숨을 바쳐 충성을 맹세합니다. 태자전하 또한 대통을 이어 보위에 오르시면 충성을 다해 바칠 것이며, 누구든 황상폐하와 태자전하의 권위에 도전하는 무리가 있다면 신은 용서치 않을 것이며, 이 자리에서 두 분께서는 화친하실 것으로 믿사옵니다.
 명종과 태자 간 불화에서 화친을 주도하기 위해 경대승은 태자전하와 황상폐하께 서로 화친하는 술 축하주를 경대승은 따르고 명종은 용서를 한다며 받은 술을 마신다. 황상폐하, 성은이 망극하옵니다. 흐흑, 흐흑! 태자, 눈물을 그치어라! 네 어찌 신하 앞에서 눈물을 보이는 것이냐? 태자, 울음을 참는다. 경 장군, 짐이 이 자리에서 화친하는 축하주를 마신 것은 짐의 어의가 아니라 경 장군의 뜻을 잊지 마시오!
 명종은 모두발언 끝말에 화친하는 축하주를 마신 것은 짐의 어의, 뜻이 아니라 경 장군의 뜻이라는 것을 잊지 마시오!
 명종, 벌떡 일어나 중방 밖에 나가버린다. 조 환관, 최 상궁, 당혹 그 뒤 따른다.
 명종은 집권자 경대승 충신이 국내외 국사는 물론 조정을 이끌

었다. 명종과 태자 간 역모 해소하는 차원, 화친(和親) 축하주(祝賀酒) 좌석 마련한 공도 몰라, 표리부동하게 권위만 내세워 경대승 집권자 충신을 부의 전 재산을 나라 군사 선군에 바쳐 그간 군부 수장들이 거둔 양미로 유지해 온 것을 거짓꾸미기 도방 강탈 행위만 몰아쳐 병사한다.

경대승 중방회의 조정인사 청탁뇌물 부정부패 척결

· 중방회의 결의사항 황상폐하에 전달
중방회의에서 경대승은 조정인사 청탁뇌물 부정부패 척결로 청렴을 강조한다.
조원정 상장군, 경대승의 대의를 따르겠사옵니다.
문극겸 조정신료, 뼈를 깎는 각오로 정치 쇄신을 하여 성심을 다하겠사옵니다.
이광정, 대의를 받들어 태평성대가 되도록 성심을 다하겠사옵니다.
경대승, 주재한 중방회의 결의사항을 황상폐하에게 전해 올리겠사옵니다.

경대승, 백성들의 억울한 사연 간청(懇請)

−지위가 높고 훌륭한 벼슬 고관대작(高官大爵)에 전답강탈 곡식고리대 하소연

고관대작들의 협박에 손바닥만 한 전답마저 잃고 향리를 떠날 처지에 놓여 오도 가도 못하는 불쌍한 백성들이옵니다!

경대승께 이 늙은 놈 또한 지난봄에 굶주림을 면하고자 곡식을 빌렸다가 터무니없이 높은 고리대를 갚지 못하여 자식 놈들이 노비로 팔려갈 처지가 되었사옵니다.

백성들, 경 장군께 이놈들의 억울함을 풀어달라는 간청을 드리러 왔사옵니다.

명종의 충정 불신에 황도 작별

· 충정 믿어달라고 눈물로 간청하는 알현

경대승은 뛰어난 신하를 질투하고 반개혁파의 달콤한 말에만 속아 기회를 놓치는 명종의 조정관료 문신 문극겸(1122~1189, 68세)에게 단계적으로 탐관오리 심판하고 고려의 부조리를 고치려하지만 경대승은 기다려주지 못한다고 한 바 있는 가운데 '조정과 군부관직을 위해 거사한 것도 아닌데 명종 황상폐하께서는 신의 충정을 불신하여 황도를 떠나라고 하였사옵니까?'

염신약, '군부가 거병을 한 것은 대의로 전횡하는 경 장군의 진의를 의심하옵니다.' 문극겸, '경 장군이 황상폐하를 알현하여 뜻을 기탄없이 올리시옵소서.'

 경대승, 내 충정을 믿어 주실 때까지 무릎을 꿇고 눈물로 간청을 올릴 것이야! 그리하면 황상폐하께오서도 내 충정을 믿어주실 것이네.

황상폐하 알현 윤허

-선정을 베푸는 정치 요구

경대승의 황상폐하 알현을 짐이 윤허할 것이다.

황상폐하 대취하여 인사불성 상태를 본 경대승, 백성들은 피죽도 먹지 못하는데 웃음소리가 들려나와 나중에 들겠사옵니다. 조정과 군부를 틀어쥐고 있는 경 장군인데 알현하시오. 그래, 경 장군, 어인 연유로 알현을 청하였는가? 도탄에 빠진 백성들의 고통을 돌보며 선정을 베푸는 정치를 하여주옵소서.

이에 명종, 황제 질타냐? 황제 권위에 도전하는 것이냐? 지난 10년 동안 무부들의 거짓 충정의 기만에 속지 않을 것이다! 폐하..! 경 장군이 짐 대신 용상에 앉아 황제노릇이라도 하겠다는 뜻인가? 폐하, 어찌 신을 믿지 못하는 것이옵니까? 당장 물러가라! 뼈저린 충격과 침통함을 참는다.

거사와 황실 구제에 불충이라고 하는 황제폐하

· 충성은 충신을 낳고 반역은 반역자로 돌아섬

황제가 신하의 충정을 저버릴 수는 있어도 신하가 황제에 대한 충성을 버린다면 그것은 반역이 되는 것이거늘 경대승은 내 반역을 할 수는 없사옵니다.

낙향 방어책 백성 구제책 전환

· 부정부패 전답 원주인에게 환수

도방군사들은 조정신료 부정부패 전답을 원주인에게 돌려주게.

낙향 도방군사 방어책으로 도방방주 김자격의 결심으로 도방군사를 풀어 조정신료 부정부패 전답을 원주인에게 되찾아주는 환수하여 줌으로 굶는 백성들에게 나눠주러 왔소이다.

양표, 도방이 해산되는 일만은 막아야하옵니다. 김자격, 도방이 해산되는 일은 결코 없을 것이다! 경 장군께오서는 도탄에 빠진 백성들을 구제하기 위한 대의로 거사를 하였다! 우리 도방은 경 장군의 뜻을 따라야 할 것이다.

조정신료, 무어라? 이런 무엄한 놈! 감히 내가 누군 줄 알고 함부로 횡포를 부리는 거냐? 당장 물러들 가거라!

도손, 도방군사들에게 곡물창고를 열고 쌀섬을 드러내라! 당황스럽게 조정신료는 보다 이놈들이! 도선, 다치고 싶지 않으면 물러서시오!

황명 추포령

· 조원정, 본인이 아니라 경대승이 무죄로 불체포(不逮捕), 명종은 유죄로 체포

도방군사를 사칭하고 조정신료 당후관을 참살하고 재물을 강탈하였다.

조원정, 경대승을 약탈 자행 무고한 양민 살육한 죄로 추포하라.

경대승, 지금은 때가 아니고 자초 지정을 알아본 후 내발로 황

상폐하에게 죄를 청하겠사옵니다.
조원정, 황상폐하에게 경대승이 저지른 죄가 아니라 추포할 수 없사옵니다. 난신적자가 황제의 윗자리에 군림하여 살인, 약탈 감행하는데 군부들 눈치만 보고 있느냐?
황제와 경대승 반목 때문에 군부만 벼락을 맞고 있사옵니다.
경대승이 처단되고 금강야차를 불러들인다면 우리는 죽은 목숨이옵니다. 그나마 경대승이 방패막이 되어주어 있기에 우리가 존재하고 있는 실정이옵니다.

백성 구제책 구휼(救恤)

· 권세와 뇌물로 치부한 자들의 가산을 굶주리고 헐벗은 백성들 구휼미로 전환
김자격 도방방주, 오늘 일은 첫걸음에 불과할 뿐이다!
우리 도방은 경 장군의 대의를 받들어 황도 안에 권세와 뇌물로 치부한 자들의 가산을 빼앗아 굶주리고 헐벗은 백성들을 구휼하는 것이옵니다!
우리는 경대승 장군휘하에 있는 도방군사들이옵니다.
이 쌀은 경 장군께오서 굶주린 백성들을 위하여 구휼미(救恤米)를 베푸시었으니 받아가시오! 백성들, 감격하듯 환호하며 경대승 장군 만세! 만세! 만세!

태자전하, 경대승 방문 도방 장수 죄 불인정, 자숙(自肅)

· 경대승이 당후관 약탈 살인 자행 단호 배격
경대승, 분기탱천한 표정으로 앞에 서있는 김자격을 질타한다.
김 교위, 어찌 도방군사들로 약탈과 살인을 자행하는 도둑의 무

리 적당패(敵黨覇)로 오명의 수괴(首魁)로 만드느냐 단호히 배격할 것이야. 오척, 도방의 뜻이옵니다. 도방군사들은 장군의 대의 받들어 탐관들의 재물을 빼앗아 백성들을 구제할 것이옵니다. 태자전하가 갑자기 경대승을 방문하여 경대승은 도방군사들에 도방에서 자신의 행동을 스스로 삼가하고 조심하며 자숙하라.

김자격 도방방주가 책임을 지고 비수로 자결하려 하자 도방 장수들이 몰려들어 막으면서 우리도 함께 죽겠사옵니다.

도손, 전임 고려 시대, 중추원의 정칠품 벼슬, 고려 시대, 왕명의 출납을 맡아보던 정삼품 벼슬, 왕명 출납에 관한 실무를 맡았던 승선(承宣) 밑에서 왕명 출납에 관한 실무를 맡았던 당후관(堂後官)을 참살한 것은 이놈이옵니다! 이놈은 그것이 죄라고 생각지 않사옵니다! 비록 사람의 탈이나 겉모양 인두겁을 쓴 모양이 었을 뿐이 아닙니까? 하오나 백성들의 고혈을 짜내 백성들 목숨으로 제 놈 뱃속을 채운 관료가 어찌 사람이겠사옵니까?

금수보다 못한 자이니 죽어서 수백 명의 백성들을 구제할 수 있다면 백 번 천 번이라도 손에 피를 묻힐 것이옵니다!

청주가병 당후관 살해로 낙향 유도로 죄 불문 황상폐하께 주청

· 낙향이 정사(政事)이고 소홀(疏忽)과 연회로 세월 보냄 단호(斷乎) 배격(排擊)

태자 전하, 경대승 집을 방문하여 낙향하시게. 부자지간 반목을 무마시켜준 공으로 황상폐하에게 청주가병이 당후관 살해한 일로 조정과 군부는 경 장군이 다른 마음을 먹고 있지는 않을까 불안해하고 있네. 경 장군이 낙향하면 경 장군의 노여움을 풀고 정사를 돌보지 않고 연회로 세월을 보내는 일은 없을 것이네.

가난하고 핍박받는 백성 구제는 이직(移職)일 뿐

· 백성은 하늘이라 받들고, 황실과 조정의 위정자는 땅이라 하늘보다 낮아야

경대승, 낚시질하는 두두을 선사에게 물이 맑아 고기가 모이고 싶지 않을 듯 싶소.

두두을 선사, 백성을 구제하는 미끼에 맑은 물에만 사는 대어가 물었기 때문에 자리를 옮겨야 합니다. 가난과 핍박받는 것은 마찬가지이니 경인년 이전으로 돌리려 하지 말고 이 나라 황실과 조정의 위정자들이 구만리 창공인 하늘을 두려워 할 줄 알아야하거늘 고려의 백성들이 하늘이옵니다.

탄핵(彈劾)을 휘하 도방 장수들 처벌로 전환은 무대책

· 살인죄 탄핵 참살 도방 장사 몇 명 형부 전달에 반한 도방 무사 목숨이 대의

참지정사 이광정, 살인죄로 조정회의에서 죄상을 들어 책망하는 (소추가 곤란한 대통령, 국무위원, 법관 등의 고위공무원이 저지른 위법 행위에 대하여 국회에서 소추하여 처벌하거나 파면하는) 탄핵이오이다.

경대승, 청주가문수장이 죄를 받는 것이 마땅하다며 도방병사를 형부에 넘기는 것을 반대합니다.

손석, 대승아우, 살인죄 누명을 뒤집어 쓸 것이냐? 알아서 하겠사옵니다.

도방방주 김자격을 불러 같은 일이 다시 발생하여 초심을 잃는다면 자네 손에 목숨을 거두어주면 대의를 이루는 것이냐.

방주는 약조하겠는가? 그러하겠습니다. 자네를 믿겠네.

도방군사 중방회의 소집 정치

-도방 정치

　김자격이 거느린 최 대정을 비롯한 견룡군사들이 무장한 채 주변을 지켜 섰다. 이영진, 정세유, 석린 등의 군부의 수장들과 최세보를 비롯한 문장필, 문극겸, 염신약, 이광정 등의 조정신료들이 앉아있다.
　도방군사와 견룡군사가 함께 황궁을 지키고 또한 중방회의 주변을 경계를 하여 도방 정치를 한다.
　경대승, 도방수두들을 거느리고 중방 안으로 들어오며 공손하게 예를 갖추며 소장 늦었사옵니다.
　조정신료 문장필, 군부의 직분이 없는 그대가 어찌 중방회의 소집을 하였습니까? 소장 경대승, 중서문하성에 들지 못하는 신분이오니 조정신료 분들을 중방으로 뫼신 것일 뿐 다른 뜻은 없사옵니다.
　조정 상석 조원정 대장군, 경 장군 뜻을 받아들여 중방회의소집 하게 되었습니다.
　조정신료 문장필, 청주가문의 가병들이 황도를 횡행하며 약탈과 살육을 자행하고 또한 경대승 청주가병수장 죄를 면치 못할 것이오이다.
　경대승, 전임 당후관 참살은 백성의 고혈을 짜내어 고래 등 같은 기와집 십 채를 소유하고 곳간마다 곡물이 넘쳐 곡물이 썩어가고 전답문서 가보가 창고에 가득하옵니다. 이는 백성들 재물을 빼앗아 치부를 하였기에 원주인에 되돌려주는 것이 어찌 죄가 되겠사옵니까?

조정신료 염신약, 그런 사사로운 까닭으로 용서받을 수 없네.

경대승, 소장은 한줌도 안 되는 권세를 뒷배로 백성들을 핍박하고 사사롭게 치부한 자들을 해주가문과 같은 죄로 다스릴 것이옵니다. 조정과 군부에서 지난번 소장의 거사에 찬동하여주시었듯이 앞으로도 그리하여주실 것이라 믿사옵니다.

조정신료 문극겸, 경 장군, 자네가 황상폐하와 국법을 대신하여 죄지은 자들의 살생부를 만들어 정치하겠다는 것인가? 아니면 조정과 군부를 겁박하겠다는 것인가?

황실과 조정이 스스로 국법을 어기고 백성들에 대한 핍박을 지속한다면 살생부를 만들 수도 있을 것이옵니다. 싸늘하게 소장은 겁박만으로 끝내지 않을 것이옵니다. 소장의 말을 깊이 명심하시옵소서.

전 용호군장군 경대승 조정군부 청탁뇌물, 대전 안 연회불가, 알현

· 충성 맹세에 명종은 경대승이 신, 불충자라 어불성설(語不成說)

명종, 경 장군, 어인 연유로 알현을 청한 것인가?

경대승, 신, 황상폐하에 충성 맹세를 드리고자 하옵니다.

허어, 황제의 신망을 받지 못하는 충신이라니 그 무슨 이치에 맞지 않아 말이 도무지 되지 않는 어불성설인가?

황상폐하께오서 지금은 신의 충정을 신망하시지 못하실지라도 신이 변치 않는 충성을 바치면 언젠가는 폐하께오서도 신의 충정을 믿어주실 것이라 확신하옵니다.
 황상폐하의 혜안을 어지럽히는 그 어떤 불충도 부정적이거나 나쁜 것들을 찾아 없애는 척결(剔抉)할 것이옵니다.
 황상폐하께오서 국사를 살피시는 지엄한 대전 안에서 연회를 베풀기를 주청 드리는 자가 있다면 신이 용서치 않을 것이옵니다!
 경대승 또한 조정과 군부에서 청탁뇌물로 치부하거나 백성들의 전답을 빼앗고 고리대를 놓아 백성들의 고혈을 짜는 자들을 황명 받들어 가차 없이 척결할 것이외다.
 신, 황상폐하께오서 백성들을 위하여 선정을 베푸시는 앞길을 가로 막아 걸림돌이 되는 자들을 척결할 것이옵니다.
 황상폐하께오서도 황실과 사직을 위한 신의 충정을 깊이 헤아려 주실 것이라 믿고 이만 물러가옵니다. 경대승은 예를 갖추고 대전 밖으로 나간다.
 마음이 몹시 급하여 당황하고 허둥지둥하게 하여 황망(慌忙)하구나.

황실 사찰(査察) 쌀가마 패물 등을 가난해 굶주린 백성에 나누어주는 구제

· 구휼미(救恤米)
 김자격, 지휘를 하여 재난을 당한 사람이나 빈민을 돕는데 쓰는 쌀 구휼미로 도방사인방과 최대정을 비롯한 도방군사들 사찰(寺刹)을 곳곳 뒤지며 쌀가마와 산호, 호박, 수정, 바다거북의 하나인 대모(玳瑁) 따위 장식 물건 패물(貝物)과 돈 등을 꺼낸다.
 절을 주관하는 승려 주지승, 경 장군께오선 의로운 분이라 들었거늘 어찌 부처님을 모시는 경건한 도량 석가가 사람을 정신적으로 가르치고 이끌어 좋은 방향으로 나아가게 하는 교화(敎化)하는 땅의 나라 사바세계(娑婆世界)에서 이리도 무도한 약탈을 자행하는 것이옵니까?

경대승, 소장, 부처님의 대자대비하신 뜻을 받들어 중생을 구제하려는 것이옵니다. 이 사찰에서 황실의 편들어서 감싸주고 보호하는 비호(庇護)세력을 등에 업고 백성들에게서 빼앗아 착취한 전답을 되돌려주고 노비로 삼았던 양민들을 풀어줄 것이옵니다. 부처님께오서도 사찰이 번쩍이는 금은보화로 치장되고 국태민안을 위한다는 명분으로 수 만석의 공양미를 물고기 밥으로 강물에 던지는 불사를 일으키는 것보다 사찰의 재물로 굶주린 백성을 구휼미로 한사람이라도 더 구제하기를 바라실 것이옵니다. 소장, 겸연(慊然 : 쑥스럽거나 미안하며 어색한 느낌)하게 그것이 부처님께오서 사바세계에 오신 진정한 뜻이실 것이라 생각하옵니다.

주지승, 경대승의 위세에 눌려 할 말이 없다.

경대승, 김 교위, 전답문서는 빼앗긴 자들에게 되돌려주고 재물보화들은 벽란도에서 양곡으로 바꾸어 나눠주도록 하게. 네, 분부 받잡겠사옵니다.

백성들 길가로 우르르 몰려나와 '경 장군 만세--'를 연호한다.

경대승, 손을 들면 백성들, 환호성을 멈추고 경청한다. 이 재물들은 황상폐하께오서 굶주린 백성들을 어여삐 여기시어 베푸시는 것이오. 백성들은 황상폐하의 높으신 성덕을 받들어야 할 것이오. 백성들, 황상폐하 만세 - - 경대승 만세 - -라고 소리 내어 외친다.

경대승, 결연한 표정으로 지켜보고 도방군사들은 자부심 가득한 표정으로 가슴을 편 채 본다.

백성 구휼 정치가 황실의 광명임과 경 장군 추포해 참살설로 착잡

· 혼돈돼 착잡함

경대승의 백성 구휼정치를 명종 어머니 공예태후, 황실의 광명이라지만 명종 황상폐하는 경 장군 추포 참살하는 관계를 혼돈하게 만들어 갈피를 잡을 수 없이 뒤섞여 어수선한 상태로 착잡합니다. 명종은 이러지도 못하고 저리지도 못하는 진퇴양난(進退兩難) 딜레마(dilemma)에 봉착(逢着, 어떤 처지나 상태에 맞닥뜨림)에 빠진다.

명종, 경 장군이 고관대작의 집은 물론 지엄한 황실사찰까지 약탈을 자행하다니 될 법한 일이라고 생각 하는가. 현직 신료 가산을 몰수하겠다는 소문도 떠도는데 황실에 재물까지 포함하니 무엄(無嚴, 삼가거나 어려워함이 없이 아주 무례함)하기 짝이 없도다. 공예태후, 황상, 권위를 내세워 권위만 부리지 마옵소서. 백성들 삶의 현장, 현실을 똑똑히 드려다 보고 헤아려 선정을 베풀어 주시오소.

그 재물로 경 장군이 사리사욕을 채우는 것이 아니라 굶주린 백성들을 구휼하고 있다고 들었소이다.

공예태후, 이는 황상의 치세를 빛내는 일이 될 수도 있을 것이외다.

명종, 경대승이 백성들에게 황제의 존경을 받고 있다고 들었사옵니다만 이는 고려에 두 명의 황제가 있어 권위가 실추되게 하니 과연 경대승의 충정이 무엇인지 모르겠소이다. 황제는 해이고 경대승은 달이라고 들었소이다. 백성들은 낮에만 있고 밤에도 있다는 것을 잊으시고 있으십니까. 아니 될 말씀이십니다. 낮을 밝히는 해와 어두운 밤을 밝혀주는 달, 이처럼 해와 달이 있어 하루가 굴러가는 것이 아니고 무엇이라고 하소이까. 조정과 신료, 군부, 백성과 함께 하루가 가고 달이 가고 해가 가서 세월이 가게 되는 것이 어디 아니라 하오리까. 당치도 아니 될 말씀이십니다.

  황상, 정말 경대승을 추포하여 참살이라도 하겠다는 것이소.

  명종, 혼돈되게 하는 착잡한 마음에 빠진다.

  공예태후, 황상, 경 장군에게 노고와 치하와 큰 상금을 내리소서.

경대승, 최초 시장 경제 도량형(度量衡)제도 정책, 중방 협조 요청

−가난구제 시장 경제 확립은 도방 중방의 힘을 합심 전력 현 경제대국의 본보기

경대승은 가난구제로 시장경제질서를 감독 하에 두고 도방과 중방 힘 합쳐 오늘날 여야가 상생하여 정치하듯 국민 합심한 힘으로 '시장경제 도량형제(度量衡制)로 비전이 담긴 정책제시(the weights and measures of a market economy for the policy presentation with vision)'로 시장경제를 살렸다. 글을 모르는 무인 장군보다 당시에서 낡은 체계나 관습, 의식, 방법 따위에서 벗어나 새롭게 하는 혁신적이었으므로 또한 무인과 같이 문인을 우대하는 동등한 대우로 받게 옛날로 원위치 시켜 돌아가게 하고 선황제 의종 왕을 시해 한 죄를 씻게 하는 복고주의 정책 신조를 가졌으므로『고려사』에 남아있게 해주는 계기가 되었다. 무인으로 장군이었으나 천문 지리에 밝아 고려 광종 때부터 시작한 관리등용제의 하나 과거제와 같은 급으로 귀족에게만 주는 음서제도로 15세에 때 오늘날 육군사관학교나 대학 예비장교훈련단 ROTC(Reserve Officers Training Corps)과 제3사관학교, 간부장교후보생출신 군인 위관계급 중 맨 하위계급 중(소)위 장교 임관, 고려와 조선 시대, 오·륙품(다섯이나 여섯쯤) 무관의 벼슬에 붙이는 칭호 교위(校尉)로 합격해 지식이 부합되어서인지,

최고로 선정된(selected as the best), 정예 엘리트(elite) 장교로 선명한 심상(a vivid mental image) 있는, 내다보이는 미래의 상황, 비전(vision)을 구상한 그림에 어떤 일이나 생각 따위를 다른 것에 반영시켜 나타내게 투영(投影)을 시켰다.

조정 조원정 대장군, 가난은 나라도 구제 못하는데 경 장군이 참 장한 일 하시었소.

경대승 부관 청주가병 도방군사 여자 소랑, 목패정도 증표 배급표를 황해도 예성강 하류에 위치한 고려 시대의 중요한, 강이나 내 또는 좁은 바닷목에서 배가 건너다니는 곳 나루 벽란도(碧瀾渡, 宋무역)에서 양곡으로 바꾸게 경대승 대문 밖에서 백성들에게 구휼미를 나눠주고 있다. 양곡 구휼미를 나눠주다 나타난 대장군 조원정과 조정신료 문극겸을 맞이하여 경 장군에게 안내하며 문극겸은 조원정의 뒤를 따른다.

경대승, 소장이 두 분을 청한 뜻은 중방의 힘을 빌리고자 함에 있으오이다.

조원정, 중방의 힘을 빌리겠다는 경 장군의 청이라면 무엇이든 들어 줄 터이니 기탄없이 말씀하시게.

'근자에 간사한 상인들이 저울 눈금을 속이는 것도 모자라 미곡에 모래와 쭉정이를 섞어 팔면서 막대한 이익으로 남은 돈 이문(利文)을 남기고 있다고 들었사옵니다.'

'중방에서 시장 시사(市肆 : 시장 거리의 가게) 미곡 상인들의 열 되되는 말 두(斗)와 열 말 되는 곡(斛)을 철저하게 조사하여 그 죄가 들어난다면 엄히 물으시어야 할 것이옵니다.'

조원정, 무어라? 허허, 이 나라의 막중대사를 논의하던 중방에서 고작 가게가 죽 늘어서 있는 길거리 저잣거리 미곡상들의 횡포나 감시하여 달라는 말이시오.

'지금 이 나라 백성들은 권세 있는 고관대작들에 등골이 빨리고

있는 게 예사요 또한 미곡상들의 농간 때문에 피땀 흘려 경작한 곡물을 눈뜨고 도둑맞고 있사옵니다.'

'중방에서 간악한 상인들을 치죄하여 백성들의 억울함을 풀어 주는 것보다 더 큰 막중대사가 어디 있겠사옵니까?'

'중방과 조정에서 당리당략을 앞세워 정쟁을 일삼기에 앞서 파탄 난 민생을 구제해서 살피는 일이 무엇보다 시급하다고 생각하옵니다.'

조정신료 문극겸, 끄덕이며 '경 장군의 말씀이 옳습니다. 다음 번 고려 문종 때 개경의 시전(市廛 : 시장 거리의 가게)을 관리, 감독하는 관청 경시서(京市署) 회합 때 중방에서도 참여할 수 있도록 조치를 취하겠네.'

'중방에서 간악한 악덕상인과 미곡상 농간을 감시 조사 처리하게 하시오.'

군부수장, '재산압수는 반발이 예상되었사옵니다.'

'지금 조정대신과 군부의 수장들은 언제 도방군사들이 대문을 발길로 힘껏 차며 박차고 부수며 들이 닥쳐 가산을 약탈해 가지 않을까 전전긍긍하고 있네.'

경대승, '그분들께오서 백성들을 갈취하고 청탁뇌물과 고리대로 치부를 하시었다면 소장이 곧 그분들을 찾아뵈올 것이옵니다.'

조원정, '도방에서 가산을 거두어들일 현직의 공경대부들의 명부를 작성하고 있다는 소문이 참이었단 말인가?'

문극겸, '경 장군, 조정과 군부의 부패를 바로잡고 정치를 쇄신하는 일은 하루아침에 이루어지는 것이 아닐세.' '오랫동안 깊이 생각하는 장고(長考)한 세월이 필요하네.' '길고 험난한 역경을 헤치고 가야 하거늘 어찌 수많은 정적을 만들려는 것인가? 그 자들이 경 장군의 등 뒤에서 비수를 꽂을 수도 있다는 것을 어찌하

여 모르는가?'

경대승, '소장, 비록 등에 비수를 꽂을지라도 부패한 자들과 손을 잡지는 않을 것이옵니다.' '제 목숨이 대의이오이다.' '하늘이 의롭다는 말을 믿사옵니다. 소장, 스스로 한 점 부끄러움도 없다면 하늘은 경대승의 대의를 알아주실 것이옵니다.'

백성 구휼 군부수장들 반발

· 군부수장들이 강제로 빼앗은 재물 백성들 원주인에게 반환이 백성 구휼

경대승, '군부수장들 재산조사하고 가산을 몰수하라.'

염신약, '경대승은 가난하고 굶는 백성을 구휼하는 권위에 맞먹는 명분이 있지 않습니까?'

조정신료 문장필, '군부수장들 가산을 강제로 빼앗아 백성 구휼한다는 것이 적당-패(賊黨-牌, 도둑의 무리 별명)의 도적질과 같다고 생각하오이다.'

군부수장들, '경대승 전횡을 막아야하옵니다.'

손석, '반격적으로 대승아우는 조정과 군부에서 무단으로 빼앗은 전답과 재물을 원주인에게 되돌려주는 뜻이옵니다.'

군부수장들, '손석 장군은 대승아우의 족형으로 도방군사의 식량을 댄다고 들었소.'

조원정 상장군, '경대승, 군부수장들이 재산조사를 막아 달라니 그리 해주시옵소서.'

조사대상 이광정, '손석에게 문서 재산을 넘겨주면서 조사를 막아주시옵소서.'

손석, '이것이 무엇이냐?'

조사대상 이광정, '군부수장들이 십시일반 모아 경대승의 대의

의 힘에 보태라는 성의이옵니다.'
 이로 말미암아 경대승, '손석을 낙향하라고 하여 손석, 낙향하라면 낙향하지요.'

경국제민(經國濟民) 노력이 도방

-백성을 위한 백성에 의한 백성의 경제정책

　경대승, '도방은 백성들을 핍박하고 약탈하는 자들에 추호의 자비를 베풀어서는 아니 될 것이다. 경대승, 또한 저들과 그 어떤 타협과 거래를 해서도 아니 될 것이다.
　도방군사들은 목숨이 붙어있는 제민이란 두 글자를 가슴 깊이 새기고 살아가야 할 것이다. 경국제민(經國濟民 : 나라일 맡아 다스리고 백성 구제) 노력이 도방이다.
　도방군사들, 경대승의 말에 '도방일동 명심하겠사옵니다.'
　'도방이 백성들을 구제하는 대의를 행한다한들 여러분들에게 상금이 따르거나 그 어떤 벼슬도 내리지 않을 것이다.'
　'재물로 치부를 하거나 명성을 얻으려는 마음을 먹은 자가 있다면 당장 도방을 떠나야 할 것이다.' 오늘날 경제가 살림살이인 것처럼 '백성의 살림살이가 제민이고 제민이 도방이다.'
　'도방군사들이 백성들의 쌀 한 톨이라도 빼앗는 자가 있다면 지위고하를 막론하고 엄한 군율로 처단할 것이다.'
　'도방 안에서는 출신과 연배를 따지지 않을 것이다. 나 또한 앞으로는 여러분과 한솥밥을 먹고 같은 침상을 쓸 것이다.' 라고 이처럼 경대승은 말하며 도방에서 도방군사 백삼십여 명이 사용하는 긴 통나무나무토막베개와 한 이불을 덮고 숙식을 같이 하며 실지 행동하며 생활하였다.

도방일동, '환호성을 부르짖으며 와-하고 소리 높이여 외친다.'

도방은 '경대승이 정중부를 참살하였던 삼십 명의 결사대를 주축으로 창설한 경대승의 가병(家兵)이 확대하여 전국에서 모인 장사들 백 삼십 명이었다.'

가병은 '특정한 개인이 양성하여 사사로운 목적에 부리는 병사이다. 가병에 반하는 말로 관군(官軍 : 예전, 국가에 소속된 정규 군대를 이르던 말), 관병(官兵 : 정부에 딸린 군대)이라고 하며, 가병 유의어로 사병(私兵 : 권력을 가진 특정한 개인이 양성하여 사사로운 목적 부리는 병사), 사양병(私養兵 : 권력을 가진 특정한 개인이 양성하여 목적을 사사로이 부리는 병사)이다.' 실은 가별초 3,000명 되었지만 이성계 위화도회군병력 사병을 가별초(家別抄)라 하여 1,500명이었다.

현 경호대 특수부대, 도방·별초군이다. 경대승 제민, '도탄에 빠진 백성구제다.'

도방 위력의 환경해석

· 조정군부에 직책 없는 도방군사, 황도군사 백성 전폭적 지지 추앙(推仰)받음

조정과 군부에 아무런 직책도 지니지 않았던 경대승이 단지 백 삼십여 명에 불과하였던 130명 도방군사들만으로 권력을 장악할 수 있었던 까닭이 황도군사들과 백성들의 전폭적인 지지와 추앙 받았기에 가능하였다.

도방 장사들, '모습을 재연한다.' 경대승과 도방군사들, '황궁사찰의 재물을 거두어들인다.' 김자격 도방방주와 도방 장사들, '백성들에게 재물을 나누어준다.' 훈련장 군사들, '경대승을 환호하

는 모습이 재연된다.' '경대승 만세 - - 라고 부르는 백성들의 모습이 재연된다.'

　반면 두두을 선사, '천지를 내다보고 두 사람을 비교하는 미래를 예견하여 내다보며 하늘이 금강야차의 목숨을 구명하여주시고 십년 부귀공명을 주시었건만 어째 경대승에게는 이리도 가혹한 시련을 주시었단 말인가? 나무아미타불관세음보살!'

　『고려사』에 따르면 사칭 도방을 자처하는 무리들이 공공연하게 약탈과 살인을 자행하고 경대승이 이들을 비호하였다고 기록하고 있으나 조정과 군부에 아무런 직책도 지니지 않았던 경대승이 '단지 백 삼십 명에 불과하였던 도방군사들만으로 권력을 장악할 수 있었던 까닭이 황도군사들과 백성들의 전폭적인 지지와 추앙을 받았기에 가능하였음'을 고려해보면 『고려사』에 부정적으로 묘사된 사칭한 도방의 약탈과 살인이 백성들과 각 군사들의 지지를 받았던 활동이었음을 당시 도방 위력의 환경이 어느 정도였는가를 가늠해 준다.

　또한 『고려사』에는 '경대승이 도방 장사들과 숙식을 같이하며 통나무로 한 베개를 베고 큰 이불을 덮고 자면서 성의를 다하여 결속력을 다졌다고 적고 있으니 경대승의 집권기를 도방 정치의 시기라고 부르는 까닭이 여기에 있다.'

　군부총수(總帥) 이영진의 방어로 도방수두 양표가 희생되었다.

도방 수두 양표 희생은 백성을 구제하는 대의에 도전

　· 군부총수 이영진, 군부수장 조원정 군부재산은 백성 구제 제외라며 대의 도전

　군부총수 이영진, '생선을 팔다가 군부수장 반열에 오른 자로 잔인포악하고 탐욕스럽기로 악명이 높다'

도손, 군부수장 이영진, '경 장군께오서 백성들을 남의 영역에 강제로 침범하여 빼앗는 침탈(侵奪)한 재물을 받아오라 하시었소이다.

이영진, '분기하여 무어가 어째 내 분명 경 장군이 군부수장들의 가산을 건들지 않기로 약조를 하였다.'

'이영진이 들은 약조란 군부수장들의 재산은 백성의 구제에서 제외해 달라는 내용이었다. 이는 조원정을 비롯한 군부수장회의에서 경대승의 전횡을 막기로 결의를 하고 손석에게 무마시켜달라고 군부수장들이 모은 토지문서를 건넨 것과 무관하지 않다고 본다.'

'이를 예견하고 경대승은 부정부패로 재물을 백성에게서 약탈한 조정신료와 군부수장은 도방군사들에게 그 어떤 거래나 결탁이 있어서는 안 되고 있을 시 즉시 도방을 떠나야 한다.' 라고 하며 '강탈한 재물은 원주인에게 돌려주어 백성을 구제해야한다.' 라고 이영진은 안 된다고 한다.

도손과 양표, 도방 장사 이십여 명 이끌고, 군부총수 이영진, 집사(執事 : 고위 인물 집, 사찰 가사·사무 도맡음)와 호위무장 군사 거느리고나와 서로 간 접전한다.

양표와 도방군사, '군부총수 이영진의 군사에 의해 상처를 입고 쓰러진다.'

도방군사 시신 앞에 경대승, '김 교위, 병장기를 갖추고 재대결하라.'고 하자 손석, '군부와 대결은 피가 피를 불러서 경거망동하지 말라.'고 만류한다.

경대승, '도방군사를 죽일 것이 아니라 백성을 구제하는 대의에 군부가 도전을 한 것이오이다.' '이를 좌시하지 않겠소이다.'

경대승은 부친 전 재산을 나라 군부 선군에 바쳐 청렴결백함을 백성들이 탄복했다. 그로 가난한 백성 구휼미 창출과 도방군사

유지는 부정축재자 군부총수(總帥 : 집단의 우두머리) 초명(初名) 총부인 이영진과 군부수장(首長 : 윗자리 집단 단체 지배하고 통솔하는 사람) 조원정이 가난한 백성 구휼미 창출에 군부재산, 백성 구제는 도발이라고 하고 베개를 긴 통나무로 도방군사들이 함께 덮고 자게 큰 이불로 어디서 숙식을 하는 경대승은 도방군사와 숙식을 같이하는 도방군사 유지도 가난한 백성 구휼미도 도발이라고 하니 그 방책이 권위 명종 알현 이었다.

경대승 후견인 두경승 상장군이 경대승 구제책 만류(挽留)

· 이영진에게 도방수장 양표가 참살된 사태 해결 모색

경대승 후견인 두경승, '경인년 참상 되풀이가 되어 군부와 일전불사(一戰不辭 : 한바탕의 싸움이라도 마다하지 아니함) 분기한 경대승에게 붙들고 못하게 만류한다.'

상장군 두경승. '응양군 상장군 조원정이 이번 사태를 풀기위해 경 장군과 대담을 청하였다하니 병장기를 내려놓고 나와 함께 가자고 한다.'

김자격, '장군, 아니 되옵니다! 군부에서 덫을 쳐놓은 것일지도 모르옵니다!'

상장군 두경승, '내 목숨을 걸고 맹세하건대 결코 함정 따위는 없을 것이야!

사건 해결을 하기위해 도방군사와 견룡군사가 합한 중방회의 소집

· 화합하는 상생 정치

조원정, '이번 일은 오해로 일어난 일이니 경대승에게 양표 수

하를 잃은 사사로운 원한 버리게.'
 경대승, '사사로운 원한을 갚으려는 것이 아니라 분명 권세를 내세워 백성들에게 약탈한 재물을 원주인에게 돌려줄 것이라는 말씀 드렸사옵니다.' '군부의 수장들께오서 소장의 대의에 창검을 겨누시겠다면 소장 또한 대의를 위하여 검을 뽑을 수밖에는 없사옵니다.'
 조원정, '군부의 피를 보겠다는 것이옵니까?'
 경대승, '군부가 아니라 부귀영달을 지키기 위하여 혈안이 된 한줌도 아니 되는 군부수장들의 탐욕과 맞서려는 것이옵니다.' '다른 방도가 없습니까?' '좋습니다. 중방회의를 소집하여 주시옵소서!' 이영진 사건을 해결하기 위해 경대승의 요구에 의해 중방회의가 소집된다. 군부수장들과 조정신료들이 참석한다.
 추밀원사 문극겸, '불미스럽게 되풀이 되는 방책을 내놓으라.'
 이광정, '경 장군과 반복을 하였다가는 목숨과 가산을 모조리 잃을 수도 있으니 화를 자초할 극단의 조치는 피해야 할 것이오.'
 이영진, 가산을 지키기 위해 무장병력을 갖추는 것이 어떠하겠습니까?
 두경승, 경대승과의 약조를 어기는 용렬한 사람으로 모함하는 것입니까? 하며 눈을 다른 데로 돌린다.
 염신약, 경 장군이 어찌 도방군사들에게 무자비한 약탈 명령을 내려 조정과 군부를 불안에 휩싸이게 하였단 말인가?
 경대승, '여기 앉아계신 분이 지니신 그 광대한 전답과 산처럼 쌓인 재물이 모두가 백성들의 피땀 흘려 일군 전답을 침탈한 것이오니 청탁뇌물로 받아 치부한 재물들이옵니다.' '그 재물들을 원주인에게 돌려주려고 하였을 뿐이거늘 어찌 평생 동안 다 쓰시지도 못할 재물을 움켜쥐고 내놓지 않는 것이옵니까?'
 최세보, 경 장군이 사심관 시절 청주가문의 전답을 원주인들에게 모조리 돌려주었다고 들었네. 지금껏 무슨 재물로 백삼십여 명이 넘는 도방군사들을 먹인 것인가? 족형 손석께오서 쌀섬을 대어주시었소이다. 그것이 이 자리에 앉아계신 조정과 군부의 수장들께서 건네준 청탁뇌물인 것을 어찌 모르는 것인가?

경대승, 최종발언에서 '조정과 군부수장들과 조정신료들은 스스로 백성에게 쟁탈한 재산을 내어 백성의 원주인에게 돌려주소서.' 족형 손석에게 '청탁뇌물에 책임지고 군직에서 물러나 낙향하시소서.

손석, 낙향하겠소이다.

경대승, 뇌물용처를 밝혀라. 교위 김자격, 육위군관에 뇌물, 견룡군사에 상금, 도방군사에 시량에 사용하였사옵니다. 형벌로 채찍을 가하고 도방군사들에게 만류하고 청주가문과 도방방주를 떠나 낙향하라.

도방군사들, '결의 차 용서해 주십시오.' 맞선다.

두두을, 하늘 별 보고 이의민 성신, 경대승의 사직에 도움되는 유성

· 성신(星辰 : 밤하늘에 작은 점 모양 반짝이는 천체)과 유성(流星 : 빛줄기)

두두을 선사 두 해석 성신과 유성

〈하늘의 별로 밤하늘 작은 점 모양 반짝이는 천제가 성신(星辰)이고, 암석이나 금속 물질이 입자나 조그마한 조각이 지구대기로 진입하여 증발할 때 하늘에 나타나는 빛줄기, 또는 떨어지는 천체로 별똥별이라고도 하는 것이 유성(流星)이다.〉

경대승, 도방 거취를 다음으로 미루고 자괴심(自塊心 : 자기의 행동이나 생각 따위에 대해 스스로 부끄러워하는 마음)에 빠진다.
 두두을 선사, 경대승이 허망하게 될 것이니 교위 김자격 도방 방주의 죄를 용서하시오. 고기는 물이 맑으면 살지 못하므로 뇌물이 없었다면 육위군사가 대의를 무너지게 하였을 것이옵니다. 용서와 화해를 긍정적으로 본 것이 진정한 대의입니다. 하늘의 별을 보고 금강야차의 성신이라고 하고, 경대승의 유성입니다. 유성은 좋은 일에나 나쁜 일에 생긴다고 하지만 경대승은 유성이 되더라도 사직에 조그마한 도움이 되었으면 합니다.

 ※경대승의 도방은 오늘날 집권여당이었으나 중방군사들은 도적의 무리 적당-패라고 하여, 전국에서 모인 힘센 일정한 거처나 직업이 없이 떠돌아다니거나 빈둥빈둥 놀면서 방탕하게 사는 사람들을 모은 부랑자 사칭 도방군사들이 참살과 재산 강탈로 일삼아 책임을 지고 조정에 나가지 않고 큰일이 있을 때만 조정에 참여하여 주재하였다. 사칭한 도방군사들의 횡포가 날로 심해지자 정권말기 누수형상 레임덕(lame duck : 임기만료 지도자의 지도력 공백 상태)에 적이 많아짐에 도방해산과 낙향 알현으로 병들어 병사하다. 집권 후 사칭 도방군사 때문 '레임 덕' 생겨서다.
 2012년 북태평양 동부, 대서양 서부, 멕시코와 카리브해에서 발생하여 북아메리카 쪽으로 불어오는 초대형 폭풍 허리케인(hurricane) 샌디가 미국을 덮쳤을 때, 현장을 찾은 미국 오바마 대통령이 피해 주민 할머니를 감싸 안는 장면이 언론에 밝혀지자 헤아려 국민을 감동시켰다. 어려운 때 극복한 국정을 헤쳐 나갈 수 있었다.
 2021년 7월 서부독일에 큰비 내려 수많은 사상자 발생하고 가옥들 휩쓸려갔습니다. 정부는 국민과 유족 마음을 헤아려 좀 더

특별하게 대처해야 했다. 정부수뇌들이 사건 발생 초기부터 유족들을 부둥켜안고 우는 심정으로 '우는 자들과 함께 울어주어라.' 하면서 사건을 관리해야했다.

당시 9월 총선을 앞두고 여론조사에서 선두를 달리며 차기 총리로 유력했던 노르트라인베스트팔렌주주지사 아르민 라셰트는 현장에서 파안대소하는 모습이 TV 카메라에 잡히는 바람에 국민의 신뢰를 잃어 선거에 패배하고 총리직은 날아갔습니다.

그것은 슈타인마이어 대통령이 인터뷰하는 장면의 배경에서 포착된 것이었으나 언론은 이를 놓치지 않았고 국민 반응은 싸늘했습니다.

그런가하면 한편 서독5대 총리 헬무트 슈미트는 함부르크시 내무 책임자(Inner senator)로 근무하던 1962년 함부르크 대홍수 때 구원자 역할 멋지게 했다.

효과적 위기관리로 피해를 최소화함으로써 명성을 떨쳤습니다.

당시 헌법상 국내 문제에 군대 투입을 금지하고 있었으나 슈미트는 법적 근거를 따질 수 없다며 경찰, 구조대 외에 군대를 동원하였습니다.

그 결과 수천 명의 인명 피해를 막았습니다. 해결사라는 별명을 얻었습니다.

그 일은 그의 정치 역정에서 두고두고 큰 자산이 되었습니다.

독일의 7대 총리 게르하르트 슈뢰더는 2002년 9월 선거를 앞두고 결코 재선을 장담할 수 없는 상황이었습니다.

그런데 8월 중순 수 세기 만의 큰 홍수가 발생하였습니다.

슈뢰더는 선거운동을 미루고 장화를 신고 작업복을 입고 현장을 열심히 누볐습니다. 슈뢰더는 위기관리자로서 미디어에 비치면서 유권자의 마음을 얻었습니다.

특히 구동독 지역에서 더 많은 점수를 받았습니다.

엘베강과 주변 샛강의 황토색 물결이 독일에서 사라져가는 연대(連帶) 감정을 불러일으켰습니다. 선거 승리의 한 원인으로 작용하였습니다.

대한민국 헌법 제34조 6항 '국가는 재해를 예방하고 그 위험으로부터 국민을 보호하기 위하여 노력하여야 한다.' 이 법조항이 있다. 이와 같이 사칭 도방군사로 재산피해를 입은 자와 함께 안아 울었다면 경대승 병사, 도방 참사를 미연에 막을 수 있을 텐데 안타깝다.

* 출처 : 2022년 '[세상풍경, 우는 자들과 함께 울라]'김황식 전 국무총리 글

로마서 12장 15장 16절 '즐거워하는 자들과 함께 즐거워하고 우는 자들과 함께 울라. 서로 마음을 같이하며 높은 데 마음을 두지 말고 낮은 데 처하며 스스로 지혜 있는 체하지 마라.'

고위 정치인이나 공직자는 물론 우리 모두 마음에 새겨야 할 어떤 사상이나 진리 따위를 예리하고 간결하게 표현한 어구 경구(警句)입니다.

일본 속담에 '웃음과 눈물(笑い·涙, わらい·なみだ)'에 관한 6가지이다.

① '웃음은 만병통치약' 웃는 것은 마음과 건강을 위해서 도움된다는 의미이다.

② '웃는 집에 복이 온다.' 항상 밝은 가정엔 자연적 좋은 일이 온다는 의미이다.

③ '웃으며 사는 것도 한 일생, 울며 사는 것도 일생' 웃으며 지내도 슬퍼하며 지내도 같은 일생이라면 웃으며 즐겁게 지내는 편이 좋다는 의미이다.

④ '읍참마속(泣斬馬謖)' 사랑하는 사람이라도 규칙을 지키기 위해서는 위반하는 사람을 벌하는 것이라는 의미이다.(원칙을 위하여 자기가 아끼는 사람을 버림.) 이 말은 삼국지에 중국 촉나라 제갈량이 사랑하는 부하 마속이 군령을 어기자, 군의 질서를 세우기 위해 울면서 그의 목을 베었다는 일에서 유래되었다.

⑤ '우는 얼굴에 벌칙', 눈이 내리는 위에 서리까지 더한다는 뜻으로, 어려운 일이나 불행이 겹쳐서 일어남을 비유적으로 이르는 말 설상가상(雪上加霜), 엎친데 덮친 격이라고도 하며, 즉 불행이 겹치는 일이라는 의미이다.

⑥ '우는 아이와 마름(지주 대신에 소작지를 관리하는 사람)에게는 이길 수 없다.'
도리가 통하지 않는 사람이나 권력자(마름 : 地頭)와 싸워도 이길 수 없다.

경대승 장군이 반대파 도방군사 사칭으로 변질되어 무고죄 억압에 병사하고 도방 참살 당하였지만, 이런 난관을 타개하여 극복하려면 강탈해 피해 본 백성들이나 군부수장들을 끌어안고 우는 자들과 함께 울었으면 감동돼 해결됐을 텐데 안타깝다.※

경대승 낙마 정치 철회

· 황제 대의냐 반역자 대의냐, 둘 다가 아닌 정권을 쥔 백성에 대의

공예태후, '충신 경대승 장군, 나라와 조정과 군부를 구제한 충정의 충신 경 장군이 뇌물과 연루되었다고 들었네.' '백성을 구제하기 위해서는 대의가 둘이 있는데 하나는 황제의 대의이고, 두 번째, 또 하나로 새로운 하나가 황실을 세우기 위해 민심을 휘어잡는 반역자의 대의가 있소이다. 둘 다가 아닌 정권을 쥔 수권자

로 백성에 대의가 있으시오이다.'
 '태자가 경 장군에게 낙향하라는데 상심이 컸을 것이오. 조정과 군부는 정치 쇄신은 하지 않고 있다.' '경대승의 낙마를 기다리고 있는듯하니 정치를 철회하라.'
 '경대승은 역심을 품지 않았다.' '조정과 군부에 관직을 갖지 못하는 대의가 되어서도 안 됩니다.'

제민(濟民) 대의 결의

· 제민의 대의는 백성에 대의
 김자격, 경 장군을 위해 제민의 대의를 지키겠사옵니다.
 경대승, 청용도를 들어 김자격의 목숨을 거두려하자 도방군사와 촌로가 용서해 달라고 만류하며 나선다.
 도방군사들, 경 장군과 도방군사가 없다면 백성구제가 없사옵니다.
 촌로, 고맙사옵니다. 백성 경 장군의 하해와 같으신 성덕을 잊지 않을 것이옵니다.
 경대승, 이 나라 백성은 나 경대승이 아니라 황상폐하의 백성이라는 것을 명심하라.

백성 구제는 반역죄로 증좌 없어
처벌 불가능, 맞불

-반역죄 증좌 불충분하여 도방군사 반역죄는 무관하며 재발방지 약조

 명종, 관부 공격과 나라 재물 약탈로 반역죄로 단죄 위해 추포하라는 영을 내린다.
 밀직사사(密直司使)·밀직원사(密直院使) 문극겸, 경대승은 반역을 도모하였다는 반역죄 증좌가 없다. 반역죄는 도방군사들이다.
 조원정, 도방수두 몇 명만 관부에 넘기면 처형하고 무마하는 것으로 하고, 경대승은 가만히 있게 하라.
 경대승, 조원정 대장군, 소장이 스스로 형부로 출두하여 형문을 받을지언정 도방군사를 내어드릴 수 없사옵니다. 소장이 이번 일을 처리할 것이니 말미를 주시옵소서.
 조원정, 좋네. 대신 차후 도방군사들이 황도안의 고관대작의 가산을 약탈한다거나 관부를 공격하는 일이 없을 것이라 약조를 하여주게. 약조할 수 있겠는가?
 약조하겠사옵니다. 약조를 지키기 위해 소랑에게 도방방주 김자격을 불러라.
 소랑, 아직 돌아오지 않았사옵니다.

대의를 살린다는 명분으로 도전하여 불붙는 재격돌

· 방주의 중낭장과 도방 3인방에게 경대승 사칭 이율배반 뇌물 공세

방주 김자격, 경대승, 낙향하라. '장군, 용서하여 주시오소서.' 재범을 방지조건으로 경대승도 조정 상장군 조원정과 사건 해결이 마무리 된다. 이와 무관하게 돌이킬 수 없게 대의를 살린다는 명분으로 경대승에 알리지 않고 단독으로 다르게 행동하여 다시 불붙는 재격돌이 예상된다. 도방방주 김자격이 상석에 앉아있고 각위 중랑장들이 좌우에 앉아있고 도방3인방 오척 도손 홍두를 비롯한 최대정이 좌우에 시립하고 좌우에 앉아있다.

방주, 이 재물은 경대승이 내리는 궤짝과 전답문서라면 중랑장에게 경 장군의 대의를 따르면 굶주림이 없다며 도방3인방과 최대정이 나누어주고 있다.

중랑장은 고려 시대에 둔 정오품의 무관 벼슬이며, 장군(將軍)의 아래, 정육품 낭장(郎將)의 위로 고려 시대에 이군 육위에 속한 무관벼슬을 통틀어 이르던 말이며 상장군, 대장군, 중랑장, 낭장 순으로 있는 무관벼슬이다. 중랑장은 오늘날 사단 밑에 부대 연대의 연대장 대령 계급이다.

경대승 장군 부친 경진이 30세 중랑장이었을 때 경대승이 청주에서 출생하였다. 경대승이 10살 때 개경 내성동으로 송악산 밑에 왕궁 만월대가 훤히 보이는 곳에 경대승의 모친 손경이와 함께 청주서 이주해 왔다.

도방 활동 자중(自重) 지시

· 복명(復命 : 어떤 일의 결과를 그 일을 마치고 돌아온 사람이

보고함)

　방주 김자격은 경대승이 출생하기 전부터 부친 경진 중서시랑 평장사 밑에서 경대승이 출생하여 성장을 돕고 가르쳤으며 경 장군의 일생을 같이 했던 인물이지만 경대승에게 도방에 반역하는 행위를 서슴지 않고 행한다.

　경대승, 도방방주 김자격, 이영진 군부수장 구휼미 탈취사건 책임을 물어 도방활동에 자중을 하여라. 도방주군으로 도방방주 김자격에게 '도방활동 자중하겠습니다.'라고 명령을 받고 일을 처리한 사람이 그 결과를 보고하는 '복명'을 하라고 한다.

두두을 선사, 황제 백성 둘 다 구제 불가능

　· 대의 포기, 낙향, 조정출사, 현상태(現狀態) 유지든 기로(岐路 : 갈림길) 선택

　두두을 선사, '대의는 백성구제하려는 불씨 승화가 소임 진력이라고 경대승에게 일러준다. 선택하면 난신적자라는 오명이고 포기하면 백성들의 기대에 불응이다. 황제와 백성구제 둘 다와 신하의 길이냐 황제의 길이냐 둘 다는 할 수 없다.'

　경대승, '이런 갈래 길에서 갈등을 떨쳐보려 하지만 혼란된다.'

　두두을 선사, '대의를 버리고 낙향하시든 조정에 출사하시든 이대로 불길이 타오르게 내버려두라.'

　경대승, '선사, 정녕 황명을 받들면서 백성을 구제할 방도는 없는 것이옵니까?'

　두두을 선사, '황제의 신하로써 난세에 처신하는 방도는 두 가지가 있사옵니다. 낙향하여 죽림에 들어가 산천을 벗 삼아 세상을 등지고 안빈낙도하는 것이 그 첫 번째 방도이옵고, 조정에 출사하여 황실의 주지육림(酒池肉林)과 간신배들의 탐욕을 벗 삼아

노니는 것이 두 번째 방도이옵지요. 경 장군께, 어느 방도를 택하시겠습니까?'

경대승, '내 세상에 등을 질 마음도 없고, 또한 조정에 출사도 아니 할 것이오!'

두두을 선사, '장군께오서 신하의 길을 택하지 않으시겠다면 황제의 길을 걷거나 하여 반역자가 될 수밖에 없을 것이옵니다.'

경대승, 무어요?

두두을 선사, 장군께오서 황실과 백성 모두를 구제할 수는 없사옵니다!

경대승, 음-!

도방 사칭

· 경대승 출현으로 관원 포박한 무장 무리 도망

백성들, 사칭한 도방군사가 관복 입은 말단 관원을 포박하고 백성들이 모여들어 죽이라하고 백성을 수탈한 탐관이라며 징치하라.

경대승, 경대승이 나타나 죄가 있으면 형부에서 처결할 것이지 국법을 농단하느냐 맞서자 사칭한 도방군사가 몰라보고 덤빈다. 즉시 제압하고 나는 청주가문 경대승이다. 포박을 풀고 물러가라,

사칭 도방군사, 삼삼오오 흐트러지거나 아무렇게나 사방 흐트러져 널 부러진다.

명종알현 후 낙향에 도방 사칭한 죄 불문 도방 위축(萎縮)으로 병세 악화

· 도방 해산 명령

경대승 명종 알현으로 입궁할 시 병 발생 의원 왕진 무시하여 병사하게 된다.

밝힌 바대로 도방 최초 설치자는 경대승이고 보다 강력하게 도방을 최충헌이 대를 이었는데, 도방군사 사칭을 한 세력이 늘어나 피해를 입자 이에 결국 경대승은 도방해산 명령을 하고 청주 가문을 떠나라고 도방 장사들에게 명한다.

소랑의 시중을 받으며 입궁할 복장으로 갈아입는다.

경대승, 알현한 자리에서 황상폐하에게 '황상폐하, 도방을 해산하고 신 낙향할 것이옵니다.' 라고 황상폐하를 알현하여 고하기 위해 말을 타기 위해 소랑에게 군마를 대령하라고 지시한 다음 방문 쪽으로 간다.

그러자 갑자기 고통스럽게 가슴을 움켜쥐며 피를 토해 손을 펴서 보니 붉은 핏덩어리이다.

소랑, 장군, 입궁을 미루시고 존체를 살피시옵소서! 소인이 의원을 부르겠사옵니다.

경대승, '혈을 수건으로 감싸며 소랑에게 대수롭지 않은 일이니 모른 척해라.' 하며 입궁 채비를 서두른다.

경대승, 결국 소랑이 입궁할 시 병 발생으로 의원 왕진 요구를 무시하고, 그런 만류에도 입궁을 서두르자 도방해산이라는 자기 자신의 태도나 행동을 스스로 반성하는 자성(自省)에 부담을 느껴 기력이 소진된 채 황상폐하를 알현함에 병을 악화시킨다.

경대승, 신, 낙향하기 전에 폐하께 머리를 땅에 닿도록 수없이 계속 절을 하는 돈수백배(頓首百拜) 간청 드리옵니다! 황상폐하, 성군의 정치를 펼치시어 이 나라의 국법과 기강이 바로 서게 세우시옵소서! 추상같으신 권위로 한줌도 안 되는 권세를 내세워 힘없는 백성들을 핍박하는 부정부패로 얼룩진 난신적자들을 척결하소서!
 태산 같은 성덕을 베푸시어 백성들의 곤궁함을 어루만져 주시옵소서!
 황상폐하의 성덕을 입은 백성들이 태평성대를 칭송할 것이옵니다!
 그리되면 폐하께오선 고려의 광영을 빛낼 황제가 되실 것이옵니다!
 명종, 건성으로 짐은 경 장군의 충언을 깊이 아로 새길 것이노라!
 똑바로 보며 경 장군 또한 두 번 다시 황도로 올라오지 않겠다는 짐과의 약조를 지켜야 할 것이다!
 경대승, 신, 가문의 명성을 걸고 맹세드릴 것이옵니다!
 명종, 오냐, 짐은 경 장군의 맹세를 믿고 도방의 죄를 묻지 않을 것이다!
 경대승, 정중한 예를 갖추며 신, 황상폐하께오서 동방의 요순이 되실 것이라 믿고 이만 물러가옵니다!

 ※ 경대승 결혼 꿈 꾼 일설
 헛소문 요언이 처음 경서(京西)지방으로부터 흘러왔다는 점을 생각해서는, 그 요언이 범상치 않은 영향력을 가지고 있음을 충분히 안 끝에 그 영향력에다 경대승을 접목(接木)시킨 간사한 지혜, 간지(奸智)인 모양 같았지만, 여하간 왕의 명령으로 범인을 잡아본 결과, 하나는 정중부 집의 가노(家奴)였고, 또 하나는 이의민이 경주에서 밀파한 비밀행동대원 이었음이 밝혀졌다. 이영진 구휼미 탈취사건 후 꿈이다.
 경대승은 비나 눈이 오는 날 잠깐 비쳤다가 다시없어 지는 별여우별 꿈을 꾼 다음 도방해산 명령을 당하고 병을 얻어 도방군사들이 보는 가운데 병사하게 된다.

　경대승 결혼에 대해서는 젊은 나이에 병사했고 결혼을 하지 않은 인물이어서인지 그에겐 구체적으로는 말하기 곤란한 일이나 사건이라는 썸씽(something) 혹은 수안궁주의 짝사랑과 망이 망소이의 난을 체험하면서 만나게 된 여인 머루이다. 경대승 결혼과 자녀에 관한 기록은 전해오지 않는다.『고려사』에 다른 집권자들은 다 자녀가 있지만 유독 경대승은 배우자나 자녀가 없다.

　이주홍(李周洪) 중편소설 1976 '경대승(慶大升)', 부인 이씨, 자녀 열세 살 맏딸 여현, 열한 살 둘째딸 미화, 아홉 살 장남 중국, 다섯 식구이다.

　『고려사』경대승 자녀 없다. '2005청주경씨족보' 경대승 부인 경주 최씨다. '이주홍 중편소설' 경대승 부인 이씨 자녀 셋이다. 각각 달리 표현하고 있다.

　'2005청주경씨족보'에는 경대승, 배경주최씨 십이월이십오일생기팔월이십일일부문하평리애일운애묘청주모산유백비(配慶州崔氏 十二月二十五日生忌八月二十一日父門下評理艾一云藹墓淸州茅山有白碑)라고 하여 경대승 배우자가 경주 최씨 이다.

　여기서 백비(白碑)는 '문자 없는 흰 비석을 세우다' 또는 명에 의거 '비문 없이 그대로 세우라'는 묘지 앞에 세운 비석을 말한다. 묘지가 있어 모산(茅山)은 잔디로 만든 인공의 산을 말한다.

　호랑이는 죽어서 가죽을 남기고 사람은 죽어서 이름을 남긴다는 속담처럼 사람은 세상에 남기는 명예를 매우 중요시합니다.

　명종실록에 '그가 죽었을 때 집에 돈이 없어 가족이 상여를 메고 고향도 가지 못하니 신하들이 임금께 청하여 겨우 장사를 치렀다.' 이에 명종이 크게 감동하여 암석을 골라 하사하면서 '박수량의 청백을 알면서 빗돌에다 새삼스럽게 그가 청백했던 생활상을 쓴다는 것은 오히려 그의 청렴을 잘못 아는 결과가 될지 모르니 비문 없이 그대로 세우라고라고 명하여 백비가 세워졌다고 합니다. 백비(白碑)는 '글자 없는 흰 비석'이나 '비문이 없이 그대로 세우라'고 명하여 묘지 앞에 있는 비를 말한다. 이 세상엔 탐욕과 허명(虛名)에 사로잡혀 청렴해지고 겸손해지려는 사람보다는 오히려 뽐내고 자랑하기 위해서 높은 자리에 오르려는 사람들이 더 많은 것 같습니다. 조선 명종 예조참판 형조판서 호조판서 '박수량(朴守良) 백비(白碑)' 전남장성 밀양박씨 박수량(1491-1554)은 조선영의정부사 영의정 18년 좌의정 5년 우의정 1년 총 24년 장수로 정승 황희(黃喜 1363-1452, 89세) 태조-연산군 좌의정 우의정 정승 맹사성(孟思誠 1360-1438, 78세)과 함께 조선의 청백리 다섯 손가락 안에 꼽히는 사람입니다.

박수량(朴守良), 조선 명종 때의 문신(1491-1554) 자는 군수(君遂). 청렴한 관리로 알려졌으며, 벼슬은 우참찬 · 좌참찬을 거쳐 지중추부사, 형조판서에 이르렀다. 명종 1년 (1546)에 동지춘추관사로서 '중종실록' '인종실록'을 편찬하였다.

경대승 자녀는 『고려사』엔 다른 무인들은 다 있는데 유독 경대승 장군만 자녀가 없다. 또한 있다고 해도 '2005청주경씨족보'엔 청주경씨 모산 백비라 하여 인공의 산에 유족에 의거 '문자 없는 비석'이거나, 명에 의해 '비문이 없이 그대로 비석을 세우라' 하여 있을 뿐 전해져 오고있다. 자료가 없어 '믿느니 대감만 믿는다.'는 말같이 출처 '2005청주경씨족보 경대승 배경주최씨 모산 백비'만 믿는다.

그리고 이어 경대승 배경주최씨 여 김준 안동인 중서시랑평장사 상주국상장군 시(시호)경렬공 외손중구 병부상서 지문하성사 견 한국금석 유문(女 金畯 安東人中書侍郎平章事上柱國上將軍諡景烈公外孫仲龜兵部尙書知門下省事見韓國金石 遺文) 각각 백비와 유문을 통해서 알 수 있다고 하였다.. 여기서 김준(金俊,

?-1268) 고려후기의 무신 권신 정치인 초명 김인준(金仁俊) 제9대 무신정권 집권자와 다르다.

  아마도 삼족을 멸하는 마당에 서로 권력자간, 먹고 먹히는 개와 원숭이 사이 견원지간(犬猿之間)이라 경대승 꿈에 나타난 부인과 자녀는 살았어도 당시 살기위해 각각 뿔뿔이 산간벽지나 해안과 도서벽지로 헤어져 숨어 살아 행적을 알 수 없다.

  『고려사』사흘 뒤 경대승의 상여가 나갈 때 길 가던 사람치고서 눈물을 흘리지 않는 개경의 백성이 없었다.※

  〈족보 : 경술보(庚戌譜) 1회보를 편찬할 때 상서공 번(蕃)을 1세조로 하여 보계(譜系)를 이어왔다.

  장군공의 계대를 밝히는 문헌적 근거는 청주경씨보(淸州慶氏譜)에 분명히 수록되어 있다. 이는 1522년(중종 17)에 지은 서봉공(西峯公)〈붓을 휘둘러 글씨를 쓰거나 그림을 그림 휘호(揮毫) 준(俊)〉 사람이 죽은 뒤에 그 사람의 평생 행적을 기록한 글 행장(行狀)으로써 여기에 장군공의 계대를 밝혀 이르기를, 『공(公)의 선계는 청주 출신으로 고려 때 대장군 휘 대승(大升)이니, 즉 공(公)의 9대조이다. 공지선계출청주이재고려시대장군휘대승즉공지구대조야(公之先系出淸州而在高麗時代大將軍諱大升卽公之九代祖也)』(청주경씨선세행장록 p101)라고 하였다.

  이로써 상서공 휘(諱) 번(蕃)은 장군공의 아드님은 사실상 주저할 이유가 없으나, 이 또한 반론이 있음은 실로 안타까운 일이다.

  묘는 족보에 충청북도 청원군 남일면 지북리, 재료 석회암 잔적-층(殘積層)을 모재(母材)로 하며 구릉지 및 산악지에 분포하고 있는 토양 모산(茅山 : 잔디·띠가 덮혀진 인공의 산)에 있어 묘지, 고적 등 전해 내려오다 중도에 실전(失傳)되었다.

  일설(一說) 유언에 의하면 장군공이 '나는 적이 많으니 관에 넣지 않고, 흙을 둥글게 쌓아올려서 무덤을 만드는 봉분(封墳)을 만들지 말고 평평하게 매장하는 평장(平葬)으로 하라.' 는 당시 유언을 따랐기 때문에 세월이 흐르면서 몽고 난도 겪어 잃어버려 유실되었다. 혹은 청주를 주성이라고 부르기도 하는 이유로 예전 청주에 한 때 큰 홍수가 났기 때문에 묘가 유실되었을 것으로 판단된다.

선산(先山)에 추원단(追遠壇)과 신도비(神道碑)를 세웠다. 시향은 매년 음력 10월 초정일(初丁日)에 지냈으나, 1980년대 이후 음력 10월 첫째 일요일로 변경하였다.

구설에 의하면 부친 사심관 시절 관저가 있는 적의 침입을 막기 위해 성 주위를 둘러서 판 못 해자(垓字)가 최근 청주시공원화 개발에 따라 발견된 것으로 보아 청주정북동토성에는 경대승 장군 묘와 그 곁에 미호천 들판 중 독립산(獨立山)에 경 장군이 타던 말 무덤이 있다고 정북동주민 황금탑의 부인이 시누이 등 구전으로 내려오고 있다.〉

경대승 장군은 이런 꿈을 꾸고 나서 깨어보니, 처음 불의에 맞서는 정의 · 대의 · 30명 결사대 · 강군 도방군사 130명 도방정치를 정책제시를 가지고 시작 한 집권의지 선견지명 · 비전(vision, 전망)의 성공 · 행복에서 이제 견제세력해산 · 도방해산 지병생활 30세 병사로 이어지는 반대 · 모순(irony)의 불행으로 바뀐다.

※-도방 최초 설립자 경대승 잇는 최충헌의 강력한 도방 계승-

[명종 신종 희종 강종 고종 다섯 왕위 폐위(廢位)시키며 집권 권좌에 오른 최충헌(23년 집권, 1196~1219)이 도방으로 고려 시

대, 최충헌 이래 무신정권의 최고 정치기관 교정도감의 우두머리 교정별감(敎定別監)을 대를 이어 최충헌의 아들 최우(30년 집권, 1219~1249), 최충헌의 아들 최항(8년 집권, 1249~1257), 최항의 아들로 손자 최의(1년 집권, 1257~1258)에 최씨 무단정치 60년 집정하였다. 이어 최의를 베어 제거한 김인준 · 김준(10년 집권, 1258~1268), 이어 김준을 베어 제거한 임연(1268~1270 2년집권, 야별초 이끌다 병사) · 임유무(삼별초를 이끌던 임연의 둘째 아들 임유무 : 3개월 집권, 1270년 2월~1270년 5월) 끝으로 무신정권 종말 임유무는 원종에게 베어 제거됨으로 100년 동안 무신정권이 막을 내린다.]

낙향을 황상폐하 알현함에 경대승 병으로
악화돼 병사 후 도방 몰락

-마지막 중방회의 결과 도방 해산과 낙향 알현(謁見)

조정 상장군 조원정, 좌승선 문장필, 추밀원사 문극겸, '도방군사들 형부에 넘기면 경대승의 낙향은 옳지 않사옵니다.'

경대승은 '형부에 도방군사를 넘기지 말고 소장이 황도를 떠난 후에도 조정과 군부가 쇄신되지 않고 백성들의 억울한 굶주림이 사라지지 않는다면 소장, 반드시 황도로 다시 돌아올 것이옵니다!'

경대승, '추밀원의 종이품 벼슬 지추밀원사 문극겸, 백로의 고고한 자태로 가만히 있을 것이지 정치쇄신은 않고 썩어빠진 조정 군부 간 싸우는 까마귀 떼가 됩니다.'

경대승, '황상폐하, 지체가 높은 분을 찾아가 뵙는 알현(謁見)은 도방을 해산하고 청주로 낙향하겠사옵니다.'

황상폐하, '경 장군의 충정을 깊이 새길 것이며 황도로 두 번 다시 돌아오지 않을 것을 약조하면 더는 도방의 죄를 묻지 않고 변할 것이다.'

경대승, '황상폐하, 요순시대가 올 것이라 믿사옵니다.' 이번 황상폐하 도방 해산과 낙향 알현은 경대승 병세 악화를 부르게 한다.

공예태후, 황상이 낙향 충신 경대승 의의 헤아리지 못한 처사

· 공예태후, 황상이 낙향 충신 경대승 의의 헤아리지 못한 큰 혼란, 부처님가호

공예태후, 뭔가 심각한 표정으로 혼잣말처럼 되뇌다. 조 상궁, 그 앞에 서있다.

공예태후, ...경대승이 낙향한다...? 황상께서 경대승의 뜻을 깊이 헤아리시지 못한다면 이 나라가 큰 혼란에 휩싸일 수도 있을 것이거늘...간결한 표정으로 염주를 쥔 손으로 합장을 하는...대자대비 하신 부처님... 이 나라 황실을 보살펴 주시옵소서...나무아미타불관세음보살(南無阿彌陀佛觀世音菩薩)...

수안 궁주, 광정태후 소생, 강종과 친남매, 창화후 왕우와 혼인, 황상 폐하 비하

· 황상 폐하 조정과 군부를 다룰 권위 부족

수안궁주, '낙향을 만류하며 황제 폐하는 조정과 군부를 억누를 권위가 없습니다.' '경 장군, 낙향하지 말고 황실과 조정, 군부, 백성, 등의 일을 직접 챙겨 일일이 해결하였던 경대승을 상기하며 마지막 남아서 황실을 지키는 역할을 해주실 권유하옵나이다.' -수안궁주 말대로 경대승 장군 집권자로 권위자가 맞는데 충신이다.-

경대승의 권력을 충신, 더 낮은 대로 승화, 이익으로 큰 동량

· 청렴결백으로 귀감이 되게 더 낮은 데로 인도함은 영원불멸의 진리

두두을 선사, '경대승이 백성을 구제하려는 황제의 대의를 품었으나 스스로 겸양하여 권력을 충신으로 대하였고 백성을 대하는 삶은 청렴결백에 바탕을 두고 역사의 거울로 삼아 본받을 만한 귀감(龜鑑)이 되게 더 낮은 데로 자기를 인도하였습니다.'

두경승, '조정 출사에 경대승 충직한 사람이 나라를 바로 잡지 못하는데 아둔한 자가 조정에 출사는 불이익을 가져옵니다.'

두두을 선사, '금강야차가 황제에 오르려는 야심은 있으나 그 대의를 잃었다.'

두두을 선사, '대장군 두경승, 갑옷과 투구, 갑주를 벗고 조정 출사를 하면 경대승과 금강야차의 중도를 지킨다면 난세의 충신으로 나라의 큰 동량이 될 것입니다.'

경대승 낙향 반대

· 손석 단독 낙향 만족

손석, 나만 낙향으로 만족 방주, 백성과 군사의 추앙을 받기에 반대한다.

경대승, '고려를 창건하신 태조황제께오서도 도탄에 빠진 백성을 구제하고 천하를 바로 잡으시려는 대의로 나라를 세우시었네! 지금껏 이백년이 넘도록 열아홉 분의 황제께오서 태조황제의 대의를 받들어 이어오시었다. 비록 지금의 황상 폐하께서 어물어물 망설이기만 하고 결단성 없음인 우유부단(優柔不斷)하시어 부정부패로 얼룩진 난신적자들의 전횡에 휘둘리신다고는 하나 아직 고려 황실의 대의는 살아있네.'

경대승의 족형 손석, '뇌물죄로 낙향하면 그만이지 대승아우까지 낙향하는 것은 앞날을 위해 반대합니다.'

경대승, '먼저 청주 낙향하니 남아서 이 집 처분하고 김자격 도

방방주도 낙향하라.'

　도방방주 김자격, 벽란도 창고 쌓아둔 쌀을 돌려주기 위해 군부에 넘긴다. '경 장군께오서는 어지러운 천하를 평정할 대의가 있으시고, 또한 장군의 명을 받들어 단숨에 황궁과 황도를 장악할 충성스러운 군사들이 있사옵니다. 백성과 군사의 추앙을 받고 있는데 어찌 황제에 오르시지 않는 것이옵니까?' 하며 맞서며 낙향 반대한다.

　경대승, '김자격, 나에게 도방군사를 이끌고 황실에 반역을 하라는 것인가?' 청용도를 치켜들다가 토혈을 하여 정신을 잃고 혼절되어 김자격, 소랑, 의원을 부른다.

　의원, '기운이 쇠하신 터에 온몸에 화기가 퍼져 혈이 역류하여 토혈을 하신 것이옵니다. 달포쯤 마음을 편하게 쉬신다면 쾌차하실 것이옵니다. 처방전을 써 드릴 테니 탕약을 달여 드시게 하시옵소서.'

　김자격, 의원에게 시켜 남조 황궁에서 비방으로 쓰는 약인데 혈이 마르고 기가 쇠잔하는 독약을 조제한다.

　두두을 선사, 경대승을 방문하여 소랑에게 잠간 방밖으로 나가 있으라하고 탄약사발을 경대승에게서 받아 색깔과 냄새를 살피다 맛을 보고 독약이 들었다고 방바닥에 내던진다.

　경대승, '독약도 약이라고 하며 절대로 말을 하여 도방군사를 의심하지 마시오.' 이는 경대승이 자기 탓이지 남의 탓이 아니라 함을 강조하는 내용으로 무엇이든 자기 탓이라고 한다. 그만큼 책무를 다하고 있다는 증거이다.

　'독약도 약'이라는 말은 소크라테스의 독약을 받고 한 말 '악법도 법'임에 차이는 있지만 내용은 같다.

＊소크라테스(Socrates) : '독약도 약' '악법도 법'은 차이

는 있지만 내용은 같다. 그리스 철학자 소크라테스(70세 BC 469~399)는 사형선고 '독약을 받고 악법도 법이다.'라고 하였다. 방장 김자격, 경대승 약탕에 독약 넣어 경대승은 '독약도 약'이다.

당시 아테네에서 그리스 신을 믿지 않고 덕을 지성으로 보았고 무지의 지라는 괴변으로 청년을 타락하고 지성을 덕으로 보는 이성보다 일시적 충돌에 의하여 좌우되는 어리석은 대충돌의 정치라는 중우정치(衆愚政治)였고, 아테네와 스파르타 간 전쟁 필로폰네스 30년 전쟁 중이었다. 소크라테스 사후 타락한 민주주의로 아테네는 멸망한다.*

중랑장 대표와 조원정, 이영진 군부수장군사 간 충돌

· 경대승 대의 추종과 대결 조원정 상장군 실망

김자격 중랑장 대표, '육위 중랑장과 군사들은 경 장군의 대의를 따르겠다.'

조원정 상장군과 군부수장들, '병장기를 내려놓아라.' 조원정 상장군 충돌 직전 공격에 실망한다.

김자격, '지금 중방에서 한줌도 안 되는 권세를 지키기 위하여 경 장군의 대의를 훼손하고 도방을 도둑의 무리 적당(賊黨)패로 몰고 있소!'

중랑장 일동!

김자격, '이 자리에 모이신 분들은 경 장군의 대의를 따르겠다고 맹세한 육위의 중랑장들이오! 제아무리 중방에서 경 장군을 도모하려고 획책할지라도 군부의 허리를 장악하고 계신 중랑장들께오서 경 장군에 대한 충성과 신의를 버리지 않는다면 누구도 경 장군의 대의를 꺾지는 못할 것이 오이다!'

중랑장 일동, '소장들도 결의하옵니다!'
김자격, '고맙소이다! 여러분들의 충정이 경 장군의 대의를 구할 것이오!'
김자격, 오척 등에게 눈짓하면 오척과 도손, 홍두 도방삼인방과 최대정이 바닥에 놓인 궤짝들을 중랑장들 앞에 나누어 준다.
김자격, '이 재물들은 경 장군께오서 여러분의 충정에 보답하시는 재물이옵니다!'
중랑장 일동!

경대승 도방 군사 동향 점검

-백성 구제 명분으로 군부와 사가 약탈 확인

경대승, '소랑, 요 얼마 되는 동안인 근자(近者)에 김 교위와 도방군사들이 백성들을 구제한다는 명분으로 관부와 사가를 약탈하는 일이 없느냐?'
그러나 소랑, 머뭇거린다.
소랑, '도방군사들이 경 장군의 병이 완전히 나음, 쾌차(快差)를 기원하며 밖으로 드러내지 않고 속으로 참고 견디며 몸가짐을 신중히 함에 은인자중(隱忍自重)하고 있습니다.'

대행 김자격 방장이 반역 획책하면 황궁 제압 중방회의 소집

· 중방이 도방의 대의를 반역으로 몰면 조정과 군부가 백성구제 정치 포기
경 장군을 대행하는 김자격 도방 방주, 중방 회의 소집하고 주재한다.
김자격, '경 장군이 청주 가문 도방은 반역 도당으로 물건이나 집 따위를 남에게 팔아서 넘겨 매도(賣渡)함에 척결한 결의에 대해 크게 희망을 잃음에 낙방(落望)하옵니다.' '반역으로 획책하면 여기 계신 분들을 척결하고 황궁을 제압할 것이옵니다.'

김자격, 중방에서 도방 군사를 거느린 채, '중방이 도방의 대의를 반역으로 몰면 조정과 군부가 백성 구제하는 정치를 포기한 처사로 본다는 경 장군의 뜻이옵니다.
  조원정, '김자격, 자네가 칼자루를 쥐고 있거늘 다른 방도가 무엇이 있겠는가?' '내 중방의 응양군 상장군으로 중방의 결의를 거둘 것이네.' '이번 중방 회의에서 김자격의 일사천리로 결의되어 황상폐하에게 고하기를 경 장군이 거병하여 황궁을 범하고 황실과 사직의 불상사를 막기 위해 중방 결의되었사옵니다.' '김자격 도방군사 때문에 중과부족으로 청주가문에 무릎을 꿇어 군부수장으로서 황상 폐하를 볼 면목이 없게 되는 위치에 서게 되었습니다.'

지휘 체계의 허점 이용 도방 중방에 맞선 중방 회의 경 장군에 보고

· 도방이 중방을 제압한 보고 취하
  오척, 도방이 중방에 맞선 중방 회의를 경 장군에 보고해야한다.
  도방방주 김자격, 병환이 쾌차 후 보고 하겠소이다.
  오척과 도방병사들, 재물 용처를 밝히지도 않고 중대사를 경 장군에게 고하지 않는 것에 대해 예전같이 않아 심상치 않사옵니다.
  불이 켜진 방안 침상에 경대승이 누워있다.
  경대승, 눈을 뜬 채 잠들지 못하는 상념에 잠겨있는….

방주 전횡 소문에 경대승 나의 책임

· 책임 감수
  두경승, 경대승에게 '도방의 약탈이 횡행한데 그 재물이 백성을 구휼하는데 쓰이고 있지 않고 있다는 소문과 지난번 김자격이 도방군사를 이끌고 중방에 들어 조정과 군부의 수장들을 겁박까지 하였네.'

　　경대승, 놀라며 삼킨다.

　　두경승, 경 장군이 와병 중에 김자격이 독단으로 벌린 일이었을 것이며 죄를 뒤집어쓰려고 하고 있습니다.

　　경대승, 내가 시킨 일이어서 책임은 나에게 있사옵니다.

최충헌 도방 대의 감복, 도방 일원 병문안 도방 가신 제안, 명종 폐위

-경대승 천하 도모 방책과 황제 폐위 제안한 응양군낭장 최충헌 단호히 거절

 응양군 낭장(고려 시대, 무관직의 정육품 벼슬) 최충헌, 천하 도모 방책을 제시하기 위해 경대승 장군을 병문안이옵니다. 우봉 가문 최충헌이옵니다.
 경대승, 최 낭장이라, 무슨 일이냐?
 최충헌, 도방 대의에 감복되어 도방 일원이 되려고 합니다. 천하 도모 방책을 알려드리려 왔습니다.
 경대승, 말하여라.
 최충헌, 소장을 장군의 휘하에 거두어 주시오면 경 장군께오서 천하를 바로 세우실 수 있을 것이옵니다. 정치를 쇄신하고 백성을 구제한다는 대의는 옳습니다만 지금 장군께오서 도방군사들로 하여금 백성을 구휼한다는 방도로는 뜻을 이룰 수 없사옵니다. 황제의 성덕이 백성들에게 펼쳐지려면 조정과 지방관들을 통해서만 가능하니 장군께오서 조정의 동량이 될 참신한 인재들이 자라날 토양을 마련하는 일이 급선무입니다. 정치쇄신을 내세우며 조정의 동량이 될 싹을 자르고 계십니다.
 경대승 장군이 청렴결백에 버금갈 인재가 흔치 않은데 어찌 재능 있는 신료들이 조정에 뿌리내릴 말미를 기다리지 못하시고 저

들의 소소한 허물을 탓하여 척결할 간신배로 보시는 것이옵니까?

조정과 군부를 아우르는 영수 직에 올라 버티고 계시면 백성들의 침탈을 막을 수 있는데 어찌 도방 군사들로 하여금 창검으로 탐관(貪官)들을 징치하시는 것입니까?

소장이 장군의 처지라면 당장 조정의 영수 직에 올라 황상폐하의 불신부터 씻어 드릴 것이옵니다.

그런 연후에 조정신료들이 정치를 쇄신할 수 있을만한 역량을 갖춘 동량으로 자라날 때까지 저들의 사소한 허물을 모른 척 덮어두고 지켜볼 것이옵니다.

도방을 이끄는 가신들을 쳐 버립시오!

경대승, 자네 대의가 황상폐위의 뜻에 거스른다면 최충헌이 황제를 폐위하고 새 황재를 옹립할 것이옵니다. 정치를 해서는 안 될 사람이라 당장 물러가시오!

조정과 군부는 야심가가 되면 안 된다.

최충헌, 장군, 대의에 충정 드리며 물러갑니다.

훗날 정권을 잡은 뒤에 명종, 신종, 희종, 강종, 고종, 다섯 명의 황제들을 차례로 폐위시키고 60년 동안 자신의 뜻에 맞는 황제들을 물론 아들 최우, 아들 최항, 손자 최의로 아들 손자에 이르는 최씨 무신정권을 탄생시킨 무신정권의 진정한 무력이나 권력을 이용하여 천하를 다스리는 사람, 어느 분야에서 가장 뛰어난 사람임, 패자(覇者)로 군림하는 인물이 된다.

'경대승, 과연 큰 인물이로구나! 허나 대나무가 제 아무리 곧고 빠르게 자란다한들 기둥으로 잘라 쓰지는 못하듯이 경대승이 천하를 호령할 수는 있을지언정 천하를 다스리지는 못할 것이다.'

중요한 자리에 임용하는 중용(重用), 한나라의 집안을 떠받들어 이끌어 갈 젊은이를 비유적으로 이르고, 기둥과 대보를 아울러 이르는 동량(棟梁)의 평가와 김자격 독약 음해(陰害)해 병으로 더 악화한다.

김자격 김대정 시켜 사주 받은 독약을 이용한 약탕에 넣어 음해(陰害)

· 의원 왕진하여 남을 뒤에서 부추겨서 나쁜 일을 시켜 사주(使嗾)로 악화

누군가, 다려지는 약탕기 쪽으로 다가온다. 최대정이다.

최대정, 품속에서 의원이 김자격에게 준 적이 있는 호리병을 꺼내 약탕기 종이덮개를 열고 독약을 몇 방울 떨어뜨리는데 인기척소리가 난다. 재빨리 덮개를 덮고 몸을 피한다.

소랑, 약탕기 쪽으로 다가와 충직하게 화로에 부채질 한다.

최대정, 안도의 한숨을 내쉬고는 어둠속으로 사라진다.

김자격, 소랑이 의원을 찾아갔으나 며칠 째 행방이 묘연한 의원이, 남을 부추겨 좋지 않는 일을 시켜 사주(使嗾) 받은 독약에 대하여 자괴감 섞인 채 장군, 시생을 용서하시오소서! 장군의 대의를 받들기 위해서는 이 방도밖에는 다른 방도가 없사옵니다! 얼굴위에 눈물이 흐른다.

김자격, 의원에게 장군의 남을 부추겨 좋지 않는 일, 사주(使嗾)하는 독약 요청한다.

소랑, 오척에게 오라버니, 장군은 탕약을 드시고도 차도를 보이시지 않고 오히려 병세가 호전되지 않고 악화되시는 듯싶어 낮에 처방전을 써준 의원을 찾아갔었는데 맞는 약이라 하셨습니다.

김자격, 독약이 들은 탕제를 짓고 비밀이 탈로 날까봐 의원을 제거한다.

도방군사 최대정이 장군에게 올리기 위해 소랑이 다리고 있는

약탕기에 독약을 몇 방울 떨어뜨리고 호리병속에 있는 독약을 더 넣으려고 약탕기 덮개를 열다 소랑에게 들킨다.

소랑과 최대정이 서로 둘이 접전을 벌리다 최대정이 비수를 소랑의 목에 대는 순간 뒤에서 오척이 퍽 쳐서 최대정은 정신을 잃고 쓰러진다.

경 장군, 소랑에, '내 비록 목숨을 잃는다하여도 김 교위와 도방 충성, 믿을 것이야!'

소랑, 최대정이 독약을 넣었습니다.

최대정, 끌려온 자리에서 '경 장군, 김자격이 지시하였사옵니다.'

경 장군, 김자격에게 '독약을 지시하였느냐?'

김자격, 예!

경 장군, 무엇 때문이었느냐?

김자격, 백성을 구제하기 위한 대의로 도방을 위해서 조정과 황실을 제압하여 장군을 용상에 세우기 위하기 때문이옵니다!

경대승, '용상찬탈은 반역이다. 내 그리는 못한다. 김자격, 청주가문과 도방조직을 파탄하고 청주가문을 도방에서 축출해 놓고 자결할 자격도 없으니 가슴에 불도장(불-圖章 · 낙인烙印)을 찍고 평생 더러운 죄를 간직하며 살도록 하라.'

최 상궁, 경대승 초지일관 충정 신하 경대승과 함께 태평성대 기원

· 초지일관 충정을 지닌 충신

최 상궁, 황상폐하 반백 년 동안 예종, 인종, 의종, 명종, 네 분의 황제를 모시었지만 경대승처럼 초지일관 충정을 지닌 신하는 없었습니다. 경대승을 중요시하시어 태평성대를 이루시옵소서!

명종, 최 상궁의 말을 더는 듣고 싶지 않도다! 당장 물러가라!
최 상궁, 황상폐하, 그간 윤허치 않으시었던 소인 출궁을 윤허하여 주시겠사옵니까?
명종, 오냐, 짐 또한 경대승을 충신이라 일컫는 최 상궁을 더는 곁에 두고 싶지 않도다! 짐은 최 상궁의 출궁을 윤허할 것이다!
최 상궁, 휙-외면한다.
최 상궁은 황상폐하 반백 년을 네 분의 황제를 모시었지만 경대승처럼 초지일관 충정을 지닌 신하는 없었습니다. 경대승을 중용하시어 태평성대를 이루시옵소서! 한다. 경대승의 중용을 듣자마자 황상폐하 거절한다. 최 상궁이 소인 출궁을 윤허해 주십시오. 그러자 명종은 출궁을 윤허한다고 한다.

두경승, 경대승 고려황실의 동량(棟梁)

· 기둥과 들보 대신 불쏘시개
두경승, 내 응용군상장군 공부상서직으로 지엄한 황명을 거역할 수는 없습니다.
두두을 선사, 경대승을 기둥과 들보 동량인데 어찌 불쏘시개로 쪼개어 화를 자초해 불구덩이에 던져 넣으려는 것인지 모르겠소이다.
두경승, 괴로운 표정을 짓는다.

김자격 낙향 하직 대 경대승 백성 구제 대의 정치, 초심 상실, 절명

· 도방군사 배웅으로 하직
경대승, 김자격, 하직인사를 하려다 '받고 싶지 않으니 그대로

떠나시오!'
 '독은 치유할 수 있지만 배신과 불신 산산이 찢겨나간 마음은 치유할 수 없다.' 라고하며 길고 큰 한숨을 내쉬면서 깊이 탄식하는 장탄식(長歎息)을 한다.
 '김 교위, 지난 삼십년 진자리 마른자리를 갈아 뉘이며 나를 가르친 스승이자 친형 같은 사람이었다. 내 김 교위를 보았다면 떠나지 못하게 만류하였을 것이다!'
 소랑, 장군, 방주는 장군을 독살하려는 씻지 못 할 대죄를 지었사옵니다. 인정에 이끌리지 마시옵소서!
 경대승, 손을 내저으며 김 교위는 나와의 약조를 지킨 것이다.
 소랑, 예? 약조라니요?
 경대승, 내 백성을 구제하려는 대의를 버리거나 초심을 잃는다면 김 교위에게 목숨을 거두어 달라는 당부를 하였다. 김 교위는 그 약조를 지킨 것뿐이야!
 소랑, 당치도 않사옵니다. 장군께오서 대의를 버리시다니요!
 경대승, 처참한 심정으로 어쩌면 '김 교위의 판단이 옳았을 것이야!' '소랑아, 네 이만 물러가거라.'

경대승, 재물 국고 환수(還收)

· 분배한 봉기군 자금과 육위 중랑장 쌀과 재물은 나라 재물
 경대승, 김자격이 지방에 봉기군 자금과 육위 중랑장에 내린 쌀섬과 재물을 나라의 재물이라 관부와 상인들에게 되찾아 도로 돌려줘 환부(還付)를 하라.

경대승 사랑채 밤 방 안

· 중독으로 탕약 복용과 고통

경대승 앞에 소랑이 약사발을 내려놓는다.

소랑, 독 기운을 푸는 탕약이옵니다. 식기 전에 드시옵소서!

경대승, 오냐! 약사발을 들고 단숨에 마시고 빈 사발을 내려놓는다.

소랑, 하오면 '편히 쉬시옵소서!' 조아리며 빈 사발을 들고 방밖으로 나간다.

경대승, 갑자기 고통스럽게 일그러지며 손에 경련을 일으킨다. 몸이 뒤틀리는 고통스런 경련을 간신히 억누르며 참아낸다. 움켜쥐었던 손을 펼쳐서 들어보면 손톱 끝이 독에 중독된 듯 까맣게 죽어있다.

물려받은 대의 이어받아 충성

· 용호군 응양군 육위의 중랑장 명단의 군사 조련으로 합세

김자격, 손석에게 장부책 두 권 중 하나는 용호군과 응양군을 비롯한 육위의 중랑장들 명단과 또 다른 장부 하나는 각지에서 경 장군을 추종하는 봉기주동자들 명단을 건넨다.

경 장군, 위급에 처하면 이들에게 도움을 청하라고 손석에게 말한다.

손석, 도방에서 쫓겨나 어디로 가느냐 하자 김 교위는 지역 봉기주동자들과 합세하여 군사를 조련할 것이며 경 장군이 소장의 뜻을 알아주시고 대의를 성취하기위해 거병할 것이라 믿는다.

손석, 대승아우가 자네를 도방에서 쫓겨났다고 자네와 인연을 끊지는 않을 것이며 나중에 또 보세나 한다.

몽상

·독이 뇌를 손상시킨 착란 상황
경대승, 몽상을 일으켜 허승의 웃음소리를 따라 다닌다.
허승, 반역자라 하자
경대승, 내 백성을 구제하겠다는 대의로 도방을 창설한 것이야.
두두을 선사, 독 기운이 오장육부와 뼈 속 깊이 스며들어 있습니다.
경대승의 마지막 황상폐하 명종 알현

두경승 황상 폐하 알현

·두경승 주선 알현
두경승, 경대승을 방문하여 경 장군 수급을 베러왔다며 경대승이 황상폐하를 알현하도록 지난 허물을 벗기게 주선한다. '지성이면 감천'이라 하였네! 경대승의 충정이 하늘을 우러러 추호도 거짓이 없다면 황상폐하께오서도 경대승의 일편단심을 믿어주실 수 있단 말이요!
'황상 폐하, 경대승은 도방을 해산하고 낙향하겠다는 약조를 저버리고 황제를 기망한 자이거늘 짐이 어찌 그 자를 두 번 다시 믿을 수 있단 말인가?' 라고 하였습니다. 경대승 수하가 작당한 죄이거늘 경대승과는 무관하옵니다.
병자이옵니다. 황도를 떠나기 위해 황제폐하에게 인사를 하러 왔사옵니다. 충정을 믿어 윤허하여 주시옵소서.
황상 폐하, 완강하게 경대승을 믿을 수 없어 알현을 윤허하지 않는다.

경대승, 독이 뼛속 깊이 스며드는데 황제 폐하가 알현을 윤허할 때까지 대전 앞에서 무릎을 꿇고 기다린다.

두두을 선사, 계신 암자에서

두두을 선사, 경대승 장군 병환이 이 암자에 계시며 깨끗하고 조용한 곳에서 쉬면서 몸과 마음을 안정시키시어 정양(靜養)을 하시오면 봄에 새순이 싹트기 전까지는 병이 완전히 나음으로 쾌차(快差)하시여 쾌유(快癒) 하실 것이옵니다.

태자, 황제 폐하 알현 윤허 불가

· 경 장군과 도방의 죄 자명

태자, '지난번 역모로 황제와 태자 부자간 불화를 화친으로 주선한 경 장군의 공을 모르고 있다.'고 한다. 하지만 '황제 폐하 알현을 윤허하지 않을 것이며 어찌 대전 앞에 좌정하여 황실의 권위를 깎아 내려 하는가?' 한다.

경 장군은 도방의 죄를 사면치 않을 것이 자명하거늘 고집을 피운다.

많은 사람들을 휘어잡거나 심복하게 하는 능력이나 자질 카리스마 본래 태생을 지닌 성격의 고집은 성공하면 손해될 것이 없다.

카리스마(charisma)는 남을 끌어당기는 강한 개성 · 비범한 통솔력이 있는데 반해 인간은 자유를 추구하면서도 근본적으로 나약하기 때문에 강력하여 은연중에 어떤 희구(希求)을 바라기 때문이다.

카리스마는 고집불통이다.

경대승 장군은 알현을 위해 성격을 지녀 고집불통 카리스마를 내세고 있다.

태자, '청주가문 명성 때문인가 그것이 아니라 경 장군 황실과 사직을 위한 정 때문이라고는 하지만, 경 장군에게 태자로서 명하노니 당장 물러가거라!' 하며 냉정을 쏟아 놓는다.

대의 알현 대 공예태후 조 상궁 앞세우고 황상 대전 연회에 맞불

· 엄동설한 치독해야 하나 황궁에 나오면 대의 손실

소랑과 오척 도손 홍두 도방3인방과 도방군사들이 살이 에이는 듯 겨울철에 북쪽에서 불어오는 찬바람 삭풍(朔風)속에 대전 앞에 있다.

두경승, 경대승, 독이 퍼져있는데 두경승의 황상 폐하 알현으로 목숨이 위태로울 것이다. 경대승의 대의 뜻을 꺾을 수 없다.

경대승, 황상 폐하를 알현하지 않고서는 이 자리를 떠날 수 없다.

공예태후, 알현 종용에 마지못해 명종 황상 폐하는 짐이 알현을 물리쳤거늘 경 장군 야심한 밤에 사저로 돌아가지 않고 여태 있느냐?

황상 폐하, 이 길로 황궁을 나가 두 번 다시는 황궁에 들지도 말아야할 것이다! 그 것만이 경 장군이 짐에게 충성을 바치는 징표가 될 것임을 명심하라. 경 장군, 당장 대전 앞에서 나가라!

홍두, 도방 장수들, 분노의 울음을 터트린다. '장군, 당장 댁으로 돌아가시옵소서!'

경대승, 내 황상 폐하를 알현하기 전에는 이 자리를 떠나지 않을 것이니 그리 알거라! 눈물을 거두어라. 낳아주신 부모가 못났다한들 자식의 도리를 버릴 수 없듯이 황제께오서 우리를 버리신다하여도 저분께오선 우리가 충성을 바쳐 받들어야할 고려의 황제이시다.

공예태후, 태후전(太后殿) 밤 방 안에서 격노한 표정 앞 선 조상궁 보며 말한다.

무어가 어찌해? 황상께서 대전에서 연회를 베푸시고 있단 말이냐?

조 상궁, 안절부절 하며 예, 분명 그리 들었사옵니다.

이런 망극한 일을 보았나? 경대승이 대전 앞에서 죽기를 각오로 죄를 청하고 있거늘 황상께서 어찌 이리도 혜안이 흐려지시었단 말이냐?

벌떡 일어서며 아니 되겠다! 내 당장 대전으로 들것이니 채비를 차리어라!

조상궁을 거느리고 급하게 방밖으로 나간다.

참수 요구 반려 황상 폐하 명종 재차 알현(再次謁見)한 충신 혼수

· 명종은 경대승 낙향 하지 않아 불경죄 참수 요구 반려로 경대승 충신 재확인

도방해산과 낙향을 하지 않아 불경죄 참수요구하나 명종 반려 충신임을 확인하는 대목이다.

경 장군, 아픈 몸을 이끌고도 도방해산과 낙향하지 않은 불경죄 참수로 재차 알현 하옵니다.

명종, '반려하며 안 된다.' 하며 충신임을 확인하는 대목으로 물러가라고만 한다.

경 장군이 용서를 구하지만 명종은 명분 권위만 내세워 물러가라고 한다.

경대승, 모멸감을 느끼며 황상폐하께오서 신의 불경을 참수로

다스리신다한들 신 어떤 변명도 않고 달게 받을 것이옵니다.
　명종, 하하하 - 참수로 다스리라니 당치도 않소이다! 짐이 참수하라 명을 내려 본들 조정과 군부에서 누구도 황명을 받들지 않을 것임을 누구보다 경 장군이 잘 알고 있을 것이거늘 어찌 손바닥으로 하늘을 가리려 하시옵니까?
　경대승, 절망감에 황상폐하, 어찌하면 신의 충정을 믿어주실 것이옵니까? 신의 손으로 자결을 해야 믿어주실 것이옵니까?
　명종, 웃음 뚝 정색하며 충정이라니? 경대승은 경륜도 없이 창검만으로 황실과 조정위에 군림하는 난신적자임에 불과할 뿐이다! 짐은 글도 깨우치지 못한 아둔한 무부의 충정 따위는 바란 적이 없거늘 어찌 경 장군은 입만 열면 충정을 입에 담는가?
　경대승, 몹시 슬프고 괴로운 참담(慘憺)한 표정 황상폐하...
　명종, 버럭 그 입 다물라! 경대승, 그대가 대체 무엇이건대 짐의 심기를 이리도 어지럽힐 수 있단 말인가? 경 장군이 정녕 짐의 충성스런 신하가 되고 싶다면 두 번 다시 그 간사한 혓바닥을 놀려 충성을 거론하지 말 것이며! 또한 이 길로 황궁을 나가 두 번 다시는 황궁에 들지도 말아야할 것이다! 그것만이 경 장군이 짐에게 충성을 바치는 징표가 될 것임을 명심하라!
　경대승, 가슴이 무너지는 충격!
　도선, 울컥하여 병장기를 움켜쥐고 일어서려는 것을 오척 등이 말린다.
　오척 등, 분노를 간신히 억누르는 표정이다.
　명종, 싸늘하게 노려보며 짐의 뜻을 알았거든 당장 물러가라!
　명종, 조 환관과　노 상궁을 거느리고 대전 안으로 들어간다.
　경대승, 주먹을 으스러질 듯 움켜쥐며 눈물을 참지만 흐르는 눈물을 주체 못한다.
　소랑과 오척 도손 홍두 도방 삼인방장사들, 여기저기서 분노의 흐느낌이 터진다.
　도손, 주먹으로 땅바닥을 내려치며 황제한테 충정을 바친 대가가 고작 이런 것이란 말이옵니까? 흑흑...!
　경대승, 눈물을 거두어라! 낳아주신 부모가 못났다한들 자식의 도리를 버릴 수 없듯이 황제께오서 우리를 버리신다하여도 저 분께오선 우리가 충성을 바쳐 받들어야 할 고려의 황제이시오이다.
　소랑, 장군, 집으로 가시옵소서!
　경대승, 끄덕이며 오냐! 내 황상폐하께 예를 올린 연후에 황궁을 나갈 것이다. 소랑과 오척 등의 부축을 받으며 이미 감각을 잃은 다리를 추스르며 간신히 일어서서 대전 쪽을 향하여 큰절을 올린다. 뜨거운 눈물이 흐르는...황상폐하, 불충한 신 경대승, 하직을 고하옵니다. 부디 옥체강녕 하시업소시며 태평성대를 이루시옵소서!
　일각에서 수안궁주가 흐느낌소리를 내지 않으려는 듯 입을 막은 채 뜨거운 눈물로 지켜보다가 더는 참지 못해 몸을 돌려 가버린다. 장 상궁, 수안궁주 뒤따른다.
　경대승, 오척과 소랑의 부축을 받으며 몸을 일으킨다.
　도손, 경대승 앞에 등을 보이고 주저앉으며 소인이 댁까지 업어 뫼시겠사옵니다.
　경대승, 슬픈 표정으로 도손 등 쪽으로 발걸음을 옮기려다가 고통스럽게 일그러져 이제껏 참았던 울분과 분기가 한꺼번에 터뜨리듯 울컥 핏덩이를 토해낸다. 그대로 땅바닥에 쿵하고 쓰러지며 정신을 잃는다.
　소랑을 비롯한 도방일동, 다급하게 경대승 주변으로 모여들어 '장군, 정신 차리옵소서.' 지켜보는 가운데 죽은 듯 눈을 감은 경대승 모습에 감탄할 따름일 뿐이다.

진실을 담아 '신을 버리시는 것이옵니까?' 폐하 원망하는 헛소리

· 안정을 위해 병문안 출입금지
두두을 선사, 뜸을 뜨고 있고 안정해야 하므로 두경승 오척, 도손, 홍두 도방삼인방을 보며 당분간 출입을 금지해야한다.
경대승, 황상폐하, 어찌 신을 버리시는 것이옵니까? 신, 폐하가 참으로 원망스럽사옵니다. 진실을 담은 헛소리를 하다가 오한에 치를 떤다.
두두을 두경승, 참담한 모습을 지켜본다.

경대승 장군의 업적

- KBS한국방송공사 2003~2004년 '무인시대' 방영 158회 중 1/3 53회분 경대승 편 집중 방영 6개월간 2003년 7월 26일(토) 49회~101회 2004년 1월 24일(토) 유동윤 KBS극작가저작권승인서 받아 본 저자 인수 경대승 편 각본입수 요약 비교 연구하였다. 사전에 문화체육관광부 저작권자 및 KBS한국방송 저작권자에 각각 편지와 공문 보내 심의를 거쳐 심사 절차 따라 마치고 저작권자의 저작권승인을 받았다.
- 다른 무인(〈이고〉 이의방 정중부 이의민, 최충헌 4대 무인) 왕을 시해하고 폐위하여 반역인 반면『고려사』경대승은 집권자 · 충신으로 남았다. 또한 정중부 아들 정균의 부관 허승이 경대승 계획으로 적장 정균을 죽여 그런 상황에 잔적을 물리쳐 교사죄(敎唆罪, 꾀여 부추긴 범죄)가 아니다. 음서제로 부친 경진 중서시랑평장사 정2품 벼슬 귀족 자녀 이상 과거를 치르지 않고 관리 등용제도 '교위' 합격으로 통과해 왕의 신하로 신임하는 학문

과 무예 두 가지 이상을 함께 갖춰 문무 겸비 엘리트(elite : 정예) 출신으로 왕 하사품 청룡도와 말의 안장(鞍裝) 받아 대장군이 되었다.

- 정책 비전(vision. 미래의 전망)을 세워 첫째, 군사들과 숙식을 같이 하는 최초 사병집단, 도방(都房) 정치(政治) 둘째, 전황제 의종 시해 이의민을 참살 응징주장, 왕권 신뢰회복, 무인과 문인 동등한 대우로 왕권회복을 주장한 복고주의(復古主義) 셋째, 『고려사』,『고려사절요』등 일반열전에 올라 왕을 받드는 유일한 충신이었고 넷째, 왕이 내린 승선을 글을 모른다며 거절하고 부정부패(不正腐敗)척결(剔抉) 다섯째, 부친 경진 중서시랑평장사 정2품 벼슬 전 재산 군부 나라에 한 뙈기 땅도 남김없이 나라 군인전 선군에 바쳐 백성 탄복 청렴결백, 집권 중 30세 병사 후 남은 재산 초가집 한 채와 쌀 한 섬, 말먹이 뿐일 정도 청렴결백(淸廉潔白)하였다.

- 도방 중방 함께 어울러 감독하고 지도한 도량형제도로 시장경제를 안정시키고 질서를 확립하고 가난한 백성에게 구휼미를 나눔 실천해 사회정화(社會淨化)하였다.

- 경대승 장군이 『고려사』 정인지에 의해 기록한 바, 집권자로 충신(忠臣)이다.

비전, 도방정치 복고주의 부정부패 척결 청렴결백 사회정화 도량형 경세제민 명종 단독 권위 맞서 낮은 데 임한 고려사 집권 충신 강신 영웅 위인 성인이다.

[정중부 제거 기해정변 경대승 5년(1179~1183) 집권한 일지]

1154년(의종 8년) - 부 중낭장 경진(1125-1177 53세, 모 손경이 아들로 청주출생

1154~1167(의종 21년) - 1세부터 14세까지 기록이 없어 창작.

1168년(의종 22년) - 15세 공신의 자, 문음(門蔭) 교위합격(음

서와 과거, 출세 길)

1174년(명종 4년) - 대장군 · 견룡행수(牽龍行首)

1174년(명종 4년)~1178년(명종 8년) - 장군, 정중부 아들 정균과 알력 파직, 복직

1178년(명종 8년) - 청주민란으로 대장군, 청주사심관 직에서 두 번째 파면. 복직

1179년(명종 9년) - 경대승 계획 허승 선두 기해정변 집권, 정중부 정권 타도(打倒)

1183년(명종 13년 7월 15일) - 집권 5년 도방 정치, 30세 병사

경대승 인지상정(人之常情) 대 명종 명분(名分)만 내세운 권위(權威)

· 충신이냐 난신적자냐

공예태후, 황상에게 사냥꾼도 집안에 찾아든 짐승은 그 상처를 보살펴준다 하였소. 범부보다 못한 협량한 모습을 보여서야 되겠소이까, 아니 그렇소이까?

황상, 난신적자에게 황제의 명분을 내세워 위엄과 권위만으로 조정을 다스립니다.

경대승 집 도방 안 밤, 경대승 무슨 일 생성 시 도방 군사 황실 전복

· 도방군사들 방장 빈자리에 동병상련으로 격분

오척과 도손 홍두 도방군사들, 격분한 표정으로 둘러앉아있다.

도손, 탁자 쾅-하며 장군께 무슨 일이 생긴다면 내 황실과 조정을 모조리 뒤엎어 버릴 것이야!

오척, 장군께오서 생사를 넘나들고 계시거늘 괜한 경거망동 부추이지 말게!

홍두, 방주어른의 빈자리가 이리도 클지 몰랐네. 방주어른께오서 계시었다며 무슨 대책이라도 세우시었을 것을...!

도방 일동, 〈같은 병을 앓는 사람끼리 서로 가엾게 여긴다는 뜻으로 어려운 처지에 있는 사람끼리 서로 동정하고 도움을 가리키는 말〉 동병상련(同病相憐)의 심정...!

소랑, 경대승 사랑채 방 안 밤에 창백한 얼굴 관찰

· 경대승 병석

경대승, 침상에서 이불을 덮은 채 잠들어 있다.

소랑, 이불을 잘 덮어주며 안쓰러운(마음이 언짢고 가엾은) 표정, 경대승 얼굴 본다.

경대승, 창백한 얼굴이다.

경대승이 본 최충헌

· 천하 취득 거절

경 장군, 병문안으로 방문한 자리 최충헌이 명종 폐위를 시키면 병환 호전되실 거라는 제안하자 무관직의 정육품 벼슬 최 낭장을 보고 '천하를 지닐 자'라 거절했다.

최충헌, 천하를 도모할 위인을 이의민이라면 언젠가 중국 전설 상서로운 상징 새 기린 거북 용 사령 · 사서(四靈 · 四瑞) 중 봉새(鳳새)라 쓴 이 비수 심장에 꽂을 거요.

흙 묻은 손을 털며 기녀는 하룻밤을 지낼 손님을 생각하여 단장을 하고 농군은 가을걷이를 생각하여 씨를 뿌리거늘 가슴속에

천하를 품은 자는 십년 아니 삼십년 후의 깊은 꾀와 먼 장래에 대한 생각, 심모원려(深謀遠慮)의 언행을 가질 거다.

훗날 최충헌(1149~1219, 71세)은 동생 최충수와 함께 12년 후 비둘기 사건으로 이의민 아들 이지순 이지광 이지영 3형제 함께 이의민을 제거하고 정권을 잡는다.

최충헌, 아들 최우는 외도방 내도방을 두었으며 최충헌 아들 최항, 최항 아들 최충헌 손자 최의 3대를 이어 60년 정권을 잡는다. 도방을 경대승이 최초 설치, 강력한 도방을 최충헌이 기관 교정도감 우두머리 교정별감을 두어 사병 3천여 명을 6개의 번을 한 육번도방을 설치하고 으뜸벼슬 교정도감 최고기관을 둬 무단 정치했다. 최우 최항 최의 김준 임연 임영유으로 이어오다 몽고침입 원종시대 때 100년의 무인정권 종료 대신 경대승의 예언 북방오랑캐를 걱정한 대로 몽고 속국이 되었다.

최충헌, 동 성벽 부근 어느 숲 속서
비수 꺼내 다짐, 이의민 제거

−최충헌 병문안 온 자리서 쾌유는 명종 폐위 거절, 경대승 후계자 이의민 제거

최충헌, 특징적인 나무위에 날카로운 비수로 이미 새겨 넣은 계묘〈癸卯〉 글자 밑에 봉황새의 일종 난새 난〈鸞〉 또는 천자의 수레라는 뜻으로 '난' 자를 새긴다. 품에서 서찰형식의 문장들이 쓰인 흰 천을 꺼내 비수를 감싼 후에 마치 경건한 의식을 치루 듯 그 비수를 나무 밑에 파놓은 구덩이에 넣고 흙을 덮는다. (癸卯〈계묘〉는 지금이 1183년임을 뜻하고 난새 란(鸞)은 최충헌의 초명입니다. 비수와 문장이 적힌 흰 천은 훗날 이의민과의 미타산 결전을 앞두고 다시 파낼 것입니다.)

산중에 두 마리 호랑이가 살 수는 없는 법... 금강야차가 장차 천하를 도모할 만한 위인이라면 언젠가 내 이 비수를 꺼내 금강야차 심장을 도려낼 거야!

최충헌 나타난 미타산 군사 훈련장

· 최충헌 낭장 별초도령이 황제복장노릇 하는 이의민의 북계 미타산의 행적

최충헌, 김대정(고려 시대, 무관 벼슬의 하나 조직에서 제일 아

랫자리에 해당하는 직위 말단직)을 거느리고 오는데 최부가 그 앞을 가로막는다.

최부, 최 낭장, 내 자네한테 별초도령 직을 주었거늘 어찌 조련에 참여치 않는가!

최충헌, 소장, 별초도령 직을 겸양할까 하옵니다.

최부, 무어라?

최충헌, 사냥을 할 때 개와 사람의 손으로 길들인 새매나 매 수지니(手지니 : 동물 사람의 손으로 길드인 매나 새매)의 쓰임새가 다르듯이 소장은 상장군을 보필하며 천하를 도모하고자 왔기에 군사를 조련 하는 재주는 없어 드리는 말씀이옵니다!

최부, 버럭 소리를 지르며 '허튼 소리 말거라!' 미타산까지는 네 발로 왔을 것이나 군율에 따르지 않겠다면 살아서 돌아가지는 못 할 것이다! (살기) 내 말뜻을 알겠느냐?

최충헌, 알 듯도 싶사옵니다.

최부, 가소롭다는 듯 네 천하타령을 하기 전에 별초도령의 책무부터 다해야 할 것이다! 몸을 돌려간다.

최충헌, 음!

대화를 서로 눈물 흘려 대하는 수안궁주 병문안

· 눈물

수안궁주, 경 장군, 창백한 얼굴을 내려 보며 손으로 보듬어 보다가 울컥 목이 메다가 눈물을 보이고 경 장군도 감은 눈에도 뜨거운 눈물이 흐른다.

명종에게 조 환관이 경대승 병 안부 인사 요구에 권위 내세워 거부

· 명종, 탕제 하사 제안 거부

명종은 조 환관에게 경대승 병세 안부를 묻는다.

명종, 조 환관, 온몸에 독이 퍼지고 토혈까지 한터라 정신이 혼미하여 방밖 출입을 못할 만큼 위중하다하여 더 늦기 전에 경대승에게 탕제를 내려 황제 아량을 보이는 것이 좋을 듯하옵니다. '권위를 내세워 탕제 하사를 짐은 거부한다.'

이는 권위가 아니라 인지상정(人之常情, 사람이면 누구나 가질 수 있는 보통의 마음)에 어긋나는 일이다. 주변의 사람들과 다르게 혼자 행동하기 때문이다.

명종, 권위만 내세워 권위 재확인 하는 황궁 대전 침소 안 밤

· 경대승 병문안 탕제 거절로 비인간적 대우로 명종의 권위만 재확인

명종, 앞에 선 조 환관에게 묻는다.

명종, 조 환관 경대승의 병세는 어떻다고 하더냐?

조 환관, 온몸에 독이 퍼지고 토혈까지 한터라 정신이 혼미하여 방밖 출입도 못할 만큼 위중하다 하옵니다.

명종, … 음!

조 환관, 황상폐하, 더 늦기 전에 경대승에게 탕제를 내리시어 황제의 아량을 보이시는 것이 좋을 듯하옵니다.

명종, 뭔가 갈등하다가 결단을 내린 듯 저으며 아니다. 내 탕제를 내리지 않을 것이다! 단호한 짐은 황제의 아량이 아니오라 황제의 강건함을 보일 것이다!

유성 지나감과 경대승 병사와 도방해산

· 정중부 꿈, 난신적자 경대승 장검으로 목 겨냥, 참살(斬殺) 꿈으로 눈물, 회안

두두을 선사, 천문을 살피고 유성이 지나감에 경대승이 죽는다.

정중부의 꿈을 꾸고 정중부는 장검으로 난신적자라며 경대승의 목을 베는 꿈을 꾸고 온몸이 젖는다.

경대승 얼굴에 눈물이 흐르고 회안 가득한 울음을 토한다.

유서

· 도방수두(首頭, 어떤 일에 앞장서는 사람)와 군사 소집

소랑, 눈물까지 글썽이며 장군, 모든 것을 털어버리고 낙향을 하시옵소서. 소인이 평생 모실 것이옵니다.

경대승, 그래 도방수두와 군사들을 모이라.

탁자 앞에서 서찰 유서를 몇 통 챙긴다.

도방군사들, 다 모여 환호성이 울린다.

경대승, 고개를 숙이고 손이 축 늘어진다.

도방군사들, 직감한 듯 장군 흐느끼며 무릎을 꿇으며 통곡을 한다.

경대승 사랑채 마당 아침

아침 새소리가 들려오고 소랑, 탕약사발을 받쳐 든 채 사랑채 방으로 들어간다.

유언 챙기며 소랑에게 바람 좀 쏘인다는 동 경대승 사랑채 방안

· 경대승 유언 서찰

소랑, 약사발을 받쳐 들고 방안으로 들어오다가 움찔 놀란다.

경대승, 원기를 회복한 얼굴로 탁자 앞에 앉아 유언으로 남긴 서찰 몇 통을 챙긴다.

소랑, 믿기지 않는 듯 다가와서며 장군, 괜찮으신 것이옵니까?

경대승 미소를 지으며 내 오랫동안 누워있었더니 바람을 쏘이고 싶구나.

도방군사 집합하는 동 경대승 후원 일각

· 경대승이 살아 숨 쉴 수 있다는 고마움 느낌과 도방수두와 군사 집합명령

경대승, 털가죽으로 무릎을 덮은 채 의자, 앉아 아침햇살 맞으며 풍광을 보고 있다.

소랑, 뒤편에 서있다.

경대승, 살아 숨 쉴 수 있다는 것이 이토록 고마운 일인 것을 내 미처 몰랐구나!

소랑, 눈물까지 글썽이며 장군, 모든 것을 털어버리고 낙향을 하시옵소서! 소인, 평생 모실 것이옵니다.

경대승, 끄덕이며 그래, 내 긴히 할 말이 있으니 도방수두와 군사들을 부르라.

소랑, 눈물 글썽, '그리하겠사옵니다!' 몸을 돌려 간다.

경대승, 회한 가득한 표정으로 하늘을 본다!

도방 일동 환호성 소리의 동 경대승 도방 안

· 도방 일동 환호성 소리
오척을 비롯한 도방일동, 믿기지 않는 표정으로 소랑을 본다.
오척, 무어라? 장군께오서 참으로 일어나시었단 말이냐!
소랑, 환한 모습으로 예, 도방군사들은 모두 모이라 하시었사옵니다.
도방일동, 환호성을 지르며 와-

경대승 병사에 동 경대승 후원 일각

· 도방군사들이 모인가운데 경대승 병사
경대승, 잠든 듯 눈을 감고 평온하게 앉아있다.
도방수두를 비롯한 도방군사들, 환한 표정으로 급하게 다가온다.
소랑, 경대승 옆으로 다가서며 장군, 도방군사들이 왔사옵니다!
경대승, …
오척, 장군, 오척이옵니다!
도손, 갸웃하며 잠이 드시었나?
홍두, 다가와서 보는…?
소랑, 혹시 하는 불길한 예감에 '장군…'
소랑, 조심스럽게 경대승의 몸에 손을 대는데…
경대승, 고개를 숙이고 손이 축 늘어진다.
소랑과 도방삼인방, 믿기지 않는 듯 보다가 무릎을 꿇으며 '장군!' 흐느낌을 터뜨리면 경대승의 죽음을 직감한 도방군사들이 무릎을 꿇으며 통곡을 터뜨린다.

경대승의 평온하게 잠들 듯 죽은 얼굴이 길게 보여 진다.

권세로 선량한 백성 핍박(逼迫) 수탈(收奪), 황궁용상 백성에게, 경대승 꾸는 꿈

· 황궁 대전 마당
 망이와 망소이를 비롯한 머루와 머루 할아버지 이름 없는 백성들이 대전 마당에 가득 모여 있다.
 경대승이 백마를 탄 채 대전 중문 안으로 들어와 말에서 내린다. 망이 환하게 웃으며 다가와 경대승을 맞이한다.
 경대승은 망이의 손을 굳게 움켜쥐고 대전계단을 올라 백성들을 향해 말한다. 나 경대승, '한줌도 안 되는 권세로 선량한 백성들을 핍박하고 수탈하는 황실과 조정을 무너뜨리고 황궁과 용상을 백성들에게 돌려줄 것이오.'
 백성들, 환호성을 지르며 '경대승 장군 만세-만세-만세-'
 경대승, '백성들의 환호에 답하듯 환하게 웃는다.'

망이 · 망소이의 난을 다시 보며 경대승 꿈 재현

· 망이 · 망소이(亡伊 · 亡所伊)의 난-
 고려 무신 집권기에 충청남도 공주 명학소의 주민들로 농민 봉기를 일으킴이다.
 1176년(명종 6) 정월에 망이와 망소이는 자신들의 입장에 동조하는 세력들을 규합해 산행병마사라 자칭하고, 본 읍 공주를 함락했다.
 난을 진압하기 위해 온 3,000명의 토벌군을 물리칠 정도로 그 규모와 세력이 컸다. 이에 정중부는 무력에 의한 토벌을 중지하고 회유책을 펴 망이의 고향 명학소를 충순현으로 승격시켰다.

그러나 곧 중앙정부의 회유책이 기만임을 깨닫고 다시 예산현을 공격하는 등 기세를 올렸다. 망이·망소이 등은 1177년 정월에 항복했다.

중앙정부 항복한 이들을 처벌하지 않고 오히려 곡식을 주어 향리로 돌려보냈다.

그러나 중앙정부는 다시 병사를 보내어 망이 등의 어머니와 처를 가두는 기만적인 행동을 했기 때문에 다음 달 다시 봉기하였다.

이어서 아주(현 아산)을 함락하는 등 그 기세를 떨쳤으나, 7월 정부군에 의해 진압되고 말았다. 이 난은 규모가 커서 거의 2년이나 끌어서 평정되었다.

황궁 대전 마당 경대승이 꾸는 꿈 회상

· 한줌 안 되는 권세, 선량 백성 핍박 수탈 황실 조정을 황궁 용상 백성에 반환

망이와 망소이를 비롯한 머루와 머루 할아버지를 그리고 이름 없는 백성들이 대전(大殿)마당에 가득 모여 있다.

경대승, 백마를 탄 채 대전 중문 안으로 들어와 말에서 내린다.

망이, 환하게 웃으며 다가와 경대승을 맞이한다.

망이, 경 장군, 어서 오시오. 백성들이 장군을 기다리고 있었소이다.

경대승, 망이의 손을 굳게 움켜쥐고 대전계단을 올라 백성들을 향해 말한다.

고려의 백성들이여! 이 나라의 주인은 땀 흘려 밭을 일궈 씨를 뿌리고 길쌈질을 하는 여러분들이옵니다!

나 경대승은 한줌도 안 되는 권세로 선량한 백성들을 핍박하고 수탈하는 황실과 조정을 무너뜨리고 황궁과 용상을 백성들에게 돌려줄 것이오!
　백성들, 환호성을 지르는 '경대승 장군 만세-만세-만세-'
　경대승, 백성들의 환호에 답하듯 환하게 웃는 얼굴이다.

〈99회〉 2004년 1월 17일
경대승 집 도방 바깥의 경치 외경(外景) 낮

도방군사들, 비통한 표정으로 도방주변을 지켜서 있다.

후대 인물 세상 경대승 도방 대의 헛됨 않았음 알아줄 것, 도방 해산

-빈소 마련

 관직 용호군 장군의 관직이 쓰인 위패와 향로에 향연이 오르고 빈소가 차려 있다.
 두두을 선사, 망자를 보내는 독경을 외우고 두경승 손석 오척, 도손, 홍두 도방삼인방 도방군사들 비통한 표정으로 서있다.
 두두을 선사, 경대승 서찰, 피를 토하는 고통 속에서 신명을 다 바쳐 피 묻은 종이에 유언이 담겨 유훈으로 남긴 유서를 도방군사들에게 읽는다. 유언을 읽어 가면 두경승과 손석 도방일동이 슬픔을 억누르지 못하여 눈물을 흘리고 있다.
 도손 등은 참지 못하고 무릎을 꿇고 울음을 터트린다.
 경대승, '장례가 끝나는 즉시 도방을 해산하고 도방 장사들은 낙향하여 생업으로 돌아가야 할 것이다.'
 '장차 황실과 조정에서 경대승을 반역수괴로 칭하여 부관참시하고 도방을 반역의 무리라 단죄할지라도 결코 황실과 조정에 항거하여 반역하지 말라.'
 '내 시신은 번거롭게 화장(火葬)을 하지 말 것이며, 관도 쓰지 말고 봉분도 세우지 말며 평토를 하라.'
 '후대에 인물이 있어 백성들이 나라의 주인이 되는 세상을 이루게 된다면 나 경대승과 도방의 대의가 헛되지 않았음을 알아줄 것이다.' 라는 경대승의 유언이다.

도방 안 상장군 두경승, 대장군 손석 고개 숙여 두두을 선사 유서낭독

· 두두을 선사 도방군사들에게 빈소에서 서찰 유훈 낭독
경대승의 빈소가 차려져 있다. 용호군 장군의 관직이 쓰인 위패가 놓였고 향로에 향연이 피어오르고 있다.
두두을 선사, 망자(亡者)를 보내는 독경을 외우고 있다. 두경승과 손석, 침통한 표정으로 고개를 숙인 채 서있고 오척, 도손, 홍두 도방삼인방 수두를 비롯한 도방군사들 비통한 표정으로 서있다.
두두을 선사, 독경을 마치고 일어나 향로 앞에 놓인 경대승이 남긴 서찰을 들고 도방군사들 쪽으로 돌아서서 말한다.
'이 서찰은 경대승 장군께오서 도방군사들에게 남기신 유언이오이다.'
'봉투를 열고 서찰을 꺼내면 종이에 핏자국이 묻어있다.'
'핏자국을 보며 '경 장군께오서 피를 토하는 고통 속에서도 신명을 바쳐 남기신 말씀이니 장군의 유훈을 깊이 새겨주시오.'
도방 일동, 비통함과 숙연함속에…!
두두을 선사, 마음을 가다듬듯 큰 숨을 내쉬며 서찰을 읽는다.

경대승 사랑채 방 안 밤 유서, 천지신명께 기원

· 유언으로 유훈을 남기니 도방군사들 내 뜻을 거두어 주시기 바람
경대승, 병색의 얼굴로 촛불 옆에서 유언을 써내려가고 있다.

고통스럽게 붓을 멈추고 숨을 몰아쉬며 몸을 추스르기도 하면서 혼신을 다하여 글월을 써내려가는 얼굴 위를 비추어 보인다.

경대승, '내 병마에 쓰러진 후에 생사의 경계를 넘나들며 혼미한 정신으로 숨을 거둘까 걱정이 앞섰거늘 이렇듯 맑은 정신으로 훗날을 당부할 수 있게 된 것을 천지신명께 감사드리노라.'

'내 혼신을 모아 유훈을 남길 것이니 도방군사들은 내 뜻을 거두어 주시기를 바라노라.'

동 도방 안, 관 들어 있는 네모형의 방 현실(玄室), 참담한 유언장

· 장례 종료 시 즉시 도방 해산하고 낙향으로 생업 종사하고 반역 금지와 평토

두두을 선사, 유언을 읽어 가면 두경승과 손석, 도방일동이 슬픔을 억누르지 못하여 눈물을 흘리고 여기저기서 흐느낌이 터지는 등 각자의 비통한 표정들 위로 유언이 이어지면서 도손 등은 참지 못하고 무릎을 꿇고 울음을 터뜨리기도 한다.

경대승 유언, -'장례가 끝나는 즉시 도방을 해산하고 도방 장사들은 낙향하여 생업으로 돌아가야 할 것이다!' '북쪽 오랑캐 때문에 눈을 감지 못한다.'

-'장차 황실과 조정에서 경대승을 반역수괴로 칭하여 부관참시하고 도방을 반역의 무리라 단죄할지라도 결코 황실과 조정에 항거하여 반역하지 말라!' 방장 김자격은 거역해 도방을 지키다 유배 처형된다.

-'내 시신은 번거롭게 화장(火葬)을 하지 말 것이며, 관도 쓰지 말고 봉분도 세우지 말고 평토를 쳐라!' 이로 인해 무덤을 찾지 못한다.

-'고인총상금인경(古人塚上今人耕, 옛 사람의 무덤위에 지금 사람들이 농사를 짓는다)이라 하였으니 내 육신이 썩어 한줌 거름이 되어 밭 일구는 백성들에게 보탬이 되려는 뜻이니라.' '진리는 참뜻이다.'
　-'후대 인물이 나타나면 도방 대의가 헛되지 않았음, 알아 둘 것이다.'

동 경대승 사랑채 방 안 동틀 무렵 도방 대의 빛날 날 기대 속

　· 후대 인물이 나타나면 도방의 대의가 헛되지 않았음을 알아 둘 것이다
　경대승, 힘겹지만 결연한 표정으로 혼신을 다해 써내려가는 모습이다.
　경대승, '도방군사들이여! 그대들이 비록 백성들을 구제하려는 뜻을 이루지는 못하였지만 탄식하거나 노여워 말지니 후대에 인물이 있어 백성들이 나라의 주인 되는 세상을 이루게 된다면 나 경대승과 도방의 대의가 헛되지 않았음을 알아둘 것이다!'
　'눈물 글썽한 눈으로 글을 마무리하고 붓을 놓다가 쿨럭쿨럭 기침을 해댄다.' '토혈한 핏방울이 서찰위에 튄다.'
　'간신히 기침을 멈추고 마음을 진정시키는데 가물거리던 촛불이 꺼진다.'
　'마치 자신의 운명을 예감한 듯 꺼진 촛불을 보는데 동이 터오는 듯 창문으로 빛이 쏟아져 들어와 환하게 비춘다.'
　'최후의 느낌으로 햇빛을 보는 얼굴이다.'

명종, 조 환관 애도 요구에 역모죄로 축하연 베풀어라

· 자기만이 살고자 조 환관 신하의 애도 요구에도 명종 조문 애도는 불명예

조 환관, 청주가문에 조문을 보내어 애도하는 것이 좋을 듯하옵니다.

명종 황상폐하, '경대승 죽음에 애도하지 않는다. 황실과 조정을 겁박한 난신적자이니 만조백관들을 불러 죽음을 경축하는 축하연을 베풀어라.'

(이로 말미암아 백성을 아우른다는 황상폐하이면서 배운 것이 없고 아는 것이 없는 무학무식(無學無識)하고 역모 죄로 태자 간 불화 경대승 대장군이 중재로 부자 화해시키고 화친할 주(酒)를 나누기까지 하였던 은혜를 받은 것도 남에게 입은 은혜를 잊고 배반하고, 자기 자신과 집안을 망칠 못된 짓을 하는 배은망덕(背恩忘德)하게 한쪽만 알고 전후좌우를 모르는 단독 권위 명종은 인정이 없고 다른 사람을 힘이나 권력으로 억누르며 사납게 악한 짓을 하는 사람을 비유적 몰상식한 평가다.

무인시대 앞을 내세운 왕으로 명분과 권위만 찾고 백성 배고픔과 나라를 걱정하고 왕을 받드는 충신은 내 몰라라하여 판도가 바뀌어 백성의 삶이 거꾸로 가는 왕이 백성이고 백성이 왕이 된 격이다.)

공예태후, '경대승이 이리도 황망하게 가버리다니 황실과 사직을 떠 바칠 큰 동량이 쓰러졌으니 누가 황실 방패막이를 할 것이냐?' '이제 간사한 무부들이 독판칠 것이 심히 걱정된다.'

손석, 봉기 주동자 명단의 도방 풍비박산에 청주가문 반역 반대

· 청주 가문 충신 배려

손석, '조원정 상장군, 도방이 풍비박산(風飛雹散) 날지언정 청주가문을 반역도당으로 모는 일을 막아주시오.'

도방과 연계한 봉기주동자 명단을 보여주며 '조원정 상장군과 소장과는 청주가문을 반역도당으로 모는 일을 막아주시오.' '거래하는 것이냐 손석이 뇌물을 준 일을 황상폐하께 고한다.'

조원정, 내 자네 뜻대로 하겠사옵니다.

손석, 상장군을 믿겠다.

조원정, 봉기주동자명단 도방명단의 명부를 넘겨받으며 흡족해 한다.

명종, 도방이 반역도당이라 추포명령

· 김자격의 고문

정존실 대장군의 김자격 고문은 경대승 도방이 반역이라 자복을 강요한다.

조원정, 정존실 고문을 멈추게 하고 죄인을 풀어주게.

네놈이 독을 타서 경대승을 살해하였거늘 네 어찌 이제 와서 충신 흉내를내는 것이냐? 경대승이 숨을 거두었다. 도방의 반역에 연루된 자들의 명단이 내 수중에 있거늘 거짓을 하던 네놈이 입을 열든 말든 황상폐하께오서 청주가문의 반역도당들을 추포하라는 명을 내리시었으니 도방이 도륙 나는 것을 피할 수 없을 것이다.

수안궁주의 애도

· 원망

수안궁주는 경 장군에게 마음도 전하지 못하였거늘 어찌 야속하게 떠나실 수 있느냐며 애도한다.

장 상궁, 서럽게 흐느끼는 수안궁주를 안쓰러워하며 달래듯 품에 안아준다.

두두을 선사 꿈

· 대의, 산 자들의 몫인데, 경대승의 유언, 후세 위인이, 도방 대의가 참됨 인식

두두을 선사, '꿈에 경대승에게 극락왕생하지 않으시고 어찌 땅속 깊은 밑바닥이란 뜻으로 죽은 뒤에 넋이 돌아가는 곳을 이르는 구천(九泉)을 떠돌고 헤매며 계시는 것이옵니까?'

경대승, '황실과 조정에 핍박을 당하는 것으로도 모자라 장차 북방 오랑캐의 침략에 죽어갈 고려백성을 생각하니 가슴이 천 갈래 만 갈래 찢어져 편히 눈을 감을 수가 없구려. 내 구천을 떠도는 원혼이 될지언정 고려의 백성들을 지킬 것이오!'

두두을 선사, '대의로 용상에 앉아계시었더라도 가난 구제는 나라도 해결 못한다고 하듯이 백성을 구제하지 못하였을 것이옵니다.'

두두을 선사의 꿈에서 경대승 장군이 구천에서 떠돌며 헤매 눈을 감을 수가 없는 이유를 말한다.

경대승, '황실과 조정에 핍박을 당하는 것으로도 모자라 장차 북방 오랑캐의 침략에 죽어갈 고려백성을 생각하니 가슴이 천 갈래 만 갈래 찢어져 편히 눈을 감을 수가 없구려!' '내 구천을 떠도

는 원혼이 될지언정 고려의 백성들을 지킬 거이오!' 한 말에 응답입니다.

두두을 선사가 '설령 대의로 용상에 앉아계시었더라도 가난 구제는 나라도 해결 못한다고 하듯이 고려백성을 구제하지 못하였을 것이옵니다.' 라고 말하였지만 사실 경대승 장군의 말대로 병사 후 장차 실제로 북방 오랑캐의 침략을 여러 차례 수차례(數次例) 북방 오랑캐 몽고의 침략을 받아 백성의 가옥과 재물을 불태우고 파괴시키고 강탈하고, 아녀자들을 겁탈하여 참살하는 지경에 이르러 전국적으로 이 같이 수난을 겪게 된다. 속담 "소가 웃을 일이다. : (荒唐無稽:황당무계)"에 어처구니없다.

이 얼마나 통탄하고 애석한 일인가!

경대승 장군의 집권 시 다음 무신시대 후계자 명종이 공신이라고 공부상서로 받드는 이의민은 경대승 장군이 무서워서 개경과 서경 사이 북계에서 도망하여 고향 경주로 내려가 꼼짝달싹도 하지 않고 있었다. 어불성설(語不成說)해 불명한 말이다.

그렇게 복고주의 원했던 경대승 병사 후 무신시대 전으로 왕권회복 절호기회인데 연약(軟弱)한 명종 등극하지 않고 무신시대 이의민 다음 후계자로 하였다.

이후 경대승은 왕을 받드는 충신인데 비해 왕은 집권·충신을 역적이라 했다.

경대승은 이런 외강내유(外剛內柔)·외유내강 겸한 소문이 국내외에 번져 통치 때 외세의 영향을 받지 않아 외침이 하나도 없었다. 이 얼마나 애통한 일이 아닌가!

경대승 장군의 염려한 북방 오랑캐. 몽고의 침입은 다음과 같다.

몽고의 침입은 오만불손한 다루가치 도단, 최충헌 아들 당시 권력자 최우의 심기를 건드려 고려를 방문하고 돌아가던 몽고 사신 저고여가 정체 모를 괴한에게 습격을 받아 죽음을 당한 뒤, 몽고는 이를 구실로 7차에 걸쳐 몽고 침입 고려 원종 11년 1270~1273 4년에 걸쳐 삼별초를 진압해 몽고 속국이 되어 통치케 된다. 몽고 원나라 1271~1368 97년간 몽골제국이 중국 대륙 중원을 지배 통치한다. 1179년 기해정변을 일으켜 대권을 검어 쥔 경대승 병사 1183년 후 76년 만에 경대승 장군이 사후 그렇게도 눈을 감지 못하고 구천을 헤매며 염려한 북방오랑캐, 몽고 1231년 제1차, 1270년 7차 고려침입 했다. 난으로 잃어 계대가 불분명하니 얼마나 개탄할 일인가? 청주경씨 1대 경번에 9대 선조 경대승 장군이라고 하는 구설도 있다.

어떤 하나의 주장이나 학설, 일설(一說)에 구전에 의하면 이씨 조선 태조 이성계가 고려말기와 이씨조선에 연이어서 부원파 기씨 주살하고 원나라 간섭 벗어나 고려의 자주적 전통회복정책, 원나라 황족 위왕의 딸 왕비 노국 공주 공민왕 14년 1365년 난산으로 죽자 실의에 빠져 국사를 소홀히 하다가 홍윤과 최만생 일파에 시해된 31대 공민왕(1330~1374, 재위 1351~1374 23년)이다. 위화도 회군으로 정변을 일으킨 이성계에게 폐위돼 다음해 살해된 32대 우왕(1364~1389, 재위 1375~1388 13년)이다. 이성계에 의해 1년 만에 폐위 시해된 33대 창왕(1380~1389, 재위 1380~1389 1년), 관제 육조로 개편하고 과전법 실시 신진 사대부 세력 확장에 이용되다가 1392년 이성계가 왕으로 추대되면서 폐위 살해된 34대 공양왕(1345~1394, 재위 1389~1392 3년)이다. 조선 1354~1380 이르는 개국 전, 개국 후 청주 경씨 5대 공민왕~우왕 3년 문하시중을 지낸 경복흥(?~1380, 우왕 6년) 부친 청주 경씨 4대 우대언(右代言) 경사만(慶斯萬)이다. 경사만은 공민왕 어머니 명덕태후의 형제나 자매의 딸 질녀 사촌조카딸 공민왕의 외사촌으로 조카사위가 된다. 경복흥은 5품 이상 관리에게 주는 음보제 의해 권문세족 신분이었다. 경복흥은 부원파와 홍건적 난을 물리치고 왜구를 격퇴한 공으로 고려말기 공민왕 재상 문하시중, 고려 말 혼란기 때 이성계를 도와 여러 해 동안 문하시중으로 조선 개국 공신의 죽음으로 파주 장단에 무덤이 있다.

'용비어천가'에 따르면 이성계와 자주 교류했으며 경복흥이 이성계에게 자식들의 장래를 부탁할 정도로 친했다고 한다. '연려실기술'에서는 이 때문에 경복흥의 자손들은 노역을 면제받았다고 언급된다. 실제로 경복흥의 맏아들 경보는 위화도 회군에 참여해서 조선의 개국공신으로 대접받았으며 둘째아들 경진과 셋째아들 경의 또한 여말선초의 관리를 지냈고 6대손 경숙은 조선 세조의 왕자 창원군 이성의 딸과 혼인하여 4남을 두었다. 또 이성계가 정승이 되었을 때 신인이 하늘로부터 금자를 잡고 주면서 '경 시중(慶 侍中) 경복흥(慶復興)은 깨끗하지만 이미 늙었고, 최도통(崔 都統) 최영(崔瑩)은 곧지만 조금 어리석으니 이를 가지고 나라를 바로잡을 이 공이 아니고 누구랴'라는 평가를 받는 꿈을 꾸기도 한다.

경복흥은 경대승 장군을 닮은 것은 청렴결백이었다. 부정과 뇌물을 멀리하고 전답도 하나도 없었고 곡식도 없어 큰 그릇에 곡식과 물을 많이 마셨다고 한다.

두두을 선사, '눈을 번쩍 뜨며, 주변에 아무도 없고 꺼졌던 촛불도 밝혀져 있다.'

'빈소를 지키다가 잠시 꿈을 꾸었다.' '긴 탄식을 내쉬며, 허어-, 경대승의 혼백조차 사직과 백성을 걱정하며 구천을 떠돌며 슬퍼하고 있거늘 어찌 이 나라의 위정자들은 한줌도 안 되는 권세를 쥐기 위해 이토록 아등바등한단 말인가? 개탄할 따름이다!'

경대승의 해설

-『고려사』경대승 업적 : 도방정치 · 복고주의 · 위인 · 영웅 · 집권자 충신

『고려사』에 의하면 부친의 전 재산을 한 뙈기 땅도 남기지 않고 나라 군인전에 바침으로 청렴결백하며 백성은 물론 가난한 백성을 구제하려 도방군사와 헌신 노력을 다했다. 시장주의 원리로 도량형제도를 도입 통제해 중방과 질서를 단속하였다.
 경대승을 보고 무인시대 과도기라고 하지만 경대승 복고정권은 왕권시대로 되돌아가기를 바라는 사람들이 많이 따르고 무인시대 이전으로 돌아가기를 바라는 문인들이 중히 여겼고, 이는 의종을 시해한 자 이의민을 왕권 탈취한 시해 죄를 적용하여 제거하기 위함은 물론 무인시대 이전으로 돌아가 문인을 적재적소에 등용하는 왕권을 회복하여 원상태로 복귀하는 내용을 담고 있다.
 도방 군사 결사대 30명으로 기해정변 성공한 도방과 함께 무인들과는 중방을 이끌며 나라를 다스리는 일로서 국가의 권력을 획득하고 유지하며 행사하는 활동으로, 국민들이 인간다운 삶을 영위하게 하고 상호간의 이해를 조정하며, 사회 질서를 회복하는 차원에서 질서를 바로잡는 따위의 역할을 하는 도방 정치를 하였다.
 경대승, 청주사람으로 경인년 무인정변을 일으킨 정중부 곁에

서 비참여자로 친분을 쌓아올려 정2품 벼슬 중서시랑평장사까지 올랐던 부친 경진의 아들이다.

15세 때 음서로 교위에 오르고 견룡행수를 거쳐 교위 10년 만에 장군이 되었다.

부친 경진이 사망한 후 가문의 전답을 백성들에게 되돌려준 일로 세인들이 그 청렴함을 칭송이 자자하였으며 백성들이 탄복했다고 『고려사』에 전해진다.

정중부가 권력이나 권세를 홀로 쥐고서 자기 마음대로 함이라 뜻하는 전횡(專橫)을 휘둘러 나라가 어지럽고 백성들이 도탄에 빠지자 수하였던 허승 등과 서로 칼날을 움켜쥐며 의기투합하여 소의 피를 나누어 마시며 피로 맺어 굳게 맹세함이라는 혈맹(血盟) 정신을 갖고 도방 결사대 30명을 이끌고 정중부와 정균, 송유인 등 당대의 권력자들을 척살하는 기해정변을 일으키는 스물여섯 나이로 권력을 잡았다.

이후 거사의 동지였던 허승과 김광립을 반역행위 하는 전횡으로 제거한 뒤 명실상부한 최고 권력자의 자리에 올랐으나 조정에 출사하지 않고 나라의 큰일이 있을 때만 황궁에 들어 조정 일 국사에 관여했다.

장사들을 모아 가병집단 · 사병집단 · 사병숙소 · 도방을 최초 창설하여 신변보호와 권력의 기반으로 삼았다. 도방 장사들과 함께 숙식, 결속을 돈독히 하였다.

당시 경대승이 젊은 연배(年輩)였음에도 학식과 용량을 갖추지 못한 자는 사귀지 않았기에 당시 쟁쟁한 무관들조차 함부로 대하지 못하였을 만큼 당당한 성품이었다.

경대승이 무인권력자였음에도 이의방이나 정중부, 이의민 그리고 훗날의 최충헌과는 달리 고려사열전에 반역자로 기록되지 않은 까닭은 그가 다른 무인 권력자들과는 달리 왕을 받들며 권력이 강한 신하로 강신(强臣)으로 황제 폐위, 거병 않았다. 한나라 유방은 무신 한신 거만해 제거, 송나라 무신 악비는 간신 진회에 참형됐다.

정중부를 제거하는 거사 후에 선황제였던 의종을 시해한 이의민에게 적대감을 보이는 등 무인정권의 핵심기구 중방과는 분리 도방이 거리를 두었다.

경대승의 정치성향은 이의민을 두둔한 무인정변으로 옹립된 명분과 권위만인 명종과의 불편한 관계를 야기 시켰고 명종이 내린 벼슬 승선과 중서문하성을 글을 모른다며 거절과 수안궁주 혼인 거절로 명종과 불화는 깊어 집권자 · 충신이 되었다.

『고려사』에는 경대승 장군의 고려 명종 때 조위총의 난 평정으로 중서문하성 서무총괄로 지문하성사에서 현재 부총리로 중서시랑평장사 정2품 벼슬 재상으로 경대승 장군의 부친 청주경씨 시조 경진(慶珍)이다. 그러나 경대승 이후 그간 역사적으로 외세침입과 여러 난을 겪은지라 9대 200년간 사실(史實)과 연대(年代)가 역사에 빠져 있어 자세히 참고하거나 검토하게 상고(詳考)할 수도 없고, 계대(繼代)를 잃어 분명치 않게 돼 이어 내려오다가 1234년 금나라를 무너뜨린 몽골 · 몽고는 고려에 강력한 3차 공격을 하여 서북면 방어가 많이 와해된 상태였다. 1174년 명종 4년 조위총의 난을 진압할 때 부원수 기탁성에게 발탁되어 별초도령에 뽑협고 이어서 별장직에 오르면서 출세한 최충헌(1149~1219 71세, 집권1196~1219 23년) 최우(1166~1249 83세, 집권 1219~1249 30년) 최항(1209~1257 48세, 집권 8년 1249~1257) 최씨의 독재정치로 실권을 행사하지 못했고, 잦은 민란과 거란, 몽고의 침입에 대한 항쟁 등으로 국가적 위기를 겪었던지라 계대가 분명치 않아 경대승 부친 경진을 청주경씨 시조로 하였다.

고려 23대 고종(1213~1259, 재위 46년) 때 호부상서를 지낸 경번(慶蕃)을 1세조로 하고 있다. 2세는 통례문사를 지낸 경수(慶綏)이다. 경번의 손자 3대 경사만(慶斯萬)이 충숙왕비 명덕태후(明德太后)의 조카딸과 혼인하여 우대언을 하였고 경사만의 아들 4대 경복흥(慶復興)은 공민왕 14년 문하시중(1352~1380, 28년) 1364년 원나라 군사 고려침입 격퇴, 1377년 왜구 고려 개경 침입 격퇴, 고려사 초명 경천흥(慶千興)을 개명, 임금이 내려준 시호(諡號)는 정렬(貞烈)이다. 경복흥은 1380년 우왕(6년) 문하시중에서 이인임이 시기해 오던 중 술을 마시고 회의에 참석 안 했다는 이유로 수시중 이인임에게 탄핵 무고죄로 쫓겨나 청주 귀양 가 죽었다.

[출처 : 清州慶氏史蹟碑(Monument to the Cheongju Gyeongssi Clan) 디지털청주문화대전-전신 교육부소속 한국정신문화연구원, 후신 한국학중앙연구원 경기도성남시 분당구하오개로323(운중동)13455. 교통편 : 지하철 수인선 수내역 220번 버스 20분 거리 종점(운중동)]에 의하면 소재 지역 충청북도 청주시 상당구 지북동 266-1[단재로 439-14] 집필자 신호철(본서 2010년 10월 5일「도방 정치 경대승」출판 추천 경대승 연구가, 충북대역사교육학과 교수) [상세정보] 관련인물 : 경대승(慶大升), 건립시기 : 1957년, 높이 : 157cm, 두께 : 25cm, 너비 : 58cm, 소유자 : 청주경씨 문중 [정의] 충청북도 청주시 상당구 지북동에 있는 청주경씨의 사적비 [건립경위] 상당구 지북동에 세거를 해 온 청주경씨의 문중에서 선대(先代)의 내력을 기념하기 위하여 1957년에 세운 비석이다. 24世(세) 孫(손)의 문인(門人) 경철호(慶哲浩)의 발의로 청주경씨 내력 및 주요 인물들에 대한 사적을 기록하여 후손들의 모범을 삼고자 한 것이라 하여, 비석을 건

립한 목적을 기술하였다. [역사적 관련사항] 이곳 일대는 청주 경씨의 집성촌으로, 신라 말과 고려 초기 청주의 호족이자 이를 본관으로 하는 경씨 문중이 세거(世居) 해 내려오는 곳이다. 그 뒤 고려 무인정권 초기 이곳 출신인 경대승(慶大升)이 집권하면서 청주경씨 문중의 세력이 왕성하게 되었다. 그로 인해 이곳에는 청주경씨 문중과 관련된 유물·유적이 많이 있다. 지북동 방죽 건너편에 있는 청주경씨표산비(淸州慶氏標山碑)와 경대승 묘, 경대승 신도비 등이 그것이다. [형태] 사각형의 받침돌 위에 높이 157cm, 폭 58cm, 두께 25cm의 오석(烏石) 비신을 세우고, 그 위에 머릿돌을 얹었다. 비석은 보호각 안에 있으며, 보호각은 정면 1칸, 옆면 1칸의 겹처마 팔작지붕 목조 기와집으로 북향이다. 비문은 안인식(安寅植)이 짓고, 글씨는 이건식(李建植)이 썼다.

[역사 출처 : 청주경씨 디지털청주문화대전-전신 교육부소속 한국정신문화연구원, 후신 한국학중앙연구원 경기도성남시 분당구하오개로323(운중동)13455]에 의하면, [정의]충청북도 청주에 본관을 둔 성씨 [연원]시조는 청주인 경진(慶珍)으로 고려 명종 때에 중서시랑평장사를 지냈으며 그 아들 경대승(慶大升)은 청렴한 인물로 장군이 되어 정중부의 횡포정치를 제압하고 쇄신정치를 하였다. 청주경씨 1세(世)는 경번(慶蕃)으로 고려 고종조에 문과에 올라 호부상서평장사에 이르고 청주에 세거하였으며 2세는 경수(慶綬)로 통례문사를 지내고 3세인 경사만(慶斯萬)은 우대언(右代言)이었고 4세 경복흥(慶復興)은 벼슬이 문하시중에 오르고 청원부원군(淸原府院君)에 봉해졌으므로 후손들이 청주를 본관으로 삼았다. [세거지]청주경씨의 후손들은 20개 분파를 형성하여 전국에 분포하였으며, 청주 근교의 세거지는 다음과 같다. 징군파(徵君派)는 괴산군 청안면, 서봉공파(西峯公派)는 청원군

문의면, 월송공파(月松公派)는 충주, 적성공파(積城公派)는 음성군, 경역공파(經歷公派)는 청주, 아산공파(牙山公派)는 청주·충주, 낭성군파(浪城君派)는 충주, 보성공파(寶城公派)는 괴산군연풍면이다. [인물]청주경씨는 단본으로 고려시대에 경대승을 비롯하여 경수, 경사만, 경복흥(慶復興 ?~1380), 경보(慶補), 경의(慶儀) 등이 있고, 조선시대에도 경준, 경세창, 경수공, 경혼, 경섬, 경취 등 14명의 문과 급제자를 냈으며 충효와 절의의 인물을 배출한 가문이다. 일제에 저항한 인물로는 경석조[1881~1957]와 경권중[1871~1919]을 들 수 있다. 경석조는 나라가 일제에 강점되자 국내에서 저항운동에 참여하다가 1924년 만주 길림으로 탈출하여 각종 애국단체에 참여하여 항쟁하다가 해방 후 환국하였으며 1949년 반민족행위 특별조사위원회의 책임자로 활약했다. 1991년에 독립유공자로 건국훈장 애족장이 추서되었다. 경권중은 1907년에 의병을 규합하여 전남 구례, 곡산 등지에서 왜병과 항전하였으며, 1919년에 3·1운동이 일어나자 소수면에서 군중 궐기의 주모자로 체포되어 1년 6개월의 징역형을 받고 복역 중 가출옥 후 사망하였다. 1991년에 건국훈장 애족장이 추서되었다. 청주경씨는 2000년 전국인구조사에 의하면 3,462가구에 11,128명이다. [묘역]청주경씨의 선대 묘역은 상당구 지북동 산32-2번지 모산(茅山) 내에 위치하고 있으며 1세 경번, 2세 경수, 3세 경사만의 묘가 있으며 장군공 경대승의 추원단(追遠壇)이 있다. 그리고 경내에는 사묘(祀廟)인 영모재(永慕齋)와 세적비각(世蹟碑閣)이 있다. 경연(慶延)은 청주 모산 출신으로 세조·성종 연간에 그의 효행이 널리 알려져 향촌 교화에 귀감이 되었다. 1478년(성종9년)에 정려되었으며 1686년(숙종12년)에 세운 효자각이 청원군남일면효촌리에 있다. 묘역도 청원군남일면에 있으며 상당구금천동에 있는 신항서원(莘巷書院)에 배향되었다. [참고문헌]>『고려사(高麗史)』>『조선왕조실록(朝鮮王朝實錄)』>『국조문과방목(國朝文科榜目)』>『청주경씨선세행장(淸州慶氏先世行狀)』(1983) >『청주경씨족보(淸州慶氏族譜)』(1983)

20宗派始祖는 징군파(徵君派) 慶延 니산尼山縣監, 청안공파(淸安公派) 慶脩 淸安縣監, 서봉공파(西峯公派) 慶俊 江原縣監, 교리공파(校理公派) 慶秀恭 弘文校理, 월송공파(月松公派) 慶祥 德川郡守, 적성공파(積城公派) 慶翔龍 監察, 도사공파(都事公派) 慶祚 儀賓都事, 경력공파(經歷公派) 慶時經 經歷, 아산공파(牙山公派) 慶達 牙山縣監, 제학공파(提學公派) 慶渾혼 弘文副提學, 칠송공파(七松公派) 慶暹섬 戶曹參判, 신강공파(新江公派) 慶取 承政院都承旨, 처사공파(處士公派) 慶宀+敏민 崇禎處士, 세마공파(洗馬公派) 慶大後 洗馬, 평택공파(平澤公派) 慶潛 平澤縣監, 봉화공파(奉化公派) 慶澂 奉化縣監, 낭성군파(琅城君派) 慶宗知任實縣監, 진주공파(晋州公派) 慶紅 晋州牧使, 보성공파(寶城公派) 慶由惇 寶城郡守, 병사공파(兵事公派) 慶由恭 兵使이다.

출처 : [책자]한국정신문화연구원 편『한국민족문화대백과사전』1권「경대승」항목, 866~867쪽, 1991년. [인터넷]한국민족문화대백과사전,「경대승」항목 인용(ency korea. aks. ac. kr)에 의하면, 경대승慶大升 1154(의종8)~1183(명종13). 고려 중기의 무신. 본관은 청주. 중서시랑평장사(中書侍郎平章事) 진(珍)의 아들이다. 일찍이 큰 뜻을 품고 가산을 돌보지 않았으며, 아버지 진이 불법으로 탈취한 토지의 전안(田案)을 선군(選軍)에 바치고 하나도 취하지 않아 청백하다는 평판을 받았다. 15세에 음서(蔭敍)로 교위(校尉)에 임명된 뒤 차차 벼슬이 올라 장군이 되었다. 1178년(명종8)에 청주인들 사이에 분쟁이 생겨 1백여 명이 죽게 되자 박순필(朴純弼)과 함께 사심관(事審官)으로 파견되었으나,

그 일을 해결하지 못했다 하여 파면되었다. 그 해에 평소 불만이 많던 집권 무인 정중부(鄭仲夫) 일파를 제거하고자 결심, 허승(許升) 등과 모의하여 정중부와 그의 아들인 균(筠)과 송유인(宋有仁) 등을 죽이고 정권을 장악했다. 집권 무신이 된 뒤에는 종전 최고권력기구 기능을 하던 중방(重房)의 존재를 무력화시키고 자신의 사적 집단인 도방(都房)을 두어 정권유지의 바탕을 마련하였다. 또한 무력으로 정권을 탈취했으나 관리등용에는 문신과 무신을 고루 기용하려는 노력도 게을리하지 않아 여러 무신들로부터 반감을 사기도 하여 잦은 충돌을 일으켰다. 그를 도와 정중부 일당을 제거하는 데 공이 컸던 허승과 김광립(金光立)을 제거하였으며, 1181년에는 대정(隊正)을 지낸 한신충(韓信忠)·채인정(蔡仁靖)·박돈순(朴敦純) 등이 반란을 일으키자 섬으로 귀양을 보내기도 하였다. 그는 유언비어라 할지라도 잡아가두고 국문(鞠問)하는 등 형벌이 무자비했다. 그의 집권 동안 도방의 무리라 일컫는 도둑이 횡행하고, 잦은 민란이 발생하는 등 사회가 어지러웠으며, 그는 집권 5년여 만에 30세로 죽었다.《참고문헌》高麗史, 高麗史節要.

우리나라 경씨는 960년 고려 광종 11년 노국공주를 배종하고 건넜고, 또는 중국 송나라 관서지방출신 고려국 17대 인종 11년(1133) 8학사(八學士 : 郭鏡[곽경], 莘鏡[신경], 河鏡[하경], 池鏡[지경], 盧鏡[노경], 元鏡[원경], 慶鏡[경경], 張鏡[장경])의 한 사람인 경경(慶鏡)에서 비롯되어 고려조에서 명현 팔학사를 기리어 평양 대동강 석벽상에 팔경대라는 석비를 세우고 그 뒷면에 팔학사들의 시를 모두 새겨 넣었던 것으로 기록되어 있으며 난으로 200여 년간 기록이 잃게 되다 고려 19대 명종 때 벼슬 지낸 경대승 부친 경진을 시조로 받든다. 본관은 청주경씨이다.

청주의 명소 상당산성, 용두사지철당간, 초정약수, 무심천, 부모산, 우암산, 명암약수(1920년대 발견 탄산천으로 철분 함유량이 많음이 특징, 피부병 속병 효험이 있다), 명암지, 대청호, 청남대, 까치내(무심천과 팔결천 합류지점 미호강과 충남 병천 진천 옥산 금계에서 내려오는 병천천이 합류되는 합수지점이다), 팔결다리, 미호천 등이 있다. 청주 상당산성(淸州上黨山城) 유래는 삼국시대 백제가 쌓은 산성이다. 둘레가 4.1km, 높이 3~4m, 면적이 704,609㎡에 달하는 포곡식(包谷式 : 산봉우리를 중심으로 주변 계곡 일대를 돌아가며 벽을 쌓는 방식) 석축 산성이다. 상당이라는 명칭은 백제 때 청주의 지명 상당현에서 유래한 것으로 보인다. 남문 밖에서 발견된 옛 기와의 명문을 통해 통일신라의 서원경과 관련되었음을 알 수 있다. 이후 고려시대를 거쳐 조선시대에 이르기까지 영호남과 서울로 통하는 통로를 방어하는 요충지로 크게 주목을 받았다. 특히 임진왜란을 거쳐 조선시대 후기에 이르러 군사적 중요성이 더욱 강조되었다. 충청도의 군사 책임자인 병마절도사는 청주읍성에 있었으며, 그 배후인 상당산성에는 병마우후(兵馬虞候 : 조선시대, 1466년에 병마도절제사도진무[兵馬都節制使都鎭撫]를 고친 이름, 종삼품의 외직무관의 하나를 두어 방어하게 하였다. 상당산성에는 대략 3,500명의 병력과 승군이 배속되어 산성의 유지와 보수를 담당하였다. 지금의 모습은 임진애란 중인 선조 29년(1596년)에 수축된 이후 숙종 42년(1716년)부터 영조 23년(1747년)까지 대대적으로 개축되었다. 이때 성벽 축조는 물론 성내에 구룡사 및 남악사와 장대사의 3개 사찰과 암문이 마련되었으며, 관아건물과 장대·포루·창고 등이 완성되어 면모를 갖추었고 이후에도 계속 보수되었다. 현재 상당산성은 동문·서문·남문의 3개문과 동암문·남암문의 2개 암문, 치성 3개소, 수구 3개소가 남아 있다. 신라시대

김유신 장군의 부친 김서현이 30만 명의 병력 쌓았다고도 하며, 따라서 김유신 장군의 전적지인 낭비성이라는 설도 전해진다. 설화는 모자가 내기를 하였는데 아들은 서울을 갔다 오고 부녀는 산성을 쌓는 시합으로 내기를 하여 쌓았다는 이야기도 전해진다. 청주초정약수(淸州椒井藥水)는 현재 청주시 청원구 내수읍 초정리에 있는 약수터이다. 라듐 성분이 다량 함유된 천연탄산수이며 인체에 무해한 각종 미네랄(광물질)이 포함되어 있는 초정리 탄산약수로 지하 100m의 석회암층에서 하루 8,500L 정도 솟는다. 안질이 생겨 초정행궁을 차려 121일간 머물었음으로 세종대왕 축제로 유명하다. 600여 년 전으로 동국여지승람(東國輿地勝覽)과 조선왕조실록(朝鮮王朝實錄) 등에 세종대왕이 이곳에 60일 동안 머물며 눈병을 고쳤고 세조도 이곳 약수로 심한 피부병을 고쳤다는 기록이 보인다. 세계 광천학계에서는 초정약수를 세계 3대 광천의 하나로 꼽는다고 한다. 부강약수(芙江藥水 : 청원군 부용면[현 세종특별자치시 부강면 문곡리] 부강리 소재)와 함께 국내 제일의 약수로 꼽힌다. 부강역에서 1km 지점에 있으며 철분과 유황이 섞인 탄산수로 피부병은 물론 위장병 눈병 등에 특효가 있다 하나 용출수량은 많으나 성분이 고르지 못하고 철분 함유량이 너무 많아 청주초정약수보다는 질이 조금 떨어지는 편이다. 청주명앙약수도 탄산천으로 철분 함유량이 많은 것이 특징으로 있다. 다음 청주 남문로에 용두사지 철당간에 청주경씨 내력이 있다. 철당간에 보인 여러 인물을 통해 고려 초 지역의 모습을 살펴볼 수 있다. 철당간 건립에 참여한 김씨·손씨·경씨·한씨는 세종실록·지리지의 청주 12개 토성(土姓)에 포함된다. 고려 초부터 자리 잡기 시작한 본관(本貫)의 자취로 철당간 인물들은 청주의 토성으로 본다. 그리고 이름 앞뒤로 관직과 관등이 보인다. 그런데 당대등이나 대등은 신라 때의 관등이다. 철당간을 세운 때가 비록 고려 초이기는 해도 여전히 통일신라의 흔적이 남아있다. 고려 때 몽골과 연이은 이 민족의 침입이 거듭되던 시기로 1287년(충렬왕 13) 원의 반란 세력 합단(哈丹)이 청주침입으로 용두사 폐허가 되고 철당간만 남아있다. 고려는 6대 성종 때 안팎의 관직이 갖추어지니 아직 옛 것과 새로운 것이 같이 쓰이던 때다. 학원경(學院卿)과 학원낭중(學院郎中)은 청주가 예로부터 교육도시라는 근거로 보기도 한다. 성종 때 창부(倉部)를 사창으로 바꿨는데, 이미 대사(大舍) 경기준(慶奇俊)의 관직 전사창(前司倉)이라 하여 이미 사창을 지낸 것으로 보이고 중앙관직의 하나로 보기도 한다. 청주경씨는 후삼국 통일 직후 철당간 세운 이유는 청주사람 호족이며 권세 있는 집안인 당대등 김예종(金芮宗)이 병에 걸리자 철당간을 세울 것을 부처님께 맹세한 것에서 비롯한 것이 그 뜻을 이루지 못하고 죽자 사촌 김희일이 그 뜻을 살려 철당간을 세웠다. 또한 설에 의하면 청주에 큰 수해가 났다. 철당간은 주성(舟城)이 돛대로 청주의 옛 이름 중 하나는 주성이다. 철당간은 자정이 넘자 큰 비가 내렸고 먼동이 틀 무렵 서쪽 하늘에 영롱한 무지개가 다리를 놓은 위로 혜원(蕙園)스님이 꿈에 나타난 부처님의 현시(顯示) '용두사에 들어가 배가 떠내려가지 않도록 돛대를 세워라' 하여 며칠 뒤 한 초립동이 나타나 현재 우암산으로 목암산(牧岩山)에 올라가서 조용히 살펴보면 그 뜻을 알 수 있을 것이라 일러주고 사라졌다. 살펴보고 그 길로 내려와 용두사 경내에 지주(支柱)를 모아 김예종에게 철당간을 세우도록 하였다. 철당간을 세우면 수해가 나지 않는다 하여 그해 청주에 수해가 나서 청주무심천이 있어 청주읍성은 물길로 가는 배의 형상 철당간은 돛대 주성이다. 철당간은 30단이었는데 20단은 남아있고 10단은 경복궁 새로 짓는데 쓰였다고 전한다. 철당간 이승소(李承召), 1422~1484의 시가에 있다. 시로 '우뚝 서서 백 자나 높이 솟았으니, 지나는 사람이 일러 떠도는 것 같다 하네, 누가 구리 기둥을 남쪽 땅 개울가에 옮겼을까, 한(漢)나라 궁궐 정원 구리 기둥 금경·동장(金莖·銅檣)인가 싶구나, 뿌리는 깊이 박혀 지축(地軸)을 잇고, 꼭대기는 구름 밖에 치솟아 은하수를 꿰뚫었네, 옛사람이 세운 듯이 없지 않으니, 큰 고을과 더불어 한 지방을 지키기 위함이네 -『신증동국여지승람』권 15 청주목 고적' 이다. 용두사지철당간 금석문(당간지주)에서 병부경(兵部卿)은 고려시대 지방의 행정을 구역별로 나눈 주, 부, 군, 현인 주부군현(州府郡縣)의 군사에 관한 일을 맡아보던 구실의 하나로 지방토호(土豪)로 호족세력가 전병부경(前兵部卿 경주홍(慶柱洪) 대나마(大奈麻 : 신라 말기나 고려 초기기 때 의 17관등 가운데 10번째로 관직)에 의해 준풍(峻豊) 3년, 고려 광종 13년 962년 새겨져있다. 청주무심천(淸州無心川) 유래는 통일신라 시대에는 남석천(南石川) 고려 시대에 심천(沁川)이라고 불리었고, 이것이 조선시대에 이르러서 석교천(石橋川)·대교천(大橋川)으로 바뀐 것으로 추정되며, 일본강점기에는 무성뚝으로 불려오다가 1923년 이후부터 무심천(無心川)으로 사용되었다는데 18세기 호서전도(湖西全圖) 중 청주목 지도에서 청주읍성 표기로 운천동 북쪽 봉림숲(북숲) 뒤편에 흐르는 냇물을 무심천이라 적고 있다. 동국여지승람에 기록된 대교천은 현재 꽃다리 일대에 해당되는데 무심천 중심 물줄기와 금천동에서 내려오는 쇠내(金川)지류가 합쳐지는 꽃다리 일대를 대교천이라 부르고, 하류는 무심천으로 부르다가 구한말부터는 그냥 무심천으로 통용한 듯하다. 1923년 일본인 오오꾸마 쇼지(大熊春峯)는 그의 저서 '청주연혁지'에서도 무심천에 잦은 범람으로 기록해 이처럼 무심천은 무심할 정도로 주변의 문전옥답을 순식간에 쓸고 지나가니, 하늘도 무심하다 하여 '무심천'이 됐다는 얘기가 있으나 뚜렷한 근거는 없다. 무심천

이름의 보다 직접적인 근거는 고려중기의 고승, 진각국사(眞覺國師), 혜심(慧諶 : 1178~1234)의 사상과 행적에서 찾아볼 수 있다. 지눌(知訥)에 이어 선종(禪宗)의 법맥을 이은 혜심은 한때 무심천변 사뇌사에서 여름 수련회격인 하안거(夏安居)를 하였는데, 그가 바로 유명한 '무심론자'였다는 점을 눈여겨 볼 필요가 있다. "무심이라 함은 마음을 허공처럼 비우게 하여 놓은 상태이지만 비우게 한다는 그 마음도 없애야 하며, 다시 나아가서 비우게 한다는 그 마음을 없애는 그것조차도 또한 없애야 한다. 그는 마음가짐에 있어 무엇보다도 '무심'을 중히 여긴 것이니 이 무심이야말로 참다운 마음이라 한다." [국사편찬위 간, 한국사 7권] 정설은 없다고 하지만 무심천의 무심을 불교용어로 이해하려는 시각이 우세하다. 무심천은 청주 시내를 남북으로 흐르는 하천으로 길이는 34.5km이다. 무심천의 이름은 '욕심이나 감정이 없는 마음'이라는 뜻으로 청주 시민들의 마음을 상징한다. 무심천은 청주의 역사와 함께 하천으로 고대에는 미호천(美湖川)이라고 불렸습니다. 조선시대에는 무심천이라는 이름으로 처음 등장하고 당시에는 농업용수로 사용되었다. 일제강점기에는 청주 시내의 발전과 함께 도시화되었고 1920년대에는 무심천에 제방이 건설되었다. 청주부모산(淸州父母山) 유래는 고려시대 몽고 침입 때 산 근처에 사는 사람들이 이곳으로 피신했는데 늘 안개가 끼여 있어서 이곳으로 피신한 사람들이 한명도 피해를 보지 않고 살아 남았다. 또한 부모산성이 있는데 성안의 물이 떨어져 사람들이 목말라 죽을 위기에 샘물이 솟아나 살 수 있었는데 그 은혜가 부모와 같다고 하여 부모산이라 했다. 부모산은 청주시 흥덕구 비하동과 주중동에 있는 산으로 높이는 232m의 나지막한 산이다. 부모산 중·상위 지점 연화사가 있다. 부모산 정상에는 낮은 야산이라 하지만 산 정상에 우물이 있는 것이 특이하다. 여러 번 왔었지만 물이 말라 있었던 적이 없었다 하여 피난하여 물 걱정이 없었다하여 부모산이라 이름 진 것이 입증되었다. 청주우암산(淸州牛岩山) 유래는 우암산이란 명칭에는 두 가지 설이 있다. 첫 번째 설은 우암과 산으로 나누어 이해할 수 있다. 우암은 우암(牛岩)으로 소바위에 대한 한자 지명이다. 우암산 꼭대기에서 남쪽으로 뻗은 등성이에 암소바위 또는 소바위, 암소바위라는 거대한 암괴가 있는데, 이 소바위가 있는 산을 소바위산 이라 하다가 소바위를 한자로 바꾸어 우암산(牛岩山)이라 한 것이다. 두 번째 설은 와우산의 '우'자와 우암산 기슭 청주대학교 안에 있는 '용암사'의 '암'자를 따서 '우암산'이 되었다는 이야기이다. 조선 중종 25년(1530년) 문신 이행・윤은보 등이 증수하여 신증동국여지승람(新增東國輿地勝覽, 인문지리서) 옛 기록에 의하면 '와우산(臥牛山)'이라고 표기된 점으로 보아 '와우산'이라는 명칭이 더 먼저 쓰인 듯 하다. 와우산은 청주의 남쪽 외곽에서 이 산을 쳐다보면 흡사 소가 누워 있는 형상을 하고 있다고 하여 붙여진 이름이다. 우암산은 이 뿐만 아니라 대모산(大母山), 모암산(母岩山), 장암산(壯岩山) 등 바위와 관련된 이름이 많이 있었다. 우암산 장군혈 전설은 토정비결을 지은 토정 이지함 선생이 보은으로 가는 길에 이 산에서 황소기질 같은 산세를 발견한 후 단숨에 달려가 혈장을 찾아내어 그 곳에다 '次穴將軍適合址咆梵人物也禁墓'(이 묘자리는 장수에게 적합한 자리이니 보통 사람은 건드리지 말라는 의미)라는 푯말을 세웠다고 한다. 후에 상산에 사는 조풍수란 사람이 산을 타다가 이 혈(穴) 자리를 발견하고는 명당 중의 명당자리를 얻은 것이 너무도 기뻐 푯말을 뽑아 버리고 그 곳에 가서 묘를 쓰고 산을 내려오게 되었다. 그러자 갑자기 하늘이 울리고 땅이 흔들리더니 안개가 시야를 가리며 황소울음소리가 들려와 뒤를 돌아보니 싯누런 황금불(黃金佛) 금빛 같은 불을 켠 장군이 입에서 피를 흘리며 방금 전에 자신이 쓴 가묘 속으로 가라앉고 있었다고 한다. 이에 놀란 조풍수는 그 자리에 주저앉았다가 정신을 차리고 다시 그곳으로 가보니 가묘는 검게 불에 타 돌로 변해 있었다고 한다. 70~80년대 청주대청호(淸州大淸湖) 유래는 대청호 물길 따라 오백리길 대전(동구, 대덕구) 및 충북(청주, 옥천, 보은)에 걸쳐 약 300km 도보길이다. 동구 신하동 소재 백골산성, 서쪽으로는 백제의 거점 계족산성, 동쪽으로는 신라 관산성으로 전략적 요충지이었다. 대청호 주변에는 대통령 여름 휴양지로 사용했던 청남대가 있다. 현암사가 마주하고 있는 대청호가 생기면서 청남대가 건설되기 전에 스님이 꿈에 신령·법사가 나타나 이곳에 임금이 살게 된다는 예지몽(豫知夢)을 꾸고 난 다음 임금이 거주해 보안상 현암사 존폐가 가로놓이게 돼 위기를 넘겼다. 현 청남대는 관광지며 역대 대통령 휴양지로 대청호는 수자원 보고, 관광, 농업용수다.

경대승 병사, 명종 조정 군부세력 반가운 소식, 백성 신망 받은 정치가

·백성들이 경대승 상여 보고 구름처럼 몰려든 운집(雲集) 통곡(痛哭) 『고려사』

비록 경대승이 황제의 신망을 받지 못하고 있어서 경대승의 죽음은 명종과 조정과 군부의 세력에게는 반가운 소식이었으나 당시 고려 백성들에 전폭적인 지지를 받았던 정치가이었으며 백성들이 경대승의 죽음을 얼마나 비통해 하였는지를 보여주는 역사의 기록이다.

도방삼인방 오척 도손 홍두, 도방군사들이 상여를 호위하고 그 뒤를 두두을 선사, 두경승, 손석은 침통한 표정으로 따른다.

수안궁주와 장 상궁, 상여를 지켜보며 눈물을 흘린다.
『고려사』에 의하면 경대승의 상여에 구름처럼 몰려든 백성들이 울지 않는 자가 없었다. 울음소리가 황도를 진동시켰다고 기록하였고 백성들 땅를 치고 통곡하였다.
공예태후, '황상폐하 명종에게 황실의 충신이자 나라의 동량이었던 경대승의 장례가 있는 날이오이다. 황상께서는 어찌 청주가문에 조문을 보내어 충신의 죽음을 애도하시기는커녕 편전에서 연회를 베풀고 계신 것이옵니까?
명종, '관직(전 용호군 대장군 · 당시 집권자)이 없는 자입니다.'
공예태후, '황상의 국상보다 경대승의 죽음을 더 애통해 백성들 통곡하고 있습니다.'
'백성들이 어찌 경대승의 죽음에 통곡하는지 민심에 눈을 감고 귀를 막은 채 황제의 연회에서 희희낙락(喜喜樂樂)하는 자들을 어찌 충신이라 할 수 있겠소이까?'
'명종과 조정신료 최세보, 문장필, 문극겸, 염신약, 이광정, 조원정, 정세유, 이영진, 석린, 정존실 등의 중방의 수장들이 흥겨운 술판을 벌이는 연회상을 황상의 혜안을 흐리게 하는 난신적자들이라며 황상을 이제 누가 지켜줄 것이요 하며 와장창 쓸어버린다.'
명종, 고정하십시오.
공예태후, '닥치시오. 황상, 하늘이 무섭지 않으시오. 이백 년 사직을 망치려 하니 네놈들이 충신이라면 스스로 목을 베어 황상에게 바치어라 하며 호통을 치다 가슴을 움켜쥐고 고통스럽게 풀썩 무릎 꿇는다.' '분노 참지 못해 병 심해 눕게 된다.'
인종 비, 폐비이씨, 폐비이씨, 공예왕후임씨, 선평왕후김씨, 넷 중 셋째 공예태후다.

상여 지나갈 때 비통한 백성들 모여 황도 안 어느 길 낮 통곡

· 경대승 상여 나갈 때 구름처럼 몰려둔 백성들이 땅을 치며 통곡

경대승의 상여가 지나가고 있다.
도방삼인방 오척 도손 홍두을 비롯한 도방군사들이 굳은 표정으로 상여를 호위하고, 두두을 선사와 두경승, 손석이 각자의 침통한 표정으로 그 뒤를 따른다.
길을 가득 매운 백성들이 상여가 지나가면 땅을 치고 통곡하는 등 경대승의 마지막 가는 길을 비통해 한다.
백성들 한편에서 수안궁주와 장 상궁 상여를 지켜보며 소리 없이 눈물 흘린다.
경대승의 상여가 구름처럼 몰려둔 백성들의 통곡 속에서 지나가는 모습이다.
다음은 『고려사』의 당시 경대승의 기록은 다음과 같다.

***서기 1183년, 명종 13년 계묘년에 경대승이 꿈속에 정중부를 본 후에 병을 얻어 홀연히 졸했다. 도방과 중방이 서로 맞부딪쳐 일부 무인들로부터 억압에 시달리고 명종 황상폐하마저 도방에 비해 중방에 편애를 하는 쪽에 서서 압박하고 주위에서 최충헌 등 무인들이 강력한 도방 정책으로 황상을 폐위하자고 병문안 권하였으나 역모라고 거절했다. 황제의 명령 황명, 왕을 받드는 충신으로 모시었던 바, 비록 무인시대 과도기 정권이지만 불의에 맞서 정의로 안위를 지키려다 집권 도중 병사하여 향년 30세였다. 『고려사』에 경대승의 상여가 나갈 때 백성들 중 통곡하지 않는 자가 없었다. 그 울음소리가 황도를 진동시켰다. 이것은 비록 경대승이 황제의 신망을 받지 못했으나 당시 고려 백성들에게

전폭적인 지지를 받았던 정치가였다. 백성들이 경대승의 죽음을 얼마나 애통해 하였는지를 보여주는 기록이다. 집권 중 병사, 고려사절요[中] pp.26~162[延(연) pp.136] 집권자·충신임에 위인, 영웅, 성인 그 어느 누가 아니라고 하겠는가! [경대승과 동인(同人), 한나라(漢) 유방이 무신 한신이 거만해 제거한 것과 남송 무신 악비가 간신 재상 진회에 각각 참살돼 그들과 다른, 초한(楚漢)시대 유방 도와 천하통일하고 토사구팽(兎死狗烹) 당할까 초야에 묻힌 전략가 정치가 충신 장량(張良 기원전 250년~186년 64세) 같은 위인 경대승은 집권자·충신·각국의 왕이 국가의 현 총리와 같다.]***

이의민은 경대승 무서워서 고향 경주 내려가 두문불출, 명종 정권이양

· 경대승의 죽음은 명종과 조정, 군부 실세 권력자들에게는 연회 주악소리

어디선가 흥겨운 주악소리가 들려온다.

그러나 경대승의 죽음은 명종과 조정과 군부의 세력들에게는 반가운 소식이었다.

하물며 후계자 이의민은 경대승이 무서워서 고향 경주로 도망해 내려가 두문불출하고 밖에 나가지도 못하고 덧문이라는 여문을 해 닫고 있었다.

경대승 병사 후에도 한참 모자랐던 명종 왕이 왕권을 회복할 수 있었는데도 개경 과 서경 간 중간지점 북계에서 사람을 많이 죽여 현재 대령 중랑장에서 이의방 지시로 이의민이 의종을 시해하여 죽인 후 대장군 승진하였다.

의종 시해 이의민이 주둔하고 있었던 중 경대승 장군의 참살하

라는 명에 의거 대장군 두경승과 함께 추격을 받았으나 실은 두 두을 선사와 이의민의 첩, 부용의 기지로 임진강을 건너게 되지만 왕명을 받은 두경승이 퇴로를 차단하지 않고 임진강을 도하하게 편의 제공하여 고향 경주로 도망해 내려가게 된다.

다음 집권을 위해 큰 도끼 작은 도끼 모두를 가진 도끼 부월(斧鉞)을 가지고 황제 옷을 입은 황의를 걸치고 군사들을 모우고 있었다. 의종을 시해한 이의민을 참살하고 왕권복고시대로 돌아가야 한다는 복고주의 정책이었다. 경대승 정권에 반란을 일으켰는데도 한판 승부를 맞대결하여 경대승 청용도와 이의민 부월 싸움에 탁자에 쓰러져 피 흘리며 눈을 뜬 채 다시 청용도로 내리쳐 눈을 감았다. 미확인 결과 살아나 승부가 나지 않아 경대승과 이의민 술자리서 경대승은 사적인 원한은 없다했다.

경대승이 역모로 허승을 제거하자 잘못 전한 소식을 받고 고향 경주에 있던 중 이의민은 내가 먼저 베려고 하였더니 어떤 사람이 경대승을 나보다 먼저 베었다고 말한 뜬소문으로 알고 경대승이 무서워서 개경으로 돌아오지 못하고 있던 중 상장군 정3품과 동급으로 같은 왕이 내린 벼슬자리 정3품 공부상서(工部尙書)도 주저하고 있다가 독촉을 받고 겨우 두경승 알현으로 개경 황궁에서 벼슬자리를 받았다.

경대승은 집권 중 병사 후 백성들이 통곡하며 땅을 치며 애통한 반면 이의민 최후는 백성들에 의해 처와 아들들 이지순 이지영 이지광은 구타당했다.

1194년 문하시중 고려조정의 최고 권신, 이의민 후계자 1196년 4월 최충헌 명으로 이의민은 주살 당했다. 반대로 정중부는 명종에게 자결을 허락해줄 것을 요청했는데 명종에게 씹혀 거절당하여 형장에 끌려가서 참수 당했다.

이의민은 정중부와 같이 말단 직 현재 하사관 산원 · 대정 출신이다.

조위총 난 평정 후 상장군 이의민이 된다.

황궁 편전 안 황상, 애도커녕 잔치, 공예태후 연회상 쓸어 엎고 실신

· 명종 술잔 들며 오늘처럼 통쾌한 적 없다며 경대승 장례 대조적 흥겨운 연회

주악소리와 무희들의 춤사위가 펼쳐지면서 연회가 벌어지고 있다.

명종, 명춘과 후궁들을 거느리고 용상에 앉아있고, 좌우로 기녀들의 시중을 받는 최세보, 문장필, 문극겸, 염신약, 이광정을 비롯한 조원정, 정세유, 이영진, 석린, 정존실 등의 중방의 수장들이 흥겨운 술판을 벌이고 있다.

조 환관과 노 상궁이 시립해 있고, 문극겸과 염신약은 굳은 표정이다.

명종, 술잔을 들며 짐이 용상에 오른 지 십 수 년 동안 오늘처럼 통쾌하였던 적은 없었노라!

짐은 성덕을 베풀어 사직을 바로세우고 억조창생을 교화시켜 태조황제께오서 창건하신 고려의 광영을 빛내는 황제가 될 것이다. 술잔을 치켜들며 자, 고려의 부국강병을 위하여 축하주를 들지어다!

문무신료 일동, 술잔을 들고 자리에서 일어난다.

명종, 단숨에 술잔을 비우면 신료들도 마신다.

오늘 연희는 황실의 번영과 태평성대를 기원하는 짐과 만조백관들의 새로운 출발을 다짐하는 자리니 오늘만큼은 황제와 신하의 예를 규정된 형식이나 예절 등으로부터 벗어나는 파탈(擺脫)

해버리고 마음껏 대취토록 하라! 악공들 주악을 올리어라!
　악공들의 연주와 무희들의 춤사위가 재개되면, 명종을 비롯한 신하들이 대취한 듯 무희들과 어울려 춤을 추는 등, 격식 없고 어지러운 술판이 베풀어지고 있다.
　공예태후, 굳은 표정으로 조 상궁 등을 거느리고 편전 안으로 들어선다. 날카로운 눈빛으로 난잡한 연회를 둘러보며 걸어온다. 와자지껄하던 문무신료들이 공예태후를 발견하고 하나 둘씩 웃음을 거두고 기녀들과 떨어져 예를 갖춘다.
　공예태후의 권위에 어느 순간 악공들과 무희들이 연주와 가무를 멈춘다.
　명종, 명춘을 비롯한 후궁들과 어울리다가 돌아보며 말한다.
　어찌 주악이 그친 것이냐?
　공예태후, '무섭게 명종을 쏘아본다!'
　명종, '흠칫 보다가 표정수습하며 태후폐하, 어찌 편전까지 납시셨사옵니까?'
　공예태후, '낮지만 위엄 가득한 황상, 오늘이 무슨 날인지 아시옵니까?'
　명종, '예에…?'
　공예태후, '황실의 충신이자 나라의 동량이었던 경대승의 장례가 있는 날이옵니다!'
　명종, '…!'
　공예태후, '황상께서는 어찌 청주가문에 조문을 보내어 충신의 죽음을 애도하시기는커녕 편전에서 연회를 베풀고 있겠사옵니까?'
　명종, '굳으며.. 경대승은 조정과 군부에 관직(전 용호군대장군 · 집권자 · 태자 역모화해)도 없는 자이온데 황제가 어찌 신료도 아닌 상을 애도할 수 있겠사옵니까?'

공예태후, '무섭게 노려보는... 무어요?'
신료 일동, 각자의 느낌을 숨죽이고 모자간의 대립을 지켜보는…!
명종, '소자, 조정과 군부의 수장들을 청하여 장차 태평성대를 기원하고자 연회를 베풀고 있었사옵니다.'
공예태후, '황상, 지금 백성들은 황제의 국상보다 경대승의 죽음을 더 애통하고 있소이다! 황상, 귀에는 백성들의 통곡소리가 들리지 않으신단 말씀이시옵니까?'
명종, '싸늘하게 태후폐하께오서는 어찌 경대승만을 두둔하시는 것이옵니까? 이 자리에 모인 문무백관들 또한 황실, 충성스런 신하임을 어찌 모르신단 말씀이옵니까?'
공예태후, '충성스런 신하라고하십니까? 신료들의 면면을 싸늘하게 둘러보며, 백성들이 어찌 경대승의 죽음에 통곡하는지 민심에 눈을 감고 귀를 막은 채 황제의 연회에서 희희낙락하는 자들을 어찌 충신이라 할 수 있겠소이까?'
'이 자들은 충신이 아니라 황상의 혜안을 흐리게 하는 간신배들임을 어찌 모르시는 것이옵니까?'
신료 일동 중 최세보와 조원정 등, 치욕스럽고, 문극겸 등, 부끄럽고, 각자의 표정으로 시선을 피한다.
명종, '태후폐하, 말씀이 지나치시옵니다!'
공예태후, '순망치한(脣亡齒寒), 〈입술이 없으면 이가 시리다.〉라고 하였소이다! 경대승이 죽고 없거늘 장차 조정과 군부에서 권신들이 부하들을 지휘하는 명령을 내리는 발호(發號)한다며 누가 있어 황상을 지켜줄 수 있겠소이까?'
'이 늙은이한테 검을 휘두를 힘이 있다면 당장 여기 있는 난신적자들의 목을 베었을 것이옵니다!'
'분노가 치솟는지 신료들의 연회상을 와장창 쓸어버린다.

'신료들을 무섭게 노려보며, 이놈들! 하늘이 두렵지 않느냐?
　'나라의 국록을 먹는 신료들이 어찌 황제의 눈과 귀를 가리고 혜안을 흐리게 하여 이백년 사직을 망치려고 하는 것이냐?'
　'네놈들이 진정 이 황실과 나라를 위하는 충신이라면 스스로 목을 베어 황상께 바쳐야 할 것이다!
　명종 조 환관, 태후폐하를 태후전(太后殿)으로 뫼시어라!
　조 환관과 조 상궁, 공예태후를 부축하며 '태후폐하-고정하시옵소서!' 말리는데..
　공예태후, 신료들을 무섭게 쏘아보며 치솟는 분기를 주체치 못하고 '이놈들, 하늘이 두렵지 않느냐?' 호통을 치다가 어느 순간 일그러지며 가슴을 움켜쥐고 고통스럽게 풀썩 주저앉아 무릎을 꿇는다.
　조 상궁, 놀라 부축하고 명춘과 후궁들도 태후 쪽으로 달려가 부축한다.
　명종, 놀라보고…
　신료 일동, 당황하여 보는데…
　조 상궁, 태후폐하, 괜찮으시옵니까?
　공예태후, 숨이 막혀오는 듯…황상, 백성들을 위한 정치를 하세요!
　명종, 무엇을 하느냐? 어서 어의를 불러드리어라! 폐하를 침전으로 뫼시어라!
　공예태후, 조 상궁과 명춘 등의 부축을 받으며 편전 밖으로 나가고…
　신료 일동, 황망하고 당혹스러운 표정이다.
　명종, 자신의 마음을 몰라주는 태후에 대한 야속함과 신료들 앞에서 권위가 훼손당한 것이 확증이 나는 듯 어금니를 움켜 물다가 조 환관, 노 상궁 등을 거느리고 나가버린다.

황제, 경대승 조문 거절에 공예태후 병세 악화 황궁 대전 침소 안 밤

· 모친 공예태후 황제폐하 조문 요구 거절, 환관 명종에게 공예태후 병세 악화

명종, 침통한 표정으로 앉아있는데… 조 환관이 들어온다.
태후폐하께오서는 어떠하시느냐?
조 환관, '침통한.. 아뢰옵기 황공하오나..어의가 진맥한 바로는 태후폐하의 병세가 깊으시다 하옵니다.'
명종, '흠칫 놀라 보며..무어라..? 병세가 깊으시다..?
조 환관, '예..황상폐하, 태후-전에 납시어 태후폐하를 위로하고 어루만지어서 달래는 위무(慰撫)하심이 옳을 것이옵니다.'
명종, '마음을 다잡은 듯 저으며..태후폐하께오서 조정과 군부의 수장들 면전에서 황제의 권위를 처참히 짓밟으시었거늘..짐이 지금 태후전(太后殿)에 든다면 장차 만조백관들이 황제를 두려워하지 않을 것이다!'
'내 오늘밤은 태후전(太后殿)에 아니 들것이다.'
조 환관, '흠칫..하오나… 폐하..'
명종, '짐이 혼자 있고 싶으니 물러가라.'
조 환관, '분부대로 따르겠사옵니다. 조아리고 물러간다.
명종, '깊은 생각… 음!'

***경대승 장군 병사 후에도 명종과 공예태후 간 황상폐하 경대승 조문을 놓고 황제가 거절하는 모습을 보고, 경대승 장군과 명종 간 갈등이 얼마나 심했는가를 단적으로 보여주는 대목이라 아니 할 수 없다.

공예태후가 조정신료, 군부수장들 앞에서 이에 대해 면박을 주어 하루아침에 황제의 권위가 상실됨에 따라서 이에 격분하여 공예태후가 병이 들어 눕게 되었는데도 황제가 명분만을 내세워는 권위를 앞세워 즉석 모친 병문안을 하지 않았음을 보아서도 모자 간에도 얼마나 갈등이 심했는가를 알 수 있고 또한『고려사』에도 있듯이 당시 부족해서 예를 모르는 명종 황상과 백성 간에도 얼마나 갈등이 심하였는가를 보였음을 여실히 나타내고 있다. 역사상 부끄러운 일, 안타까울 따름이다.***

경대승 유언, 장례 동시 도방 해체에 반한 도방 군사 사수로 참살 당함

· 경대승 병사 후 도방 군사 명종의 추포령

소랑, 경 장군이 도방을 해산하라고 하였으나 해산하려하지 않고 도손 오척 도방군사들 도방을 지킨다고 한다.

경대승 병사 후 명종의 추포령에 의해 도방 중문 안으로 들어와 육위 군사들을 이끌고 조원정은 반역의 무리 도방 군사를 참살한다.

경대승 병사 죽음으로 사기를 잃어 무참하게 쓰러진다.

도방 군사 홍두가 살해되고 도손이 추포되어 끌려간다.

조원정, 처참하게 부서진 도방을 보고 경대승이 이곳 도방에 앉아 천하를 호령하였다고 한다.

도방군사 횃불 들고 지키는 경대승 대문 앞 길 밤 조원정 참수 명령

· 도방군사들 반역 무리이라 참수 명령

도방군사들, 침통한 표정으로 횃불을 들고 지키고 서 있다.

조원정을 필두로 이영진과 석린, 정세유 등 군부수장들, 군사들을 이끌고 대문 앞으로 다가온다.

도방 군사들, 흠칫 당황하여보는데..

조원정, 검을 뽑아들며, 반역의 무리들을 참수하라!

도손 혼자 사수하는 도방 군사에 육위의 군사 공격 동 도방 안 밤

· 소랑 장군께서 유언 도방 해산 명령 수행 요구, 도손과 오척 도방 고수, 대립

도방삼인방과 소랑, 도방 무장들이 심각하게 앉아있다.

소랑, ..장군께오서 도방을 해산하라 명하시었으니 그 뜻을 받드는 것이 옳습니다.

도손, 고집스러운..떠나고 싶다면 떠나! 나 혼자서라도 도방을 지킬 것이야!

일동, ...

도방 밖에서 병장기 부딪치는 소리와 비명, 함성소리 등이 들려온다.

오척, 흠칫 문 쪽을 돌아보는데...?

도방 장사, 다급하게 뛰어들며..육위의 군사들이 공격해 왔사옵니다!

오척, 일그러지며..무어라?

오척을 비롯한 일동, 병장기를 움켜쥐고 밖으로 뛰쳐나간다.

동 경대승 도방 밖 마당 밤

· 도방삼인방 오척 도손 홍두 도방 군사 육위 군사 간 접전

오척과 도손, 홍두와 소랑을 비롯한 도방 무장들 몇몇 급하게 도방 밖으로 나온다.

집안 곳곳에서 불빛이 일렁이고 병장기가 부딪치는 소리와 처참한 비명소리가 들려온다. 중문 안으로 육위 군사들이 우르르 쏟아져 들어온다.

도손, 일그러지며..오냐, 이놈들! 내 손이 모조리 도륙 내주마!

도손을 비롯한 도방삼인방과 소랑 등과 도방무장들이 병장기를 움켜쥐고 달려드는 육위 군사들을 베며 치열한 접전을 벌인다.

동 경대승 대문 안 마당 밤

이영진과 석린, 정세유 등이 이끄는 육위군사들, 경대승의 죽음으로 사기가 꺾인 도방 군사들을 무참하게 참살한다.

조원정, 호위무장들을 거느리고 대문 안으로 들어선다.

살기 띤 눈빛 반역 도방의 씨를 말려야 할 것이다!

동 경대승 집 다른 곳 밤

· 육위 군사 대항한 도방 군사 최후(最後) 말로(末路) 홍두 도손 전사

육위 군사들과 맞서 싸우던 도방 군사들이 처참하게 죽어가고..

홍두, 최후까지 맞서다가 장렬하게 전사한다.

동 경대승 집 또 다른 일각 밤

　도손, 온몸이 피투성이가 된 채 육위 군사들에게 둘러싸여 거친 숨을 몰아쉬며 병장기를 휘두르고 있다.
　육위 군사들, 도손이 거친 저항에 병장기를 겨눈 채 달려들지 못하는데..
　이영진, 다가서며...병장기를 버리고 투항하라!
　도손, 노려보며..내 죽을지언정 네놈들에게 항복하지는 않을 것이다.
　고함을 지르며 이영진을 향해 덤벼드는데..
　이영진, 군사의 창을 뺏어들고 창을 던지면..도손의 허벅지에 퍽-꽂힌다.
　도손, 쓰러져 고통 속에서도 어금니를 물며 분기를 토하는데..
　이영진, 도손을 내려다보다가 군사들에게..끌고 가라!

동 도방 안 밤

　· 군부수장 조원정 따르는 군부총수 이영진, 반역도당 도방 참살과 추포
　조원정, 여유 있는 표정으로 도방을 둘러보고 있다.
　호위무장들, 경계를 펼치고 있다.
　조원정, ..경대승이 이 곳 도방에 앉아 천하를 호령하였다..? 오냐, 내 이 도방을 무너뜨리고 천하를 쥘 것이다. 흐흐흐..
　이영진, 피 묻은 병장기를 움켜쥐고 들어오며..상장군, 반역 도당들 중 항거하는 자들을 모조리 참살을 하였고, 나머지는 추포하였사옵니다.
　조원정, 흡족하게 끄덕이며 이영진의 어깨를 툭-쳐주며..황궁

으로 가세!

호위 무장들을 거느리고 나가면 이영진이 그 뒤를 따른다.

※최충헌의 강력한 도방 기관

교정도감(敎定都監)

교정도감은 감시체제 강력한 도방 정치 기관으로 고려시대 관리의 임면 및 감찰업무 최고기관으로 희종 때 최충헌이 설치한 무신 독재정치 기관이며 고려 시대, 교정도감의 우두머리 교정별감(敎定別監)을 두어 최충헌의 무단 정치 이래 무관 권세가들이 임명되었다.

이로써 최충헌은 아들 최우, 아들 최항, 최항 아들이며 손자 최의에 3대에 60년 동안 경대승 도방 정치보다 6번제 교정도감으로 도방 정치를 더 강하게 이룬다.

최충헌은 무신정권에서 명종과 신종, 희종, 강종, 고종 다섯 번이나 왕을 폐위 시키었다.※

공예태후, 경대승 병사 도방 군사 참살 두 번 죽여 부관참시(剖棺斬屍)

· 공예태후 거절

명종, '소자가 불효로 인하여 태후폐하께오서 병석에 누우시어 소자의 마음이 찢어질 듯 아프옵니다.'

공예태후, '난세 자신이 행한 행위에 따라 받게 되는 운명이라는 업보(業報)이거늘 황상, 불효라 하겠소! 황상, 잊으시옵소서!'

'어찌 도방 군사들을 잡아다 문초를 하느냐?'

'경대승의 반역을 밝히고자 고려황제 권위를 되찾기 위해서입니다!'

'경대승은 유명을 달리하여 관속에 누웠거늘 어찌 망자를 예전에, 죽은 뒤에 큰 죄가 드러난 사람을 다시 극형에 처하는 형벌로, 고난을 쪼개어 시체를 베거나 목을 잘라 거리에 걸던 일이라는 부관참시(剖棺斬屍)하려는 것이옵니까?'
'황상, 그리하여서는 아니 되오이다!'
'소자, 군부와 조정에 황실의 지엄한 권위를 세우려는 뜻이옵니다!'

***공예태후, 경대승을 불충으로 모는 명종을 보다 못해 깊은 병을 얻은 것, 경대승과 무관하다고 볼 수 없는 일이다. 인종·공예태후 간 아들 의종 명종 신종 셋이다.
끝내는 『고려사』에 1182년 명종 2년 넷째 아들 원경국사 충희가 사망하였을 때 무신들에 의해 화를 당한 것이라 생각하고 충격을 못 이겨 병을 얻었다하나 이 또한 경대승은 1183년 7월에 죽고 공예태후는 1183년 11월에 병사하였다는 기록을 시기로 보아서 명종이 경대승을 난신적자 반역으로 봄에 이에 격분하여 병사한 것으로 보는 것이 더 신빙성이 있어 무게를 두어 비중을 더 두는 내용이라 하겠다.***

명종, 경대승 반역 역적 공예태후, 충신 황궁 태후전 외경과 방안

· 명종, 경대승 반역 황실 권위 공예태후, 경대승 충신 도방군사 문초 반대
공예태후, 침상에 누워있고, 그 앞에 명종이 회한에 서린 표정으로 앉아 공예태후를 내려다보고 있고..그 옆에 태자가 뒤편에 명춘이 서있다. 조 상궁, 시립하여 있다.

명종, 공예태후의 손을 쥐며..태후폐하, 소자가 불효로 인하여 태후폐하께오서 병석에 누우시었으니..소자의 마음이 찢어질 듯 아프옵니다..

공예태후, 이 모두가 난세에 용상에 앉으신 황제의 업보이거늘 내 어찌 황상의 불효를 탓할 수 있겠소! 이 어미는 다 잊었으니 성려 거두세요.

명종, 결연하게 태후폐하, 소자는 고려 황제의 권위를 되찾을 것이옵니다! 군부출신 난신적자들이 전횡하는 난세를 종식시킬 것이옵니다.

폐하, 속히 쾌차 하시어 소자가 황실의 권위를 세우는데 힘을 보태주시옵소서.

공예태후, 끄덕이며 그리하시어야지요. 헌데, 어찌 군부에서 도방 군사들을 잡아들여 문초를 하는 것이옵니까?

명종, 경대승의 반역을 밝혀내어 장차 황실의 권위를 세우는 주춧돌로 삼고자 하는 뜻이옵니다. 경대승이 반역을 도모한 죄상이 모든 사람들이 알도록 분명한 상태라는 백일하(白日下)에 드러날 것이옵니다.

공예태후, 충격으로 보며, 무어요? 황상, 경대승은 유명을 달리하여 관속에 누웠거늘 어찌 망자를 부관참시하려는 것이옵니까? 황상, 그리하여서는 아니 되옵니다.

명종, 군부와 조정에 황실의 지엄한 권위를 세우려는 뜻이옵니다! 결연하게 소자, 강건한 황제가 될 것이오니 믿고 지켜보아주시옵소서.

공예태후!

최후 도방군사 도손 사망과 도방군사 60여 명 섬 귀양 유배, 도방 해산

· 김자격 도방방주를 대장군 직 수용 요구 귀속시키려는 조원정 응양군 상장군

도방군사가 추포되어 경대승을 반역이라고 실토하게 고문을 받고 도방 해산을 시켜 섬으로 유배하거나 도중에 죽여 살아남은 자 4, 5명에 불과,『고려사』기록이다.

김자격 도방방주를 조원정 응양군 상장군에 귀속시키려 한다. 무어요? 조원정은 응양군과 용호군을 비롯한 육위의 군사들은 경대승을 추종하였네. 이제 경대승이 졸하였으니 그들은 자네 김 교위를 따를 것이니 내 휘하에 들면 대장군 직 줄 것이네.

또한 조원정, 자네가 도방을 통하여 이루고자 하였던 대의를 마음껏 펼치게. 김 교위, 자네가 내게 충성을 맹세한다면 자네가 공경대부의 저택은 물론이고 현재 정부나 관청을 아울러 이르는 말이나 예전에, 벼슬아치들이 모여 나랏일을 처리하는 곳을 이르던 관부(官府)의 재물을 침탈하여 백성들을 구휼하는 것 또한 모른 척 눈을 감아 줄 것이네. 남의 비위에 맞도록 꾸민 달콤한 말과 이로운 조건을 내세워 꾀는 감언이설(甘言利說)을 한다.

김자격, 흔들리는 눈빛으로 말미를 주십시오!

조원정, 흡족한 듯 그래, 내 말미를 주지. 오늘부터 자네에 대한 형문은 없을 것이니 마음 편하게 술이나 드세.

형문이 열리며 도손이 나온다.

김자격, 이 어찌된 일이냐? 다른 수두와 군사들은 어찌되었느냐? 경 장군의 장례를 치룬 후에 오척, 홍두, 소랑 모두 참살되었사옵니다. 방주어른, 도방의 대의를 다시 세우십시오. 김자격 옆에 고개를 떨어뜨리고 도손은 숨을 거둔다.

조원정 명종에게 경 장군의 반역 역모 누명 제거 요구, 토설도 반대

· 명종에게 경대승 반역 역모 증좌 무탈에 반한 조원정은 반역 제거 요구

김자격, 경 장군께오서 반역을 도모하였다는 더러운 누명을 벗겨주시옵소서! 또한 도방 장사들에 대한 형문을 당자 그치시고 형문 중에 죽은 자의 시신은 수습하여 주시옵소서.
그런 연후에 소장, 충성을 바칠 것이옵니다. 소장의 청을 들어주시겠사옵니까?
조원정, 충성맹세를 받을 수 있다면 좋네. 그리 조치하겠네.
명종에게 신, 도방 군사들을 추포하여 엄중히 문초를 하였사오나 경대승의 역모를 획책하였다는 증좌를 찾을 수가 없었사옵니다.
명종, 경대승이 황제에게 불충하였던 일은 천하가 다 아는 일이거늘 죄가 없다니 당치도 않도다.
증좌가 없다면 엄중한 형문으로 토설을 받아내는 한이 있더라도 반드시 경대승의 반역 죄상을 밝히도록 하라.
조원정, 경인년 거병 후 옹립한 왕입니다. 그러지는 못하겠사옵니다.

황궁 상장군 방 안 낮

· 조원정, 휘하 김자격 조건 경대승 반역에 누명 제거 도방 장사 형문금지 수락

김자격, 결연한 표정을 상장군 조원정을 보고 있다. 이영진과 석린, 정세유, 정존실 등이 둘러 앉아있다.

조원정, 김 교위, 마음을 정하였는가?
  김자격, 소장, 상장군께 충성을 바치겠사옵니다!
  조원정, 환하게 펴지며 무어라! 하하하-잘 결정하였네! 일어나 김자격 쪽으로 다가가서 손을 맞쥐며 김 교위가 내 휘하에 들겠다니 천군만마를 얻은 듯하네! 하하하!
  일동, 뭔가 석연치 않은..
  김자격, 소장, 충성맹세를 하기 전에 상장군께 청이 있사옵니다!
  조원정, 말해보게! 내 무슨 청이든 다 들어줄 것이야!
  김자격, 경 장군께오서 반역을 도모하였다는 더러운 누명을 벗겨주시옵소서!
  조원정, 일동이 흠칫 보는… 무어라?
  김자격, 또한 도방에서 기개와 힘이 아주 센 사람 도방 장사(都房壯士)들에 대한 형문을 당장 그치시고 형문 중에 죽은 자의 시신을 수습하여 주시옵소서! 그런 연후에 소장, 충성을 바칠 것이옵니다!
   소장의 청을 들어 주시겠사옵니까?
  조원정, 잠시 생각하다가 결단을 내린 듯 끄덕 좋네!
   내 김자격의 충성맹세를 받을 수 있다면 그리 조치하겠네! 하하하-
  김자격, 뭔가 결연한…

동 대전 안

 ·군부수장 조원정 역모 불충분 무죄, 명종 경대승 불충 형문 토설 반역자, 상충
  명종, 놀란 눈으로 앞에 선 상장군 조원정을 보며 말한다. 조

환관, 시립해 서있다.
 명종, 상장군, 지금 경대승과 도방의 죄를 덮어두라고 하였는가?
 조원정, 신, 도방군사들을 추포하여 엄중히 문초를 하였사오나 경대승이 역모를 획책하였다는 증좌를 찾을 수가 없었사옵니다.
 명종, 굳은 표정으로 경대승이 황제에게 불충하였던 일은 천하가 다 아는 일이거늘 죄가 없다니 당치도 않도다!
 증좌가 없다면 엄중한 형문으로 토설을 받아내는 한이 있더라도 반드시 경대승의 반역 죄상을 밝히도록 하라!
 조원정,
 명종, 상장군, 어찌 복명치 않는 것인가?
 조원정, 싸늘하게 보며 신, 이번 황상폐하의 명을 받들지 못하겠사옵니다.
 명종, 충격..무어라? 분기로 벌떡 일어서서 보며 조 상장군, 지금 황명을 거역하려는 것인가?
 조원정, 단호한 신, 지난 경인년 거병으로 황상폐하를 옹립한 군부의 수장이옵니다!
 지난 경인년 군부에서 폭군을 폐위시키고 황상폐하를 옹립한 대의는 황실과 사직을 바로잡기 위해서이옵니다!
 하온데 어찌 황상폐하께오서는 폭군의 전철을 밟으려 하시는 것이옵니까?
 명종, 무어가 어찌해?
 조 환관, 충격으로 보는…
 조원정, 명종을 쏘아보며 군부 경인년 거병의 대의를 가슴 깊이 새기고 있사옵니다!
 황상폐하께오서 혜안이 흐려지시어 또다시 이 나라에 혼란이 찾아온다면 신, 중방의 수장으로서 결코 좌시하지는 않을 것이옵니다!

명종, 분노와 당혹감 상장군, 지금 겁박하는 것인가?

조원정, 겁박이라니 당치도 않사옵니다! 신은 단지 황상폐하께 오서 군부의 거병으로 옹립되신 황제이시라는 것을 되새겨드리려는 충정일 뿐이옵니다!

명종…

조원정, 공손하게 예를 갖추며 하오면 황상폐하께오서 신의 뜻을 가납하시어 경대승과 도방군사들에게 하해와 같으신 아량을 베풀어주실 것이라 믿고 신은 이만 물러가옵니다! 대전 밖으로 나간다.

명종, 허망한 충격으로 용상에 털썩 주저앉는…

조 환관, 급하게 다가오며 황상폐하, 괜찮으시옵니까?

명종, 황망한.. 이럴 수가 어찌 이럴 수가 있단 말이냐? 조원정, 이의민 집권 반대다.

도방 군사 죄인 칙서, 유배 처형

-원악도 유배(流配 : 귀양 : 오형《死刑, 流刑(귀양), 徒刑(노동) 杖刑 笞刑》)

명종, 청주가문의 도방죄인들에게 양민을 약탈하고 관부를 침탈한 죄만을 물어 원악도로 유배에 처함에 따르라는 처결로 임금이 특정인에게 훈계하거나 알릴 내용을 적은 글이나 문서라는 칙서(勅書)을 내려 명대로 따르라고 한다.

정존실 대장군이 이끄는 군사들, 가혹하게 예전에 형장으로 죄인의 정강이를 때리며 죄를 심문하던 형벌 형문(刑問)을 가한 후 참혹한 몰골이 된 도방 장사들 십여 명을 굴비처럼 결박하여 끌고 가고 있다.

그 중 한 명이 쓰러지면 백성들 중 아낙네 한명이 호리병 물을 마시게 하는데 군사들 창검으로 밀쳐낸다.

경대승이 홀연히 졸한 뒤에 도방 군사들은 반란을 도모한다는 혐의로 고발되었다.

평소 경대승을 미워하였던 명종은 중방에 명하여 도방에 이름이 오른 자들을 모조리 추포하여 치죄하라는 명을 내렸다.

도방 군사들 중 혹 체포를 피하여 도피한 자에게는 부모나 처자, 족당을 잡아들여 자수를 강요케 하였다.

도방 군사들 백삼십여 명 중 일부는 가혹한 형문과정에서 죽고 대부분은 멀리 서울에서 멀리 떨어져 있고 살기가 어려운 섬이라는 원악도(遠惡島)로 60명 유배 도중 형벌의 후유증으로 길에서 죽고 살아남은 자는 고작 너 댓 명에 불과했다.

이는 당시 황제였던 명종이 경대승에 대해 지녔던 증오와 두려움을 단적으로 보여주는 대목이라 하겠다.

이로써 지난 오년동안 경대승 집권기의 주축이었던 도방은 경대승의 죽음과 함께 참혹한 말로를 맞이하며 역사의 무대에서 사라지게 된다.

김자격 도방방주, 시생(侍生)이 장군의 뜻을 받들지 못하여 장군을 죽이고 도방을 망쳤사옵니다. 도방에서 자결한다. 경대승 집권자 충신, 왕 권위 핍박에 병사, 성인!!

동 대전 침소 안

· 명종 도방죄인 처결 칙서 원악도(遠惡島 : 제주도)로 유배 처함

명종, 황망한 표정으로 깊은 생각에 잠긴 채 혼잣말을 되새긴다.

명종, 탄식하며, 내 경대승을 척결하고 황제의 정치를 하려던 포부가 허사였던 말인가? 괴로운 표정을 짓다가 힘없이 조 환관을 보며, 조 환관, 내 도방죄인들을 처결하는 칙서를 내릴 것이니 명을 받들도록 하라!

조 환관, 하명하시옵소서.

명종, 짐이 명하노니 청주가문의 도방죄인들에게 양민을 약탈하고 관부를 침탈한 죄만을 물어 모조리 서울에서 멀리 떨어져 있고 살기가 어려운 섬이라는 원악도(遠惡島, 제주도)로 유배에 처할 것이니 명대로 따르도록 하라!

황도 안 어느 길 석양

· 도방 군사들의 고문당해 60명 귀양 가다가 도중에 죽어 살아남은 자 극소수

정존실이 이끄는 군사들이 가혹한 형문을 받은 후 참혹한 몰골의 도방 장사들 십여 명을 굴비처럼 결박하여 끌고 가고 있다. 도방 장사들, 마치 송장이 걷는 듯 맨발로 비틀거리며 가고 있다.
백성들, 연민의 표정으로 그 모습을 지켜본다.
도방 장사들 중 하나가 풀썩 쓰러진다. 백성들 중 아낙이 달려와 쓰러진 도방 장사를 부축하며 호리병 물을 마시게 해주려는데 군사들이 창검으로 여인을 밀쳐낸다.
정존실, 무섭게 돌아보며 반역 도방을 돕는 자는 같은 죄로 다스릴 것이다!
군사들, 쓰러진 도방 장사를 거칠게 일으켜 세워 끌고 간다.
백성들, 감히 아무런 말도 하지 못하고 소랑, 눈물을 흘리며 그 모습을 지켜본다.
참혹한 모습으로 귀양을 가는 도방 장사들의 모습이 길게 보인다.
도방 군사들 주제와 연관된 필름을 모아 하나의 연속물로 결합시키는 편집 기술, 몽타주(montage : 프랑스어)가 전개된다.
도손과 도방 장사들이 가혹한 형문을 당하는 모습, 김자격의 품에서 절명하는 도손의 모습, 도방군사들이 참혹한 모습으로 유배를 떠나는 모습들이 전개된다.

도방방주 김자격 반역에 의분 참지 못하거나 지조 지키기 위해 자결(自決)

· 방(房)의 패망(敗亡) 회개(悔改)

　김자격 도방방주, '만신창이 육신에 "사람은 헌 사람이 좋고 옷은 새 옷이 좋다"라는 말이 있듯이 새 옷을 걸치고 경대승 대문에 회한 가득한 눈으로 보다가 상처를 부여안고 다리를 절뚝이며 대문 안으로 들어서 도방 안으로 들어선다.'
　'모두가 시생(侍生)이 장군의 뜻을 받들지 못하여 장군을 죽이고 장례 동시 도방 해체 유언을 반역으로 도방을 망쳤사옵니다. 시생 장군을 따를 것이옵니다.'
　'시생, 저승 가서 장군 뫼시고 이생에서 다하지 못한 충정을 다 바칠 것이옵니다.'
　'신(信), 의(義)의 휘장이 찢겨져 나가고 부서져 나뒹구는 탁자와 먼지 싸인 침상이 폐가 느낌을 주며 그 쇠락한 모습에 울컥 눈물이 치솟는지 무릎을 풀썩 꿇는다.'
　'품에서 비수를 꺼내들고 칼을 뽑아 회한 가득한 표정으로 비수의 날카로운 칼날을 보다 가슴을 푹—찔러 자결한다.'
　'풀썩 쓰러져 의식을 잃어가고 얼굴위로 길게 눈물이 흘러내린다.'

경대승 집 대문 앞

· 도방방주 김자격 대문 앞을 들어서며 고문당한 상처를 안고 회한
　한쪽 대문이 떨어져나가 청주가문의 퇴락한 모습을 보여준다.
　김자격, 만신창이 육신에 새 옷을 걸치고 대문 앞에 선다.
　'회한 가득한 눈으로 보다가 상처를 부여안고 다리를 절뚝이며 대문 안 들어선다.'

동 경대승 도방 안

· 도방방주 김자격 시생(侍生) 반성, 이승 불충서 저승 충정으로 비수로 되갚음

김자격, 절뚝거리며 도방 안으로 들어선다.

신(信), 의(義)의 휘장이 찢겨져 나가고 부서져 나뒹구는 탁자와 먼지 싸인 침상이 폐가의 느낌을 준다.

김자격, 그 쇠락한 모습에 울컥 눈물이 치솟는지 무릎을 풀썩 꿇는다.

김자격, 모두가 시생 탓이옵니다. 시생이 장군의 뜻을 받들지 못하여 장군을 죽이고 도방을 망쳤사옵니다. 흐 흐 흑···.마음을 다잡는듯한 표정 시생, 장군을 따를 것이옵니다!

시생, 저승에 가서 장군을 뫼시고 이생에서 다하지 못한 충정을 저승이더라도 다 바칠 것이옵니다.

김자격, 품에서 비수를 꺼내들고 칼을 뽑는다.

김자격, 뉘우치고 한탄함이라는 회한(悔恨) 가득한 표정으로 비수의 날카로운 칼날을 보다 가슴을 푹-찌른다.

김자격, 풀썩 쓰러져 의식을 잃어가는 얼굴위로 길게 한이 맺힐 만큼 원통해 하는 통한(痛恨)의 눈물이 흘러내린다.

도방 정치 경대승 총평
[總評 : 총체적 평가해 결정이라는 평정(評定)]

- "후대 인물이 나타나면 헛되지 않았다고 할 '무인시대' 두두울 선사의 말, 도방 대의 경대승(1154~1183 30세) 장군의 유언 '북쪽 오랑캐 때문에 차마 눈을 감지 못한다.' 말 남겨 병사 후 76년 만에 고려 23대 고종(1192~1259 67세)이 몽고(원나라)에 망했다. 어릴 때 타성 어른, 청주경씨 선조 경대승과 같이 취함 없고 자족함에 기쁜 일만 생기니 양반인 이유다. 그 후 고려는 망하였다. 또 조선 26대 대한제국 고종(1852~1919 66세, 재위 1863~1897 34년, 대한제국 1897. 10. 12~1910. 8. 29. 3년 국권상실 왕을 황제로 연호를 광무, 대한민국독립운동 1919. 3. 1)이 일본에게 망했다. 일본은 세계 제2차 대전 시 연합국 미국에 항복하고 물러나며 차지하고 있던 만주를 내주고 접경지 소련군을 이끌고 삼팔선까지 내려오던 중 미국은 더 이상 이 선을 넘지 말라는 경고로 삼팔선이 생겨났다. 안타깝고 놀란 현실이 되었다." 현 남북분단을 남북통일 하기 위해서는 원인 일본으로 미국과 러시아 협상뿐이다.

- 현 영국과 일본 등 각국 총리 선출로 나라를 대표하여 전통적으로 왕을 보호하고 있다. 이와 같이 『고려사』에 경대승은 집권자로 현 전통적 왕을 보호하듯 현 각국 총리, 위인이 아니고는 될 수 없는 경대승의 각본대로 경대승은 집권자·충신이다.

- 경대승은 이해득실을 따지면 한정이 없어 사람은 누구나 결

국 과욕이 되지만, 대의로 정의심과 의협심을 가지고 집권자며 충신으로 국왕을 비롯한 조정과 백성들을 대하고 있었으며, 부족한 것은 자신의 부족으로 채우게 할 정도로 도방 정치를 청렴해 권력욕을 드러내지 않아, 선하고 옳은 길 쪽 그 길을 택했다.

- 경대승 동(同, 같음) 장량(張良)은 초한시대 유방과 천하통일, 논공행상(論功行賞, 공적의 크고 작음 따위를 논의하여 그에 알맞은 상을 줌)에 욕심불허, 지지(知止, 멈춤 알다)전략, 초야 묻혀 토사구팽(兎死狗烹 필요 시 쓰이고 불필요 시 버림) 당하지 않는다.

-『도방 정치 경대승』1부 : 토막극. 2부 : 역사대하드라마. 3부 : 다큐(documentary, 기록물) 가문 홈드라마. 경대승 대장군 집권자 충신, 왕 권위 핍박에 병사, 위인·성인!

첨언(添言, 덧붙여 말함) 1
부친 재산 나라 군부에 헌납하고 집권하여 가난한 백성 구휼미 창출과 유언, 북쪽 오랑캐 때문에 차마 눈을 감지 못하겠다고 한 말은 너무도 유명하다. 도방 정치로 내외 침략이 없게 함은 물론 편안하게 하여 천하가 다 아는 데 백성들의 신임을 전폭적인 지지를 한꺼번에 한눈에 받았다. 집권자로 왕을 받든 충신이다.

경 장군과 수안궁주의 혼인을 왕이 요구하자 왕의 사위 백작 정일품 벼슬도 장군으로 집권 대의가 먼저라며 거절은 하였지만 왕과 태자 간 태자의 역모의 죄를 경 장군이 서로 화해하는 자리에서 축하주를 서로 나누게 배석하여 진행하므로 원만히 해결한 공로도 몰랐다.

이를 시기한 왕은 맞받아 권위 이용 해 역적이라고 하여 경 장군이 처단을 요구하나 군부수장들은 역적 근거를 찾아볼 수 없다며 처단은 불가하다고 반대 하고 나섰다. 이만큼 충신이라 경 장군이 왕의 이런 불신에 처해 있다가 집권 중 병사하였다. 이 얼마나 개탄(慨歎, 분하고 못마땅하게 여겨 한탄함.)하여 고귀한 희생이었나! 서울현충원내 순국선열과 호국영령들의 묘비가 있는 가로수에 산딸나무의 길이 조성되어 있다. 집권 충신 '도방정치 경대승' 영전에 산딸은 산의 딸기의 뜻이 있고 꽃말 희생으로 산딸나무꽃을 바칩니다.

첨언(添言, 덧붙여 말함) 2 - 2015인구조사 청주경씨 13,012명 전국성씨 103위

1374년 고려 31대 공민왕(1330-1374 44세, 재위 1352-1374 23년) 1374년 환관 최만생 홍윤 둘이 칼로 난자해 제거한 시해로 사실상 고려는 망하였다. 우왕 창왕 공양왕 20년간 혼란기, 32대 우왕 재위 1374-1388 14년, 33대 창왕 재위 1388-1389 2년, 34대 공양왕 재위 1389-1392 4년이다. 12세기 청주경씨 시조 경진 그 아들 도방 정치 경대승 청렴한 인물로 장군이 되어 정중부의 횡포정치를 제압하고 쇄신정치를 하였다. 그후 경대승 계대를 잃어 30년간 실전하여오다가 13세기 청주경씨 1대 고종 경번 과거급제 호부상서 그 아들 2대 충렬왕 경수 과거급제 전법판서통례문사 그 아들이 바로 충숙왕의 비로 충혜왕과 공민왕을 낳게 되는 명덕태후 홍씨의 조카딸과 결혼한 환관 3대 경사만 과거급제 좌부대언 우대언 그 아들 4대 경천흥에서 개명 경복흥은 친원파 기철 역모 숙청과 농민반란 홍건적 1359년 1361년 두 차례 침입 토벌 평장사 수시중~우왕 6년 1380년 21년 동안 혼란기 신돈 조정 좌시중 거쳐 문하시중, 명덕태후 서거 후 혼란기 우왕 즉위 반대세력 측근 제거 화살이 경복흥 향해 이인임이 매일 술만 먹고 정무에 소홀하다 하여 참소로 청주로 유배당하였다.

제3부
다큐 가문 홈드라마

제1장
집권자 · 충신 경대승장군
- 『고려사절요』 中 pp.26~162[pp.136] 칭송

『고려사』・『고려사절요』(中)권 pp26~162 pp136페이지에 걸쳐 충신으로 기록되어 있다. 경대승 처음 기록으로 p26에서는 "여름 5월 지유 우광윤・백임지와 행수 이관부・이관부・송군수・경대승과 견룡 차약송 등에게 명하여 격구를 시키고 비단을 차등 있게 하사하였다"라고 하였다. 경대승 마지막 기록으로 고려사절요(中) p162에서는 "계해일에 최충헌 형제가 사람을 대궐에 들여보내 왕을 핍박해서 단기로 성문을 나오게 하여 창락궁에 감금하고, 중금지유 정윤후를 시켜 이를 지키게 하였다. 이때 태자가 내원의 북쪽 궁에 있었는데, 최충헌 형제가 사람을 시켜 독촉하여 비와 더불어 궁문을 걸어 나와 비를 무릅쓰고 역말을 태워 드디어 강화도로 내쫓고서 평량공 민(旼)을 맞이하여 대관전에서 왕위에 오르게 하고, 그 아들 연(淵)을 태자로 삼았다. 최충헌 형제가 군사를 거느리고 추밀원에 들어가서 여러 위의 장군들을 구정(毬庭 : 예전에, 궁중이나 지위가 높은 사람의 집안에 격구를 하기 위하여 설치한 크고 넓은 마당을 이르던 말)에 둔치(강이나 못 따위의 가장자리)하게 하였다. 사신이 말하였다. 정중부・이의방・이의민 등이 의종을 시해하고 국가의 권력을 제 마음대로 부렸으니 명종으로서는 마땅히 마음에 맹세하고 스스로 힘을 써서 반드시 적을 토멸하고 말았어야 할 것이다. 만약 힘이 부족하다면, 경대승이 왕실의 미약함을 분개하고, 강신(强臣 : 임

금의 힘으로도 어쩔 수 없는 신하)의 발호를 미워하여 하루아침에 의병을 일으켜 정중부 부자를 목 베어 여우와 토끼를 사냥하듯이 하자 이의민은 머리를 부둥켜 쥐고 쥐처럼 달아나 시골에 숨어서 목숨만을 부지했으니 이 때야 말로 반드시 현량을 임용하고 기강을 세워 왕실을 다시 떨치게 할 시기인데도, 왕은 능히 그렇지 못하고, 안일에 만족하여 그 하는 일이 평상시의 아무 일이 없을 때와 같았다. 이의민과 같은 자는 다만 한 필부이니 한 사자를 보내 왕을 시해한 죄를 들춰내어 목 베고 멸족함이 옳을 것인데, 도리어 불러들여 작위를 갑자기 올려주어, 그로 하여금 왕실을 업신여기고, 조신을 살해하며, 벼슬을 팔고 형옥을 가지고 뇌물을 받아 나라의 정치를 탁란(濁亂 : 사회와 정치가 흐리고 어지러움)하게 하였으니 그 화가 참혹하였다. 최충헌이 이 틈을 타서 일어나니 왕이 도리어 추방당하고 자손도 보전하지 못하게 되었다. 이로부터 권신이 잇달아 권력을 잡아 왕실이 겨우 망하지 않고 근근이 실낱같이(아주 미미하게) 이어온 지가 몇 백 년이 되었으니 아아, 원통하다"로 타에 추종을 불허할 정도로 26~136페이지에 걸쳐 나와 있다. 경대승은 충신 당대 권력자로 집권 중 병사해 영웅 위인 성인 추대돼 왜 권력자로 충신이 되었나, 지금까지 알 수 없어 이해 안 돼 연구 대상이 될 정도 인물이다.

  이는 알다가도 모르게 모르다가도 알게 알쏭달쏭하게 의문점이 많이 노출됨에 역사 연구에 논제가 되어 논문발표자, 역사연구학자들에게 큰 획을 그은 인물이다. 당시 그때도 떠나는 경대승을 온 백성들이 탄복도 하고 슬퍼도 하고 그랬지만 그 여파로 오늘날 그 뒤를 잇게 애국충정의 국민교육 정서로 높이 평가되고 있다.

  ※『고려사・고려사절요』경대승 장군의 원문을 한글로 변환해

설을 다음 하였다.

1. 능견 하사

　五月丁酉王命 地諭 于光胤曰 任至行首 李冠夫 宋群秀 慶大升 牽龍 車若松 等 打毬賜綾絹有差

　오월정유왕명 지유 우광윤왈 임지행수 이관부 송군수 경대승 견룡 차약송 등 타구사능견유차

　* 정유일 견룡행수 경대승에게 왕명으로 타구 경기에서 차등 둬 능견 지급했다.
　出處 : 高麗史卷十九-二十二 · 高麗史節要卷十二 十一 (中, p26 김종서 2004 신서원)

2. 경진(慶珍) 1174. 11월 종이품 추밀원사 명 우군병마사, 1174. 12월 지문하성사

　命平章事尹鱗瞻爲元帥樞密院副使奇卓誠副之知樞密院事陳俊爲左軍兵馬使同知樞密院事慶珍爲右軍兵馬使上將軍崔忠烈爲中軍兵馬使攝大將軍鄭筠知兵馬事上將軍趙彦爲前軍兵馬使攝大將軍文章弼知兵馬事上將軍李齊晃爲後軍兵馬使司宰卿河斯淸知兵馬事復攻西京

　명평장사윤인첨위원수추밀원부사기탁성부지지추밀원사진준위좌군병마사동지추밀원사경진위우군병마사상장군최충렬위중군병마사섭대장군정균지병마사상장군조언

위전군병마사섭대장군문장필지병마사상장군이제황위후군병마사사재경하사청지병마사복공서경

任午 以鄭仲夫 爲門下侍中 陳俊 參知政事 慶珍 知門下省事 奇卓成 知樞密院事 宋有仁 爲樞密院副使 兵部尙書 李光挺 爲樞密院副使御史大夫

임오 이정중부 위문하시중 진준 참지정사 경진 지문하성사 기탁성 지추밀원사송유인 위추밀원부사 병부상서 이광정 위추밀원부사어사대부

* 임오일 경진(경대승 부) 명종4년 1174년 1차난 평정 지문하성사 종이품 임명
* 명종6년 1176년지문하성사 2차 조위총난 평정 국사논의중서시랑평장사정이품
* 高麗史 卷 十九 - 二十四 · 高麗史節要(中, p32, p35) 제12권

3. 청주사심관 경대승 대장군, 청주와 서울주민 간 청주사건 100여 명 사망, 파면

三月淸州人與州人係京籍而退去者構隙捕殺幾盡其黨之在京者聞之欲爲報仇矯旨募死士向淸州遺將軍韓慶賴追止之不與州人戰不勝死者百餘以不能禁制罷牧副使趙溫舒事審官大將軍朴純弼將軍慶大升

삼월청주인여주인계경적이퇴거자구극포살기진기당지재경자문지욕위보구교지모사사향청주유장군한경뢰추지지불여주인전불승

449

사자백여이불능금제파목부사조온서사심관대장군박순필장군경대승

* 무술 명종 8년(1178)
* 高麗史節要 卷 十二 - 三十
* 조정장군 한경뢰 급파, 청주목부사조온서 대장군박순필 사심관장군경대승 파면
* 3월에 청주 사람들이 그 고을 사람으로서 서울에 적을 가지고 그 곳에 물러가 사는 사람들과 사이가 좋지 못하여 그들을 거의 모두 잡아 죽였다. 그 무리로서 서울에 있는 자들이 듣고 원수를 갚고자 하여 왕의 명이라 속이고 결사대를 모집하여 청주로 향하였다.

장군 한경뢰(韓慶賴)을 보내 뒤쫓아 가서 제지시키려 하였으나 추급하지 못해, 고을사람들과 싸워 이기지 못하였고, 죽은 자가 1백여 명이었다. 이를 금지하지 못했다 하여 목부사 조온서(趙溫舒)와 사심관 대장군 박순필(朴純弼)과 장군 경대승을 파면하였다.

4. 장군 경대승 정중부와 송유인 벰

辛未 將軍 慶大升 誅鄭仲夫 宋有仁

신미 장군 경대승 주정중부 송유인

* 신미일에 장군 경대승은 정중부 송유인을 죄를 물어 죽이는 주살(誅殺)하였다.
* 高麗史 卷 二十 - 二

九月將軍慶大升誅鄭仲夫及壻宋有仁大升素憤仲夫而爲且其子筠潛國尙公主王患之大升銳意討之畏有仁未得間及有仁斥文克謙韓文俊大失人心朝臣皆側目大升謂而善勇士牽龍許升曰我欲去兇徒汝肯從我事可成矣升諾之大升謀曰藏經會畢之夜宿衛士必皆困睡吾伏死士三十餘人於和義門外汝先殺鄭筠於內以嘯聲爲約則我發伏應之夜四鼓升入筠直廬殺之卽長嘯大升率死士踰入宮墻殺大將軍李景伯指諭文公呂而見輒殺宮中呼譟鋒刃交接王驚愕大升進御室外大聲曰臣等衛社稷請上無恐王出御宮門召大升等手賜巵酒以慰之大升因請發禁軍分捕仲夫及有仁父子仲夫等處逃匿民家悉捕斬之梟首于市中外大悅王呼大升等問之曰今以筠承宣之任欲挨將軍大升曰臣不識字非所敢望王曰非公則將誰可者吏部侍郞吳光陟如何對曰承宣出納王命非儒者不可光陟雖少鮮文字然武臣恐似鄭筠王嘿然於是大升知光陟必拜承宣惡之大升族兄將軍孫碩素與光陟有仇誘大升幷殺之遂分捕四家之黨將軍金光英指諭石和襲連中郞將宋奇秀奇世貞等戮之朝士詣闕而賀大升曰弑君者尙在焉用賀爲李義旼聞之大懼後武官或宣言曰鄭侍中首唱大義摧抑文臣雪吾曹累年之憤功莫大焉今大升一朝而尸四公孰討之耶大升懼招致死士百數十人留養門下號曰都房以備之未幾辭職家居然國有大事必就關決

구월장군경대승주정중부급서송유인대승소분중부이위차기자균잠국상공주왕환지대승총의토지외유인미득간급유인척문극겸한문준대실인심조신개측목대승위이선용사견룡허승왈아욕거흉도여궁종아사가성의승낙지대승모왈장경회필지야숙위사필개곤수오복사사삼십여인어화의문외여선살정균어내이소성위약칙아발복응지야사고승입균직려살지즉장소대승솔사사유입궁장살대장군이경백지유문공려이견첩살궁중호조봉인교접왕경악대승진어실외대성왈신등위사직청상무공왕출어궁문소대승등수사치주이위지대승인청발

금군분포중부급유인부자중부등처도익민가실포참지효수우시중외대열왈호대승등문지왈금이균승선지임욕애장군대승왈신불식자비소감망왕왈비공칙장수가자이부시랑오광척여하대왈승선출납/왕명비유자불가광척수소선문자연무신공사정균왕묵연어시대승지광척필배승선악지대승족형장군손석소여광척유구유대승병살지수분포사가지당장군김광영지유석화습연중낭장송득수기세정등육지조사예궐이하대승왈시군자상재언용하위이의민문지대구후무관혹선언왈정시중수창대의최억문신설오조누년지운공막대언금대승일조이시사공숙토지야대승구초치사사백수십인유양문하호왈도방이비지미기사직가거연국유대사필취관결

* 기해 명종 9년(1179) 高麗史節要(中, p71) 卷 十二 三十九 /
卷 十二 四十

* 9월에 장군 경대승(慶大升)이 정중부와 그의 사위 송유인을 베어 죽였다. 경대승이 평소에 정중부의 하는 짓을 분하게 여겼다. 그 정중부의 아들 정균이 가만히 공주에게 장가들기를 꾀하므로 왕이 근심하였다.

경대승이 제거하기를 열심히 하였으나 송유인을 두려워하여 틈을 얻지 못하더니 송유인이 문극겸·한문준을 배척해서 크게 인심을 잃어 조신들이 모두 바로 보지 않게 되자 경대승이 친애하는 용사 견룡 허승(許升)에게 말하기를 '내가 흉악한 무리들을 제거하고자 하니 네가 기꺼이 나를 좇는다면 일은 이룰 수 있을 것이다' 하니 허승이 승낙하였다.

경대승이 꾀하기를 '장경회가 끝나는 날 밤에 숙위하는 병사들은 반드시 모두 곤하게 잠들 것이다. 내가 죽기를 맹세하는 용사 30여 명을 화의문 밖에 매복 시키겠으니 네가 먼저 정균을 안에서 죽이고 휘파람 소리로 신호하면 내가 복병을 출동시켜 호응

하겠다'고 하였다.

　밤 4경에 허승은 정균이 숙직하는 곳에 들어가서 죽이고 곧 길게 휘파람을 부니 경대승이 결사대를 거느리고 궁궐의 담을 넘어 들어가 대장군 이경백, 지유 문공려(文公呂)를 죽이고 보이는 대로 죽이니 궁중이 부르짖어 떠들썩해지고 칼날이 맞부딪치므로 왕이 매우 놀랐다.

　경대승이 어실 밖에 가서 큰 소리로 아뢰기를 '신들이 사직을 호위하는 것이니 청컨대 주상께서는 놀라지 마소서' 하였다. 왕이 궁문에 나와 경대승 등을 불러 손수 잔술을 주며 위로하니 경대승이 금군을 풀어서 정중부와 송유인 부자 등의 체포를 청하였다.

　정중부 등이 변란이 일어난 것을 듣고 도망쳐 민가에 숨은 것을 모조리 잡아다가 베어 죽이고 저자에 머리를 효시하니 서울과 지방에서 크게 기뻐하였다.

　왕이 경대승 등을 불러 묻기를 '이제 정균이 복무하던 승선의 직임을 장군에게 제수하고자 한다' 하니 경대승이 아뢰기를 '신은 글을 알지 못하오니 감히 바라는 바가 아닙니다' 하였다. 왕이 이르기를 '공이 아니면 장차 누가 좋겠는가. 이부 시랑 오광척이 어떠한가?' 하니 경대승이 대답하기를 '승선은 왕명을 출납하는 직책이니 선비가 아니면 안 됩니다. 오광척이 비록 조금은 문자를 안다고 하나 무신이니 아마 정균과 비슷할 듯합니다' 하니 왕이 말이 없었다.(*이부시랑, 이부버금)

　그러나 경대승은 오광척이 반드시 승선에 임명될 것으로 알고 그를 미워하더니 경대승의 족형 되는 장군 손석(孫碩)이 평소에 오광척과 원수지간이었으므로 경대승을 부추겨 함께 죽여 버리고, 드디어 네 집의 도당인 장군 김광영(金光英), 지유 석화(石和) · 습연(襲連), 중랑장 송득수(宋得秀) · 기세정(奇世貞) 등을

잡아다가 죽였다. (* 원수지간 : 손석의 부친 수원목사 무고파
면하게 한 자, 오광척)

조정의 벼슬아치들이 궁궐에 나아가 축하하자 경대승이 말하기
를 '왕을 시해한 자가 아직 살아 있는데 어찌 축하할 수 있는가'
하니 이의민이 듣고 크게 두려워 하였다.

뒤에 어떤 무관이 선언하기를 '정 시중이 대의를 먼저 부르짖어
문신을 꺾어 누르고 여러 해에 걸친 우리들의 울분을 씻었으니
공이 더할 수 없이 크다. 이제 경대승이 하루아침에 네 공을 죽였
으니 누가 그를 칠 것인가' 하였다.

경대승이 두려워하여 결사의 용사 1백 수십 명을 불러 모아 문
하에 두어 기르며 도방이라 하고 경비하게 하였다. 얼마 안 되어
벼슬을 사퇴하고 집에 있었으나 나라에 큰일이 있으면 반드시 나
아가 결정에 관여하였다.

5. 경대승이 형을 혹독하게 내린 이중 형을 왕이 형 면제

己未 宣旨二罪以下除刑付處 慶大升 累起大獄用刑深峻王測然故
有是命中外皆悅

기미 선지이죄이하제형부처 경대승 누기대옥용형심준왕측연고
유시명중외개열

* 기미일에 왕명에 의해 이중 죄를 경대승이 여러 번 옥살이
형을 심하게 내려 옥사 시켜 왕이 형을 면제하는 유시를 내려 시
정하니 백성 모두들 기뻤다.
* 高麗史 卷 二十 - 二

赦慶大升自去鄭宋以來心不角保常今數人潛伺里蒼偶聞飛語輒拘因鞫問累起大獄用刑深峻王惻然故有是命中外皆悅

사경대승자거정송이래심불각보상금수인잠사리창우문비어첩구인국문누기대옥용형심준왕측연고유시명중외개열

* 사면령을 내렸다. 경대승이 정중부·송유인을 제거한 이래로 마음을 스스로 평온하게 보전하지 못하여 항상 두어 사람으로 하여금 마음과 거리를 몰래 염탐 하게 하다가 우연히 뜬소문을 들으면 곧 잡다가 가두고 국문해서 여러 번 큰 옥사를 일으켜 형벌이 심각하고 준엄하였으므로 왕이 가엾게 여겼던 까닭에 이 사전(赦典)의 명령이 있게 되었다. 중앙과 지방이 모두 기뻐하였다.
    * 高麗史節要 卷 十二 - 四十

6. 서울 도적이 많이 일어났는데 경대승의 도방이라 자칭, 유사 체포 경대승 훈방

京城盜賊多起自稱慶大升都房有司逮捕因之大升輒釋之由是公行奪掠略無畏忌李義旼自聞大升圖已常聚勇士于家以備之又聞都房謀害而忌義旼益懼及於里蒼樹大門以警夜號爲閭門京城坊里皆効而樹之

경성도적다기자칭경대승도방유사체포인지대승첩석지유시공행탈략략무외기이의민자문대승도사상취용사우가이비지우문도방모해이기의민익구급어리창수대문이경야호위여문경성방리개효이수지

* 경자 10년 명종 10년 (1180)
* 서울에 도적이 많이 일어났는데, 경대승의 도방이라고 자칭

했다. 유사(有司)가 체포하여 가두면 경대승은 번번이 놓아주었다. 이 일로 말미암아 드러내 놓고 약탈을 감행하여 조금도 두려워하거나 꺼림이 없었다.
　이의민은 경대승이 자기를 해치려고 한다는 것을 들은 뒤로부터 항상 용사들을 자기 집에 모아 경비하였는데, 또 도방에서 꺼리는 자를 해치려 한다는 말을 듣고, 이의민은 더욱 두려워하여 마을의 거리에 큰문을 세워서 야경하게 하며 여문(閭門)이라 불렀다. 서울 안의 동리들이 다 본받아 여문을 세웠다.
　* 高麗史節要(中 p74) 卷 十二 - 四十一

7. 장군 경대승 문객이 양가의 아들을 죽여서 담당관 체포해 치죄하니 경대승 훈방

　將軍慶大升門客殺良家子有司捕欲治之大升力救得免

　장군경대승문객살양가자유사포욕치지대승역구득면

　장군 경대승의 문객이 양가의 아들을 죽였으므로 담당관이 체포하여 치죄하고자 하니 경대승이 힘써 구원하여 죄를 면하게 되었다.
　* 高麗史節要 卷 十二 - 四十一

8. 붉은 띠 하나 말 한 필 하사

　辛巳 賜 將軍 慶大升 犀 紅鞓一腰馬一匹
　신사 사 장군 경대승 서 홍정일요마일필

왕이 경대승장군에게 무소 뿔 가죽 띠 허리에 두르는 혁대 한 개와 말 한 필을 하사하였다.
* 高麗史 卷 二十 - 五

冬十月賜慶大升犀紅鞓一腰馬一匹
동시월사경대승서홍정일요마일필

겨울 10월에 경대승에게 무쏠뿔 붉은 띠 한 벌과 말 한 필을 하사하였다.
* 경자 1180년 명종 10년 10월
* 高麗史節要(中 p76) 卷 十二 - 四十二

9. 장군경대승 태자부 지유별장 허승과 어견룡행수 김광립 살해, 장사 동숙장침대피

將軍慶大升殺太子府指諭別將許升御牽龍行首金光立大升自殺仲夫常懷畏懼多養壯士于家爲長枕大被今輪日直宿或自共被以示誠款升等恃其同功偃蹇自肆陰養惡小又昵侍東宮寢臥後壁歌吹徹夜旁若無人大升忌之召升于其第斬之又道見光立殺之以兵自衛詣闕秦云升等其心縱恣非惟欲殺臣等且圖不軌事迫不暇秦聞已誅之王命近臣慰諭之宰相以下莫不會賀其第或致書以賀大升稍自安罷其兵衛

장군경대승살태자부지유별장허승어견룡행수김광립대승자살중부상회외구다양장사우가위장침대피금윤일직숙혹자공피이시성관승등시기동공언건자사음양악소우일시동궁침와후벽가취철야방약무인대승기지소승우기제참지우도견광립살지이병자위예궐진운승등기심종자비유욕살신등차도불궤사박불가진문이주지왕명근신위

457

유지재상이하막불회하기제혹치서이하대승초자안파기병위

장군 경대승이 태자부지유별장 허승과 어견룡행수 김광립을 죽였다. 경대승이 정중부 등을 죽인 뒤부터 항상 두려움을 품어 자기 집에 많은 장사를 길렀는데, 긴 베개와 큰 이불을 마련하고 날마다 윤번으로 숙직하게 하였다. 어떤 때는 자신이 이불을 함께 덮어 정성스럽고 간곡한 정의를 표시하기도 하였다.

허승 등은 그와 공을 같이 세웠음을 믿고 거만하고 방자스럽게 굴면서 몰래 불량배들을 기르며, 또 동궁을 가까이 모시고 있으면서 뒷벽에 기대어 누워 밤새도록 노래 부르고 피리를 불며 방약무인하게 구니 경대승이 꺼려 허승을 자기집에 불러다가 베어 죽이고, 또 길에서 김광립을 만나 그 자리에서 죽였다.

군사들로 자신을 호위하고 대궐에 나아가 아뢰기를 '허승 등이 그 마음이 방자 하여 다만 신 등을 죽이고자 할 뿐 아니라 또 반역을 도모하였으므로 일이 급박 하여서 아뢰어 올릴 겨를이 없어서 이미 베어 죽였습니다' 하였다.

왕이 근신에게 명하여 위로하였으며, 재상 이하가 모두 그의 집에 모여 치하하였고, 어떤 이는 편지를 보내 치하하니 경대승은 스스로 조금 안심되어 군사의 호위를 폐지하였다.

* 경자 12월 명종 10년 1180년
* 高麗史節要(中 p76) 卷 十二 - 四十二

10. 3월에 전임 대정 한신충 채인정 박돈순 등 반란 음모를 영의정 좌의정 우의정 재신이 겸직한 영사(領事) 대공기가 장군 경대승에게 고하고 각각 귀양 보냄

三月前隊正韓信忠蔡仁靖朴敦純等謀作亂令史大公器知之以告將

軍慶大升大升白王捕鞫之辭連郞將石和別將朴華注簿李敦實及流信忠仁靖敦純等于海島貶和爲南海縣令華爲河山島勾當使流敦實於廣州

삼월전대정한신충채인정박돈순등모작난영사대공기지지이고장군경대승대승백왕포국지사연낭장석화별장박화주부이돈실급류신충인정돈순등우해도잡화위남해현영화위하산도구당사유돈실어광주

3월에 전임 대정 한신충(韓信忠)·채인정(蔡仁靖)·박돈순(朴敦純)·등이 반란을 일으킬 음모를 하는 것을 영사 대공기(大公器)가 알고서 장군 경대승에게 고하였다. 경대승이 왕에게 사뢰고 잡아다가 국문하니 초사(招辭)가 낭장 석화(石和), 별장 박화(朴華), 주부 이돈실(李敦實)과 관련되었다. 드디어 한신충·채인정·박돈순 등을 섬에 귀양 보내고, 석화를 남해현령으로 박화를 하산도구당사로 좌천시키고, 이돈실을 광주에 귀양 보냈다.
* 신축 11년(1181) 3월 명종 11년
* 高麗史節要(中 p80) 卷 十二 - 四十四

11. 경대승이 허승 죽이자 오보로 경대승이 주살됨에 이의민 대희(大喜)하고 귀향

刑部尙書上將軍李義旼稱疾歸慶州初慶大升之殺許升也義旼以兵馬使出鎭有人誤傳誅大升義旼聞之大喜曰吾欲殺大升誰先我著鞭乎大升聞而御之義旼還懼不自安求去

형부상서상장군이의민칭질귀경주초경대승지살허승야의민이병

마사출진유인오전주대승의민문지대희왈오욕살대승수선아저편호
대승문이어지의민환구불자안구거

  형부상서 상장군 이의민이 병을 칭탁하고 경주로 돌아갔다. 이전에 경대승이 허승을 죽였을 때 이의민은 병마사로서 군진에 나가 있었는데, 어떤 사람이 경대승이 주살되었다고 잘못 전했다. 이의민이 이를 듣고 크게 기뻐하여 말하기를 '내가 경대승을 죽이고자 했더니 누가 나보다 먼저 손을 댔는가' 하였다. 경대승이 듣고 앙심을 품으니 이의민이 도리어 두려워하여 스스로 불안을 느끼고 돌아가기를 청한 것이다.
  * 신축 11년(1181) 명종 11년 5월 · 6월
  * 高麗史節要(中 p82) 卷 十二 - 四十五

12. 상장군 이소응의 사위는 바로 경대승의 아우로 대장군 박제검 아들 박보광이 불량하게 이소응 아내가 동행한 여종 구타 욕설해 중방에 고소한 사건

  知御史臺事大將軍朴齊儉子葆光年少無賴道遇李紹膺妻敺辱從婢紹膺妻大怒率僮僕至齊儉家欲殺之葆光逃匿紹膺女壻卽慶大升弟也紹膺妻憑慶氏勢訴重房上言葆光輕薄無賴道辱宰相妻大無禮也宜置於法事下重房治之葆光意不出齊儉坐免歷低重房官私第乞憐重房哀之請復其官齊儉身爲憲長而諸行請謁憂綱大壞

  지어사대사대장군박제검자보광년소무뢰도우이소응처구욕종비소응처대노솔동복지제검가욕살지보광도익소응여서즉경대승제야소응처빙경씨세소중방상언보광경박무뢰도욕재상처대무례야의치어법사하중방치지보광의불출제검좌면력저중방관사제걸연중방애

지청복기관제검신위헌장이제행청알우망대괴

　지어사대사 대장군 박제검의 아들 박보광(葆光)이 나이 어리고 불량하여 길에서 이소응의 아내를 만나자 그의 수종하는 계집종을 구타하고 욕설했다. 이소응의 처가 크게 노하여 어린 사내종들을 거느리고 박제검의 집에 가서 죽이고자 하니 박보광이 도망쳐 숨어버렸다.

　이소응의 사위는 바로 경대승의 아우였으므로 이소응의 아내는 경씨네 세력에 의지하여 중방에 제소하니 중방에서 아뢰기를 "박보광이 경박하고 불량하여 길에서 재상의 아내를 모욕하였으니 매우 무례하므로 마땅히 법으로 다스려야 합니다." 하니 사건을 중방에 내려하게 하였다.

　박보광은 끝내 나오지 아니하고, 박제검은 연좌되어 파면 당했다. 박제검이 중방 관원들의 사삿집을 차례로 찾아다니면서 불쌍히 여겨주기를 비니 중방에서 가엾게 여겨 그의 관직을 복직시키기를 주청했다. 박제검은 몸이 헌부의 수장 헌장(憲長)의 지위에 있으면서 아첨하여 만나보기를 청함 청알(請謁)을 자행하니 사헌부·사간원을 아울러 이른 말 대각(臺閣)의 기강이 크게 무너졌다.

 * 신축 11년(1181) 명종 11년 10월
 * 高麗史節要(中 p84) 卷 十二 - 四十六

13. 경대승 죽음

秋七月丁丑 將軍 慶大升 卒 八月癸巳 朔夜城中 大驚譟聲震

추칠월정축 장군 경대승 졸 팔월계사 삭야성중 대경조성진

* 가을 칠월 정축일에 장군 경대승 죽었다. 팔월 초하루 계사일에 성안 개경 황도 사람들이 크게 놀라 울음이 크게 진동하였다.

* 高麗史 卷 二十 - 十三

秋七月將軍慶大升卒大升淸州人中書侍郎平章事珍之子膂力絶人早有大志不事家産年十五蔭補校尉累遷至將軍珍性貪鄙多奪人田及卒大升以其田票悉納選軍一無所取人服其淸常憤武人不法慨然有復古之志文官倚以爲重又欲討弑毅宗者以其事艱大隱忍未發及誅鄭宋王內忌而外示優寵凡奏請無不曲從故人多趨附然非有學識與勇略者輒拒之武官畏憚不敢縱肆一夕忽夢仲夫握劒叱咤因得疾卒三十

추칠월장군경대승졸대승청주인중서시랑평장사진지자려력절인조유대지불사가산년십오음보교위누천지장군진성탐비다탈인전급졸대승이기전표실납선군일무소취인복기청상분무인불법개연유복고지지문관의이위중우욕토시의종자이기사간대은인미발급주정송왕내기이외시우총범주청무불곡종고인다추부연비유학식여용략자첩거지무관외탄불감종사일석홀몽중부악검질타인득질졸삼십

가을 7월에 장군 경대승이 죽었다. 경대승은 청주사람으로 중서시랑평장사 경진(珍)의 아들인데, 체력이 남보다 뛰어나고, 일찍부터 큰 뜻이 있어서 집안 살림살이를 일삼지 않았다. 15세에 음직으로 교위에 보직된 뒤 여러 차례 승진하여 장군에 이르렀다.

경진은 성질이 탐욕스럽고 비루하여 남의 전지를 많이 빼앗았는데, 그가 죽은 뒤에 경대승이 그 전지문서를 모두 고려시대 군인을 선발하던 제도 또는 이를 관장하던 관청 선군(選軍)에 바치

고 하나도 남기지 않으니 사람들이 그의 청렴함을 탄복하였다. 항상 무인들의 불법한 행동에 분개하여 개연히 복고할 뜻이 있었으므로 문관들이 의지하여 중하게 여겼다.

또 의종을 시해한 자를 치고자 하였으나 그 일이 어렵고 크기 때문에 은인자중 하여 드러내지 않더니 정중부·송유인 등을 죽이자 왕이 속마음으로는 꺼리나 겉으로는 두터운 은총을 보여 모든 주청을 굽혀가며 좇지 않는 것이 없었다.

그러므로 사람들이 많이 따르고 붙었으나 학식과 용기와 지략이 있는 자가 아니면 문득 거절하니 무관들이 두려워하고 꺼려 감히 방자하게 굴지 못했다.

어느 날 밤에 홀연히 정중부가 칼을 잡고 큰 소리로 꾸짖는 꿈을 꾸고서 병을 얻어 죽었는데, 향년 30세이었다.

* 계묘 13년(1183) 명종 13년 가을 7월
* 高麗史節要(中 pp88~90) 卷 十二 - 五十 ~ 五十一

14. 도방인 섬으로 유배

都下 戊申 捕慶大升都房並流遠島

도하 무신 포경대승도방병류원도

* 무신일에 왕명으로 경대승의 도방사람들을 체포하여 먼 섬의 유배지로 보낸다.
* 高麗사 卷 二十一 - 十四

八月捕慶大升都房並流遠島初大升之討仲夫也牽龍金子格有力焉由是尤愛之俾領都房及大升卒都房歛錢以葬旣葬將散釀飮子格反

誣告日大升都房往往復會者將爲亂也王素忌大升命重房捕之使將軍
鄭存實等治之凡得六十餘人嚴加拷掠窮索其黨期於無種王今內官伺
察刑之苛緩並流遠島捶楚甚酷多死于路存者不過四五人後存實買
紅鞓工彥光家論直白銀三十五斤但輸二十三斤給日待汝徒家畢償
彥光日一二斤猶不可况十二斤乎遂不徒存實怒誣告街衢日我家人
將白銀十二斤過市彥光成群剽奪請治之街衢使雖知其誣畏存實暴涙
囚彥光及妻奴隣里幾四十餘人拷問彥光窘迫計無而出賂存實銀十二
斤得釋又有民臨道作舍存實托路隘命毁之民納賂及止其貪暴類此

팔월포경대승도방병류원도초대승지토중부야견룡김자격유력언
유시우애지비령도방급대승졸도방감전이장기장장산갹음자격반무
고왈대승도방왕왕복회자장위난야왕소기대승명중방포지사장군정
존실등치지범득육십여인엄가고략궁색기당기어무종왕금내관사찰
형지가완병류원도추초심혹다사우로존자불과사오인후존실매홍
정공언광가논직백은삼십오근단윤이십삼근급왈대여도가필상언광
왈일이근유불가황십이근호수불도존실노무고가구왈아가인장백은
십이근과시언광성군표탈청치지가구사수지기무외존실폭누수언광
급처노인리기사십여인고문언광군박계무이출뇌존실은십이근득석
우유민임도작사존실탁로애명훼지민납뇌급지기탐폭유차

8월에 경대승의 도방의 무리를 체포하여 모두 먼 섬으로 귀양을 보냈다. 이전에 경대승이 정중부를 칠 때 견룡 김자격(金子格)이 공이 있었으므로 경대승이 더욱 사랑하여 도방을 거느리게 하였다.

경대승이 죽자 도방에서 돈을 모아서 장사를 마치고 각기 흩어져가려 할 적에 각자가 돈을 추렴해서 모여 술을 마셨는데, 김자격이 도리어 무고하기를 "경대승의 도방무리들이 왕왕 다시 모이는 것은 장차 난을 일으키려고 하는 것입니다" 하니 왕이 평소에 경대승을 꺼리던 터이므로 중방에 명하여 도방의 무리들을 체포하게 하고, 장군 정존실 등으로 하여금 치죄하게 하였다.

무릇 60여 명을 잡아다가 엄중하게 고문을 가하여 그 무리를 추궁해서 찾아내어 기어이 종자를 없애려고 하였다. 왕이 내시들을 시켜 형벌의 시행이 가혹한가 느슨한가를 엿보게 하고 모두 먼 섬에 귀양을 보냈는데, 고문이 몹시 혹독하여 길에서 죽은 자가 많고, 살아남은 자는 4·5명에 불과하였다.

뒤에 정존실이 붉은 가죽띠를 만드는 공장으로 언광(彦光)의 집을 사는데 은 35근으로 값을 정하고 다만 23근만을 주며 속여 말하기를 "네가 이사가는 것을 기다려 모두 갚겠다" 하니 언광이 말하기를 "1·2근이라도 안될 일인데 하물며 12근이겠습니까" 하고는 끝내 옮겨가지 아니하니 정존실이 성내어 네 길거리(街衢)에 가서 무고하기를 "우리 집 사람이 은 12근을 가지고 시장을 지나가는 것을 언광이 떼를 모아서 강탈하여 갔으니 치죄하여 주시기를 청합니다" 하였다.

가구사는 정존실의 말이 무고인 줄 알았으나, 정존실의 포악하고 언행과 성질이 사납고 도리에 어긋남이라는 패려(悖戾)한 것을 두려워하여 언광과 그의 아내와 종과 이웃사람 등 거의 40여 명을 잡아다가 가두고 고문하니 언광이 급박 하게 되어 어찌할 계책이 없어 정존실에게 은 12근을 뇌물로 주고 풀려나오게 되었다.

또 어떤 백성이 길가에 집을 지었는데, 정존실이 길이 좁다고 청탁하여 헐라고 명령하더니 그 백성이 뇌물을 바치자 그냥 두게 하였다. 그의 탐욕하고 횡포함이 이와 같았다.

　* 계묘 13년(1183) 명종 13년 가을 8월
　* 高麗史節要(中 p90) 卷 十二 - 五十一 ~ 五十二

15. 경대승 두려워 왕권회복 할 왕이 유약해 수차호명불출 경대승사후 이의민 소환

召還李義旼義旼畏慶大升屢召不至及大升卒王懼其爲亂遣中使敦諭乃至引見便殿王畏其凶暴外加欣慰中外皆惜王之柔懦

소환이의민의민외경대승누소불지급대승졸왕구기위난견중사돈유내지인견편전왕외기흉폭외가흔위중외개석왕지유나

이의민(李義旼)을 불러 돌아오게 하였다. 이의민이 경대승을 두려워하여 여러번 불러도 오지 않았는데 경대승이 죽자 왕이 그가 난을 일으킬까 두려워하여 중사(中使, 궁중에서 왕명을 전하던 관료·내시.)를 보내 돈독히 타일렀고, 도착 하자 편전으로 불러서 보았는데 왕이 그 흉포함을 두려워하여 겉으로 기뻐하고 위로 하니 조정과 민간에서 모두 왕의 유약함을 안타깝게 여겼다.

  * 갑진14년(1184)명종14년二月(*명종 13년 1183. 7월 경대승 졸 후 8월간공백기)
  * 出處/高麗史節要 (新編 高麗史節要 中 p98 김종서 신서원 2004) 卷 十三 - 一

16. 경대승을 도와 궁궐 담을 넘어 들어갔던 김자격 죄 추론하여 귀양

流諫議宋詡右司諫崔基厚直史館王許召等于遠島時術人言太白犯上將武官必有厄於是武官欲移灾於文官將軍李時用等三十餘人

詣闕構訐等罪請流王雖知武罪然柔弱無斷勉從其請人多冤之時用
等猶慮未壓武官之厄追論中郎將金子格會助慶大升踰入宮墻之罪
請流于島從之

유간의송저우사간최기후직사관왕허소등우원도시술인언태백범
상장무관필유액어시무관욕이재어문관장군이시용등삼십여인예궐
구저등죄청류왕수지무죄연유약무단면종기청인다원지시용등유려
미압무관지액추론중랑장김자격회조경대승유입궁장지죄청유우도
종지

　간의 송저(宋詝), 우사간 최기후(崔基厚), 직사관 왕허소(王許召) 등을 먼 곳의 섬으로 귀양을 보냈다. 이때 천문·복서·점술 등에 지식이 많은 사람 술인(術·人)이 말하기를 "태백성이 상장성을 범하니 무관이 반드시 액운이 있을 것이다" 하였다.
　이에 무관이 문관에게 재앙과 액운 재액(災厄)을 옮기고자하여 장군 이시용(李時用) 등 30여 명이 대궐에 나아가서 송저 등의 죄를 얽어 귀양 보내기를 청하니 왕이 그들에게 죄가 없음을 알고 있으나 유약하고 과단성이 없어서 억지로 그 청을 따르니 사람들이 많이 원통하게 여겼다.
　이시용 등이 오히려 무관의 액운을 막지 못할까 염려하여 중낭장 김자격(金子格)이 일찍이 경대승을 도와 궁궐의 담을 넘어 들어갔던 죄를 추구하여 논의해 추론(追論)하여 섬에 귀양 보내기를 청하니 그 청을 따랐다.
　* 갑진 14년(1184) 명종 14년 9월
　* 高麗史節要(中 p100) 卷 十三 - 二

17. 경대승 권세 잡자 병부상서 이영진이 두려워 위축 경대승 사후 병부상서 착복

冬十月兵部尙書李英搢卒初名寵夫販魚爲生充邏卒性殘忍喜禍歲庚寅附二李恣其吞噬世之言殘虐者必曰寵夫及慶大升用事英搢畏縮大升卒復肆凶悍驟遷尙書漁奪無厭以致家富嘗求使北朝沿路需索郡縣奔走賂遺萬計金人曰汝向爲義州戍卒州人皆呼爲獸心人汝國無人而俾汝拜高官啣使命歟兩至皆慢罵不禮及還語其子曰汝輩免使異邦幸矣

동시월병부상서이영진졸초명총부판어위생충나졸성잔인희화세경인부이이자기탄서세지언잔학자필왈총부급경대승용사영진외축대승졸복사흉한취천상서어탈무염이치가부상구사북조연로수색군현분주뇌유만계금인왈여향위의주융졸주인개호위수심인여국무인이비여배고관함사명여아지개만매불례급환어기자왈여배면사이방행의

    겨울 10월에 병부상서 이영진(李英搢)이 죽었다. 이영진의 처음이름은 이총부(寵夫)이다. 물고기를 팔아 생활하다가 나졸에 충원되었다. 성품이 잔인하여 화란(禍亂)을 좋아하였는데, 경인년에 이의방과 이고 두 이(李)에게 붙어 마음대로 사람을 해치니 세상에서 잔인·포학(暴虐)한 자를 말할 적에는 반드시 '총부(寵夫)이다' 하였다.
    경대승이 권세를 잡게 되자 이영진이 두려워 위축되더니 경대승이 죽자 다시 흉악(凶惡)하고 사나움을 마음대로 부렸다. 갑자기 상서벼슬에 승진되자 백성을 한이 없이 침탈하여 집이 부자가 되었다. 일찍이 금나라에 사신가기를 청하여 연로에서 재물을 요

구하니 군·현에서 서로 다투어 뇌물 준 것이 만금이나 되었다.

　금나라 사람이 말하기를 "네가 전에 의주의 수졸이 되었을 때에 고을사람이 모두 '마음이 짐승과 같은 사람이다'라고 불렀는데, 너희 나라에 사람이 없어서 너는 고관으로 임명하여 사신으로 보냈구나" 하면서 이르는 곳마다 모두 거만스럽게 꾸짖으며 예로 접대하지 않았다. 돌아와서 그 아들에게 말하기를 "너희들은 다른 나라에 사신가는 것을 면하였으면 다행이겠다" 하였다.
　* 신해 21년(1191) 명종 21년 겨울 10월
　* 高麗史節要(新編 高麗史節要 中 p134 김종서 2004 신서원) 卷 十三 - 二三

　* 위와 같이 고려사절요 中 pp26~162까지 연 pp136페이지에 충신으로 경대승이 나온다. 명종은 왕으로 권위로 지시하고 호신은 물론 압력 없게 산하에 둔 사병 제도 도방 정치 집권자 경대승은 청렴결백한 충신으로 모든 국사를 처리하고 나이 30세 집권도중 병사한다. 고려사에 다른 무인들은 자신이 모시는 임금이나 나라를 반역한 신하 역신(逆臣)으로 기록되고 오직 장군 경대승만은 집권자며 신하인 충신으로 열전에 기록되어 있다. 그러므로 오직 나라를 위하고 모든 것을 나라에다 바친 충신이기 때문에 위인이며 죽어서도 나라를 걱정하였음으로 영웅이고 성인이다. 어디 한국사에 더 나아가 세계사에 더한 인물이 있겠는가.

　다른 사람들은 역신이라고 하나 엄연히 고려사에 다른 무인들은 열전에도 없고 경대승만이 열전에 충신으로 기록돼 연 136페이지에 이르게 나오므로 역신과 충신을 이제야 불행했던 중 다행 감사하게 구별되어 있음을 알게 되었다. 나라는 은혜를 입어 놀랍게 진실된 역사도 함께 발전하고 있음을 깨닫게 한다. *

18. 경대승은 권력의 강한 신하 강신(强臣)으로 정의 돌보야 하나 명종은 권위내세우며 유흥 안일무사로 무대책

　　史臣贊曰 自鄭仲夫 李義方 義旼 等 弑毅宗 竊弄國柄 爲明宗 計者當誓心 自强必 欲計賊 以後巳若 力不足 則慶大升 憤王室之 微弱疾强臣之跋扈 一朝擧義 誅仲夫 父子如獵狐兎 而義旼奉首鼠竄假息 鄕閒此正任用賢良 脩明紀綱復張王室之秋也 王不能然溺於宴安其而 施爲殊如平居無事之 時若義旼者 特一匹夫耳遺一介使數 其弑君之罪 誅而族之可也 反可招置驟登爵位 使之陵轢王室殺害 朝臣賣官嚮獄濁亂 朝政其禍慘矣 崔忠獻乘覺以起而 王反見放遂子孫不保 自是權臣 相繼執命王室之不

　　사신찬왈 자정중부 이의방 의민 등 시의종 절농국병 위명종 계자당서심 자강필 욕계적 이후사약 역부족 칙경대승 분왕실지 미약질강신지발호 일조거의 주중부 부자여엽호토 이의민봉수서산가식 향려차정임용현량 수명기강복장왕실지추야 왕불능연익어연안기이 시위수여평거무사지 시약의민자 특일필부이유일개사수 기시군지죄 주이족지가야 반가초치취등작위 사지능력왕실살해 조신매관향옥탁란 조정기화참의 최충헌승각이기이 왕반견방수자손불보 자시권신 상계집명왕실지불

　　* 사신의 기록에 의하면 정중부 이의방 이의민 등은 의종 시해자들로 역부족하여 오던 중 경대승 장군은 정중부 부자를 여우나 토끼 잡듯이 하였다. 경대승이 위급을 구하였지만 명종은 권위로 자기 왕위자리 유지를 버티기 위해 목을 베고 일족을 멸하여야 마땅하나 간신으로 칭하는 쥐의 눈 싸라기 같은 이의민만을 받들고 왕이 연약하여 정사는 돌보지 않고 대전에서 연회를 베풀

며 무사안일 허송세월만 보내고 시해한 자 이의민을 앞세우며 공부상서직은 물론 권력을 송두리째 넘겨주어 왕실을 살해하고 매관매직으로 형량이나 옥사를 마음대로 휘둘렀다. 참으로 가슴 아픈 일이다.

또한 최충헌이 권력을 받아 일어나니 왕을 배격하여 없애고 권력을 자손들 대까지 누려 집권하여 오다 권신들이 이어 명령을 받으니 왕실이 없었으므로 참으로 안타깝고 비통한 세월을 살아왔다.

* 高麗사 卷 二十 - 三十八, 三十九

19. 경대승이 왕실의 미약함을 분개하고, 임금의 힘으로도 어쩔 수 없는 신하 강신(强臣)의 발호를 미워하여 하루아침에 의병을 일으켜 정중부 부자를 목베어 여우와 토끼를 사냥하듯이 하자 이의민은 머리를 부둥켜 쥐고 쥐처럼 달아나 시골에 숨어 목숨만 부지했다. 이때 왕은 능히 그렇지 못하고, 안일에 만족했다

史臣曰 自鄭仲夫 李義方 義旼等弑毅宗 竊弄國柄 爲明宗 計者當誓心 自强必欲 計賊 以後巳若曰 力不足 則慶大升 憤王室之 微弱疾强臣之跋扈 一朝擧義 誅仲夫 父子如獵狐兎 而義旼奉首鼠竄 假息 卿閒此正任用賢良 脩明紀綱復張王室之秋也 王不能然溺於宴安其而 施爲殊如平居無事之 時若義旼者 特一匹夫耳遺一介使數 其弑君之罪 誅而族之可也 反可招置驟登爵位 使之陵轢王室殺害朝臣 賣官鬻獄濁亂 朝政其禍慘矣 崔忠獻乘覺以起而 王反見放遂 子孫不保 自是權臣 相繼執命王室之不

亡若綴旒者 幾百年 嗚呼痛哉

사신왈 자정중부 이의방 의민 등 시의종 절농국병 위명종 계자 당서심 자강필욕 계적 이후사약왈 역부족 칙경대승 분왕실지 미약질강신지발호 일조거의 주중부 부자여엽호토 이의민봉수서산 가식 향려차정임용현량 수명기강복장왕실지추야 왕불능연익어 연안기이 시위수여평거무사지 시약의민자 특일필부이유일개사수 기시군지죄 주이족지가야 반가초치취등작위 사지능력왕실살해 조신매관향옥탁란 조정기화참의 최충헌승각이기이 왕반견방수자손불보 자시권신 상계집명왕실지불
망약철류자 기백년 오호통재

  정중부·이의방·이의민 등이 의종을 시해하고 국가의 권력을 제 마음대로 부렸으니 명종으로서는 마땅히 마음에 맹세하고 스스로 힘을 써서 반드시 적을 토멸하고 말았어야 할 것이다. 만약 힘이 부족하다면, 경대승이 왕실의 미약함을 분개하고, 임금의 힘으로도 어쩔 수 없는 신하 강신(強臣)의 발호를 미워하여 하루아침에 의병을 일으켜 정중부 부자를 목 베어 여우와 토끼를 사냥하듯이 하자 이의민은 머리를 부둥켜 쥐고 쥐처럼 달아나 시골에 숨어서 목숨만을 부지했으니 이 때야 말로 반드시 현량을 임용하고 기강을 세워 왕실을 다시 떨치게 할 시기인데도, 왕은 능히 그렇지 못하고, 안일에 만족하여 그 하는 일이 평상시의 아무 일이 없을 때와 같았다.
  이의민과 같은 자는 다만 한 필부이니 한 사자를 보내 왕을 시해한 죄를 들춰 내어 목 베고 멸족함이 옳을 것인데, 도리어 불러들여 작위를 갑자기 올려 주어, 그로 하여금 왕실을 업신여기고, 조신을 살해하며, 벼슬을 팔고 형옥을 가지고 뇌물을 받아 나라의 정치를 사회와 정치가 흐리고 어지럽게 탁란(濁亂)하게 하였으니 그 화가 참혹하였다. 최충헌이 이 틈을 타서 일어나니

왕이 도리어 추방당하고 자손도 보전하지 못하게 되었다.

이로부터 권신이 잇달아 권력을 잡아 왕실이 겨우 망하지 않고 근근이 실낱같이 이어온 지가 몇 백 년이 되었으니 아아, 원통하다.

* 高麗史節要(新編 高麗史節要 中 p162 김종서 2004 신서원) 卷 十三 - 四十一

20. 19이어, 왕실 없이 무작정 살아왔음에 한스러운 고통의 순간에 연속 한탄할 일

亡若綴旒者幾百年 嗚呼痛哉

망약철류자기백년 오호통재

* 19이어, 망한 것과 같이 위험한 상황에서 몇 백 년을 왕실이 없이 울고 살아와서 아픔의 한이 넘쳐 고통의 연속되었음은 한탄할 일이다.

* 高麗사 卷 二十 - 三十九

21. 금척설화(金尺說話)·금척신화(金尺神話)-조선건국 시 이성계의 꿈 경대승 설화

금척설화 : 왕이 될 사람의 꿈속에 신인(神人)이 나타나 금척(金尺 : 조선 태조가 건국하기 전에 꿈에 신령이 나타나 주었다는 금자를 상징하여 만든 금빛이 나는 자)을 내주면서 백성을 다

스리라고 하였다는 내용으로, 신라의 시조 박혁거세(朴赫居世, 신라의 시조 BC 69~AD 4 왕호는 거서간이며 박씨의 시조이다. 13세에 왕위에 올라 전국을 순시하며 농사와 양잠을 장려하는 등 나라의 기틀을 닦았다. 나라 이름은 서라벌이다.) 설화와 조선조를 창건한 이성계의 설화가 있다.

이성계의 금척설화 내용은 다음과 같다.

조선을 건국할 시의 이성계가 꿈을 꾸었는데 꿈에 큰 칼을 품은 경대승이 나타나 "나의 자손 시중 경복흥은 청덕이 있으나 너무 늙었고, 장군 최영은 직명이 있으나 너무 고지식하나, 반면 그대는 문무겸전(文武兼全)하고 덕망이 있는 왕(王), 재목(材木)으로서 백성이 따르는 바이므로 이 금척을 주는 것이니, 상서로운 명을 받아 제위에 오르라"하는 것이었다. 훗날 조선을 건국한 후 이성계가 말하길 "경대승 장군의 자손에게는 천만 세까지도 미천한 일을 한다고 뜻하는 천역(賤役)을 맡기지 말라"고 하여, 경씨 가문은 부역이나 군역이 면제되었다. 이러한 금척설화가 현세까지도 내려오고 있다. 경씨 집안 상서로운 경사로 대대손손 좋은 일만 있을 거라 했다.

22. 경대승 『고려사』일부에 청주 인으로 청렴결백과 의협심이 강하여 충신 기록

- 고려 무인시대 100년 중 무인들 중 유일하게 한 분만이 충신으로 살았고 그 기록이 『고려사』에 다음과 같다. 그 빛이 빛나고 있음을 알 수 있다.

- 명종 8년 청주인 이며 돌아가신 후 정2품 중서시랑평장사 경진 경대승 장군 부친 경진 전 재산을 나라 선군에 바쳐 가진 것이 하나도 없었다. 또한 감히 대적할 자가 없는 문무를 겸비한 15세 초급장교 음보교위에 오르고 17세에 장군에 올라 무인들의 불법을 용서하지 않아 의협심이 강하였다. 1170년 무인정변으로 정중부는 정권을 쟁취하여 무인시대 명종을 내세워 왕위에 오르게 한다. 선황제 자기 형을 죽이고 동생이 왕에 오른 것이었다. 그것이 명종 1년이다. 명종 9년 탐욕이 지나쳐 난신적자이며 부정부패한 문하시중 정중부 아들 정균 사위 송유인를 제거한 1179년 천제에 고하고 소피, 우혈(牛血)를 견룡행수 허승과 경대승 부관 김자격 허승 부관 김광립과 돌려가며 나누어 마시고 기해정변을 일으켜 정권을 쟁취하였다. 정치 경제 사회 문화의 틀을 바꿔 놓는 혁명으로 백성, 국민 편에 서서 정치 경제 사회 문화를 개혁을 하는데 앞장섰다. 다음과 같이『고려사』에 경대승 장군에 대한 원본해설과 원본기록 문서이다.

慶大升

慶大升淸州人父珍中書侍郎平章事大升
경대승청주인부진중서시랑평장사대승
　*경대승은 청주사람이며 아버지 경진은 중서 시랑평장사로 정2품 현 부총리 벼슬길 오름

膂力絶人早有大志不事家産年15蔭補
여력절인조유대지불사가산년15음보
　*힘이 뛰어나 일찍이 큰 뜻이 있어 가사를 돌보지 않고 15세에 음보(현 위관장교)합격

校尉累遷將軍珍性貪鄙多奪人田及卒大
교위누천장군진성탐비다탈인전급졸대
*교위에서 일약 장군이 되었다. 아버지 경진은 탐욕으로 많은 토지를 취했다. 사후에는

升悉以田案納選軍一無厥取人服其淸明
승실이전안납선군일무궐취인복기청명
*경대승은 부의 재산 한 뙤기도 남김없이 모두 다 나라에 바쳐 청렴결백하였다.

　위 기록『고려사 절요』연 pp136 충신으로 청주인 경대승 장군이 명종 8년 전 재산 나라 선군에 바쳐 한 뙈기 땅도 없이 하나도 가진 것이 없다 하여 일찍부터 부정부패 일소에 몸이 배어 백성들에 귀감이 되게 청렴결백함이 대의로 나타나 있고 명종 9년 1179년 9월 기해정변을 일으켜 혁명과 동시 집권해 도방 정치로 개혁을 한다.
　*『고려사』는 태조 1년 1392년 착수 60년 만에 세종 왕명 받아 1451년 (문종 1) 정인지에, 1452년 문종 2년 때『고려사절요』는 김종서에 의해 만들어졌다.
　*『고려사』와 같은 것으로『고려사절요』는 고려사를 부연(敷衍, 이해 쉽게 설명을 덧붙여 자세히 말하는 것)한 것이다.
　진사(進士)와 생원(生員), 초시(初試) - 과거시험 1차 합격자
　'진사(進士)'와 '생원(生員)'이란 고려, 조선시대에 치르던 과거제도의 문관 선발 시험인 문과 대과(大科)의 예비시험격인 소과(小科)의 생원진사과(生員進士科)의 진사과(進士科 ; 製述科)와 생원과(生員科) 2차 최종시험인 복시(覆試, 고려 시대 본시 동당감시(東堂監試, 본시험인 동당시와 예비시험인 국자감시를 아울

러 이르던 말)에서 선발된 사람 가운데 임금이 다시 시[詩]와 부[賦, 부세 : 세금을 매겨 부과와 軍費], 논[論, 토론 : 서술]을 과목으로 직접 보이던 시험, 조선시대 과거에서 초시에 합격한 사람이 이차로 시험을 보던 일 그 시험)에 합격한 사람에게 나라에서 각각 백패(白牌)를 주어 공식적으로 일정한 칭호이다. 하지만 벼슬 이름은 아니고 지금으로 치면 행정고시 1차 시험에 합격한 사람을 지칭하는 것이라 할 수 있다. 소과인 생원진사과의 1차 예비시험인 초시, 즉 조흘강(照訖講)에 합격한 조흘첩(照訖帖)을 주었고 공식 명칭은 아니지만 '초시(初試)'라고 불러 대우해 주었다.

복시(覆試, 고려 시대 동당감시에서 선발된 사람 가운데 임금이 다시 시[詩]와 부[賦, 부세 : 세금을 매겨 부과와 軍費], 논[論, 토론 : 서술]을 과목으로 직접 보이던 시험, 조선시대 과거에서 초시에 합격한 사람이 이차로 시험을 보던 일 그 시험)는 과거시험의 1차로 초시시험에서 합격한 자 중 2차로 보는 최종합격 시험이다.

제2장
청주경씨 족보 2005 장군공將軍公,
장군님휘諱, 죽은 어른 생전이름대승大升칭송

- 2005年淸州慶氏族譜 別卷 淸州慶氏先世行狀
pp29~34 將軍公 諱 大升

　　명종 4년 갑오년 1174년 五月에 행수(行守) 송관부(宋冠夫)와 경대승(慶大升) 등에게 명령하여 격구를 하게하고 상을 주다. (동국동감 · 고려사에서)
　　명종 九년 1179년 九月애 장군 경대승(慶大升)이 정중부(鄭仲夫)를 베어 죽이다.
　　이에 앞서 중부(仲夫)는 명종의 선왕인 의종(毅宗)을 방자하게 시해하고 함부로 문신(文臣)들을 죽였으며, 마음대로 위세를 부리니 모든 사람들이 괴로워하였다. 그의 아들 균(筠)은 몰래 공주를 도모하려하니 왕이 근심하였으며, 장군 경대승은 평소부터 중부의 소행에 분개하여 쳐 없앨 것을 깊이 생각하고 있었으나 송유인(宋有仁)을 두려워하여 틈을 얻지 못하고 있던 차에 유인(有仁)이 마침 문극겸(文克謙)·한문준(韓文俊) 등을 물리치려다가 크게 인심을 잃었으며, 조정에서도 미움을 받았다. 견룡(牽龍) 벼슬에 있던 허승(許升)은 용맹과 힘이 세어서 균(筠)의 사랑을 받았을 뿐만 아니라 승(升)과 대정(隊正)벼슬에 있던 김광립(金光立) 등과 함께 모두 또 대승(大升)의 좋은 친구들이었다. 대승이 승에게 말하기를,『내가 흉악한 무리들을 쳐버리고자 하니 네가 만약 나에게 따른다면 일이 잘 성사될 것이다.』승이 승낙하니 대승은 또 말하기를,『장경회(藏經會)가 마치는 그날 밤에는 지키는 군사들이 모두 곤하게 잠들어 있을 것이니, 내가 이 틈에 죽기로 작정한 군사 三十여 명을 화의문(和義門)밖에 매복시켜 둘 터인즉, 네가 먼저 균(筠)을 안에서 죽이고 휘파람을 불어서 신호한다면 내가 곧 그 밤에 북을 네 번 울림으로써 그 신호에 응하면서 곧 매복했던 군사를 일으켜 쳐들어가겠다.』고 약속하였다.

마침내 승(升)은 균(筠)의 직방(直房)으로 들어가서 균을 죽이고, 드디어 휘파람으로써 신호를 보내므로 대승(大升)은 곧 죽기로 맹세한 군사를 거느리고 궁의 담을 넘어 들어가서 대장군 이경백(李景伯)과 지유(指諭) 문공여(文公呂)를 죽이니, 궁중이 소란하고 창칼이 마주 부딪쳐서 큰 혼란 중에 왕은 깜짝 놀라서 어찌할 바를 몰라 했다. 대승이 왕의 침전(寢殿)밖에서 큰 소리로 아뢰어 말하기를, 『신들은 국가와 사직(社稷)을 지키기 위하여 반역자들을 죽였으니, 원컨대 위에서는 두려워하지 마시옵소서.』왕은 궁문에 나와 대승 등을 부르시어 손수 술잔을 주시며 권하니, 대승은 이 자리에서 금군을 풀어서 중부와 유인 등을 나누어 잡을 것을 청하였다.

중부 등은 난리 소문을 듣고 도망가서 민가에 숨어 있는 것을 모두 잡아 죽이니 조정 신하들이 대궐에 나와 치하하였다. 대승은 말하기를, 『임금을 시해한 역적이 아직도 살아 있는데 하례를 받는다는 것은 이의민(李義旼)을 위하는 일이다.』라고 하였다. 이의민이 이 소식을 듣고 크게 겁이 나서 몰래 용사를 모아서 이에 대비하였다. 이의민은 일찍이 전왕 의종을 경주에서 시해하였다.

어떤 무신(武臣)이 선언하기를, 대승(大升)이 마음대로 정(鄭)·송(宋) 등을 죽인 것은 잘못된 일이라고 하니 대승은 이를 듣고 두려워하여 죽기로 맹세한 군사 백삼십여 명을 불러 문아래 머물러 기르면서 이름을 도방(都房)이라 하고, 윤번으로 일직과 숙직을 하게 하였다. 얼마 후에 사직하고 집으로 와 있었으나 나라에 큰 일이 있을 때에는 반드시 관여하여 결정하였다. 왕이 말씀하시기를,『균(筠)에게 맡겼던 승선(承宣) 벼슬을 장군에게 주고자 한다.』대승(大升), 말하기를,『신(臣)은 아는 것이 부족하여 감히 바랄 수가 없사옵니다.』나라 바로 세우기 위함이요.

왕이 말씀하시기를,『공이 아니면 누가 좋을까? 오광척(吳光陟)이 어떠한가?』대답하기를,『승선(承宣)은 임금의 명령을 출납하는 벼슬이므로 유자(儒者)가 아니면 안 되는 것이 온데 광척(光陟)이 비록 조금은 문자를 안다 하더라도 역시 무신(武臣)이므로 균(筠)과 같을까 두렵습니다.』이 대답을 들으신 왕은 잠자코 계시었다.

족형(族兄)되는 장군 손석(孫碩)은 평소에 광척(光陟)과 원수진 사이였으므로 대승(大升)을 시켜 광척을 죽였다. (고려사 · 동국여사에서)

명종 十년(1180) 十月에 왕(王)이 경대승(慶大升)에게 무소의 뿔로 만든 붉은 가죽띠 한 벌과 말 한 필을 하사하셨다. 十二月에는 허승(許升)과 김광립(金光立)이 같이 일한 공적을 믿고 몰래 젊은 악당들을 길러서 동궁(東宮)을 모시는데 있어서 방약무인(傍若無人)격으로 위세를 부리니 할 수 없이 승(升)을 불러서 죽이고 광립(光立)은 길에서 보고 죽였다. 왕이 근신에게 명령하여 위로하고 중신들이 그 집에 모여서 모두 치하하였다. (고려사 · 동국여사에서)

명종 十一년(一一八一) 三月에 대정(隊正) 채인정(蔡仁靖) · 박돈순(朴敦純) 등이 반란을 꾀하므로 장군 대승(大升)이 임금에 고하고 잡아다 국문한 후 연좌된 낭장(郞將) 석화(石和)와 박화(朴華) 및 이돈실(李敦實) 등을 함께 귀양보냈다. 十月에는 대장군 박제검(朴齊儉)의 아들 보광(葆光)이 길에서 이소응(李紹膺)의

처에 계집종을 욕보인 일이 있었다. 소응의 사위는 곧 경대승(慶大升)의 아우이므로 경씨를 빙자하여 중방(重房)에 고소하여 다스리게 하니 제검(齊儉)만은 연좌의 벌을 면하게 되었다. (고려사·동국여사에서) 이의민이 북쪽 변방에 있던 十二월에 국가(國家)에서 대승(大升)을 죽였다고 잘못 전하는 자가 있어서 이 소식을 들은 이의민(李義旼)은 크게 기뻐하며 말하기를,『내가 죽이려 했는데 누가 나보다 먼저 손을 댔느냐?』하고 돌아오니 대승은 죽지 않았으므로 이의민은 크게 두려워하여 스스로 편안하지 못할 줄 알고 마침내 병들었다고 핑계하고 고향 경주 시골로 돌아갔다. (고려사·동국여사에서)

명종 十三년(一一八三) 가을 七월에 장군 경대승(慶大升)이 죽다. 왕은 내심 대승을 꺼려했으나 밖으로는 예우를 잘 하였으므로 왕에게 주청하는 것은 무엇이든지 들어주지 않는 것이 없었던 까닭에 많은 사람이 따랐으나 학식이 없으면서 용략(勇略)만 있는 자는 거절하였기 때문에 무관(武官)들도 모두 그 위엄을 두려워했으며, 감히 방자하지 못하였으나 이제 애석하게도 나이 三十에 죽었다. 얼마 후에 대승의 도방 장수 중에 반란을 일으키는 자가 있다고 고변하는 자가 있어서 왕은 모두 잡아들이라고 명령하니 대략 六十여 명에 달하였다. 엄중하게 문초하여 다 함께 먼 섬으로 귀양을 보냈는데 많이 길 도중에서 죽었다. (고려사·동국여사에서)

대승(大升)은 청주 사람이다. 중서시랑평장사 진(中書侍郎平章事 珍)의 아들로서 힘이 당할 사람이 없을 만큼 장사이며, 일찍이 뜻이 있어서 가산을 돌보지 않았다. 고려시대 출세하는 길이 두 가지로 음서와 과거였기에 나이 十五세에 음서로 교위(校尉)가 되고 차차 천거되어 장군에 이르렀다. 항상 무인(武人)들의 불법적인 행동에 분개하여 복고(復古)의 뜻을 품고 있었으므로 문관

(文官)들도 믿고 소중히 여겼기 때문에 처음으로 정중부를 베어 죽이게 되었던 것이다. 정중부를 베인 일은 중복되기 때문에 여기에 또 쓰지 않는다.

　대승은 유력한 견룡 김자격(金子格)을 사랑하여 도방을 통솔하게 하였더니 대승이 죽었을 때에 도방에서 비용을 거두어 장사지냈으며, 장사 후에 장수들이 흩어져서 추렴하여 술 마시는 것을 보고 자격(子格)은 도리어 도방에서 반란을 일으켰다고 무고하였다. 왕은 원래 대승을 꺼려했기 때문에 중방(重房)에 명하여 잡아들이라 하고 정존실(鄭存實)을 시켜 다스리게 하였다. 존실은 포악하고 탐욕스럽고 흉험한 사람이며, 병부상서 이영진(兵部尚書 李英搢)의 성품은 몹시 잔인한 사람으로서 경대승이 일할 적에는 영진은 외축(畏縮)되었으나 대승(大升)이 죽은 뒤에는 다시 흉악하고 포악해졌다. (고려사절요·동국통감에서)

　명종 十四년(一一八四) 十二月 왕이 의민(義旼)을 두려워하여 중사(中使) 돈(敦)을 보내 회유하게하고, 불러 편전(便殿)에서 만나보니, 모든 사람들이 다 왕의 유약함을 애석하게 여겼다. 역사에서 판단하기를,『의민(義旼)은 반란 대역죄의 괴수인데 자기 스스로 극악함을 알고 시골에 숨어 있어야 할 것이며, 왕은 마땅히 법과 형벌을 밝히고 바로 잡아서 천지 신인의 분함을 풀어 주어야 하거늘 도리어 불러서 벼슬을 주어 대우하고 왕의 은총(恩寵)이 그전보다도 융숭하니 이와 같은 난신적자(亂臣賊子)를 어찌 벌하지 않는가?』라고 하였다.

　명종 二十七년(一一九七) 九月에 최충헌(崔忠獻)이 왕을 창락궁(昌樂宮)에서 폐위시키고 태자를 강화로 내쫓고 신종(神宗)을 세우니, 이날 뇌성 번개와 비와 우박이 폭풍과 함께 쏟아지고 나무가 뿌리채 뽑히는 이변이 일어났다. 사신(史臣)이 말하기를,『정중부·이의민 등이 의종을 시해하고 국권을 함부로 쥐고 흔들었으니, 명종을 위하려는 자는 마땅히 스스로 힘을 길러서 반드시 역적을 토벌하고야 말겠다는 굳은 맹세가 있어야 할 것이며, 만약에 힘이 부족하였다면 경대승과 같이 왕실의 미약함을 분히 여기고 강신들의 횡포를 증오하여 하루아침에 의로운 군사를 일으켜 정중부 부자 처단하기를, 「여우와 토끼 사냥하듯」하며 의민은 쥐가 쥐구멍에 목을 움츠리듯 몰래 시골집에 숨어 있게 될 것이니 이때야말로 바르게 어진 사람을 임용하여 기강(紀綱)을 바로 잡고 왕실을 다시 일으켜야 할 때이거늘 어리석고 어두운 임금을 중부(仲夫)는 세우고 충헌(忠獻)은 폐위하였다. 그 왕위를 세우고 폐함이 다 역적의 손에 달려 있으니 아! 슬프도다.」
(고려사절요 · 동국통감여사제강에서)

살피건대 족형 손석(孫碩)은 장군공(將軍公, 장군님)과 같은 성(姓)인지 알 수 없음을 두려워하거니와 그 뒤 손석이라는 사람이 많아서 손씨 성을 갖게 되었다. 최충헌의 일가 사람 노석숭(盧碩崇)이란 자는 역시 성이 다른데 일가 사람이라고 하였으니 역사를 믿지 못할 일들이 이렇게 많으나, 아무의 아우가 나오는 사실을 놓고 볼 때에 장군공(將軍公, 장군님)에게 형제가 있었음이 분명한 것이다.

청주경씨의 연원에서 경대승 계대 불명 외 주요인물 음보 6명

자료 출처 : 1. 淸州慶氏族譜 2005年乙酉譜

청주경씨의 연원(淵源)

청주경씨는 중국 중원(中原, 황하의 중류 하류) 하내(河內)에 연원을 두었던 중국 춘추시대 제나라 공족인 강태사의 후예라고 전한다. 경씨가 우리나라에 뿌리를 내리게 된 것은 지금으로부터 약 1,040여 년 전인 고려 광종 11년 서기 960년 중국 송나라 노국공주의 배신(陪臣), 제후의 신하돼 건너온 팔학사(八學士) 중 한 경경(慶鏡)서 비롯된다.

경경은 호를 암곡 또는 초수라 하고 벼슬이 금자광록대부 문하시중 평장사에 이르렀으며 시호는 공의 인품이 맑고 절조 지켜 따뜻하고 어질어 정의(貞懿)다.

그러나 경(慶)씨는 그로부터 약 200여 년간 사실(史實)과 연대(年代)가 역사에 빠져 있어 상고(詳考)할 수가 없으며 고려 명종(明宗)조에 청주에 근거하고 벼슬의 정의광정대부(正議匡正大夫) 현 경제부총리 당시 중서시랑평장사(中書侍郎平章事)를 지낸 진(珍)을 시조(始祖)로 한다. 경진(慶珍)의 아들은 대장군 경대승(慶大升)이다.

경대승은 26세의 청년장군으로 고려의종(毅宗)조에 반역을 한 무신들의 조정을 이들이 내세운 명종 9년 1179년 때 기해정변으로 조정을 장악한 후 정사를 농단(農壇)하고 횡포가 극에 달하고 있을 때 정중부의 난 또는 무신의 난을 일으킨 정중부 일파를 제거함으로써 실권을 한 손에 잡았으면서도 전 재산을 군부에 헌납하고 고려시대 왕명의 출납을 맡아보던 정삼품 벼슬 승선(承宣)직도 사양하면서 15세 음서제 동등대우 과거급제 오·육품 벼슬 교위 합격해 26세 10년 만에 대장군에서 집권자 도방 정치로 비전을 세우고 튼튼한 왕실(王室)과 백성이 편히 살 수 있는 밝은 세상을 만들고자 애쓰다가 30세의 젊은 나이에 병사했다. 이어 고려 고종 때 몽고에 고려가 망하고 조선도 고종 때 일본에 망하여 이상하게도 집권자 충신 경대승 병사케 한 후 고려와 조선이 고종 때 망하게 되었다는 사실과 함께 대한제국 고종 때 일본의 식민지 시대, 일본이 미국에 항거에 항복해 일본이 소련국경 접한 만주까지 점령한 터에 일본 본국으로 후퇴하며 대한민국 해방이라는 기쁨을 안은 혼란한 틈을 타고 계속해서 소련을 끌고 삼팔선까지 내려와 미국이 더 이상 선을 넘지 말라에 소련이 명령에 따라 삼팔선이 생겨났다. 남북으로 분단된 상태이다. 통일은 원인국가 일본과 당사국 미국과 소련이 재협상 통해만 대한민국의 남북통일이라는 평가다. 청주경씨 중시조는 선대 1대 경번 호부상서, 고관 4대 경복흥 문하시중이다.

이에 경대승 어린 자녀가 있었으나 무신들의 화(禍)를 피하여 깊이 은거(隱居)한 까닭에 30여 년간 세계(世系)가 분명치 않아 고려 고종(高宗)조에 정의대부(正議大夫) 호부상서평장사(戸部尙書平章事) 과거급제 문과 경번(慶蕃) 1세조로 하고 있다.

경(慶)씨가 본관(本貫)을 청주(淸州)로 하게 된 것은 시조를 비롯하여 누대(累代)애 걸쳐 살아온 발상지가 청주이며 4세 경복흥(慶復興, 청주경씨 중시조)이 공민왕(恭愍王)조에 요승(妖僧) 신돈(辛旽)에 의하여 조정이 어지러울 때 이를 바로잡으려고 애쓰는 등 좌시중(左侍中)을 거쳐 문하시중(門下侍中)을 지내면서 바른 정사를 펴기를 애씀에 청원부원군(淸原府院君)의 작호(爵號) 받음 따라 후손 본관 청주이다.

그 외에도 경복흥 아들 차남 5세 경의(慶儀)가 1377년(우왕 3) 4월 밀직부사로서 서경도순문사 겸 서북면부원수(西京都巡問使兼西北面副元帥)가 되고, 1390년(공양왕 2) 4월 전원주등처병마절제사(前原州等處兵馬節制使)로서 무진회군공신(戊辰回軍功臣)에 녹훈되었다. 1393년 참찬문하부사(參贊門下府事)로서 회군2등공신(回軍二等功臣)에 녹훈되고, 서북면병마도절제사(西北面兵馬都節制使)로 평양윤(平壤尹)을 겸하였다. 시호는 순절(順節)이다. 조선 초에 청백리(淸白吏)로 청백록(淸白錄)에 녹선(錄選)되는 등 대(代)를 이어 바른 길을 걸었으며 그 후손들 또한 한

결같이 정의(正義)의 편에 서서 살아온 명문혈족(名門血族)이다.

청주 역사와 청주경씨 가문 전래

 청주는 백제 때 상당현, 신라에 통합된 뒤 경덕왕 때 서원경, 고려에 들어와 청주로 고쳐 조선시대 이래 이름을 바꾸지 않았고 오늘날에 이르렀다. 청원군의 역사는 1895년에 청주군이 생김으로써 여러 관할 구역의 변동이 있은 뒤, 1946년 청주읍이 청주시로 승격되면서 나머지 16개면이 청원군으로 바뀌었다. 현 청원군이 청주통합시로 2014년 되어 80만 명 청원구 서원구 흥덕구 상당구 네 구가 있는 청주시가 되었다.
 역사 속 유명인물이 일반적으로 무인가문이다. 청주경씨는 부패한 세도에 용기 있는 저항으로 무맥(武脈)을 이어오면서 고려 중기에서부터 조선 전기에까지 가문의 성세를 보여 온 명문가였다.

 ◆ 출처/2005年 淸州慶氏族譜 上系,
 淸州本百濟上黨縣新羅置西原京高麗改淸州本朝因之
 始祖 慶珍
 宋徽宗宣化元年己亥生仕於高麗明宗朝官至正議匡正大夫平章事知門下省事以右軍將討
 西京反賊趙位寵平之事見高麗史墓淸州茅山云
 子 大升
 南宋紹興二十四年高麗毅宗八年甲戌三月十二日生以蔭補校尉累遷至大將軍淸廉有大節扶王室誅亂臣鄭仲夫父子事見高麗史明宗十三年癸卯四月二十日卒享年三十
 配慶州崔氏

十二月二十五日生忌八月二十一日父門下評理艾一云諱墓淸州茅山有白碑

按麗史將軍公卒於明宗十三年癸卯尙書公仕於 高宗朝則自明宗癸卯至 高宗元年甲戌爲三十二年其間代級必不爲三代尙書公之於將軍公爲父子無疑然而舊譜不爲直系故今我後裔依舊譜載錄

女 金晙 安東人中書侍郞平章事上柱國上將軍諡景烈公外孫仲龜兵部尙書知門下省事見韓國金石 遺文

윗 한국금속 유문(遺文) 생전에 남긴 글의 본문 해설은 앞에서 [제1부 토막극, pp43~45 '7. 경대승은 기혼자냐 미혼자냐 양론 [주론]과 [반론]의 불꽃 토론']을 참조한다.

『고려사』유독 대장군 집권 경대승은 미혼 무자녀인 동시 타 무인들 중 이의방 벽상공신 좌승선 임명 시 딸 태자비, 정중부 문하시중 아들 좌승선 정균 태자부지유대장군, 직접 피살하고 실권을 잡은 것이 아니므로 경대승 계승 상장군 공부상서 동중서문하평장사 판병부사 무신집권자 이의민 아들 지순 지영 지광 정실부인 최씨 비첩 부용으로 다 유가족(遺家族)인 자녀가 있다. 1196년 이의민과 자녀들은 최충헌 동생 최충수 집의 비둘기를 강제로 가져 온 이지순 때문에 최충헌과 최충수는 이의민과 자녀들을 제거하였다. 청주경씨족보 한국금석 유문 경대승 부인 경주최씨, 이주홍 중편『경대승』에는 세 살 위인 부인 이씨, 반면『무인시대 경대승 편』미혼, 추정 경대승 부인 각각 다르다.『고려사』경대승 자녀 없다.

첨언(添言, 덧붙여 말함)
[정치(政治)] -『고려사』불의 제거함에 불멸하는 정의의 사자 도방 정치 경대승

일본어(日本語)를 잘한다는 것은 예습(豫習)이다. 예습 잘해 온 학생 학습을 잘한다.

日本語(にほんご)が 上手(じょうず)ですというのは予習(よしゅう)です。

It is a preview to be good at Japanese.

정치(政治)를 잘한다는 것은 예습(豫習)이다.

政治(せいじ)が 上手(じょうず)ですというのは予習(よしゅう)です。

Being good at politics is a preview.

대한민국 · 한국 앞선 예습경제 1위 세계10대 경제대국, 예습커녕 복습정치 5위이다.

[경제(經濟)] －『고려사』부 재산헌납無, 도방재편성 구휼미창출 도량형시장경제

19세기 말 제주도에 대한 전략적 관심을 표명한 국가는 일본과 러시아였다. 제2차 세계 대전 전후(戰後) 북쪽으로는 주한미군 주둔으로 북한의 위협에 대한 억지력을 제공하며 동시 동아시아에서 미국의 군사적 영향력을 강화 하고 있는 북한과 국경을 맞대고 있고, 동쪽으로는 일본, 서쪽으로는 중국, 남쪽으로는 동중국해와 맞닿다. 지정학적(地政學的) 위치(位置)에서 현, 기정학적(技政學的) 위치(位置)로 대전환(大轉換)은 전 세계가 국경, 대국(大國) 경제(經濟)의 기회(機會)이다. 대한민국 한국은 자원이 쌀과 삼면 바다 어획, 외국 싼 자원을 들여 기술적 가공 수출로 일대(一大) 반격(反擊), 신성장 동력, 인공 지능 AI(artificial intelligence) 경제 정책 필요하다.

제3장
『慶大升』李周洪 中篇 (前 淸州慶氏系譜 添附pp1~5
2003 청주문화원장 박영수 편집)1976-主論 反論 整理

-『경대승』중편소설 pp97 1976 李周洪(1906~1987 출생 경남 합천읍영창동 향리보통학교 고학 동래중교사 국립부산수산대전 임강사 조선일보신춘문예입선 대한민국문화훈장)

1. 淸州慶氏先世系譜先祖事蹟 其一

慶鏡來朝事蹟

慶鏡號巖谷一云樵叟中原人高麗光宗十一年以太學士魯國公主倍臣으로來朝同時來朝한池鏡辛鏡郭鏡洪鏡張鏡盧鏡河鏡八名이倍臣으로來朝하여같은名과같은號貞懿로後代萬々歲까지도금(盜禁:盜用禁止)孫들이형제와같이友誼를存續토록하시었다.
中國公族慶父에後裔로서 其時부터姓을慶氏로하였다.

始祖珍事蹟

高麗明宗朝에文臣으로淸州慶氏始祖官職門下侍中平章事로서同知樞密院事로서右軍兵馬使로反軍을平征하였음. 各官職을拜受하여在任을마치고淸州에樂鄕하였음.
其後慶氏에本貫을淸州로定하였음.

大將軍慶大升事蹟

名門大家인平章事珍에아들로태어나시어年十五에蔭補校尉로任

官되시어大將軍으로年二十五에任官되시었음. 亂臣鄭仲夫等을一掃하여王權을回復코國權을堅固히하시어全高麗를安定시키고 約五年間政治를하시다年三十에他界하시었음. 先代로부터물려받은모든財産全部國家에바치고淸白한生活을하시었음.

2. 一世尙書公以下六世中丞公事蹟 其二 - 慶大升 都房 政治年表·來歷表

慶鏡, 八學士 中 一名 고려광종11년(960) 중원 중국 黃河江中流南部地域 魯國公主倍臣으로 八學士 池鏡辛鏡郭鏡洪鏡張鏡盧鏡河慶鏡鏡八名 來朝 형제와 같이 우의 존속했다. 팔학사는 공식적이다. 이미 청주경씨는 신라시대부터 私的으로 입국하여 살고 있었다.

시조
珍(1125-1177) 53세 과로사 고려명종 중서시랑평장사 정2품 청주경씨 조이다.

珍의 子
慶大升(1154-1183), 30세 집권 중 병사 고려 명종 최초 도방정치한 장군

一世
蕃번성할번, 계대를 알 수 없어 경번을 일세로 한다. 과거급제
高麗高宗때文科에各部署를거치어正議大夫戶部尙書平章事墓淸原郡南一面池北里

二世

綏편안할수

高麗忠烈王때文臣으로여러官職을歷任하시고 正義大夫典法判書 정삼품 墓上同

三世

斯萬 이사 일만만 충숙왕 비 명덕태후 조카딸 혼인 1321 8년 좌부대언, 1324 11년 우대언 高麗忠肅王때文科中正大夫密直司右代言身病으로일찍他界하시었다.

四世

復興(?-1380우왕6년)다시복,일흥문하시중1359元末洪頭賊退斥功恭愍王14年僉議侍中

初名은 千興 諡號는 貞烈公 號는 淸義堂三韓三重大匡匡政大夫門下侍中判崇敬府事判典理司事上護軍領孝觀事領經筵事淸原府院君諡貞烈公禑朝李仁任讒所流淸州에서卒. 禑王13,1387戊辰守侍中李仁任卒流威化島回軍昌王1388諡號賀禮 墓長湍郡郡內面芳水里

[실화 구전(口傳) : 고려 32대 우왕 4년 문간에 말이 멈추는 소리가 들리더니 이윽고 병사가 안으로 들어오는 것이 아닌가. 이성계를 향해 깊이 허리를 굽혀 절을 하고 난 병사가 두 손으로 편지를 받쳐 들었다. 「시중 대감께서 보내시는 서한이옵니다.」 이성계는 급히 봉함을 뜯었다. 〈이 장군, 기쁜 소식이 있어 이렇게 전하오. 장군이 그토록 시원치 않게 생각하고 있던 지난날의 소환장이며 문초했던 것은 불문에 붙이시겠다는 상감의 고마우신 분부라오. 이젠 이 장군의 누명은 완전히 씻게 되었고 아무런 혐의가 없음을 알려 드리는 바이니 그리 알도록 하오. 앞으로 아무런 심려하지 말고 편안히 지내도록 하시오.〉 시중 경천흥

출처-大河小說 朝鮮王朝實錄 太祖篇 12卷 中 1卷 p202 金映周 大韓書籍公社 1985]

五世
補기울보
崇政大夫檢校右議政西原府院君諡良靖公无后墓上同
臻이을진
正議大夫禮議判書无后
儀거동의
崇政大夫西北兵馬都節制使兼平壤尹守門下評理諡順節公麗末以鷄林元帥隨行威化島太祖回軍之後恭讓王四年授西北面都節制使開國後以淸白守節墓上同

六世
習익힐습 조선개국초 개국원종 보의장군 용양순위사 대장군 겸 사헌부 중승 후좌찬성 판전리사사 증직했다.
高麗末李朝初의 文臣開國原從保儀將軍龍驤巡衛司大將軍兼司憲中丞아드님兄弟맏아드님智둘째아드님餘두분을두시어 其子孫이 全國各地에서 安住現在千二百戶에이르렀음. 墓坡州郡文山邑長山里 失墓로 祭壇에서 時祭를 올림.

첨언(添言 덧붙여 말함)
참조 : 〈청주경씨세조 : 항렬표(行列表)〉 - 〈8세부터~15세까지 20파시조〉

세대	16세	17세	18세	19세	20세	21세	22세	23세
항렬	상(祥) 휴(休)	성(聖) 래(來)	시(時) 선(善)	래(來) 이(履)	대(大) 성(星)	재(再)	중(重)	석(錫)
세대	24세	25세	26세	27세	28세	29세	30세	31세
항렬	호(浩)	기(箕) 수(秀)	현(顯) 문(文)	규(奎) 광(匡)	九· 允·善	제(濟) 준(濬)	근(根) 식(植)	보(普) 익(益)
세대	32세	33세	35세	36세	37세	38세	39세	40세
항렬	수(壽) 교(敎)	현(鉉) 종(鍾)	순(淳) 한(漢)	동(東) 래(來)	렬(烈) 희(熙)	재(在) 노(老)	호(鎬) 용(鏞)	준(準) 자(滋)

出處 : '淸州慶氏先世行狀' '世世行列圖 p545 2005年 '淸州慶氏 族譜 乙酉譜'

▶[경대승 장군 自評(자평, 자기가 한 일을 스스로 평가함) : 무인이면서 특이하게도 무신의 난을 부정한 무인이므로 왕을 업은 시해 다른 무인 반격 거셌다. 그러므로 집권 중 병사했다. 유언, 후세 위인이 나타나면 나의 도방을 알아줄 것이라 하였다. - 子曰 順天者는 存하고 逆天者는 亡이니라.(자왈 순천자 존 역천자 망, 공자가 말하기를 천명을 순종하는 자는 살고 천명을 거역하는 자는 망하느니라.) 즉 선과 정의를 행하는 것을 천명에 순종하는 길로 해석하고, 악과 불의를 행하는 것은 천명을 거역하는 일이다. 莊子曰 若人이 作不善하여 得顯名者는 人雖不害나 天必戮之니라.(장자왈 약인 작불선 득현명자 인수불해 천필륙지.) 즉 장자가 말하기를 만일 사람이 착하지 못한 일을 해서 이름을 세

상에 나타낸 자는 사람이 비록 해치지 않더라도 하늘이 반드시 죽일 것이니라. 萬事分己定이어늘 浮生空自忙이니라.(만사분기정 부생공자망, 만사 이미 분수가 정해져 있는데 세상 사람들 부질없이 저 혼자 바쁘게 움직이더라. 명심보감 순명편)] (출처 大河小說 朝鮮王朝實錄 太祖篇 12卷 中 1卷 巨木風化 p221 金映周 大韓書籍公社 1985)

3. 淸州慶氏先世系譜先祖事蹟 其 一 - 2003청주문화원장 박영수 『경대승』재편집

출처 : '慶大升' 중편 民族文化大系 1976 이주홍(1906~1987 82세)

添附 : 『慶大升』中篇 前 1. 淸州慶氏先世系譜先祖事蹟 其一
                     2. 淸州慶氏各派系統 其一 · 其二

慶鏡來朝事蹟

慶鏡號巖谷一云樵 叟中原人高麗光宗 十一年以太學士魯國公主陪臣으로 來朝同時來朝한 池鏡 辛鏡 郭鏡 洪鏡 張鏡 盧鏡 河鏡 八名이 陪臣으로 來朝하여 같은 名과 같은 號貞懿로 後代 萬萬歲까지 盜(用)禁(止)孫들이 兄弟와 같이 友誼를 存續토록 하시였다. 中國公族慶父에 後裔로서 其時부터 姓을 慶씨로 하였다.

始祖珍事蹟

高麗明宗朝에 文臣으로 淸州慶氏始祖官職門下侍中平章事로서

同知樞密院事로서 右軍兵馬使로 反軍을 平定하였음. 各官職을 拜受하여 在任을 마치고 淸州에 落鄕하였음. 其後慶氏에 本貫을 淸州로 定하였음.

大將軍慶大升事蹟

名門大家인 平章事珍에 아들로 태어나시어 年十五에 蔭補校尉로 任官되시여 大將軍으로 年二十五에 任官되시였음. 亂臣鄭仲夫等을 一掃하여 王權을 回復코 國權을 堅固히 하시어 全高麗를 安定시키고 約五年間 政治를 하시다 年三十에 他界하시었음. 先代로부터 물려받은 모든 財産 全部 國家에 바치고 淸白한 生活을 하시었음.

4. 淸州慶氏各派系統 其一·其二

파시조별 도표

【출처 : 1. 2005년 을유보 청주경씨족보 상권 pp26-117 2. 2011. 10. 10 청주문화원장 박영수의 우편으로 보내온 경대승 두 자료 ① 본 제3부 주론 발론 '경대승' 중편 이주홍 1976 및 첨부 족보 ② 2003. 4. '청주문화' 제18호 앞서 본 제1부 주론 반론한 '고려무인정권 경대승' pp157-161 신호철 충북대 교수】
[淸州慶氏族譜 上卷 － 淸州本百濟上黨縣新羅置西原京高麗改淸州本朝因之 － 20公派와 8世~15世 派始祖(주의 사상 행동 차이로 갈라진 사람의 집단으로 파계의 첫 조상)]

無順	公派	世代	世居	派始祖	官位	墓 所在 地域
1	徵君派	11	江陵 三陟 義城	延	坭山縣監陞通政大夫 春川府使贈資憲大夫 吏曹判書兼進賢館提 學	茅山孝村有旌閭上同 茅山先塋東麓甲坐三 位合窆 · 清州上黨區 池北洞
2	清安	9	居昌	脩	通訓大夫行清安縣監	坡州新屬鉢羅山
3	西峯	9	文義 公州	俊	江原監司 忠淸監司 世子左副賓客	坡州先塋內北麓
4	校理	11	坡州 春川	秀恭	弘文校理 珍山郡守	高陽中面馬頭里正鉢 山現漣川嵋山栢石山 二九
5	月松	9	無後	祥	贈吏曹參判行德川郡 守	坡州先塋下辛坐有墓 碑
6	積城	15	舒川	翔龍	監察	舒川郡西面介也里
7	都事	9	舒川 槐山	祚	儀賓都事	交河朽栗里坤坐有表 石合窆
8	經歷	12	驪州 淸州	時經	經歷	驪州市興川面大塘里 現堤川寒水面黃江里
9	牙山	13	驪州	達	牙山縣監	安城浦野
10	提學	11	驪州 華城	渾	弘文館副提學 吏曹參判	驪州興川面上白里月 谷山49
11	七松	13	積城 驪州	暹	戶曹參判 世子左副 賓客 弘文館大提學 三道觀察	上同艮坐系葬合窆時 享驪州興川面大塘里 30
12	新江	15	積城 坡州	取	承政院都承旨 資憲 大夫 禮曹參判 藝文舘直 提學	積城舘洞內垈申坐雙 墳 坡州市積城面積城里
13	處士	15	平澤	宀+敏	崇禎處士	槐山沙器幕合窆
14	洗馬	14	서울	大後	進士洗馬	淸塘蓮花谷現大塘里
15	平澤	11	驪州 洪川	潛	平澤縣監	珍山公墓右麓辛坐雙 墳 驪州興川面上白里

496

16	奉化	11	驪州	澂	奉化縣監	驪州 興川面上白里山57
17	浪城君派	13	一山富川	宗智	任實縣監 忠勤貞亮扈聖功臣 工曹判書	龍仁道村面上里艮坐 時享10月17日
18	晉州	9	驪州金浦	紅	通政大夫行晉州牧使 折衝將軍	居昌郡渭川面棠山里琴寺洞辛坐合窆
19	寶城	8	淸州忠州槐山	由惇	通訓大夫行寶城郡守	槐山甘物面梅田里松鳴山酉坐合窆
20	兵事	8	松禾	由恭	平安兵事	松禾方築洞戌坐

파시조별 도표 - 역해

【출처 : 1. 2005년 을유보 청주경씨족보 상권 pp26~117 2. 2011. 10. 10 청주문화원장 박영수의 우편으로 보내온 경대승 두 자료 ① 본 제3부 주론 반론'경대승' 중편 이주홍 1976 및 첨부 족보 ② 2003. 4. '청주문화' 제18호 앞서 본 제1부 주론 반론 '고려무인정권 경대승' pp157~161 신호철 충북대 교수】

[淸州慶氏族譜 上卷(청주경씨족보상권) - 淸州本百濟上黨縣新羅置西原京高麗改淸州本朝因之(청주본백제상당현신라서원경고려개청주본조인지) - 20公派와 8世~15世 派始祖(주의 사상 행동 차이로 갈라진 사람의 집단으로 파계의 첫 조상)]

무순	공파	세대	세거	파시조	관위	묘 소재 지역
1	장군파	11	강릉 삼척 의성	연	이산현감승통정대부 춘천부사증자헌대부 이조판서겸진현관제학	모산효촌유정려상동 모산선영동록갑좌삼위합폄 · 청주상당구 지북동
2	청안	9	거창	수	통훈대부행 청안현감	파주신속발라산
3	서봉	9	문의 공주	준	강원감사 충청감사 세자좌부빈객	파주선영내북록
4	교리	11	파주 춘천	수공	홍문교리 진산군수	고양중면마두리정발산현연천미산백석산29
5	월송	9	무후	상	증이조참판행덕천군수	파주선영하신좌유묘비
6	적송	15	서천	상룡	감찰	서천군서면개야리
7	도사	9	서천 괴산	조	의빈도사	교하후율리곤좌유표석합폄
8	경력	12	여주 청주	시경	경력	여주시흥천면대당리 현제천한수면황강리
9	아산	13	여주	달	아산현감	안성포야
10	제학	11	여주 화성	혼	홍문관부제학 이조참판	여주흥천면상백리월곡산49

11	칠송	13	적성 파주	식	호조참판 세좌부빈객 홍문관대제학 삼도관찰	상동간좌계장함평시향 여주흥천면대당리 30
12	신강	15	적성 파주	취	승정원도승지 자헌대부 예조참판 예문관직제학	적성관동내대신 좌쌍분 파주시적성면적성리
13	처사	15	평택	민	숭정처사	괴산사기막현폄
14	세마	14	서울	대후	진사세마	청당연화곡현대당리
15	평택	11	여주 흥천	잠	평택현감	진산공묘우록신 좌쌍분 여주흥천면상백리
16	봉화	11	여주	징	봉화현감	여주흥천면상백리산 57
17	낭성군	13	일산 부천	종지	임실현감 충근정량 호성공신 공조판서	용인도촌면상리간좌 시향10月17日
18	진주	9	여주 김포	임	통정대부행진주목사 절충장군	거창군위천면당산리 금사동신좌합폄
19	보성	8	청주충 주괴산	유돈	통훈대부행 보성군수	괴산감물면매전리송 명산유좌합폄
20	병사	8	송화	유공	평안병사	송화방축동술좌

5. 『慶大升』中篇 李周洪 著者 1976년 - 主論·反論 提起 整理

雪寒風(눈 위로나 눈이 내릴 때에 휘몰아치는 차고 매서운 바람)

서기 1168년 고려 의종(毅宗) 22년 15살 교위 경대승(慶大升) 살아 있는 한평생의 기간, 생애(生涯) 세 가지 일이 겹쳐 발생한 다.

첫 번째 일, 열다섯 살 소년으로 음보 교위에 합격한 것은 부친 경진 [주론] 중서시랑평장사(中書侍郎平章事) 정2품 벼슬 재상 이상 자녀에게 과거제와 같거나 우선 합격하게 되었다. [반론] 부친 경진, 1174년 11월 조위총 난 우군병마사로 출전한 공으로 1176년 난이 평정되어 중서시랑평장사 정2품 벼슬이 되었다. 20살 때 견룡행수 지문하성사 종2품 벼슬에서 겸직 서울에 있으면서 고향의 일에 관여하던 벼슬아치로 각 지방의 호족 세력을 억제하고 중앙 집권을 이루기 위해 둔 것으로 부호장 이하의 향직을 임명할 수 있었고 그 지방의 치안을 책임졌던 청주사심관(淸州事審官)이었다. 두 번째 일, 경대승 약관 20살 견룡행수 때 부친 경 재상이 갑자기 시름시름 앓아 과로사 병으로 세상을 떠난 것이었다. 세 번째 일, 경대승 부친이 죽고 난 뒤 그 부친의 재임 중 부당한 수법으로 백성들 전지를 수탈해 사용하고 있었던 토지의 문권을 군부에 헌납했다. 삼우제가 끝난 다음날 설한풍에 얼었던 몸이 녹느라고 의식이 혼몽해진 탓에 경대승은 자며 잠꼬대를 했다. 나이 세 살 위인 [주론]부인 이씨는 옆에서 자다가 몇 번 흔들어주었다. [반론] 2005청주경씨 족보에는 배경주최씨(配慶州崔氏)이다.『고려사』에는 경대승의 자녀 없다.

그가 결혼한 것은 1168년 의종 21년 14살로 전통혼례식장소. 초례청(醮禮廳)에 처가 사람들도 그랬듯이 어릴 때 남달리 체구가 크고 힘이 장사였다.

1162년 9살 때 의종 16년 그해 정월 봉은사(奉恩寺)에서 석가모니의 탄생일에 불을 켜고 복을 비는 의식, 연등회(燃燈會) 의종이 신하들 거느리고 행차 시 경대승과 같이 구경 갔던 아이들과 내기 끝에 법당 앞뜰 서 있던 둘레가 손가락을 꽉 쥔, 일악수지(一握手指)나 된 잣나무를 맨손으로 뽑았다가 노여움을 사려는 순간 평장사 경진의 아들인 것을 알고 칭찬 한 뒤 후안 상을 내려준 일도 있었다.

또한 1162년 9살 때 의종 16년 12월 청주에서 경험했던 일이다.

아버님 저도 아버님 따라 시조(始祖)가 난 곳, 향관(鄕貫) 구경을 해보는 것이 어떻겠습니까. 한번은 구경해놓는 것이 좋을 테지. 아홉 살이 되었던 해 12월 초순이었다. 경대승은 왕명을 받고서 민정 시찰의 임무를 띠고 내려가는 부친을 따라 자기네 집안의 본관지인 것만 알고, 아직 한 번도 가본 적이 없었던 청주로 내려갔다.

경대승을 따라나와 안내를 해주고 있는 소년은 객관 소임을 맡아보고 있는 한 향리의 아들 허승(許升)이었다. 몇 살? 그럼 나하고 동갑인데 키가 커요. 모두들 아이보다 크다고들 하지. 두 소년은 처음 대면부터 금방 친해졌다. 허승은 미목이 분명하게 생기고 어깨가 딱 바라진 게, 보기만 해도 당차고 다부지고 당당해 믿음직스런 인상을 주는 명쾌한 소년이었다. 청주를 옛날 백제 때 상당현(上黨顯) 지금은 상당산성이니 [주론] 돌로 기둥처럼 길게 만들어 세운 것, 석당(石幢)이니 하는 유적들이 있다. [반론] 커다란 깃발을 달아 세운 쇠로 만든 기둥 철당간(鐵幢竿)으로 청주 용두사지 철당간이라는 유적이 남아있다. 아냐, 난 고적보다 장 구경을 해보는 게 좋겠어. 장 구경을 하다가 경대승에게 흥미를 끌게 하는 것은 거적때기로 칸막이해놓고서 팔고 있는 음식 가게들이었다. 12월 겨울눈이 내리고 추워 여기에만 사람들이 많이 들어앉아 있었다. 서울서 경 재상이 어제 내려왔다지? 그중의 한 사람이 옆 사람의 귀에 대고 하는 말을 듣고서, 허승이 경대승을 돌아다봤다. 경대승의 구미를 끄는 것은 다음 가게에서 한 펑퍼짐하게 생긴 중년늙은이가 팔고 있는 쇠고기국보다 [주론] 두부 지짐이었다. [반론] 두부부침이었다. 가마솥 대신 소댕을 뒤집어 장작불 위에 걸어놓고서 넓적넓적하게 썬 두부에 양념을 듬

뿍 묻혀 익혀내고 있었다. 뜨거운 두부를 훌훌 불어가며 어서 열기가 식어주지 않는 것만 애가 타는 듯 허벅허벅 먹고들 있었다. 이것 역시 국물이 곁들여 있어서 단단히 추위에 언 몸을 녹임, 어한(禦寒)이 되는 것같이 보였다. 우리 저거 한번 사 먹어볼까? 경대승이 웃으면서 허승을 꾀었다. 그렇지만 차마 이런데서... 무슨 상관이야. 저렇게 맛나 보이는 건 첨이다. 두 소년은 양옆을 돌아보아가며 주저주저하다가 가게 안에 들어가서, 남들이 하고 있는 것처럼 멍석 위에 쪼그리고 앉았다. 노파는 두붓국을 뚝배기에 떠 히뜩 쳐다보면서 두 소년의 손에 쥐어주었다. 경대승으로서는 그런 불결한 그릇이나 숟갈을 대하는 것이 처음이었다. 그런 것 생각할 새가 없게 두부국은 예상했던 것보다도 더 맛이 있었다. 얼큰하고 뜨겁고 해서 그랬던지 몇 숟가락 떠 넣지도 않아서 양쪽 관자놀이로 땀이 주르르 흘러내렸다. 경대승은 허승도 땀을 흘리고 있는 것을 보고서 서로 웃었다. 개경에 돌아가면 이런 것도 이야기 재료가 될 거야.

갑자기 우우 하는 소리가 들려오고 머리에 수건을 동이고 바짓가랑이를 새끼로 묶은 장정들 한 떼가 아문(衙門)쪽으로 향해 바람같이 달려가고 있었다. 그쪽에는 희뿌연 하늘에 빨간 불길이 오르고 있었다. 경대승은 문득 허승의 얼굴에서 짙은 공포의 빛이 떠 있는 것을 간취(看取)했다. 경대승도 가슴이 섬뜩했다. 부친이 아문 아니면 객관에 있었을 것이 틀림없었기 때문이었다. 불속으로 쫓겨 들었던 관복(官服) 입은 관리(官吏)가 살려 달라고 비명을 치면서 불 밖으로 쫓아 나오자 군중들은 그럴 때마다 몽둥이로 때려 도로 불속으로 연달아 처넣고 하는 광경을 눈 뜨고는 차마 볼 수 없는 끔찍하고 비참한 광경, 참경(慘景)이었다. 경대승에게 당장 급한 일은 부친이 현재 어디서 어떻게 하고 있는가 하는 걱정이었다. 그때 어디서 병사 한 명이 비호같이 말을 달려 군중을 가르고 나타나더니 낚아채듯 경대승을 말위에 올려 태우기가 급하게 같이 타고선 채찍질을 해 달렸다. 아니 귀인 그대는 누구입니까? 대감께선 진작 정보를 들으시고 피신을 하셨습니다. 소인은 여태껏 도련님을 찾아 헤매고 있었죠. 그럼 아버님은 지금 어디 계시냐? 현 천안(天安), 환주(懽州) 방면으로 길을 떠남, 발정(發程)하셨습니다. 경대승은 그렇게 어리석고 선해 보이기만 하던 백성들이 어떻게 그런 폭민들로 돌변할 수 있을까 하고 자기 눈을 의심할 만큼 놀라기도 했던 것이다. 임금은 배고 백성은 물이다. 물은 배를 띄우고 또 때로는 물이 배를 엎치기도 한다는 말은 곧 임금은 백성이 세우는 것이다. 때에 가서는 백성이 그 임금을 없애기도 한다는 것을 뜻한다. 권세를 업고서 전지를 무수히 뺏아 사유한 중서시랑평장사 경진은 시조가 난 곳, 향관(鄕貫) 대대로 그 땅에서 살고 있는 백성, 토민(土民)들의 원망하고 꾸짖음, 원구(怨咎)의 서로 싸우거나 해치고자 하는 상대, 적(敵)이 되어 있었다. 그러한 사람을 청주로 민정을 살피러 내려보낸 의종도 세정 실태를 잘 모른 처사를 했던 것이다. 그런 음원을 사고 있는 경진이 두려움 없이 그곳으로 내려갔다는 그 자체가 벌써 전후 모순이던 것이었다. 화형으로 참혹한 죽음을 당했던 사람은 그 고을의 최고 지방관이던 청주로 부임해온 삼년간 청주 땅을 세 치나 깎아 낮춰먹었다고 정평이 나돌고 있었을 만큼 지독한 가렴주구를 해왔던 유명한 악질 혹독하고 무자비한 관리, 혹리(酷吏)였던 부목사 김항부(金恒孚)때문이었다.

特權

　의종은 1147년 인종의 뒤를 이어 첫해를 맞이한 그 해의 4월부터 벌써 궁궐을 비워놓고 놀이를 나가기 시작했다. 왕위에 오른 지 불과 두 달도 못된 일이었다.
　그래, 오늘 놀이는 어디로 정해져 있는고?
　국사는 뒷전이고 놀이가 주무(主務)로 된, 의종의 나날이었다. 그가 즐기는 불사와 잡희는 끊일 날이 없었다.
　백성들은 안 듣는 데서 날이 갈수록 의종의 폭정(暴政)을 원망했다.
　가뜩이나 천후가 고르지 못해 흉년이 거듭된 데다 매일 잡세야 부역이야 하고 백성들이 견디어낼 도리가 없었기 때문이었다.
　드디어 1162년 의종 16년 5월, 지금의 강원도 이천·안협·동주·평강과 함경도의 영풍·의주, 황해도 곡주 등 여러 고을에서 백성들이 들고 일어났었다. 일부 양심 신하들이 의종에게 서정 쇄신을 촉구했지만, 의종은 먼 산의 불만큼 여기고서 연해 자족하기를 마지않았다. 지방에서 일어나는 도둑 떼, 토적(土賊)들이 소요를 일으키다니 임금이나 원이 백성을 다스려 기름, 목민(牧民)하러 내려보낸 수령들은 낮잠만 자고 있었단 말인가!
　경대승이 교위(校尉)에 보직되던 해 의종 22년에도 정월 초하룻날 관북궁(觀北宮)에 가서 하례를 받은 뒤 시를 지어 홍문관 벼슬아치를 통틀어 이르는 말로 유학에 조예가 깊은 신하, 유신(儒臣)들에게 보여준 일이 있었다.
　많은 사치는 나 혼자서만 하고 있을 테니 너희들의 사치는 약간만 삼가달라는 것이었다. 나는 바담 풍 하더라도 너희들은 바람풍 하라는 격이었다. 옛날 어느 서당에서 선생님이 '바람 풍' 자를 가르치는데 혀가 짧아서 '바담 풍'으로 외운 데서 나온 말로, 자신은 잘못된 행동을 하면서 남보고는 잘하라고 요구하는 말이다. 왕의 호화가 얼마나 그 극에 달했으면 1166년 의종 20년 7월 14일 보제사(普濟寺)에 임금의 나들이, 거둥(擧動)했을 때 궐문에서 그 보제사까지 길에 장막을 치도록 했던 것이었다. 앞으로도 짐의 임금이 대궐 밖으로 거둥함, 행행(行幸) 때 반드시 목적지까지 장막을 쳐 햇빛을 가리도록 하라! 백성들이 길가에 나와 구경하면서 한마디씩 말을 않는 사람이 없었다. 우리는 살 하나 가릴 옷감도 남아 있지 않는데 저런 데에 쓰려고 저 많은 베를 거둬갔었던 게로군! 아무리 임금이지만 저만큼 장난을 하고서도 천벌을 안 받을까!

그러자 한 남자 노인은 어린 손자의 뼈만 남도록 여위어 있는 손을 자기의 얼굴로 가져가 무지르면서 울먹였다. 우리 모두가 태어난 죄로 이 고생을 당하며 살아가는 거야. 너 어린것도 당초에 죄가 없었다면 이 세상에 태어나지도 않았을 게고, 또 이렇게 배 곯아가며 자라지도 않았을 게 아니냐!

이 광경을 보고서 울음을 터뜨리지 않는 사람이 없었다.

뒤집힌 가서(嘉瑞, 상서로운 일이나 행복의 조짐이 나타남)

1170년 의종 24년 5월 13일 왕이 연복정(延福亭) 행차를 했을 때 경대승도 많은 무신들과 함께 윗사람을 모시고 따라감이라는 배행(陪行)을 했다.

경대승은 교위(校尉)에 의종 23년 1169년 15살 보직된 이래 그런 행차에 무수히 참석해왔고, 또 그럴 때마다 왕을 위시한 간신들의 광란이 마음에 거슬려 울울했던 것이었다. 이날에 하고 있는 문신들의 시인이나 시의 애호가들이 시를 짓거나 시에 대하여 토론 감상 연구하기 위하여 모인 모임, 시회(詩會) 놀음도 차마

두 눈을 뜨고선 볼 수 없는 아니꼬운 광경들이었다.
 한 문신이 앗! 이것은 틀림없이 대왕폐하를 위한 서초(瑞草)입니다. 이 정자 안에 국화과의 여러해살이풀, 높이 60-120cm 잎은 어긋나고 달걀 모양이다. 7-10월 분홍빛이 도는 흰색 꽃이 피고 열매는 수과瘦果이다. 어린잎은 식용하고 줄기와 잎자루는 약용한다는, 다북쑥 세 줄기가 나있는 걸 보시오. 왕의 표정을 살펴가며 떠들어댔기 때문에 여러 사람이 모인 자리, 좌중(座中)의 시선이 모두 그쪽으로 쏠려갔기에 이에 질세라 내시(內侍) 황문장(黃文莊) 국자박사(國子博士直寒林院) 출처 규장각 1155년 의종 9년 진사시 1등 장원(壯元)은 연못가에 서 있는 황새 한 마리를 보고서 소리했다. 아니 저 현학을 보시라구요. 폐하! 저 새는 틀림없는 폐하의 성수무강을 축수하기 위해 나타난 상서로운 새, 서조(瑞鳥)이옵니다. 의종도 시를 지어 화답하고는 황문장에게 술 한 잔을 하사했다. 그 물새가 현학이든 아니든 자기에게 무궁무진한 상서로운 구름, 서운(瑞雲)을 보장해줄 것 같은 기분이 들어서였다. 의종은 고려 시대 중서문하성에 속하여 간쟁(諫爭) 봉박(封駁)에 관한 일을 맡아보던 종육품 낭사(郎舍) 벼슬로 정언(正言)을 내릴까? 아니 아직은 나이가 너무 젊어 국자박사(國子博士)로 해주지!
 무신 한 사람이 물을 바라다보고 앉아 있었다. 장군! 어찌 이렇게 혼자서 나와 계십니까? 배가 고파서 이래 나와 있는 거야! 문신 저희들만 배가 터지도록 처먹고 있는 꼴을 더 보아낼 수가 없어서 이렇게 나와 있는 거야! 머리털이 하얗게 세어 65세 원로 무신 상장군(上將軍) 정중부(鄭仲夫)였다. 경대승도 그 옆으로 가서 앉았다. 자네도 처음부터 저널 수가 있었던 건데 뭣 때문에 문과명가(文科名家)집 출신이 이따위 무과를 지망했어! 실은 그 문신들의 안하무인격 전횡에 진절머리가 났기 때문입니다. 일부러

남에게 돌아가신 자기 아버지를 이르는 말, 선고(先考)의 반대를 무릅쓰고 무과를 택했던 겁니다. 경대승은 무신들끼리의 단합을 위해서라도, 이 원로 연장자 정중부를 가까이 해보려고 자주 접촉했지만 번번히 이런 냉랭한 태도로 대승을 따끈따끈하게 붙여주지 않았다. 장군! 누군가 하고서 뒤돌아봤더니 고려 시대 한 영(領)에 다섯 무관 둔 정팔품 벼슬 산원(散員) 이의방(李義方)과 이고(李高)가 내려다보고 서 있었다. 저 문신놈들이 고자질해 우리에게 또 무슨 벌이 내려질지 누가 압니까? 어서 가서 하는 날까지 충실히 경호를 해주어야지요. 정중부가 말없이 일어서서 그들과 함께 돌아가는 것을 보고 경대승도 천천히 걸어가 본시 있던 자리에 도로 번을 서 있었다. 문신들은 궁녀들에 에워싸여 있는 의종의 맞은편에 앉아서 모두 곤드레가 된 채 잡담으로 입에 거품들을 튕겨대고 있었다. 경대승은 언제까지나 저 꼴을 보고 지내야 하나 하고 또다시 울화증이 끓어오르기 시작했다. 정중부도 꼿꼿이 서 있는 채 눈을 지긋이 감고 있었다. 일찍이 정중부가 문하시중(門下侍中) 김부식(金富軾)의 자(子) 김돈중(金敦中)으로부터 수염 그슬린 모욕을 당했던 그 사실을 암시해 그의 발심(發心)을 돋구어주려는 뜻이 품겨 있었다. 1144년 인종 22년 섣달 그믐날밤 일이었다. 대궐에는 예년같이 중국에서 시작한 것으로 민가와 궁중에서 음력 섣달 그믐날에 묵은해의 마귀와 사신을 쫓아내려고 베풀던 의식, 나례(儺禮) 연중행사의 하나로 소년들로 구성된 진자(侲子)들이 붉은 두건(頭巾)을 쓰고 붉은 치마의 옷을 입고 가면을 쓰고 창과 방망이 등을 들고 춤추며 돌아다니며 잡귀를 쫓아내는 굿이었다. 여러 놀이와 무신들 잡기(雜技)가 병행되었다.

    견룡대중 정중부가 오색 종이로 만든 용을 굼틀거려 놀리면서 궁정 안으로 들어서자 관람석에서 웃음소리 박수소리 터졌다.

의종도 체면을 잊을 정도로 크게 웃으면서 손뼉을 쳤다. 저게 정중부 아닌가? 그렇사옵니다. 음, 정중부이기에 저만큼이나 하는 게지! 의종은 평소에도 그의 팔 척이 넘어 보이고 특출한 기골(奇骨)을 좋아하고 있었던 터였다. 별안간 강한 바람이 불어닥쳐 켜 놓은 촛불이 일시에 꺼졌다.

문하시중 김부식 아들이 관중의 인기를 끌고 임금님의 호의까지 받자 기분이 상했던 내시 김돈중이 궁녀들이 가지고 온 촛불 하나를 받아들었을 때 마침 정중부가 옆에 서 있는 것이 보였으므로, 김돈중은 보기 좋게 나 있는 정중부의 수염에다 대고 불쑥 대었다. 어이 뜨거워! 정중부는 얼떨결에 소리를 지르면서 급히 두 손으로 반 이상 탄 수염을 비벼 껐다. 어느 놈이 내 수염에다 불을 댔어! 김돈중이 나서면서 내가 댔다. 무사 수염은 불이 안 붙는가해 한번 해본 거다. 왜? 김돈중은 제아무리 권력 좋은 아버지를 업고 있는 귀인자제지만 그해 5월에 갓 급제한 애송이 내시, 비록 견룡대정의 무관이긴 하지만, 그의 아버지뻘이나 되는 40대 장정에, 눈앞에 뭐가 보일 게 있을 까닭이 없다. 정중부는 김돈중의 멱살을 잡아 쥐고 무섭게 따귀를 두 대나 연거푸 갈겨줬다. 요 방자한 놈, 누구의 수염을 태워? 아니, 이놈이 누구 앞에서 죽으려고 하는가? 뒤잖게 무관이라는 놈이 감히 문관에게다 손질을 한다? 그대로 있었다면 정중부에게 더 얻어맞고 말았을 것을, 사람들이 떼 말리는 덕에 김돈중은 무사하게 그 자리를 피할 수 있었다. 내시 김돈중의 부(父) 김부식은 수충정난정국공신·검교태보수태위·문하시중·판상서 이부사·감수국사상주국겸 태자태보(輸忠定難靖國功臣·檢校太保守太尉·門下侍中·判尙書吏部事·監修國史上柱國兼太子太保)란 한숨에 다 내려읽지도 못할만한 긴 직함의 어마어마한 공신으로 나는 새도 떨어뜨릴만한 세도가였다. 김부식은 의종에게 달려갔다. 신의 자식 돈중은 대과 출신으로서 폐하를 모시고 있는 내시원 관원이옵니다. 일개 견룡대정 무부가 감히 어전에서 시위하고 있는 문관에게 무엄한 짓을 했으니, 만일에 처벌을 않는다면 국가의 강기가 어그러질 것이옵니다. 어쩌다가 그런 일이 생겼던지 유감된 일이오. 알아서 잘 조처할 테니 진정을 하오. 의종은 정중부를 가만히 불러 도망을 치도록 했다. 의종은 무신 전체를 천대하면서도 정중부만은 그의 사람됨에 기이함을 사서 좋게 보아왔던 것이었다. 내가 다행히 부식이 부자 네놈들의 고문은 면했다만 어느 땐가는 내 손에서 죽을 날이 있으리라! 김돈중은 결국 경인년 무신의 난 때 큰 액수의 현상금을 걸어놓고 그를 수색하자 감악산으로 도망가 같이 숨어있었던 그의 하인이 돈중의 거처를 알려주었다. 김돈중의 명령을 받고 가만히 집안 안부를 탐지하러 내려왔다가 많은 현상금에 끌려 그만 상전을 판 것이었다. 그날로 잡혀 냇가의 모래사장에서 처형을 당한 김돈중은 목이 끊어지는 직전에 재기발랄한 청년 관인답게 정직한 일면을 보여주기도 하였다. 나는 상장군 정삼품 이소응의 뺨 때린 칠품 내시 한뢰(韓賴), 이복기와 동조한 일은 없다 유시(流矢) 사건으로 죄 없는 사람을 죽게 했으니 내게 이날이 온 건 당연한 일이다. 유시 사건이란 김돈중이 3년 전인 의종 21년 정월 14일 왕을 모시고 갔다가 관풍루(觀風樓)에 이르렀을 때, 자기가 탄 말이 징소리에 놀라 뛰는 바람에 차고 있던 전통(箭筒)에서 화살이 빠져나와 왕의 옆에 떨어진 탓으로 해서 왕이 놀라 범인을 잡으라는 엄령을 내렸는데도, 자기의 과실임을 고백하지 않았기 때문에 억울하게 혐의를 입은 의종의 동생 대령후 경(大寧候暻)의 집 종 나언(羅彦), 유성(有成), 황익(黃益) 및 유성의 처 등을 참수형으로 죽게 한 사실을 처형 전 말한다.

· 1164년 의종 18년 3월 21일의 일이었다. 의종이 인지제(仁智齋)에 이어(移御)하려 하고 있는 때인데 법천사(法泉寺) 주지 각예(覺倪)가 주찬을 갖추고 길 도중에 있는 달령원(獺嶺院)에서 왕을 맞이했다. 오오, 그대가 나를 위해 이렇게 기특한 준비를 하고 있었구나! 각예는 예종궁인(睿宗宮人)의 몸에서 난 아들이었다. 의종은 여기서 취토록 술을 마시며 문신들과 시회를 즐겼다. 그들은 마시고, 떠들고, 춤추고 하면서 밖에서 호위의 번을 서고 있는 무관들에게는 술은커녕 밥도 내려줄 줄을 모르고 있었다. 해가 뉘엿뉘엿할 시각쯤 해서 왕은 무신들을 모르도록 해놓은 채 같이 놀던 문신들과 함께 귀법사로 들어갔다. 무신들은 후줄근하게 밥을 굶은 채로 기다리고 밤중이나 되어서야 돌아왔다. 정중부는 가슴을 쳤다. 이 오라질 놈의 세상 언제까지 우리가 이 꼴을 당하고 살아야 하나! 그때 정중부 나이 59세이고, 대장군에 올라 있었다. 옆에서 보고 있던 수하 무관 이의방과 이고가 다가와서 정중부의 손을 쥐었다. 장군! 우리가 언제까지 이래 있어야만 할 건가요? 장군! 우리 무관들도 잘살 수 있는 도리가 없습니까? 이런 속뜻이 표면에 노출되는 기회가 오고 말았다.

1170년 의종 24년 8월 29일 의종은 승선(承宣) 임종식(林宗植)·이복기(李復基), 기거주(起居注) 한뢰(韓賴) 등 여러 문신들을 대동하고서 연복정(延福亭)에 놀이를 갔다가 다시 흥왕사로 옮겨가 연회를 벌여놓고 있었다. 그날도 문신들 저희들만 배부르게 마시고 먹고 하는 중에, 무관들은 술 한 잔 밥 한 그릇을 먹여주지 않았다. 정중부가 먹여주기를 청하였다. 승선 임종식과 기거주 한뢰는 정중부에게 처분만 기다리고 있을 일이지 어찌 무부들이 감히 어전에서 함부로 요구를 하는 거야. 정중부는 이고와 이의방을 구석진 곳으로 끌고 갔다. 우리가 바라는 대로 보현원(普賢院)으로 행차하게 된다면, 장단(長湍)은 왕궁과 거리가 먼 터이니까 이 기회를 이용하는 게 좋겠단 말야. 오늘 마침 호종(扈從)해오지 않았지만, 경대승 같은 사람도 있었다면 좋았을걸요. 보기에 믿음직한 게 우리 동지가 될 사람으로 보이지 않습니까! 아니야, 난 아직 그자를 못 믿고 있어. [주론] 지금은 무관이더라도 바뀌기 전의 신분, 전신(前身)이 문관 출신이 아니냔 말이야. [반론] 경대승 부친 경진은 경군에서 승승장구 하여 중낭장 우군병마사 지문하성사 중서시랑평장사로 전신이 무관 출신이 아니냔 말이야. 만일 문신들과 내통이라도 하는 일이 있다면 그때는 우리가 왕창 죽음만 당하고 마는 거야. 하늘의 도움이 있는 시기, 천시(天時)가 정중부의 편을 들어주느라고 그랬던지 다음날 1170년 의종 24년 8월 30일에 의종이 장단의 남쪽 편에 있는 보현원으로 유람하기 위하여 각처로 돌아다님, 유행(遊行) 길을 떠나게 된 것이었다.

　국정을 외면하고 오직 그날그날의 함부로 음탕한 짓을 함, 황음(荒淫)만이 일과같이 되어 있던 의종과 그 추종 간신배들은 더 새롭고 새로운 자극을 구하기 위해서 날마다 장소를 바꾸어왔던 것이었다. 보현원에 행차하려고 오문(五門) 앞에 도착한 의종은 그 자리에서 술자리를 벌여놓고 또 신하들과 술이야 시회야 하고 시간이 가는 것도 몰랐다. 여기서 무신들이 5명이 1조가 되어 승부를 겨루는 정신 수양과 신체 단련을 위하여 주먹을 놀리어서 하는 운동, 권법(拳法) 경기의 일종, 오병수박희(五兵手搏戱)를 왕이 발의로 해보도록 하라! 한때 범을 맨주먹으로 때려잡았던 장사지만 나이 60세에서 한 살이 모자랐던 노년 대장군 이소응(李紹膺)이 젊은 상대에게 쫓기고 있는 것이 구경하는 사람들의 시선을 한데 모았다. 종오품 기거주(起居注) 한뢰(韓賴)가 미친 듯이 뒤쫓아 가더니 뺨을 때려 이소응을 층계 밑으로 굴러떨어지게 했다. 정중부가 벌떡 일어서며 동료 무신인 김광미 양숙 진준 등에게 눈짓을 하더니 뚜벅뚜벅 한뢰 앞으로 걸어갔다. 이봐! 이 소응이 비록 무부지만 벼슬 삼품이야 어째서 종오품이 모든 사람이 매우 분명히 드러내 보이는 앞인, 만인소시하(萬人昭示下)에 그런 모욕을 주는 거야! 왕이 당황해 일어서며 문무 간에 반목을 잘 알고 있는 의종은 정중부의 손을 잡았다. 왕의 행차가 보현원이 있는 장단에 닿은 것은 해가 깜빡 넘어간 저녁이었다. 이고와 이의방이 한발 먼저 보현원으로 달려가서 왕명이라 거짓 속이고는 순검군(巡檢軍)을 한자리에 집합해놓았다. 왕이 보현원 문안으로 들어가는 것을 기다리고 있다가 뒤따라 들어오는 승선 임종식 이복기 두 명을 칼로 쳐 쓰러뜨렸다. 좌승선 김돈중은 일부러 취한 척 말에서 미끄러져내려 어둠속으로 도망쳐 김돈중과 함께 숨었다가 감악산에 숨었다가 본가 상황 염탐 중 김돈중의 양반들이 개인적으로 자기 집에서 부리던 사내, 가복(家僕)이 고액의 현상금에 신고하여 김돈중은 처형당했다. 한뢰는 임금의 침상 밑에 숨었다. 아니 무슨 변란이 있는 거냐? 왕은 내시부 소속 임금의 시중을 들거나 숙직 따위의 일을 맡아보던 남자, 환자(宦者) 왕광취에게 난동을 저지 명령 해 손을 잡고 애원하는 왕광취를 뿌리친 정중부는 의종 앞에서 한뢰를 내보내라고 하자 한뢰가 왕의 뒤에 매달려 발발 떨고 있는 것을 이고가 칼끝으로 위협해 끌어내어선 단칼로 목을 쳐 죽였다. 오문 앞 경기장에서 이소응의 뺨을 치니 불과 몇 시간 뒤의 일이었다. 무관들 한패는 보현원 주위를 둘러쌌다. 다른 한패의 행동대는 오른쪽 어깨를 벗고 머리에 쓴 과거에 급제한사람이 홍패를 받을 때 쓰던 관(冠)인, 복두(幞頭)를 내동댕이치며 원 안으로 뛰어 들어가 승선(承宣) 이세통(李世通), 내시 이당주(李唐柱), 어사잡단(御事雜端) 김기신(金起莘), 지후(祗侯) 유익겸(柳益謙), 사천감(司天監) 김자기(金子期), 태사령(太司令) 허자단(許子端) 등 문신과 환관 동조하지 않는 무인들을 닥치는 대로 베어죽여 삽시에 시체가 산더미같이 쌓였다. 개경으로 치달아 올라간 이고, 이의방, 이소응 등은 수도에 소재하였던 감옥, 가구소(街衢所)에 이르기가 무섭게 별감(別監) 김수장(金守藏), 추밀원부사(樞密院副使) 양순정(梁純精), 사천감 음중인(陰仲寅), 대부소경(大府小卿) 박보균(朴甫鈞), 감찰어사 최동식(崔東軾), 내시지후 김광(金光) 등 궐내 숙직 관료들을 모조리 베어 죽였다. 순검군을 거느린 이고와 이의방은 밤에 태자궁에 들이닥쳐서 행궁별감(行宮別監) 김거실(金居實), 원외랑(員外郞) 이인보(李仁甫) 등을 죽이고 의종의 사택(私宅)인 천동택(泉洞宅)에 들어가서 별상원(別常員) 10여 명을 쳐죽인 뒤 명색이 문신의 관을 쓴 놈은 비록 서리(胥吏)라도 씨를 남기지 말고 숙청해 버려라! 판리부사(判吏部事) 치사(致仕) 최유칭(崔褎偁), 판리부사 허홍재(許洪材), 동지추밀원사 서순(徐醇), 지추밀원사 최온(崔溫), 상서우승(尙書右丞) 김돈시(金敦時), 국자감대사성(國子監大司成) 이지심(李知深), 비서감(秘書監) 김광중(金光中), 이부시랑 윤돈신(尹敦信), 위위소경(衛尉小卿) 조문귀(趙文貴), 대부소경 최윤서(崔允謂), 시랑(侍郞) 조문진(趙文振), 내시소경(內侍小卿) 진현광(陳玄光), 시어사(侍御史) 박윤공(朴允恭), 병부낭중(兵部郞中) 강처약(康處約), 봉어(奉御) 전치유(田致儒), 지후 배진(裵縉)·배연(裵衍) 등 50여 명을 샅샅이 뒤져내 모두 단칼에 베어죽였다. 다음날 9월 1일 왕이 강안전(康安殿)에 들어가 있는 동안 환관 왕광취가 동료들과 모의해 정중부 일파를 타도하려다 동참했던 한숙(韓淑)이 음모를 누설해 정중부 등은 임금 행차 내시 10여 명과 환관 10여 명을 찾아내 죽였다.

 의종은 향락 벽을 여전히 못 버리고 많은 궁녀들을 데리고 수문전(修文殿)에서 술 마시고 놀면서 노래를 부리고 악공들에게 음악을 연주케 하다간 밤중쯤 술이 크게 취해 침전으로 들어가는 것이었다. 이고와 채원(蔡元)이 침전으로 들어가는 의종을 칼을 뽑아들고 침전으로 뛰어들어 의종을 죽이려는 것을 왕을 시해하는 건 백성들에게 불신만 심어준다고 동료인 양숙(梁淑)이 말렸다. 권력으로 사람을 마음대로 좌우할 수 있는 힘, 권병(權柄)을 잡은 무신들이 백성들에게 새로운 입김을 불어넣기가 곤란하겠기 때문이었다.

다음날 9월 2일 왕은 거제현(巨濟縣), 태자는 진도현(珍島縣)으로 추방하고 어린 태손(太孫)은 목을 졸라 죽여 버렸다. 무비는 청교역(靑郊驛)으로 도방해 숨었다가 정중부 등에게 죽게 된 것을 태후(太后)가 간청해 목숨을 얻어 놓았던 것이다.

이 와중에 살아남은 문·무인이 있었다. 한뢰가 이소응 뺨을 친지 불과 몇 시간 뒤 왕을 호종하던 무신 김석재(金錫才)가 이의방에게 무례를 꾸짖음에 이고가 감히 언전에서 칼을 뺄 수 있는 일이냐며 하자 이의방은 같이 죽고 싶어서 그러는 모양이냐 지금 어느 땐데 그따위 소리를 하냐 하자 김석재는 아무 말도 못했다. 승선 노영순만은 본래 무사의 집 아들로 무신들과 서로 친하게 지냈기 때문에 죽음을 면할 수 있었다. 이고, 이의방, 이소응은 숙직 관료들을 모조리 베어죽였으나 개경 왕궁에서 궐내 같이 숙직하던 사람 중에서 전중내급사(殿中內給事) 문극겸(文克謙)만은 평소 강직 공정해서 의종에게 자주 간신배들 제거하기를 주청했을 뿐만 아니라, 무인들과도 평소 격의 없는 친교를 맺어왔던 친분으로 해서 죽음을 면할 수 있었다.

이런 살벌(殺伐)한 때 정중부의 사처를 찾아온 사람이 승선(承宣) 진준(陳俊)과 교위 경대승이었다. 칠 척 장신인 거구 세 거인이 한자리 앉아 면담하고 있는 광경은 시국이 시국이던 만큼 더 이채로운 광경이었다. 우리 두 사람은 장군에게 드릴 충언이 있어서 찾아뵙는 것이오. 무슨 말씀이오? 우리 손에 죽은 자가 무수히 많은데 그만 했으면 원수는 다 갚은 셈이 아니 그렇지 않소이까! 우리가 미워하고 있었던 골수의 원수는 이복기, 한뢰 등 사오 명에 불과했던 것입니다. 실은 무고한 사람을 너무 많이 죽였단 말씀입니다. 이미 지난 일을 어떻게 하겠습니까만 이제 그들의 집까지 철거해버린다면 그 처자들은 장차 어디에 몸을 붙여 산단 말씀입니까? 민심이 천심으로 민심이 한 사람을 좌우하는 겁니다. 문과 무는 저 천공에 떠 있는 해와 달과 같습니다. 낮을 지키는 해와 밤을 지키는 달 중 어느 하나가 없어서도 안 되듯 문신 이 나쁜 것을 숙정할 수 있을지언정, 문신 전체를 아주 없애버린다는 것은 해와 달 둘 중 어느 하나가 없어도 좋다는 것과 같습니다. 밉더라도 경쟁자는 뒤두는 편이 내 몸에 유리합니다. 아주 없애버리면 나중에 경쟁 대상을 동지 안에서 찾아 필경 자중지난이 일어나기 마련입니다.

알았소! 정중부는 진준과 경대승 두 사람의 손을 잡고 흔들면서 많이 참작할 뜻을 표하는 듯했다. 그러나 이고와 이의방 등은 들은 둥 만 둥 군사를 풀어 문신들의 집을 낱낱이 헐어 처자들을 내쫓았다. 어떤 병사들은 병부낭중 진윤승(陳允昇)의 집을 찾아가서 왕지(王旨)가 내렸다며, 먼저 입궐하면 승선이 될 것이라는 거짓을 했다. 진윤승이 옷을 차려입고 나오자, 밖에서 대기하고 있던 병사들이 와락 달려들어 칼로 가슴을 찔러죽이고 시체에다 무거운 돌을 안겨놓고 달아났다. 그가 전날에 공사를 감독할 때 군졸들이 돌을 운반해오면 낱낱이 저울질을 해본 다음 받아주었던 데 대한 보복이었다.

의종과 태자를 서울에서 멀리 섬으로 내쫓은 정중부, 이의방, 이고 등은 의종의 아우 익양공 호(翼陽公皓)를 맞아 대관전(大觀殿)에서 즉위식을 올렸다. 당시 39세 인종의 셋째 아들 이가 곧 제 19대 왕의 명종(明宗), 임금이란 이름뿐 허수아비일 수밖에 없다. 왕 옹립 순간 전왕을 둘러싸고 있었던 폐신 일당, 백자단(白子端), 왕광취(王光就), 영의(榮儀), 유방의(劉方義) 등을 죽여 거리에 머리를 매달았다. 평일 무신을 업신여겼다.

정중부는 양숙을 참지정사(參知政事), 한취 추밀원사(樞密院使), 윤인첨 지추밀원사(知樞密院使), 김성미 복야(僕射), 김천 추밀원부사, 이의방의 형 이준의 좌승선(左承宣), 이소응 좌산기상시(左散騎常侍), 이고 대장군위위경(大將軍衛尉卿), 이의방 대장군전중감(大將軍殿中監)으로 삼되 이고와 이의방은 집주(執奏)를 겸하고 무인들을 파격적인 진급을 시켜 과거에 문신들이 독점하다시피 하고 있었던 요직을 모조리 넘겨받았다. 특히 정중부, 이고, 이의방의 세 거두에게 명종을 옹립한 공을 들어 벽상공신(壁上功臣)의 칭호를 덧붙였다.

단지 임금의 이름을 빌렸다 뿐 갈라먹기 논공행상은 더 말할 것이 없었다. 명백한 증거로 의종의 사저(私邸)인 사제(私第)로 많은 재물이 간직되어 있었던 관북댁(館北宅), 천동댁(泉洞宅), 곽정댁(藿井宅) 등을 그들 세 사람이 각각 나눠가진 일이었다. 별안간 쥐어진 권력에만 눈이 어두워 나라일 같은 것은 생각할 여유도 없었다. 그리하여 무지한 보복에만 쾌감을 느낀 이고 등은 아직도 살아남은 문신들을 무신의 집무청 중방(重房)에 불러들여 모조리 죽여버리자고 주장했다.

정중부의 아들 정균(鄭筠)은 처음 장가들어 살아온 조강지처를 내쫓고서 홀로 있는 전 예부상서 김이영(金貽永)의 딸을 정실로 삼는가 하며, 그마저 욕심이 덜 차서 나중엔 공주까지 얻으려고 날뛴다는 등 하는 소문이 파다하게 나돌고 있는 형편이었다.

이런 가운데 어지럽던 의종 24년은 그럭저럭 지나고, 명종 원년 정월, 어느 날 무거운 생각에 젖은 경대승이 고개를 푹 숙이고서 병사로부터 돌아오고 있는데 저편 쪽에서 대장군 한순(韓

順)과 장군 한공(韓恭)이 이야기를 하며 어울려오고 있다. 장군님들 어디를 가시는 길입니까? 우리 몇 사람이 모처에 모여서 의논을 좀 하려고 가는 길일세. 국권을 뺏어 쥔 자들이 조신(朝臣)을 마구 죽이고, 국사는 뒷전으로 사사 재물을 거둬 챙기는 데만 혈안이 되어 있으니 이 나라의 장래가 장차 어떻게 되겠단 말인가. 그래서 우리가 목숨을 내놓은 한이 있더라도 무슨 방법이 있을지 최후의 건의를 해보자는 거야. 저 같은 사람은 참석할 수 없겠습니까. 그 일이라면 제가 선두에 나서서 심부름을 하겠습니다.

자네는 안 나서는 게 좋아! 언젠가 자네가 진준과 함께 정중부 장군을 찾아왔더란 말도 들었네만, 표면으로는 좋게 대해서 보냈는지 몰라도 자네에게 대해서 아주 안 좋은 소리를 하던데 그려.

잘 알아들은 것같이 말씀하시던데요?

글쎄, 그 표면과 이면이 다르더란 말이야. 첫째는 이번 무인 의거에 방관 태도를 취했는데 그 이유로서는 자네가 문신 집 출신이기 때문이란 것, 자기의 부친이 죽은 뒤, 복도 벗지 않은 기간에 토지 문권을 모조리 국가에 헌납한 것은 순전히 출세를 위한 인기전술이었던 것인데, 그 기회를 뺏기게 되자, 방자하게 정중부 자기의 처사에 대해서 이러니저러니 간섭을 해왔다고 곡해를 하고 있더란 말이야. 나 같은 사람은 이미 육십이 다 되어가는 나이이니 지금 죽더라도 아까울 게 없지만, 이런 혼란기에 무슨 일이 있을지도 모르니 자네 같은 사람은 목숨을 아껴놓는 것이 좋아!

그랬던 것이 아니나 다를까, 이들의 비밀회의가 탄로나 다음날 이의방, 이고 등은 대장군 한순, 장군 한공, 신대여(申大輿), 사직재(史直哉) 등을 잡아 죽이고 이 회석(會席)에 동참해 있었던 차중규(車仲規)만은 평소 이의방과 가까이 지내왔다고 해서 특별히 죽음을 감해 섬으로 귀양을 보냈다. 경쟁할 대상자가 없어지면 동지간 자중지난이 일어나기 마련인 거라고 정중부에게 권고해준 며칠 전의 경대승과 진준의 말은 너무도 일찍 사실로 나타났다. 그 달에 세 거두 중의 한 사람 이고가 엉뚱한 마음을 품고서 거사를 도모했다가 죽음을 당한 일이었다.

나라의 대권이 정중부나 이의방에게 돌아갈 것만 같은 불안감이 들자, 이고는 비밀히 법운사(法雲寺)의 중 수혜(修惠), 개국사(開國寺)의 중 현소(玄素) 등과 결탁해, 머지 않아 여정궁(麗正宮)에서 행해질 원자(元子)의 관례식(冠禮式) 때 칼을 지니고 병풍 뒤에 숨어 있다가 난을 일으킬 계획이었던 것이 사전에 누설돼 실패로 돌아가고 만 것이다. 정중부와 이의방의 불안은 이로써 제거된 것이 아니었다.

1173년 명종 3년 8월 20일 동북면 병마사(東北面兵馬使) 간의대부(諫議大夫) 김보당(金甫當)이 정중부, 이의방 등을 몰아내고 의종을 왕위에 세우려고 군사를 일으켰다가 그해 9월 먼저 지병마사 한언국이 체포되어 죽었고 김보당과 녹사 이경직은 붙잡혀 개경에 보내져 이의방 등에 의해 처형되었다. 이의민 등은 동경 경주에 가서 장순석 등 수백 명을 학살했다. 의종은 김보당의 난 이전까지 3년 거제도에 유폐되었다가 이의방의 지시를 받은 이의민에게 향년 47세 술을 먹여 등뼈를 부러뜨려 꺾어 손대는 대로 부러지는 소리가 나자 이의민이 큰 소리로 웃었으므로 비참하게 시해 당했다. 정중부가 보낸 장수 이의민에게 패하여 잡혀 죽었다. 반정(反正)을 도보하기 위해 녹사(錄事) 이경직(李敬直), 장순석(張純錫) 등과 모의해 동계(東界)에서 군사를 일으켜 장순석, 유인준(柳寅俊)을 남로 병마사(南路兵馬使)로 해 남쪽에서 군사를 일으키고, 배윤재(裵允材)를 서해도 병마사(西海道兵馬使)로 삼고는 동북면 지병마사(東北面知兵馬使) 한언국(韓彦國)이 일으키는 군사와 함께 동시 개경을 공격하기로 되어 있는 것이었다.

응보(應報, 선악의 행위에 응하여서 그 갚음이 나타나는 고락苦樂의 결과)

이의방의 지시로 경주에 도착한 이의민은 그 형들과 함께 경주의 문제 인물로 되어 있었다. 무두 생김새부터 남들과 달라 키가 8척이고, 힘이 보통 사람보다 뛰어난 사람, 과인(過人)해서 오가는 사람을 상해해 말썽을 빚었기 때문에, 고려 시대 각(各) 도(道)의 으뜸 벼슬 안렴사(按廉使) 김자양(金自陽)이 골치를 앓다가 하는 수 없이 고문으로써 그들의 기질을 꺾으려 했다.

그러나 모진 고문 끝에 두 형은 장형(杖刑)으로 매를 심하게 맞아 생긴 상처의 독 장독(杖毒)이 올라 옥안에서 죽고 이의민만은 끄떡없이 살아남아 있었다. 김자양은 이런 놈은 고문으로 죽일 수 없는 놈인가 보다 하고, 그를 뽑아 경군(京軍)에 편입시켰던 것이었다. 힘이 좋아 경기라면 못하는 것이 없는 중에서도, 특히 주먹으로 치는 수박(手搏)을 잘했기 때문에 잡기 놀이라면 자다가도 일어나는 의종이 누구보다도 사랑해왔었다. 그의 아버지 이선(李善)은 소금이나 체를 팔아 생계를 유지하던 천민이었다. 그의 어머는 영일현(迎日縣) 옥령사(玉靈寺)의 종이었다. 그새 태어난 이의민 그가 난 지 얼마 안 되어 그의 아버지 이선은 꿈에 의민이가 푸른 옷을 입고서 황룡사(黃龍寺) 구층탑 위에 올라가는 깃을 보았다. 김자양의 추천으로 경군에 편입돼 서울로 올라갔다. 마침 날이 저물고 성문이 닫혀 있었기 때문에 성 남쪽에 있는 연수사(延壽寺)에서 하룻밤을 쉬게 되었다. 여기서 이상한 꿈을 꾸었다. 긴 사다리가 성문에서 대궐에까지 걸쳐져 있는 그 사다리를 타고서 대궐 안으로 들어간 것이었다. 일개 깡패 촌뜨기가 수박을 잘한 것이 의종의 눈에 들어 별장(別將)이 되었고, 정중부 난 때, 많은 문관을 죽인 공로로 중낭장(中郞將)이 되었다가 다시 김보당난 때, 조위총난 때 각각 싸우러 나감, 출전(出戰)해 장군 으로 승진한 것이었다. 평소 이의민과 안면이 있던 서문 안에서 약방을 열어놓고 있었던 최씨 주민이 이의민이 유숙하는 집으로 찾아와 전대(前代)의 전왕(前王) 의종이 이곳에 와 있는 것은 우 리 고을사람이 아니고 순전히 장순석과 유인준의 소행이라고 밀 고한다. 이의민은 최씨에게 안심하고 적을 진멸하도록 해보시오.

 최씨는 병막을 찾아가서 군사들과 의논하기를 장순석 무리는 현재 왕, 금상(今上)이 보낸 것이 아니니까 죽여 없애도 뒤탈이 없을 게요. 그날 밤 군사와 함세한 고을 백성들은 장순석, 유인 준의 진막을 포위 공경해 장졸 남김없이 모조리 죽였다.

 단 한 사람 살려 남긴 의종을 객사에 옮겨 감금해 놓고 10월 1 일 뼈대를 바꾸어 끼고 태를 바꾸어 쓴다는 말로 사람이 보다 나 은 방향으로 변하여 전혀 딴사람처럼 됨, 환골탈태(換骨奪胎)라 는 말과 미꾸라지 용 되었다는 말같이 이의민 장군 입성만 기다 리고 있었다. 객사에서 끌려나온 의종이 이의민을 만난 곳은 곤 원사(坤元寺)의 북쪽 연못 위이었다. 거제로 돌아가던지 서울로 데려가주던지 생각하는 의종은 순간 이의민은 못가에 깔아놓은 자리에 앉으면서 옆에 군사에 술을 가져오게 한 후 홀짝 들여 마 시고 술잔을 내밀어 자, 이 술이나 한잔 더 드시오! 나는 명령을 띠고 있는 몸이니, 남은 말이 있거든 다음날 그곳에 가서 마저 하 도록 하지요! 이의민의 눈이 독기(毒氣)에 번쩍이면서 삽시에 딴 인간으로 변했다. 여러 소리 말고서 빨리 잔이나 비우란 말이야! 의종이 새파랗게 겁을 먹고 술을 들이켜니까 이의민이 [주론] 미 친 듯이 와락 달려들어 의종을 땅바닥에 잡아 엎치더니만, 빠드 득빠드득 소리가 나도록 손으로 등골뼈를 부러뜨려 죽였다. [반론]『고려사』임금을 시해한 역적 이의민의 의종 때문에 충신 경대승 집권 후 비전을 세운 왕정복귀라는 복고주의를 외쳐 부모나 임금을 죽임 시해(弑害)한 자 이의민 잘못을 깨우쳐 뉘우치도록 징계함 · 적국을 정복한, 응징(膺懲)에 나섰던 것이다. 숨이 끊어진 의종은 죽은 개처럼 늘씬하게 뻗어져 있었다.

잘나도 한세상, 못나도 한세상, 사람 한평생 꿈과 같은 것이여!

박존위가 시체를 요에 싸서 두 개의 가마솥을 마주 합해 그 속에 넣은 뒤 못 속에 풍덩 던졌다. 박존위(朴存威 ?~1175년)는 고려 중기의 무신이다. 1170년 정중부 이의방 이고 등이 무신정변을 일으켜 문신들을 제거하고 의종을 폐위했을 때 가담하였다. 1172년 산원을 지내고 있다가 김보당이 의종을 복위시키기 위해 군사를 일으키자 정중부, 이의방의 명으로 이의민과 함께 군사를 거느려 남로 가 이의민과 함께 반란을 진압하였다.

봉기(蜂起)

반대당 김보당 일파의 세력을 완전히 말살시키는 데 성공한 정중부, 이의방 등은 고려 개경 · 중경, 서경(현 평양), 동경(현 경주), 남경(현 서울) 사경(四京)이 있었으나 수도인 개경을 빼고 부수도만 삼경을 말하거나, 동경 혹은 남경을 뺀 나머지를 삼경(三京), 고려 시대 전주(全州), 해주(海州), 안주(安州, 평안남도 안주군의 읍), 안동(安東)의 네 대도호부 사도호(四都護), 고려 시대 목사가 다스리던 여덟 곳 지방 행정 구역 현종 9년 1018년에 둔 것으로 광주 충주 청주 진주 상주 전주 나주 황주(황해도 황주군의 읍, 군청소재지) 팔목(八牧)으로부터 군(郡), 현(縣), 관(舘), 역(驛) 등의 빈자리를 전부 무인으로 충당해 명실이 상부한 무인천하를 이루었다. 살육을 중지하라고 권했던 낭장 김부가 경고했듯이, 김보당은 죽었어도 제2의 제3의 김보당이 뒤를 이어서 정중부 등에 반기를 들고 일어나는 것이었다. 명종 4년 1174년 1월간에 폭발한 중들의 궐기를 뒤이어서, 9월 25일 서경유수(西京留守) 병부상서(兵部尚書) 조위총(趙位寵)이 정중부 이의방 등을 타도하기 위해 반기를 들고 일어선 것이었다.

  1171년 명종 원년 정월 법운사와 개국사 등의 중들이 이고와 결탁하고 일어났던 무신들에 대한 중들의 반감이 중요 원인이었다. 사원들을 별궁처럼 자주 행차하면서 많은 물자 하사와 아울러 승려들을 식구같이 사랑해주던 의종을 살해까지 했으니, 신하가 임금을 죽일 수는 없다는 백성의 보수 관념이었다.

  처음 귀법사의 중 백여 명이 이의방 형제를 죽이라고 외치고 성의 북문을 부수고 들어가 불교 이익을 대변해야 할 승관(僧官)이 반역 무인들의 달음질하는 개라는 뜻으로 사냥할 때 부리는 개를 말하며, 남의 사주를 받고 끄나풀 노릇을 하는 사람, 주구(走狗)가 되었다고 선유승록(宣諭僧錄) 언선(彦宣)을 죽였다. 궐기한 승도들은 이의방이 거느린 천여 명의 군사에 의해서 수십 명의 동지를 잃고 퇴각했다.

  다음날 중광사(重光寺), 홍호사(弘護寺)의 중 2천여 명이 성의 동문에 집결해 민가를 불태워 숭인문(崇仁門)을 연소시킨 뒤 들어가 이고 다음 차례 만고역적 이의방 형제 놈들을 빨리 끌어내라고 아우성을 쳤다. 이의방은 미리 징집해놓고 있었던 부병(府兵)을 풀어 중 백여 명을 참살한 뒤 내쫓고는 부병의 일부를 중광, 홍호, 귀법, 용흥(龍興), 묘지(妙智), 복흥(福興) 등의 절로 보내 건물을 마구 파괴하는 한편 불도 지르면서 재물과 기명을 손에 닿는 대로 약탈했다. 이의방의 소행이 옆으로 보기로도 너무 심했으므로 이의방의 이준의가 말렸다. 이의방은 형의 말도 듣지 않고, 누구든지 내 하는 일에 간섭하면 그냥 안 둔다며 소리를 지르므로 참다못한 이준의도 소리를 높여 이의방을 꾸짖었다. 너는 이놈 바른 말을 해도 듣지 않으려나! 네게는 세 가지 큰 죄악이 있는 거야. 임금을 내쫓아 시해(弑害)하고 그의 제택(第宅)과 희첩(姬妾)을 탈취했으니, 그것이 죄악의 하나야! 다음엔 태후의 여동생을 협박해 통간했으니 그것이 죄악의 둘이야! 그 다음 임금은 제쳐놓은 뒤 나라 정치를 오로지 제 맘대로 하는 그것이 셋이야! 그래도 내 말이 잘못이냐? 이의방이 칼을 빼어 형을 죽이려 하므로 옆에서 보고 있던 장군 아우가 되어 형을 죽이다니 인륜을 벗어난 일이라 무슨 면목으로 백성을 대합니까! 하며 이의방과 친한 사이였을 뿐 아니라 또 그의 아우 인(隣)의 장인이기도 하여 만약 내 말을 들을 수 없거든 먼저 나부터 죽여주시오 한 상장군 문극겸(文克謙)이 뜯어 말렸다. 정중부도 이의방 편이라 형제간이 궁중에서 싸우다니 내가 저놈을 잡아 죽여줘야지! 정중부 아내가 듣고 사람을 시켜서 중부를 제지했다. 의방 형제 저희들끼리 하는 싸움인데 당신이 뭣 때문에 참여하는 거요! 준의는 죽음을 면할 수 있었다. 준의가 동생을 찾아가 사과하고 또 의방도 형을 찾아가 사과해 무사해졌다.

  이 일이 있은 지 넉 달 뒤 5월 12일 명종 즉위 후 처음 타구(打毬) 놀음이 복구된 일이었다. 그날 왕의 임금이 몸소 나옴, 친임(親臨) 아래, 명을 받고 경기에 참가했던 지유(指諭) 우광윤(于光胤)·백임지(白任至), 행수(行首) 이관부(李冠夫)·송군수(宋群秀)·경대승(慶大升), 견룡(牽龍) 차약송(車若松) 등이었다.

  명종도 왕위에 오르고 나서 처음 긴장 풀린 경기 구경을 해서 그러는지 평일 같잖아 확 펴진 얼굴이었다.

  상품은 비단이었다. 그 경기 성적의 결과에 따라서 차등이 있었는데, 경대승이 받은 것은 그중의 제일 많은 상이었다. 돌아가는 길에 동행이 된 대정(隊正) 김광립(金光立)이 농을 걸었다.

[주론] 장군! 그때 경대승은 낭장(郎將)으로 승진이 되어 있었다.
[반론] 낭장은 고려 시대 정6품 무관직으로 중간 장교이다. 고려 시대 중앙군의 3번째 서열 신분 장군 정4품 아래, 낭장의 위로 중낭장(中郎將)은 정오품 무관 벼슬이다. 신라 때는 상장군이 대장군 다음가던 벼슬이 고려 시대 으뜸 벼슬 상장군 정3품 아래 대장군 종3품 그 바로 밑에 장군이 배치되었다. 고려 시대 응양군 편제는 상장군 정3품, 대장군 종3품, 장군 정4품, 중낭장 정5품(현 대령), 낭장 정6품(현 중령) 벼슬이다. 교위는 정오·육품, 대정(隊正)은 대(隊)의 우두머리 종9품으로 영(領)마다 40인씩 배속하였다. 근위대 하급장교에 해당하는 견룡행수의 견룡은 고려 시대 대궐을 지키던 경비 장교이고, 행수는 한 무리의 우두머리, 지유(指諭)보다는 낮은 하급 부대 지휘관의 호칭으로 쓰인 듯하다. 낭장(郎將)·별장(別將)·산원(散員) 등의 무장들이 주로 이에 보임되었는데, 대체로 중금(中禁)·견룡(牽龍) 등의 금군(禁軍)에 배속되었다. 특히 견룡군 소속의 행수는 직위는 낮지만 왕을 가까이 모실 수 있었으므로 권세가의 자제들이 갈망하는 자리였다. 국왕을 호위하고, 여러 비주부(妃主府) 및 왕자부를 숙위하며, 각종 의례에서 의장(儀仗)을 서는 일 등이 이들의 중요한 임무였다. 무신정변(武臣政變) 당시 주동자인 이의방과 이고는 산원으로서 견룡군의 행수였다.

  장군! 이렇게 많은 상을 혼자서 다 자시렵니까. 술이라도 한잔 사셔야죠. 술 사는 일이란 어려울 것도 없지. 가까운 주막(酒幕)인 주점(酒店)으로 들어가서 둘이는 술을 마셨다. 오늘 공치기 구경을 하고 있으려니까 전왕 생각이 문득문득 나더군요. 그분은 그런 잡기 취미 바람에 끝내 일신을 망치지 않았겠소. 그렇다면 이 금상(今上)도 오늘 같은 잡기 안 하는 게 좋았을 걸, 별안간에 무슨 생각이 나서 공치기를 하자고 했을까요. 중부가 명령해서 나와 앉아만 준 것뿐이지 자기에게 좋다 나쁘다 하는 권한이나 있나? 신하가 임금을 겁내는 게 아니라 임금이 중방(重房) 눈치 보기에 마음 놓을 날이 없는걸!

하기야 자기의 형 죽는 꼴을 봤으니까, 앞으로 자긴들 어떻게 될지 조심하는 게 무리는 아니죠. 그런데 중부도 편한 잠만 자고 있을 순 없을걸요.

그건 무슨 말인데? 요즘 와서 서경(西京)이 약간 흔들리고 있다는 소문이 나고 있잖았던가요. 아무래도 그냥 평온해 있을 것 같지는 않아요.

서경유수 조위총하고 중부하고 사이는 처음부터 좋지는 않았지. 아무튼 큰일이야. 우리 태조대왕이 삼한(三韓)을 통일하고 나라를 세운 것은 백성을 잘살리라고 하신 건데, 오늘 권세를 잡은 자들은 백성은 외면한 채 사리사욕에만 세상을 어지럽히고 있으니 말이 안 되는 일이죠.

1174년 9월 25일 서경유수 병부상서 조위총이 동북 양계(東北兩界)의 여러 성에다 격문을 돌렸다.

요즘 개경에서는 우리 평양의 서쪽 땅을 고려 성종 13년 패서도(浿西道) 뒤에 북계라 하였고 숙종 7년 서북면(西北面)인 북계(北界)의 여러 성(城)이 사나와진 것을 못마땅하게 여겨 공격을 가하기로 하고서 군사를 출동시켰다고 한다. 그러니 우리가 무엇 때문에 앉아서 죽음을 당할 것이냐. 병마(兵馬)를 모아서 신속히 서경에 모이도록 하라.

격문이 사방에 전해지자 황해도 자비령(慈悲嶺)을 달리 이르는 말인 절령(岊嶺) 이북의 40여 성이 일시에 호응해 일어섰다. 나라를 뺏어서 앉은 정중부 일당을 무찔러 없애라!

그러자 당황한 정중부, 이의방 등은 평장사(平章事) 윤인첨에게 군을 맡겨 조위총을 토벌하기 위해서 서경으로 급파했고, 예부낭중(禮部郞中) 최균(崔均)을 동북로 도지휘사(東北路都指揮使)에 임명해 동북의 여러 성으로 지방이나 점령지의 주민에게 정부 또는 본의(本意)을 권하여 민심을 안정시키는 일, 선무(宣撫)를 시키려 내려보냈다. 윤인첨의 군사가 절령역에 도착했을 땐 폭설이 휘몰아쳐서 눈도 바로 뜰 수 없는 형편이어서 개경으로 군사를 되돌리고 말았다. 동계 방면에서도 조위총의 반군은 큰 전과를 거둘 수가 있었다. 조위총의 부하 장군 김박승(金朴升)과 조관(趙冠) 등이 화주(和州)를 공격하자, 그곳의 낭장 이거(李琚)가 성문을 열어주었기 때문에 그때 화주 진영에 머물고 있었던 병마사 대장군인 이의(李儀)와 병마부사 최균 등을 잡아죽일 수 있었던 것이었다. 의주(宜州) 맹주(猛州) 덕주(德州) 등이 동로가발 병마부사(東路加發兵馬副使) 장군 두경승(杜景升)에 의해 함락되면서 반군 장군 김박승등을 무찔러 처치해버렸다. 개경까지 압박했던 서경 반군이 직접 지휘에 나선 이의방에 의해 서경 출신 상서(尙書) 윤인미(尹仁美), 대장군 김덕신(金德臣), 장군 김석재(金錫材) 등이 거리에 효수당하고, 군사들은 대동강까지 추격하는 관군에 의해 추위를 무릅써가며 수세에 몰릴 수밖에 없었던 것이었다.

　무인혁명 3거두 중의 한 사람, 이고는 이미 죽어 없어졌지만, 남은 한 사람인 이의방이 자기의 딸을 태자비로 들여보내놓고서 착착 세력의 확장을 굳히고 있었다.

　유난히 성격이 난폭하고 약탈을 예사같이 자행하는 이의방은 그 때문에도 많은 원수를 사왔지만, 왕실과 외척 관계를 맺고 난 뒤로부터는 그 방자하고 횡포함이 눈에 띌 만큼 현저해졌다.

　저놈도 제 명대로는 못살다 갈 놈일 모양이지? 정중부와 그의 아들 정균은 암암리에 그를 점찍어놓고 있다가 서경 정벌군 중에 끼어 있었던 중 종참(宗旵) 등을 포섭했다. 전날 승려들이 궐기

항쟁했을 때 승려들을 많이 죽이고, 사원의 건물을 파괴하고 재물을 약탈한 데 대한 중들의 원한을 이용한 것이었다.

정벌군이 떠나는 날엔 반드시 그가 격려를 하기 위해 나올 거야!

그래서 중들은 1174년 12월 18일, 출정군을 격려차 어마어마하게 정장을 하고서 나온 이의방과 그의 심복 고득원(高得元), 그의 형제인 이준의·이인(李隣) 등을 모조리 베어 죽였다. 그들은 보제사(普濟寺)에 모여 종군을 거부했다.

적신(賊臣)의 딸이 동궁의 배필일 수가 있느냐면서 그의 딸을 태자비에서 쫓아내라고 요구하는 것이었다.

조위총의 반군은 우세한 관군에 몰려 2천 명에 가까운 군사를 잃는 등 더 버티어내기가 어려울 정도로 곤경에 빠졌다. 다음해 1175년 10월 조위총은 마지막 취할 길로 서언(徐彦)을 금나라에 보내어 구원을 청했다. 전왕 의종을 정중부, 이의방 등이 죽였다는 사실을 알리면서 절령인 자비령(慈悲嶺) 이서(以西)에서 압록강에 이르기까지의 40여 성을 금나라에 바칠 터이니 지원군을 보내달라고 요청한 것이었다.

금나라 임금 세종(世宗)은 어찌 나라를 파는 역신(逆臣)과 거래를 할 수 있느냐며, 도리어 사신으로 갔던 서언 등을 결박해 개경으로 압송했다.

마침내 조위총은 그자신의 목숨마저도 1176년 명종 6년 6월, 서경 진압 2차전 윤인첨의 손에 의해 잃고 말았다. 반기를 들고 일어선 지 22개월, 윤인첨이 서경을 포위하고 공격한 지 12개월 만의 끝장이었다.

[주론] 과거 무신들 집합소이던 중방은 이제 정중부 한 사람의 아성이 되고 말았다. [반론] 중방은 고려 시대, 이군 육위의 상장군·대장군들이 모여 군사를 의논하던 곳이다. 무신 집권 시대에

는 일반 정사도 함께 다루면서 정치의 중심 기관이 되었다. 이제 중방(重房) 정치는 정중부라면, 도방(都房) 정치는 경대승 이다. 도방은 고려 시대, 무신 정권 집권자의 사병(私兵) 집단(集團)이다. 또는 사병 숙소이다. 경대승이 신변 보호를 위하여 처음 도방을 설치하였다. 최충헌도 도방 이를 계승하여 이곳에서 정사(政事)를 처리하였다. 도방은 원종 11년 1270년 왕정 복구로 없앤다.

군사를 위시해서 치안, 형옥(刑獄), 문문 백관의 임면(任免), 상벌(賞罰), 법률의 제정 등 일체의 국사가 다 여기서 이루어졌고, 문문 백관과 백성들에 대한 생사여탈(生死與奪)이 모두 거기서 결정, 또 집행이 되었다.

그의 휘하에 있는 국가 방위의 기구인 뜻과는 거리가 멀게 오로지 그 개인의 보전을 위해서만 존재하는 사병(私兵)에 불과한 것으로 되어 있었다.

본인 자신부터 민중의 안녕 수호를 위해서가 아니라, 반대로 민중의 움직임을 봉쇄하자는 위협의 도구로밖에 더 생각하지 않았다.

때로는 처음부터 폭력에 의해 세워진 명종은 임금이란 이름뿐인 남의 조종에 따라 움직이는 사람이나 조직을 비유적으로 이르는 말, 또는 고대 인형극 박첨지의 아내, 꼭두각시에 불과한 것이었다. 남의 조종에 놀아나는 사람으로 꼭두는 곡두의 비표준말로 눈앞에 없는 것이 있는 것처럼 보이는 것, 허깨비이나 가면을 지칭한다.

제구실을 하지 못하고 자리만 차지하고 있는 사람을 비유적으로 이르는 말, 허수아비이나 꼭두각시는 같은 말이다.

국가 최고 기관인 중방에 출어(出御)하는 일조차 없이 순주(純珠), 명춘(明春) 등 폐첩(嬖妾)의 몸에서 난 아이들을 데리고, 내

정(內庭)에서 장난이나 하고 노는 것으로 일과를 삼고 지내는 형편이었다.

판세가 이쯤 되었으니 정중부가 스스로 자기가 임금이 되어보면 어쩔까 하는 생각을 먹어보는 것도 무리는 아닌 일이었다.

그러나 그런 요행을 바라기에는 세상의 인심이 너무나도 자기와의 거리를 멀리하고 있었다.

정중부가 실권을 잡아 쥔 다음해인 명종 2년에 창주(昌州), 성주(成州), 철주(鐵州)에서 일어났던 민란으로부터, 1176년 6월 평정되었지만 1174년 9월 조위총의 난, 1175년 8월 남쪽 지방에서 일어난 민란을 뒤이어서 해를 넘겨 1177년 7월 진압되었지만 1176년 정월 하순 일어난 공주(公州) 망이(亡伊·망소이(亡所伊)의 난은 민중 봉기 중에서도 가장 큰 것이었다. 그밖에도 황려(黃驪, 현 여주), 진주, 의주(義州, 현 평북 의주군소재지), 정주 등 남적(南賊)·서적(西賊)이 곳곳에서 번(番)째로 일어나 온 나라 안이 벌집을 쑤셔놓은 것같이 소란했다.

그해 4월 하순 어느 날, 경대승이 일찍 퇴청해 집에서 낮잠을 들이고 있으려니까, 부인이 밖에서 누가 찾아왔다는 말을 일러왔다. 어떻게 생긴 사람인데? 글쎄요. 젊은이더군요. 들어오라지. 그것은 뜻밖에도 16년 전, 청주에서 만났던 허승이었다.

아니 이게 어쩐 일이오? 시골선 시끄러워서 더 못살겠더군요. 그래서 장군을 찾으면 몸 붙일 자리를 구해주시겠지 하고 올라온 거죠. 경대승은 그때 장군의 벼슬의 품계, 위계(位階)에 있었다. 시골이 왜 어찌 되었기에? 남적(南賊)이 아산을 함락시킬 무렵, 청주목(淸州牧) 관내의 군현들도 남김없이 함락이 되지 않았겠습니까. 제가 떠날 때까지 본읍 청주만은 수비가 되어 있었지만 끝까지 지켜낼 수 있을 지 놓고 봐야 알 일이지요. 조정에선 백성들의 소망을 해결해주지 않고 시종 무력으로 토벌만 하려 하니 그

난동이 식어주려 합니까. 그들의 사정을 듣고서 토벌군이 자꾸만 난민 쪽에 붙게 되는 걸요. [주론] 경대승(1154~1183 30세), [반론] 허승(1152~1180, 28세), 허 형은 이때까지 뭘 하고 지냈던 가요? 군적(軍籍)에 있었지요. 청주에 그대로 있으면 폭민(暴民) 섬멸에 나서기는 해야 하죠. 섬멸에 나서려고 하니 양심이 내켜지지가 않지요. 그런데 전국에 퍼진 이번 소요 때문에 정 장군도 좀 켕겼던 모양이지요. 여기 와서 말을 들으니까 해직(解職)을 자청하고 집에 들어앉아 한동안 밖에 나오지도 않았단 말이 있더군요. 그것은 사실이었다. 뿐만 아니라 이렇게 된 때를 타서 이의방의 부하이던 장군 이영령(李永齡) 등이 이의방의 원수를 갚겠다고 정중부와 그 아들 정균 등을 죽이려고 음모한 사건까지 발로되어 정중부의 불안은 더욱 가중해갔다. 하필 이번 민란의 불똥이 내 고향 청주까지 튀었나!

경대승은 아홉 살 때, 친히 눈으로 볼 수 있었던 그 눈바람 휘몰아치던 장날의 살벌했던 장면을 머리에 떠올려봤다.

불더미 속에서 뛰쳐나왔다가 다시 불더미 속으로 쫓겨 들어가고 하다가 조그마한 강아지가 까맣게 타죽었던 것처럼 부목사 김항부의 참혹한 최후였었지!

그런데 뜻하지 않던 일로, 경대승이 이 고향인 청주 일로 해서 관직 하나를 삭탈 당해야 했던 것은 다음해인 명종 8년 1178년 3월 중의 일이었다.

그때 청주에서는 민란 아닌 대충돌 사건 하나가 발생했었다. 청주 사람들이 그 고을 사람으로서 서울에 적(籍)을 가지고 그곳에 몰려가 사는 사람들과 이해관계로 심한 싸움을 계속하던 끝에 서울서 내려와 살던 사람을 모두 잡아죽였다.

그러자 그 소식을 전해들은 그 죽은 사람들의 무리로서 서울에 있는 자들이 원수를 갚으려고 왕의 명령이라고 거짓 속이고는 결사대를 모집해 청주로 내려갔다.

 그래서 뒤늦게 그 사실을 알고 왕은 장군 한경뢰(韓慶賴) 등을 보내어 쫓아가 말리도록 했지만, 아무 실효를 거둘 수가 없었다. 서울서 내려간 결사대는 고을 사람과 싸운 끝에 백여 명이나 살해를 당하고 만 것이다.

 그러자 이 불상사를 금지하지 못했다는 책임을 물어 왕은 여러 사람들을 관직에서 밀어냈다. 경대승이 박순필(朴純弼)과 함께 사심관(事審官으로 있으면서 그 직책을 다 못했다 해 파면시키고, 고을의 책임자인 목부사(牧副使) 조온서(趙溫舒)도 같이 파면시켰다.

 사심관이란 그 본관(本貫) 출신자가 서울에서 겸직하면서 그 고을의 부호장(副戶長) 이하의 향직(鄕職)을 추천 감독하고 지방민의 신분 사정(査定), 부역 균등, 풍속 교정 등의 일을 맡고 있는 벼슬이었다.

 경대승이 심사가 울울해 혼자서 집에 누워 있으려니까 그때 견룡(牽龍)이던 허승이 찾아왔다.

 경 장군은 몹시 심중이 불편하시겠습니다. 반드시 그런 것도 아니지. 세상 돌아가는 대로 살아보는 수밖엔 도리가 없지 않겠소.

 이번에 사심관을 문책한 것은 모든 사람들이 저번 때 정 시중에게 정책 건의한 것을 못 마땅히 생각해 취한 처사라고들 하더군요.

 정책 건의란, 한두 달 전에 경대승과 박순필 등이 전국에 만연되고 있는 민란을 막는 데는, 먼저 자가 숙청(自家肅淸)의 서정쇄신의 길밖에 없다는 것을 정중부에게 역설한 것을 말하는 것이었다.

 허승은 또 같은 고향 출신이라 해 자주 경대승을 찾아 들고 아는 일들을 이야기 해 주는데, 그날은 또 정균이 광덕전(廣德殿)·광덕리(廣德里)에 있는 태후의 별궁을 자기의 개인 소유의 집, 사제(私第)로 쓰겠단 소문이 떠돌고 있다는 말도 해 주고, 또 공주를 자기의 아내로 취하려 한다는 소문도 나돌고 있다는 말을 해 주었다.

그러나 경대승은 같은 본관지 사람이라 해서 허승을 좋아하는 하면서도 그가 정균으로부터 사랑을 받고 있다는 사실을 잘 알고 있었기 때문에 그의 말을 늘 경계하고 있었다.

허승은 힘이 좋고 성격이 걸걸해 많은 사람들로부터 인기를 얻고 있었기 때문에 정균도 그를 좋아하고 있었던 것이었다.

이렇게 되면 이세상도 오래는 못 가죠. 경 장군도 이런 때 몸이나 잘 보존하도록 하셔요.

왜, 보존을 안 하면 안 되는 일이라도 있나?

아닙니다. 그저 그렇다는 거죠. 그렇지만 우리가 이런 판국에 개죽음을 당한다면 억울하지 않습니까!

뭔가 의미가 있어서 한 말 같았지만, 경대승은 더 이상 캐묻지 않았다.

그전 때 한 번도 허승은 무슨 말 끝에 정균이 '저 경대승이란 자는 문신 잔당들과 어떤 줄이 통해 있는 건지 사사건건 우리 부자의 하는 일을 간섭하니 알다가도 모를 일이지?' 하는 소리를 들었노라고 경대승에게 조심하는 게 좋겠다고 전한 말은 우정을 표해준 적도 있었던 것이었다.

일이란 당해진 대로 적당히 해결되어주는 거야. 견룡! 술이나 들어!

경대승은 이제는 더 가만있을 수가 없도록 뭔가에 급하게 뒤쫓기고 있음을 절감했다.

여우별(궂은 날에 잠깐 나왔다가 숨는 별)

명종 9년 1179년 2월 들어서자 그동안에 얼마쯤 잠잠했다 싶었던 서적(西賊)이 다시 술렁대기 시작했다.

그해 4월 서북면지병마사(西北面知兵馬使) 이부(李富)는 이들 잔당들의 준동을 미연에 뿌리 뽑기 위해서 행동을 개시했다. 만약에 적이 와서 성에 들어오거든 문을 닫고 모조리 죽여라! 이렇게 해서 잡아 죽이는 난민이 무려 5성(城)이나 되었는데 구주(龜州)에서 죽인 것만도 3백여 명에 이르렀다. 가주(嘉州) 사람 난민 백여 명을 창고로 유인하여 창고 태우고 자신들도 함께 타죽어 재가 된 곡식이 자그마치 10만 곡(斛, 10말의 용량)이나 되었다.

그러나 난민의 두목 우방전(牛方田) 등이 다시 무리를 모아 대항하는 바람에 일시 곤경에 빠져들었던 안북도호판관(安北都護判官) 함수산(咸壽山)이 전사했다.

여름이 지나 9월 접어들어 서북지방으로부터 흉흉한 정보들이 계속 조정에 날아들었다.

그럴 즈음 [주론] 한 병졸이 밤에 경대승을 사제로 찾아왔다. 어디서 본 듯한 얼굴이었으나 성명도 기억이 없는 한 이삼십 세쯤의 해맑게 생긴 청년이었다. [반론] 경대승을 사제로 찾아온 한 병졸은 얼굴 성명 기억 없는 이삼십 세쯤의 해맑게 생긴 청년과 또 한 명의 소병은 도방 정치 경대승 된, 도방(都房) 군사들이었다.

무슨 일인가? [주론] 병사(兵士)가 자기(自己)를 낮추어 이르는 말, 소병(小兵)도 조상의 세대, 선대(先代)는 문과(文科) 출신(出身)의 벼슬아치, 문관(文官)들이었다고 합니다. [반론] 남에게 돌아가신 자기(自己) 아버지를 이르는 말, 선친(先親) 중서시랑평장사 정2품 경진(慶珍)은 조위총 난을 일차 때 무신이다. 우군병마사로 출전하여 평정한 공로로 종2품 중서문하성(中書門下省) 지문하성사(知門下省事)에서 최후 결전 이차 평정 때 중서시랑평장사가 되어 임금과 서로 마주 대(對)하여 앉음, 대좌(對坐)하는 임금을 돕고 모든 관원(官員)을 지휘(指揮)하고 감독(監督)하는 일을 맡아보던 이품(二品) 이상(以上)의 벼슬, 재상(宰相)이 되었다. 그런 처지이기도 해서 평소부터 장군을 존경하고 그리워함으로 존모(尊慕)해왔습니다. 그게 중요한 이야기가 아니야. 이 심야에 나를 찾아온 용건이 뭐냔 말이야? 실은 장군의 신상에 관한 말씀을 드리려고 찾아온 것입니다. 나의 신상에 관한 말을? 네. 이 수일 내에 장군께서 서적 무력으로 쳐서 평정함, 토평(討平)에 참가하시게 되어 있는 것은 알고 계시는지요? 듣느니 처음인데! 무슨 구실을 대어서라도 장군께선 이번 서경(西京) 길을 피하시는 게 좋겠다는 그 말씀입니다. 그건 무슨 까닭인가? 서경의 전투지에서 장군을 살해한다는 정 승선의 밀령을 받고 있습니다. 소병 외에 또 한 명이 있지요. 정 승선이란 물론 정균을 말한다. 별안간의 놀라운 귀띔에 경대승은 잠시 얼떨떨하지 않을 수 없었다.

그러나 내가 뭘로 자네 말을 믿겠는가. 의심하시는 것도 무리는 아니십니다. 그렇지만 제가 거짓말을 했다면 정 시랑도 안 살려줄 테고, 장께서도 안 살려주실 테고 한데, 뭣 때문에 소병이 즐겨서 죽을 길을 자청하겠습니까. 장군! 필요하신 때가 있거든 언제든지 소병을 불러주십시오. 소병(小兵)말고도 장군을 존경하고 있는 젊은 병졸들이 적게 잡아도, 소불하(少不下, 적게 잡아) 3,4십 명은 될 것입니다.

젊은 병졸은 정중하게 하직의 절을 드린 뒤 무엇을 매우 빠르게 내두르거나 내돌리다, 휭 돌아가 버렸다.

경대승은 손수 마시다가 남겨둔 술을 가져다가 잔에 부어마셨다. 그렇구나! 중부 부자 네놈들이 나를 죽이기 전에 내가 먼저 네놈들을 없애줘야지! 그러잖아도 경대승은 몇 번이나 저놈 정균을 죽여줘야겠다는 생각을 해 나온 다음이었다.

전년 3월, 경대승이 사심관 파면을 당한 뒤 허승이 위문을 와 들려주었던 말은 그 풍문이라던 게 그대로 사실화되어갔다.

정균은 8월 광덕리에 있는 태후의 별궁을 자기의 수중에 넣어 어마어마한 예산으로 증축 공사를 해 자기의 사제로 삼았다. 그때 수창궁(壽昌宮)에서 태후의 병을 간호하고 있었던 왕이 그 땅이 궁에서 1백 보의 거리도 못되었고, 또 연운에 그곳은 태후에게 좋지 않은 방위였기 때문에 여간 싫지 않았지만, 그의 비위를 건드리는 것이 겁나 그만두었다. 그런데다 본처를 내쫓고서 상서(尙書) 김이영의 딸을 꾀어 아내로 삼고 있어 온 정균은 다시 그 여자를 내치고도 공주를 아내로 취하려고 압력을 가해왔기 때문에 왕은 더 불안한 중에 있었던 것이었다.

경대승은 불같이 끓어오르는 분기에 당장이라도 정균을 베어없애고 싶었지만, 그 매부가 되는 고려 시대 상서성 정이품 벼슬, 복야(僕射) 송유인(宋有仁)의 힘이 무서워 감히 손을 댈 수 없었던 것인데, 그즈음 와서 송유인이 많이 임금이 나라의 정치를 신하들과 의논하거나 집행하는 곳, 조정(朝廷)에서 벼슬살이를 하고 있는 신하, 조신(朝臣)들로부터 크게 인심을 잃고 있었던 것이, 경대승의 용기를 자극해주었다. 송유인은 이름난 선비로서 왕의 신임을 받고 있는 추밀원사(樞密院使) 문극겸(文克謙)과 추밀원부사(樞密院副使) 한문준(韓文俊)을 사소한 일들을 트집잡아 문은 고려 시대 상서성 정이품 벼슬 상서우복야(尙書右僕射)로, 한은 사재시(司宰寺)의 정삼품 벼슬 판사재시사(判司宰寺事)로 각각 좌천시켰기 때문에 뜻있는 조신들이 그의 세도가 무서워 차마 겉으로 내색은 못했어도 모두 속으로 그를 미워하고 있었던 것이었다.

　9월 15일 가끔가다 우수수 불어오는 선들바람이 뜨락에 낙엽을 한아름씩 안겨다놓고 달아나는데 경대승은 허승을 사람 없는 곳으로 안내하며 말을 위해 따내었다.

　나 내일쯤 사납고 흉악한 무리, 흉도(凶徒)들을 해치워버릴 생각인데 그대가 협력해주겠나. 그대만 동의해준다면 일은 문제없이 이루어낼 수 있어! 염려 맙시오. 저도 같이 목숨을 내놓지요! 내일 장경회(藏經會)가 있잖아. 그 행사가 끝나면 밤에 반드시 숙위(宿衛)하는 병사들이 곤해서 잠이 들어 있을 테니 그때를 타서 거사를 하자는 거야. 그러려면 먼저 심복 결사대가 있어야 하지 않나요.

　그건 염려 없어. 내가 한 30명 젊은 군사들을 화의문(和義門) 밖에 매복시켜놓을 터이니, 그대는 안에서 먼저 정균을 죽이고 난 뒤 휘파람으로 신호를 하란 말이야. 그런 다음 그 소리를 듣는 즉시로 내가 복병을 출동시켜 호응을 할 것이네.

　다음날인 16일 밤 사경(四更)에, 허승이 정균의 숙직하는 방에 들어가서 그를 한칼에 찔러죽이고 휘파람을 불자 경대승은 매복시켜두었던 결사대를 거느리고 일시에 궁궐의 담을 넘어 들어갔다. [**주론**] 도방 30명, [**반론**] 집권 후 도방 130명이다.

　그리고는 대장군 이경백(李景伯), 지유(指諭) 문공려(文公呂) 등 보이는 대로 마구 베어죽이니까 궁중이 온통 불난 집같이 소란해질 수밖에 없었다. 어둠속에서 불꽃을 튕겨가며 칼과 칼이 맞부딪치는 소리! 베 째는 소리로 비명을 치면서 이리로 우르르 저리로 우르르 몰려다니는 궁녀와 내시들! 왕이 잠옷 바람으로 어실(御室) 침대에서 뛰어내려 와 왈왈 떨고 서 있는 것을 경대승이 가까이로 가 크게 소리 질렀다.

　신들이 사직을 위호(衛護)하는 것이오니 주상께선 과히 놀라지

맙소사!

 왕은 얼마쯤 안심이 되었으나 그래도 그냥 있어 배길 수가 없어서 궁문에 나와 경대승 등을 자리에 불렀다. 급히 내시들을 시켜 술을 마련한 것이었다. 왕은 같이 자리에 앉으면서 덜덜덜 떨리는 손으로 친히 잔에 술을 부어 경대승에게 권했다.

 형인 의종이 참혹하게 죽은 꼴을 당한 왕이라, 누가 주역으로 바뀌어 나서거나 우선 그런 죽음에서 벗어나놓고야 볼 일이었다. 끔찍스런 피의 지식 더 많아, 도개바람은 매한가지, 다른 것이 있다면 그것이 정중부의 무신으로서 문신을 잡아 죽인 데 대해서, 경대승은 무신으로서 무신을 잡아 죽인 그 차이밖에 없는 것이었다.

 밤 날씨가 제법 차가와졌는데 수고가 많으시오. 자, 한잔 들고서 부디 과한 혼란만 없게 하도록 부탁하오. 너무 진념 맙소사. 그 대신 청이 있습니다. 무엇인가요. 금군(禁軍)을 풀어 손을 나눠서 중부와 유인 부자 등을 체포 해 줍시오. 정중부의 사위 송유인의 아들은 장군 군수(群秀)였다. 인제는 범의 등에 올라탄 왕이었다.

 좋다 나쁘다 하고 있을 처지가 아니게 되어 있는 명종은, 경대승이 하라는 대로 금군 대장에게 난신(亂臣)들을 체포하라고 영을 내렸다. 그러나 변란이 일어났다는 소식을 들은 정중부 일가족은 재빨리 피신해 그들의 집은 샅샅이 뒤져도 개미 한 마리 남아 있는 것이 없었다.

 그러다가 새벽녘이나 되어서야 곳곳의 민가에 숨어 있는 정중부의 일당을 찾아내어 모조리 목을 베어선 밝은 날 네거리에 한 줄로 죽 벌여 있는 상태로, 줄느런히 죄인의 목을 베어 높은 곳에 매달아 놓음, 효수(梟首)를 했다.

 이 소식을 전해들은 서울과 가까운 지방 사람들은 모두 기뻐하기를 마지않아 높이 달아맨 머리들을 구경하느라고 몰려온 사람들이 인산인해를 이루었다.

사람 팔자 참 물거품인 게로군. 아방궁 같은 집을 지어놓고 곳곳에다 장원(莊園)을 마련해두고 저놈의 집구석에서 부리는 노비, 문객(門客)들까지도 위세를 부리고 제세상인 듯하더니, 겨우 10년 동안 잘 먹다가 가느라고 저 꼴이 돼 있는 걸까!

겨울의 석 달, 삼동(三冬)같이 냉기가 서린 조정의 안은 누구 하나 큰소리로 말하는 사람도 없었다. 행여 아직도 흥분이 가라앉지 않고 있는 큰일을 으킴, 거사(擧事)의 무인들의 눈에 잘못 걸려 무슨 재화를 입게 될지 겁들이 나서였다.

거사 다음날 긴급비상 어전회의가 열렸을 때 왕은 경대승 등을 가까이로 불렀다. 이제까지 정균이 복무하던 고려 시대 밀직사에 속하여 왕명의 출납을 맡아보던 정삼품 벼슬, 승선(承宣)의 적임을 장군에게 제수하려 하는데 어떻소? 아니옵니다. 경대승은 고개를 내저었다. 신은 글을 모르기 때문에 감히 바랄 바가 못 됩니다.

왕으로서는 의외였지만 그렇다고 해서 경대승의 의향을 들어봄이 없이 자의로 임명해버릴 수는 없는 노릇이었다. 그럼 공이 아니면 장차 누가 좋겠소. 이부시랑(吏部侍郎) 오광척(吳光陟)은 어떨까요?

불가한 줄 압니다. 역시 무인이라 승선은 왕명(王命)을 출납하는 직책인데, 선비가 아니고서 어떻게 그 사명을 다할 수 있겠습니까. 광척이가 약간 글자를 안다고는 하더라도 역시 무인인 관계상 정균과 같을까 걱정 안 될 수가 없는 일입니다.

그 말을 듣더니 왕은 더 말을 않고 가만히 있었다.

경대승은 왕이 가만히 있는 그것을 오광척에게 승선을 내려주려고 그러는 줄로만 짐작하고서, 마음속으로 오광척을 미워하고 있는데, [주론] 경대승의 족형이 되는 장군 손석(孫碩)이 경대승을 개인이 사사로이 거처하는 곳, 사처(私處)로 찾아왔다. 족형(族兄)은 성과 본이 같은 일가 가운데 복제(服制)에 따라 상복을 입어야 하는 가까운 친척, 유복친(有服親) 안에 들지 않는, 같은 항렬의 형뻘이 되는 남자이다.

[반론] 그러므로『고려사』족형 손석은 대장군으로 구휼미와 도방 군사 유지를 위해 수레로 가득 실은 쌀섬 지원으로 경제적으로 도운 것과 같이 경대승의 외사촌 형으로 대승의 부는 경진(慶珍 1125~1177 52세), 어머니가 제1편 단막극에서와 같이 추정, 손경이(孫敬伊, 1127~1179 52세)이다. 인척지간으로 무신의 난 발생 원인이었던 인물 상장군 이소응의 딸은 경대승 동생과 결혼하여 부친 중서시랑평장사 경진의 자부이며 경대승의 제수씨이기도 하였다. 이로 주위에 무신들이 포진되었다.

이 사람아, 이왕 일을 시작한 이상엔 수습을 철저히 해야 하는 법이야.

그러면서 손석은 오광척의 이야기를 끄집어냈다. 오광척과는 원수 사이였기 때문에 이참에 제거해버리는 것이 후환이 없다는 것을 강조하려는 것이었다.

경대승은 정중부처럼 정도를 넘어서까지 많은 인명을 해치는 것은 싫었지만, 후환을 없애기 위해서라는 점에서는 손석의 주장에 동의하지 않을 수 없는 것이었다.

그래서 오광척과 그의 측근들을 전부 잡아 죽이고 앞서 죽은 정균·이경백·문공려 등의 잔당이 되는 장군 김광영(金光英), 지유(指諭) 석화(石和)·습련(襲連), 중낭장(中郎將) 송득수(宋得秀)·기세정(奇世貞) 등도 낱낱이 잡아서 죽였다.

다음날 대궐에서 조회가 있었을 때 왕에겐지 경대승에겐지 분명치도 않게 정·이·문·오 등 이른바 사가(四家)의 당(黨)을 숙청한 일에 대해서 하례하는 신하들이 많았다. 물론 이중에는 진정으로 그들 강권자들을 숙청해준 것이 고마워서 하례한 사람도 있었지만, 그런 것도 없이 실권자로 등장한 경대승에게 빌붙기 위해서만 일부러 아첨해 동조를 취하는 자도 적지는 않았다.

그러나 그런 아첨들에 좋아하기는커녕 경대승은 퉁명스러운 목소리로 받아 튕겼다. 임금을 시해(弑害)한 자가 아직도 눈이 등잔같이 건재해 있는데 하례는 뭘 하례를 한단 말이오! 이 말을 듣고서 꿈틀 놀라 당장에 안색이 샛노랗게 변해진 것은 대장군 이의민이었다. 임금을 시해한 자라는 것은 말할 것도 없이 이의민이 경주에서 의종을 죽인 것을 말한 것이었기 때문이다. 이의민은 겁을 먹고서 조정에는 물론 사람 많이 모인 곳엔 어디에나 일체 나타남이 없이 집안에만 깊이 들어앉아 있었다. 그러다가 나중엔 그리는 것만으로도 마음이 놓이지 않아서, 이의민은 그의 마을 앞에 따로 문을 만들어 세워놓고는 많은 역사(力士)들로 외인이 출입하는 것을 엄하게 경계했다.

그러나 마음이 불안한 것은 이의민 한 사람만의 일이 아니었다.

[주론] 무신들 중에서 살해당한 자가 많이 있게 되자, 그들의 유족이나 동류 잔당들이 가만히 있을 까닭이 없었다. 경대승의 귀에 날마다 가지가지의 불길한 풍문들이 날아들어 그의 마음을 불안하게 했다. 어떤 무관은 공공연히 이런 반감을 표시하고 있다고도 했다. [반론] 『고려사』집권자 경대승은 왕명에 따르는 충신이며 집권 과정 기해정변으로 집권하여 5년 집권하는 동안 전국적 보다 드문 민란이 일어났고, 반대파 무인으로 중앙에서 파견된 관선 제조를 위한 기두와 지방민 죽동 등과 합세한 합작품 난이다. 중앙에서 내려보낸 대표적 민란인 주현군 지방민 죽동이 가혹한 처벌을 한 관로 진대유와 반대파 1182년 40일 전주 죽동

540

의 난이 전부였다.

하지만 정중부은 중방을 악용하고 부정축제 매관매직 난신적자로 전왕 의종을 시해시킨 『고려사』 역적이라고 하였다. 전국적으로 전왕 의종 시해로 잦은 커다란 대표적 민란으로 1173년 정치적 동계 김보당의 난 1년 가까이, 1174년 정치적 서경 조위총의 난 2년 가까이, 1176년 1월 발생 토착세력에 가혹한 수탈로 공주 망이·망소이의 난 2년 가까이 벌어진 많은 민란이 일어나 많은 사람들을 죽였다.

정 시중이 대의를 위해서 문신들을 탄압해 우리들 누년의 분을 씻어줬단 말이야. 그래서 우리 무신들에 대한 공이 그보다 더 큼이 없겠는데, 이제 대승이 일조에 사공(四公)을 죽였으니 앞으로 자기는 아무 일이 없겠다고 장담할 수 있는가?

그런 말이 한 사람 두 사람만의 말이 아니라는 것을 깨달은 때 경대승은 겁이 나지 않을 수 없었다. 평시에 왜 좀더 많은 도지를 마련해두지 않았던가. 새삼 힘이 외로워지는 것을 느꼈지만 이제 와선 갑자기 어찌 할 도리가 없는 일이었다.

거사 전 얼마 아닌 동안에 허승, 김광립 등을 동지로서 규합을 하기는 했었지만, 일단 거사가 성공을 보고 난 뒤의 그들은 저희들 지위나 굳힐 애를 쓸까했는데 별로 그들 보상의 위치를 강조하지 않자 경대승을 대단히 여기는 눈치도 아니었다.

경대승은 거사의 큰 뜻이 무인의 독재로 천하를 뒤엎고서 나라를 바른 궤도 위에 회복시키려는데 있었더라도 우선은 자기의 생명부터 방위하지 않을 수 없는 형편에 놓여 있었다. 그래서 오로지 일신의 신변 보호를 위한 결사대 백 수십 명을 모아 문하(門下)에 기르면서 행여나 정적이 해치는 일이 있을까 해 신경을 거기에다가만 썼다. 도방(都房)이라고 이름붙인 그 사병 단체(私兵團體)의 합숙소는 일견 진기한 것이기도 했다. 긴 베게 큰 이불을 만들어 장사들이 같이 베고 같이 덮고 자면서, 날을 번갈아 일숙직을 철저하게 하고 있었던 것이었다.

경대승 자신도 혹 불안하거나 그들 젊은 군사들을 위로해주기 위해서는 같이 한 이불 밑에서 자는 수가 종종 있었다.

그러나 이런 도방도 경대승의 불안을 온전히 덜어주는 것은 되지 못했다.

송유인의 가신(家臣)이었던 중서성영사(中書省令史) 석구(石球)는 송유인의 원수를 갚기 위해서 별별 유언비어의 조작과 함께 난을 일으킬 음모를 한 일이 발각되었기 때문에 9월 29일, 섬에다 귀양을 보냈다. 당장에 죽여도 죽일 수 있는 일이었지만, 그의 뒤에 얼마나 큰 힘이 숨어 있는지가 조심스러워서 큰 자극은 피한 것이었다.

경대승은 또 여러 명의 밀정을 마을과 거리에 내보내어 밤이고 낮이고 정보를 수집해 오도록 했다. 그래서 조금마한 꼬투리라도 잡히기만 하면 잡아다 가두어놓고서 무자비한 국문을 했기 때문에, 왕이 보다가 못해 법을 가벼이 하라는 사령까지 내렸던 것이었다.

그래도 마음이 놓이지 않은 경대승은 벼슬을 사퇴하고서 집에서만 지내다가 나라에 큰일이 있을 때에만 조정에 나가서 결정에 관여했다.

그러나 경대승이 더 적극성을 띠지 못하고 다른 신하들이 저마다 제 몸만 안 다치려고 소극적으로 눈치만 보고 지냈기 때문에 이 공백을 틈타 각종의 뜬소문이 분분하고 도적들이 사방에 권세나 세력을 제멋대로 부리며 함부로 날뜀, 발호(跋扈)해 도민(都民)들이 밤잠을 편하게 잘 수 없는 형편이었다.

그중에서도 도방(都房)이 번째로 누구누구를 점찍어놓고 해칠 계획이란다는 소문들이 널리 퍼져 있었기 때문에 조금이라도 그런 의심이 드는 사람은 모두 이의민처럼 따로 동네 어귀에 세운 문, 여문(閭門)이라 하여 문을 만들어 세워놓고서 경계를 엄하게 하고 있었다. 형세가 이쯤 되자 도적들은 이런 혼란을 이용해 저마다 도방이노라 제 세상인 것처럼 설치고 돌아다녔다.

 실은 이들 유적(流賊)들뿐 아니라 경대승의 뒷줄을 믿는 도방의 군사들 중에서도 공공연하게 약탈을 감행하는 자가 적지 않았다. 단체의 사무를 맡아보는 직무, 유사(有司)가 죄인을 체포해 가두어놓으면 대승이 사람을 보내어 그를 석방시켜주었다. 경대승의 세력 있는 집에서 밥을 얻어먹고 지내는 사람. 또는 덕을 볼까 하고 수시로 그 집에 드나드는 사람, 문객(門客) 한 명이 지체가 있는 좋은 양민의 집안, 양가(良家)의 아들을 죽였을 때도 담당관에게 말해 죄를 면해주었다. 기르는 부하 전체를 달래어주기 위해서는 싫어도 그러지 않을 도리가 없었던 것이었다. 더 말을 한다면 이들 도방 군사들만 책(責)하고 있을 때가 아니었다.

 이번 거사의 유공자인 허승, 김광립들 마저 자기들의 공을 믿고서 교만하고 방자하기가 이를 데 없는 것이었다. 그들은 스스로 당을 만들고 지반을 굳히기 위해서 불량배들을 수없이 양성하고 있었다. 경대승이 좋은 말로써 권해도 듣지 않았다. 모처럼 판국을 바꿔놓았으니 이제부턴 바른 세상을 만들어보자고 달래어도 아무리 해도, 도시(都是) 마이동풍이었다.

 그들은 또 동궁(東宮)을 모시고 있으면서 방약무인한 태도로 술을 마시고 뒷벽에 기대 누워서 밤을 세워 노래를 불러가며, 거기가 궁중인지 화류가인지 분간이 안될 만큼 했기 때문에 참다 참다 안 된 경대승은 12월 하순 어느 한날 허승을 자기의 집으로 불러 베어죽이고, 김광립을 노상에서 역시 베어 죽였다.

 그들과 손을 잡고 큰일을 일으켰던 경대승으로서는 정말 눈물을 흘리면서 중국 촉나라 제갈량이 군령을 어기어 가정(街亭) 싸

543

움에서 패한 마속을 눈물을 머금고 참형에 처하였다는 데서 유래된, 읍참마속(泣斬馬謖)에서 마속을 베는 뼈아픔이었지만 그 이외엔 더 어찌할 도리가 없었다. 그 둘 중에서도 본관지 청주에서 서로 안 허승은 더욱이 경대승의 마음을 아프게 하는 것이었다. 허승 등의 방자함이 신(臣)을 살해코자 하는 데만 그치는 것이 아니라, 감히 또 불측한 반역을 도모하고 있었기 때문에 미처 아뢰어 올릴 겨를이 없어서 이를 먼저 베어 없앴습니다.

경대승은 군사들로 자기를 호위하고서 왕에게 나아가 신하가 사사로운 일로 임금에게 글을 올리던 일, 상언(上言)했다. 그랬더니 왕은 대승의 말을 믿고서 근신을 시켜 위로해주었을 뿐 아니라, 재상 이하의 신하들도 모두 사제로 찾아와서 다행했음을 치하 해 주었으므로 경대승은 그제부터 얼마쯤 마음을 놓을 수가 있었다.

그러나 그 안심은 단 사흘을 다 못 넘겨서 다시 크고 작은 새 불안들이 날을 이어 덮씌워왔다. 경대승이 학식 있는 선비들을 중하게 여기어 무엇이라도 학식이 없으면 채용을 하지 않자, 그 동안 정중부 밑에서 권력 맛을 톡톡히 보아온 일부 무신들은 눈에 안 띄는 가운데서 다시 문신을 배척하는 기풍을 조성하기 시작하였다.

태자부지유전장(太子府指諭前將) 허승과 어견룡행수(御牽龍行首) 김광립이 죽기 전인 11월 4일에 있었던 이런 일은 비록 사소한 이야깃거리에 불과한 것이라 하더라도, 그들 무신들 간 흐르고 있는 어둠 속에서 날고뛴다는 뜻으로, 남들 모르게 맹렬히 활동함을 이르는 말, 암약(暗約)이 어떤 것임을 살핌에 충분한 증좌가 되는 것이라 할 만한 것이었다.

중수한 강안전(康安殿)이 이루어졌는데 그 문 이름을 써서 거는 액자로, 오늘날에는 현판이라고도 하는 또는 창문 위에 가로

땐 나무로 그 윗부분 벽의 무게를 받쳐주는 문미(門楣 윗 부분)이라는 문액(門額)을 향복(嚮福)이라고 했더니만 그것이 말썽이었다. 무인들이 향복이라면 항복(降服)하고 음이 비슷하지 않느냔 말야. 이름을 지은 그 문신들이 이것으로 무관들의 운세(運勢)에 눌려 항복을 하도록 하자 그 뜻이지 뭐겠어. 빨리 고쳐! 고치는게 좋아! 그래서 멀쩡한 문액을 고치기 위해 왕을 통해 평장사 민영모(閔令謨)에게다 명령했더니 이번에는 영희(永禧)라는 이름이 났다. 그랬더니 이 시시하고 보잘것없다는 알량하다며 유식한 장군들이 영희라는 글뜻을 알아먹어 수가 없어서, 또 한바탕 명론타실을 주고받고 하느라 시끌시끌하다는 시끌덤벙(시끌벅적의 전라북도 사투리) 했다. 문신들의 뜻은 헤아릴 수가 없는 거야. 영희라는 말이 따로 깊은 뜻이 있는 건지 뭔지 어떻게 알겠어! 희(禧)가 복(福)하고 같다는 것은 알겠는데 영(永)이라는 글자의 뜻이 길한 것인지 흉한 것인지 알 수가 없거든? 그렇다면 아주 이렇게 하는 것이 어때! 중(重)자는 본 중방의 칭호이니까 중희(重禧)라고하면 어때? 아, 그게 됐군! 그거 참 좋은 게 있는 걸 괜히 헛공론들만 하고 있었지! [주론] 무신들이 그렇게 하기를 주장했더니 왕은 그들이 하자는 대로 쫓았다.

[반론] 위에서 같이 마찬가지로 정균 부관 견룡행수 허승도 무인이었기에 기해정변으로 경대승과 같이 집권하여 공이 크지만 무신으로 왕에게 상언 시 허승은 자기주장만 내세워 성질이 고약하고 못된 짓을 하는 젊은이, 악소(惡少)패(牌)거리들을 모아 반역을 도모하였다.

왕은 자기에게 겁주고, 괴롭혀주는 일만 없으면 그뿐이지 누구의 말이거나 간섭하고 싶지도 않았고, 의견을 말해주고 싶지도 않았다. 임금이란 이름뿐 아무 실권도 없이 목숨을 전당잡혀놓고 있는 꼭두각시·허수아비인 바에야 되도록 그들의 기억에서 멀어져 있는 게 편한 것이었다. 경대승은 뭔가 자기에게 기대하고 있는 것 같았지만, 왕은 도리어 정중부에게 하던 거나 다름이 없이 속으로 경대승을 미워하고 있었다. 다 같이 폭력으로 사람을 죽이는 무신이란 점에서는 정가이거나 경가이거나 다를 것이 없는 것이었다.

누가 권좌에 올라 있거나 자기가 이름만의 임금임을 벗어나지 못하는 사정에서는 똑같은 형편인 것이었다. 그해 여름, 6월 29일에 있었던 애희(愛姬) 명춘(明春)의 죽음은 왕의 고독 위에 더 한층 허무를 더 보태어주었던 것이었다. 그가 사랑하던 후궁 다섯 사람 중 가장 사랑을 받고 있었던 자가(自家)의 순주(純珠)와 명춘 이었는데 전년에 죽은 순주의 뒤을 이어서 또 명춘까지 죽었으니 왕의 가슴속이 암담하지 않을 수가 없었던 것이었다. 너무도 슬펐던 나머지에 왕은 위신도 체면도 돌아봄이 없이 엉엉 소리를 내어 통곡했다. 그러자 명종의 어머니 공예태후가 놀라서 극진한 말로 타일렀다. 상감! 체통을 돌보도록 하시오. 비록 정이 깊어서 그렇다 하더라도 중방에까지 들리게 해서는 아니 됩니다. 중방이 임금을 겁내는 것이 아니라, 임금이 중방을 겁내게끔 되어 있었던 것이 왕의 그때 처지였었다.

그래서 억지로 울음을 그치고서 아내의 죽음을 슬퍼하며 지은 시, 도망시(悼亡詩)를 지어 명춘의 망령을 위로해 장사를 지낸 뒤, 그 뒤로부터는 여러 달 동안이나 그 몸에서 난 출가한 딸들을 궁내로 불러다가 같이 데리고 있으며 돌려보내지도 않았기 때문에 나중엔 사위가 이혼까지 하려는 것을 간신히 달래어 시가로 보내주었던 것이었다. 왕은 무슨 말을 물어도 두 번 세 번 되묻고 나서야 겨우 대답을 할 만큼 슬픔에만 빠져 있어서 노상 정신없는 사람같이 하고 있었다.

명종 11년 1181년 9월 3일 경대승이 결근을 하던 날, 전날에 부정부패로 해서 추방되었던 9백 9십여 명 악질 관리들의 복직을 허락한 것도 그런 무관심에서 취해진 처사였던지 몰랐다.

그들은 은(銀) 50여 근을 모아가지고 정중부에게 뇌물로 주고 면직 해제를 청했던 것을 정중부가 죽고 나자 다시 어떤 권력자에 뒷줄로 운동한 것을 그들이 청하는 대로 왕은 흥흥 허락을 내렸던 모양이었다. 한마디로 말해서 나라가 되어가는 꼴이 엉망이었다. 얼마나 치안이 허물어졌으면 반란을 음모한 전 대정(隊正) 한신충(韓信忠)·채인정(蔡仁靖)·박돈순(朴敦純), 낭장(郞將) 석화(石和), 별장(別將) 박화(朴華), 주부(注簿) 이돈실(李敦實) 일당을 귀양, 좌천 등으로 처치한 뒤 3월 22일 도둑떼가 고려 때 곡물의 저장을 맡아보던 관아의 창고, 대창(大倉)에 들어왔기 때문에 대정 송강청(宋康淸)이 군사를 몰고 가 싸우다가 죽고 말았는데, 25일에 도둑들이 다시 봉은사에 들어가서는 저희 세상같이 30개까지 도둑질해 갔던가 하면, 7월 5일엔 수창궁의 북쪽 담에서 어떤 자가 돌을 던져 왕의 침실 북쪽 창에 닿는 일이 3,4차례나 되어 잠자던 왕이 놀라 잠옷 바람으로 뛰쳐나온 일까지도 있었던 것이었다.

그러나 어느 일보다도 경대승을 불안토록 한 일은 서울에 있을 동안 도방의 이름을 도용해 불량배들을 풀어놓아 경대승의 신망을 먹칠 해 주고 있던 형부상서 상장군(刑部尙書上將軍) 이의민이 변두리의 땅, 변지(邊地)에서 돌아오던 길로 병을 핑계를 댐, 칭탁(稱託)하고서 돌연 경주로 돌아간 일이었다. 남이 말하기론 어떤 말 한마디를 잘못했다가 경대승을 겁내어 피해간 것이라 하지만, 인간이 의종을 맨손으로 빠드득빠드득 등뼈를 추려 죽인 이의민이고보면 다른 모진 뜻이 있었으며 있었을까 반드시 그일 하나 때문에 그 먼 곳까지 내려가지는 않았을 것이었다.

그 말 한마디 실수했다는 일이란 애초에 경대승이 허승을 죽였을 때 이의민은 병마사로서 북쪽에 있는 국경이나 변방, 북새(北塞)에 나가 변방에 나아가 지킴, 진수(鎭戍)하고 있었는데, 어느 자가 말을 잘못 전해 국가에서 경대승을 죽였다고 했을 때 이의민은 두발로 뛰면서 좋아했던 사실을 말하는 것이었다. 아니 내가 진작부터 경대승을 죽이려고 마음먹고 있었어도 아직 실행 못하고 있는 터인데, 누가 나보다 먼저 손을 썼더란 말인가!

그런데 돌아와서 보니까 경대승은 멀쩡하게 살아 있는 것이 아니겠는가.

뿐만 아니라 경대승은 이의민이 밖에서 한 말을 다 전해 듣고서 마음에 남에게 드러내고 싶지 아니한 부끄러운 부분, 치부(恥部)를 하고 있었던 것이었다.

일이 이쯤 되었으니 경대승이 자기에게 어떻게 나올지 겁이 안 날 바도 아니었고, 더 신중한 작전 계획을 할 겸 우선 일신의 안전부터 기해 일시 피신을 하는 것도 당연하기도 한 일이었다. 그러나 사실에 있어서는 경대승의 불안이 이의민보다 더한 것이 있었다. 저 모진 인간이 개경 멀리 떨어져 가 있으면서 아무 일도 않고 가만히 있을 까닭이 없을 것이기 때문이었다.

아주 이의민을 죽여버려 후환을 없애버리는 것이 어떨까 하는 생각을 안 해본 바도 아니었지만, 장차로 큰일을 앞에다 둔 자기가 정중부가 문신을 대량 살육해서 천하의 지탄을 받은 그런 악명을 또 듣게 되는 것도 문제가 아닐 수 없는 일이었다.

무엇보다도 앞으로 자기가 급하게 수행해야 할 일은 부정한 지방관들을 숙청하고서 백성들이 저마다의 맡은 업(業)에 편안하게 나아가 있을 수 있도록 해주는 일이었다. 그런데 앞은 자리의 정리조차 미처 끝이 나지 않아, 거기까지 손이 돌아가지 못하고 있는 동안에 농민의 항거가 먼저 자기를 찾아주었다는 것은 경대승을 실망시킴에 그보다 더한 일이 없는 것이었다. 명종 12년 1182

년 남쪽 지방의 현 충북 옥천, 관성(管城), 현 충남 서산, 부성(富城), 전주(全州)에서 탐관오리들에게 항거하는 민란이 일어난 것이었다.

관성사건은 그해 2월 현령(縣令) 홍언(鴻彦)이 백성을 학대하고 음탕하기 이를데 없이 기생을 싸고도는 외에도, 여염 민가에까지 해를 끼치는 일이 비일비재했기 때문에, 백성들이 아전들과 줏대 없이 남의 의견에 따라 움직임, 부동(附同)해서 기생을 죽이고, 홍언을 잡아 가둔 일이었다.

그리고 부성 사건도 같은 때, 부성 현령이 고려 시대 현령이 있는 고을에 배치되어 교육을 맡아보던 지방의 벼슬아치, 현위(縣尉)와 사이가 나빠서 그 피해가 백성들에게까지 미쳐 그 괴로움을 더 이상 참을 수가 없었기 때문에, 현위들이 저희 상전의 힘만 믿고서 현위만큼이나 백성을 괴롭히던 현위의 종들을 잡아 죽이고, 현위의 관료인 위아(尉衙)는 문을 철창으로 해 출입을 못하도록 한 보복 행동이었다.

그리고 또 하나 전주 사건은 그해 3월 하순, 전주 사록(司錄) 진대유(陳大有)가 백성들이 견디지 못할 만큼 혹독한 형벌을 써왔는데, 정부에서 정용보승군(精勇保勝軍)을 보내어 관에서 쓰는 배를 만들게 했을 때도, 진대유는 상호장(上戶長)인 이택민(李澤民)과 더불어 역사를 감독하는데 역시 어떻게나 까다롭게 굴던지, 기를 드는 소임의 중앙군 숨은 경대승 반대파 기두(旗頭) 죽동(竹同) 등 여섯 명이 관노(官奴)와 불평을 품은 백성들을 불러모아서 진대유를 산중의 절로 쫓아버리고, 평소부터 백성들의 원한의 적이 되어 있었던 이택민 등 관원들의 집을 10여 채나 불태워 없앴는데, 관민간의 전투가 40여 일간이나 치열하게 계속되었던 민란이었다.

경대승이 정중부를 제거한 뒤 백성들이 얼마 동안 잠잠했던 것은 청렴한 경대승에게 뭔가를 기대 했던 것이 컸기 때문이 아니었을까? 그러다가 기다려보아도 세상 돌아가는 것이 신통찮으니까 다시 백성들이 일어나기 시작한 것이 아닐까?

실은 그렇게 생각하는 것도 무리일 수가 없는 것이, 조정에서도 일시에는 무신만의 독천을 미워해 정중부의 무인 천하를 뒤엎은 경대승의 눈치만 보고 있었던 무신들이, 지금 와서는 공공연히 문관 반열인 양반 가운데 문반을 달리 이르던 말로 궁중의 조회 때 문관은 동쪽에, 무관은 서쪽에 벌여 서 데서 나온 말, 동반(東班)의 관직을 줄여야 한다고 주장할 만큼 콧대를 높이고 있는 형편이었다.

한 예로써 전년 남방 관성 부성 전주 삼읍(3邑)의 민란이 일어난 지 1년도 못된 다음해 2월에 어떤 자가 형부시랑(刑部侍郞) 이준창(李俊昌) 형제를 모함하는 내용의 글을 수창궁 문안에 투서했을 때, 여러 무관들은 사실의 내용을 조사해 볼 생각도 않고, 그 익명의 글만 믿고서 이준창 형제를 죽이려고 했던 것으로써도, 그들 무신들이 전날처럼 권력을 독점하려 하고 있는 사실을 간파할 수 있었던 일이었다. 보다가 못한 명종이 대장군 정방우(鄭邦佑)를 불러 꾸짖어 간신히 이준창 등을 죽음의 직전에서 구출해 주었던 것이었다.

거사를 한 지 5년째가 되는데도 구악이 조금 씩 조금 씩 다시 고개를 쳐들기나 할까, 잘될 싹수라고는 조금도 보이는 것이 없게 되자, 내부 사정을 알 까닭이 없는 백성들은 지방뿐 아니라 서울에서까지 심상치 않은 징조를 보이기 시작했다. 무슨 저의에선지 2월부터 기괴망측한 뜬소문이 돌아다녀 주민들을 불안한 속에 몰아넣는 것이었다. 나라에서 흰 개를 기르는 것을 금지한다지? 갑자기 개를 가지고서 왜 그러는 걸까? 명령에 복종하지 않는 사람은 베어 죽인다고 하더군 그래. 어디선가 여러 명이 죽었단 소문도 들려오던데? 흰 개를 기르는 집엔 야반에 괴물이 담 위로 고개를 내밀고서 새파랗게 불을 켠 두 눈으로 집안을 두루 들여다본다는 둥, 개도 그 괴물 앞에선 짖지도 못한다는 둥 별 희한한 소문들이 나돌고 있는 것이었다.

때문에 흰 개를 길러오던 사람들은 개를 모두 죽여 없애기도 하고, 어떤 사람은 산 채로 강물에 던져 넣기도 하고, 차마 죽이기가 아까운 사람은 그 털에 검정색 물을 들이기도 했지만, 그래도 그 허튼 이 사람 저 사람 입에 오르내리며 근거 없이 떠도는 소문, 요언(謠言)들이 식으려 하지 않았기 때문에 나중엔 왕이 조서를 내려 금지를 명령하기까지 했다.

그래서 4월, 5월에 접어들고부터는 그런 요언이 얼마쯤 수그러지는 것 같더니만, 그때부터는 또 다른 괴상한 움직임이 새로 나타나기 시작했다. 서울 안 몇 군데서나 경견승(慶犬升)이라고 쓴 글자 아래에 개를 그린 괴상(怪狀)한 벽서(壁書)가 나붙어 사람들의 눈길을 모은 것이었다. 경대승 대(大) 자를 점 하나를 찍어 보탠 견(犬) 자로 바꾸어 지금까지 뜬소문의 주역으로서, 사람들의 머릿속에 강하게 심어졌던 개의 영상을 경대승에게다 걸쳐 얹어 놓은 것은 누가 보아서도 그 배후에 조종하는 인물이 잠복해 있다는 사실을 짐작케 해주는 것이었다.

그런데 그 요언이 처음 경서(京西) 지방으로부터 흘러왔다는 점을 생각해서는, 그 요언이 범상치 않은 영향력을 가지고 있음을 충분히 안 끝에 그 영향력에다 경대승을 접목(椄木)시킨 간사한 지혜, 간지(奸智)인 모양 같았지만, 여하간 왕의 명령으로 범인을 잡아 본 결과, 하나는 정중부 집의 가내 노비, 가노(家奴)였고, 또 하나는 이의민이 경주에서 밀파한 비밀 행동대원임이 밝혀졌다. [주론] 이로 해서 혹시 반역을 할까 겁이 나서 왕이 벼슬을 높여주겠다며, 여러 차례 경주로 사자를 내려보내어도 연해 올라오지 않고 있던 이의민이 결국 그곳에서 대사를 꾀하고 있다는 사실이 표면에 노출된 셈이었다. [반론] 경대승의 비전으로 그렇게도 부르짖던 정체나 그 밖의 다른 정체가 무너지고 다시 군주 정체로 되돌아가는 일, 복고주의(復古主義)·왕정복고(王政復古) 절호의 기회인데 우유부단(優柔不斷)한 명종은 기회를 놓치고 만다. 그 밀파된 행동대원이란 것이 몇 명이나 되는지, 또 정중부, 김광영 등 원한을 품은 집 유가족들과 어떤 연락을 갖고 있는지는, 개개인이 교묘한 조직 밑에서 움직이고 있었기 때문에 범인들을 국문하다가 죽이기까지 했는데도 정확한 수는 알 길이 없었다.

그러나 그 수가 약간치 않다는 것만은 벽서가 계속해서 나붙은 것으로 보아 넉넉히 짐작할 수가 있었던 것이었다. 처음 이 괴상한 벽서 사건이 알려지자, 경대승은 얼마나 흥분이 되었던지 그 크게 만든 불상, 대불(大佛)같은 거대한 몸집, 거구(巨軀)가 들썩들썩 중심을 잃으면서 자기로서도 이성을 잡아 누를 수가 없었다.

참는 것도 한도가 있다. 인제는 나도 가만히만 있을 수가 없구나, 이놈아! 당장이라도 군사를 이끌고서 경주로 내려가 놈과 하늘과 땅에서 한판 던진다는 글 뜻으로, 주사위를 던져 승패를 건다는 뜻으로, 운명을 걸고 단판 걸이로 승부를 겨룸을 이르는 말, 건곤일척(乾坤一擲)의 결전해 끝판을 내야 할 때라고 결심했다.

그러다가 다음 순간엔 갑자기 자기의 몸에서 힘이 쪽 빠져 내림을 느끼지 않을 수 없었다. 열기에 헝클어졌던 이성이 얼마쯤 냉각해졌기 때문이었다.

첫째는 나라 일에는 우유부단하고 있어온 자기가, 개인 싸움에만은 적극성을 띤다는 세인의 흉을 보듯이 빈정거리거나 업신여기는 일. 또는 그렇게 웃는 웃음, 조소(嘲笑)를 무엇으로 막아낼 것인가?

그 다음 둘째는 경주는 이의민의 본관지이다. 제한된 원정군이 무슨 자신으로 꼭 이긴다는 승산을 할 수 있는 일인가? 그, 그 다음 셋째는 싸움 도중 자기가 곤경에 빠진다 하더라도 평소에 냉담하게 대해온 왕부터가 그러하지만, 새로 고려 시대 도방(都房) 군사의 숙소, 도당(都堂)을 짓고 있는 무신들이 경대승 편을 들어줄 리 절대로 없음, 만무(萬無)이지 않는가? [주론] 그러고저러고 간에 경대승이 설사 이의민과의 최후 대결을 결심했다손 치더라도 이미 상대편에 시간을 뺏기고 있는 것을 어찌할 것이랴. [반론]『고려사』와 역사대하드라마 '무인시대' 경대승 편에선 경대승에게 쫓겨 포위된 이의민을 상장군 두경승이 경주로 도망가게 임진강 도강(渡江)을 도와 탈출하게 한다. 그 뿐만 아니라 경대승이 역모한 기해정변으로 집권 동행한 공로자 허승을 자기 집으로 불러 베어 죽였기 때문에 경대승이 죽은 것으로 사실과 다르게 전함, 와전(訛傳)되어 북계에 있다가 잘못된 소문을 모르고 듣고 개경에 입경(入京)한 이의민이 경대승과 청룡도와 이의민 부월 사용 맞싸움으로 결전을 하여 이의민이 탁자에 피를 흘리며 쓸러졌다. 또 한 번 청룡도로 일격을 가해 피를 많이 흘리고 바닥에 쓰러져 눈을 감았었다. 죽은 것을 확인하지 않자 나중에 정신을 차려 도망하게 된다. 이의민은 경대승이 왕이 공부상서로 임명한 가운데 이의민을 불렀던 것 때문에 놔둔 것이었고 상장군 두경승의 도움을 받아 경주로 도망가게 임진강을 도강시켰다.

그들의 공세는 날로 적극성을 띠면서 한 걸음 한 걸음 포위망을 압축해와 7월 11일에는 길은 밤에 도방을 위협하는 한 무리나 한 떼, 일군(一群)이 나타났다 사라지더니만, 다음날인 12일 밤엔 경대승의 사택(私宅) 사제(私第)에다 짚으로 만든 인형 헝겊으로 옷을 해 입힌 제웅을 던져 넣었다. 가슴 두 물체가 마주하고 있는 틈. 또는 한 물체가 터지거나 갈라져 생긴 틈, 짬에는 피가 칠해져 있었고, 뱃속에는 썩은 인육(人肉)이 들어 있었다. 경대승은 등청을 중지하고서 군사들과 함께 도방에서만 거처를 하면서 도방과 사제의 경비를 더욱 공고히 했다.

그런데 어떻게 그 경비망을 숨어들어오는 것인지 밤만 되면 주변에서 시위하는 소리가 들려왔고, 사제에는 인제는 한 개가 아니라 목이 잘린 형상을 한 제웅이 두 개나 세 개나 담너머에다 투입되어 왔다.

하는 수 없이 경대승은 13일 밤에 사제로 거처를 옮겼다.

그랬더니 그날 밤부터는 어디서 날아오는 것인지 목침만큼씩이나 한 돌이 훌훌 날아들어 문짝을 부수고 장독들을 마구 깼다. 경비병이 구석구석에 서 있었다고는 하더라도, 그들로부터가 숨기 바빴다. 식구들은 온통 공포에 질려 서로 껴안은 채 뜬눈으로 밤을 새우지 않을 수 없었다. 너무 고치기 어려운 깊고 중한 병. 주로 마음의 병을 이른다, 심고(深痼)했던 때문이었을까.

경대승은 새벽부터 몸에 병으로 인하여 오르는 몸의 열, 신열(身熱)이 나면서 그대로 앓고 있었다. 금방 사이, 새에 두 눈이 폭 꺼지면서 말소리조차 작아 들어갔다. 갑자기 의기가 꺾인 듯이 보였다. 어디가 아프냐고 물어도 잘 대답을 않고, 의원을 불러오자고 청하니까 마다고 손을 내저었다.

낮은 그래도 사람이 왔다 갔다 하여서 괜찮았지만, 밤이 오면 무서워서 또 어떻게 지내나 해 식구들은 부디 밤이 안 와줬으면 하는 심정이었다. 마음마저 잘 먹지 않고 앓기만 하고 있던 경대승은 [주론] 견룡 김자격(金子格)을 병석으로 불렀다. 경대승은 심복 부하 중에서도 거사 전 심야에 자기를 찾아준 젊은 병사 이 김자격을 가장 사랑해 도방을 영도하도록 맡겨놓고 있었던 것이었다. 밖에 되는 곳, 바깥의 소식은? 상감께서 범인들을 잡도록 영을 내려놓고 있습니다. 벽서는 더 안 붙던가? 그런 보고는 아직 없습니다. 너무 염려 맙시오. 장군! 오늘밤엔 불침번을 더 늘려놓기로 해놓았습니다. 그렇지만 그놈들이 밤에 돌을 던져오는 덴 못 견디어 내겠단 말이야! 밤이 되니까 그 시각 쯤 해서 다시 돌이 하나둘씩 날아오기 시작했다.

[반론] 『고려사』견룡 김자격은 가장 사랑해 영도하도록 도방 방장으로 맡겨놓았지만 경대승은 유서로 죽음 졸(卒)과 동시 평장으로 하고 도방 군사를 즉시 해체하라고 하여 유서도 남겼으나 도방 군사를 계속 유지해 이용하여 유언에 반역을 해 도방 군사 130명이 고문 받다 죽고 4, 5명만 살아남아 귀양을 보냈다. 돌 떨어지는 소리가 날 적마다 눈을 생각이나 기억 따위가 문득 떠오르는 모양, 번쩍 번쩍 뜨는 대승은 한 달간이나 앓아 온 사람같이 기운이 폭삭 빠져 있었다.

자녀들과 함께 옆에 앉아 머리에 찬 수건을 갈아 얹어주고 있던 부인은 흑흑 흐느끼며 자꾸만 소매 끝으로 눈물을 닦았다. 당신께서 큰일을 일으키기 전에는 이런 근심이 없었습니다. 지금이라도 손을 떼시고 훨훨 멀리로 숨어서 살면 어때요. 산속에 들어가서 화전을 일궈먹고 살든지 바닷가에 나가 조개를 잡아먹고 살더라도 설마 우리 이 식구에 굶어서야 죽겠습니까!

인제는 그럴 수도 없게 됐어! 내가 일어섰던 일을 후회도 않지만, 이 마당에 서서 남의 웃음거리도 되고 싶질 않단 말이오! 그렇지만 누구 하나라도 맞들어주는 사람이 있어야 할 게 아닙니까.

백성이 있어! 난 아직도 백성까지 나를 완전히 외면하고 있다고는 생각하고 있지 않아! [주론] 열세 살 나는 맏딸아이 여현, 열한 살 나는 둘째딸 미화, 아홉 살 나는 어린 장남 중국이 어른들 같이 아버지 옆에서 고개를 떨어뜨려 눈물을 흘리고 있었다. 경대승 자녀는 다섯 식구이다. [반론]『고려사』'무인시대' 경대승 편에서는 다른 무인들은 자녀가 있지만 경대승 자녀가 기록되어 있지 않아 없다.

이날 밤에는 가까운 어느 집에다 불을 질렀는지 불꽃과 함께 타오르는 검은 연기가 열나흘의 밝은 달을 흐려주고 있는데, 가끔가다 아우성을 치는 시위소리가 들려오기도 했다. 아니 저건 또 무슨 소리야! 축시(丑時)에서 인시(寅時)로 옮아가는 시각쯤이 되니까 경대승은 병세가 급속도로 악화되어 헛소리와 함께 땀을 물에서 건져낸 사람만큼이나 흘리고 있었다.

그러다간 별안간 놀란 사람같이 벌떡 일어나 앉아 손으로 문쪽을 가리키면서 크게 소리를 질렀다. 중부야 너 이놈! 네가 그래 칼을 뽑아들고 있으면 나를 어찌하겠다는 거야, 응? 부인이 와락 소리를 내어 울면서 대승을 끌어안아 눕혔다.

아니 누가 있다고 그러십니까. 아무도 온 사람이 없으니 마음을 안정해 그냥 누워 계셔요. 이러시다간 정말 큰일 나신단 말씀입니다. 설마 태산 같은 큰일을 맡은 내가 이만한 정도로 죽기야 하겠나. 우리 중국은? 여기 앉아 있지 않습니까. 이렇게 아버지의 손을 잡고 있지 않습니까! 경대승은 펄쩍 눈을 떠보고 나서 중국의 손을 힘주어 쥐었다. 그리고서 다시는 눈을 뜨지 않은 채로 고요히 숨을 거두고 말았다.

날이 새어서 7월 15일. 향년 30세. 사흘 뒤 경대승의 상여가 나갈 때 길 가던 사람치고서 눈물을 흘리지 않는 사람이 없었다.

그것은 대승이 다시 눈을 뜰 수 있다면 꼭 한번 보여주고 싶은 장면이기에 충분한 것이었다.

백성들은 말은 안했어도 그의 청렴함을 높게 사고 있었던 것이었다.

같이 동지가 되었던 허승이나 김광립 등까지도 거사가 성공되기 무섭게 사사 재물을 챙기고, 음락(淫樂)에 빠져 권력만 행사하려 했는데도 경대승만은 처음이나 나중이나 손톱만큼도 그런 면에 얼룩을 짓지 않았던 것이 장차로 큰 국정개혁이 있을 것으로 기대를 하고 있었던 것이었다.

처음부터 가산(家産)엔 집착하지 않았던 분이었지! 큰 뜻 품고 여우별처럼 파뜩 잠시 동안 나타났다가 가신 분이지, 중과부적으로 다시 새 악(惡)에 물리다가 검은 구름장 속에 파묻히고 만 격이지 뭐겠어!

경대승이 죽자, 도방에 관계하고 있었던 사람들은 경대승이 미움을 받고 있었던 그대로의 보복 밑에서 모조리 고문을 당해 죽고, 겨우 살아남은 4,5명만이 먼 섬으로 귀양을 가는 것으로 끝을 맺었다.

경대승이 죽은 다음해인 명종 14년 1184년 2월에 왕의 부름을 받고 서울로 돌아와 수사공좌복야(守司空左僕射)가 된 이의민은 명종 26년 1196년 4월 9일 다음 집권자 최충헌(崔忠獻)의 손에 죽기까지, 지순(至純)·지영(至榮)·지광(至光)의 아들 삼형제도 함께 몰살을 당했거나 말았거나, 나중에야 삼족(三族)이 멸망을 당했거나 말았거나 무릇 13년간, 한손에 권력을 잡고서 약탈·축재·살상·탐색(貪色) 등 이 세상에서 해보고 싶은 짓은 마음껏 다해보다가 갔다.

附記

소설의 구성상 필요로 첫머리의 청주민란만은 허구로 했으나 그밖의 것은 모두 사실(史實)에 준거해 이야기를 엮은 것이다. 행여나 역사학 전공을 하는 이들에 혼란을 주는 일이 있을까 해 밝혀두는 바다. (作者)

−1976년

경대승 평가 – 각계 반응

• 당시 백성,『고려사』전폭적인 지지를 받았다. 구전 현 국민, 정치70% 잘했다.

• 2010년 충북대학교사범대역사교육학과 박사 신호철 교수 겸 교무처장『청주문화』2003년 12월 20일 통권 제18호 p157 – 무인정권의 최고 집정자들 모두『고려사』반역 열전에 수록되어 있는데 반해 특이하게도 경대승만이 유일하게 일반 열전에 충신으로 실려 있는 것이다. 그것은 경대승 정권 혹은 경대승에 대한 평가가 다른 무인 집권자와는 달랐음을 의미하는 것이라고 할 수 있다. 청렴결백 해 청주경씨 뿌리를 알 수 있다. 그는 교과서적 자료뿐, 본서(本書) 출판 2010년 추천하였다.

• 전 동국대학교 중국어국문학과 최종선 교수 – 청렴결백한 경대승 장군을 책방에 책 한 권 없다며, 정화로 시작하여 단호하게 정치만은 잘 했다는 평가다.

• 교수단 해설 – 경대승 유언 '북쪽 오랑캐 때문에 차마 눈을 감을 수 없다' 병사로 고려 멸망 전주곡이 되어 몽고, 배원 정책 공민왕 23년 환관 최만생 시해 멸망.

• 구전 – 知德 尊敬, 聖雄 이순신 선정 시 물망에 올랐던 쌍벽 경대승 장군이다.

• 현 청주감초당한약방 대표 한장훈 – 경대승 장군을 구전에 충북의 위인이다.

• 경대승 대장군 후견인 두경승 상장군 – 내가 경대승이라면 명종 왕이 내린 좌승선 정삼품 직을 수용한다. 또 수안궁주 혼인 백작 정일품도 수용한다. 경대승 장군은 그 길을 택하지 않고 청주사건 100여 명 사망 책임, 대장군과 사심관 겸겸 탄핵 파직으로 번복될 자존심과 정의롭게 백성이 따르게 내세운 통치자 대의

택했다.

• 차기 집권자 이의민 – 경대승 장군은 호랑이 같다고 말하고 있다. 경대승 장군이 병사한 후에도 우유부단하여 무서워서 왕권회복 기회인 명종이 차기 집권자로 부르는데도 6개월간 안 왔다. 공부상서 임명 후도 상장군 두경승이 護從했다. 경대승이 정치깡패 시해 역적 이의민에게 무서운 존재(存在), 목불인견(目不忍見)이다.

• 차차기 집권자 최충헌 – 경대승 장군은 26세 천하를 손에 쥐고 큰 소리 냈다.

• 명종 어머니 공예태후 유언서 – '경대승 장군 두 번 다시 그런 충신은 없다.'

• 명종은 경대승 장군과의 갈등에서 '권위를 잃을까 불화를 택했다.'고 말한다.

• 『무인시대』경 대승 역 배우 박용우–경대승은 지(智)와 용(勇)을 갖춘 관우 같은 인물, 무신이긴 해도 칼을 앞세우진 않았다. 사병집단 도방을 최초 설치 문무동등 기용 개혁정치로 민초 편에 선 개혁가, 젊은 혈기에 개혁으로 밀어붙이다 서른 살 병사, 정중부 사노 및 차기 집권 시해 이의민 도방군사 사칭 도둑질, 명종 단독·권위·억압 병, 마지막 기회 회생 탕약 독약도 약, 부관방장 반역 김자격의 독살이다. 더 냉정하고 현실적이었으면 오래 살았을지도 모르지만 정도에 대한 고립이 그의 매력이다. 명종의 혼인 거절했고, 미혼자로 수안궁주 품격 옹주와 로맨스도 있다.

• 구전 금척신화 내관(內官) 보낸 조선 태조 이성계 弔辭–혼란기 고려말기와 이씨조선초기, 공민왕 재상 –우왕 6년 문하시중 (1354–1380) 경복흥 무덤 앞 내관 참례 '神仙 경대승 장군이 죽은 것도 억울한데 문하시중마저 죽다니 억울하다' 대성통곡.

• 부친 경석철(慶錫哲, 1922~2001 80세) – 일기장에 5년 집

권, 현실 비하면 짧지도 길지도 않지만, 삼일천하로 '잠시 권력을 쥐었다'는 표현술이 뛰어나 돋보였다.